Martin Middlebrook · Die Nacht, in der die Bomber starben

Martin Middlebrook

Die Nacht in der die Bomber starben

Der Angriff auf Nürnberg
und seine Folgen für den Luftkrieg
Herausgegeben und bearbeitet
von Cajus Bekker

Ullstein

Titel der englischen Originalausgabe »The Nuremberg Raid«
erschienen bei Allen Lane, London
Verlag Ullstein GmbH, Frankfurt/Main · Berlin · Wien

Aus dem Englischen von Henk Ohnesorge

Gesamtherstellung: May & Co. Nachf., Darmstadt
Printed in Germany 1975
ISBN 3 550 07315 1

Dies Buch ist – stellvertretend für alle unschuldigen Opfer des Luftkrieges – Colin Schmidt gewidmet, der in den ersten Stunden des 31. März 1944 in den Trümmern seines Elternhauses in der Nürnberger Schoppershofstraße ums Leben kam.

Inhalt

Englische und deutsche Dienstgrade

In diesem Buch sind die Dienstgrade englischer Flieger und aller Soldaten in der Royal Air Force absichtlich original belassen worden. Nachfolgend werden die englischen Dienstgrade aufgeführt und zum Vergleich den entsprechenden Dienstgraden der deutschen Luftwaffe gegenübergestellt.

Marshal of the RAF	Generalfeldmarschall
Air Chief Marshal	Generaloberst
Air Marshal	General der Flieger
Air Vice-Marshal	Generalleutnant
Air Commodore	Generalmajor
Group Captain	Oberst
Wing Commander	Oberstleutnant
Squadron Leader	Major
Flight Lieutenant	Hauptmann
Flying Officer	Oberleutnant
Pilot Officer	Leutnant
Warrant Officer	Stabsfeldwebel
Flight Sergeant	Oberfeldwebel
Sergeant	Feldwebel
Corporal	Unteroffizier
Senior Aircraftsman	Obergefreiter
Leading Aircraftsman	Gefreiter

Warrant Officers, die rangältesten Portepeeunteroffiziere in Heer und Luftwaffe, entsprachen in ihrer Stellung weitgehend dem Offizierstellvertreter des deutschen Heeres im Ersten Weltkrieg.

Der erste Bombereinsatz

Der erste Bombereinsatz der Royal Air Force im Zweiten Weltkrieg fand am 4. September 1939 statt, 24 Stunden nach der britischen Kriegserklärung. Von ihren Flugplätzen in East Anglia starteten nachmittags 15 Blenheim und 14 Wellington, um deutsche Kriegsschiffe anzugreifen, die nach Aufklärungsmeldungen in Wilhelmshaven und vor Brunsbüttel liegen sollten.

Zehn Bomber fanden in Regen und Wolken ihr Ziel nicht und kehrten um. Drei weitere Maschinen hätten beinahe britische Kriegsschiffe bombardiert, drehten aber ab, als die Schiffe Erkennungssignale gaben, und kehrten zurück, ohne ihre Bomben geworfen zu haben. Ein Flugzeug bombardierte die dänische Stadt Esbjerg – ein Navigationsfehler von fast 180 Kilometern. Die britische Regierung entschuldigte sich bei den neutralen Dänen und zahlte für Tote und Sachschaden eine Entschädigung.

Die meisten der übrigen 15 Maschinen, durch tiefhängende Wolken zu einer Flughöhe unter 150 Metern gezwungen, griffen Wilhelmshaven an. Sie gerieten in starkes Flakfeuer, bei der geringen Höhe wurden die Bomber für die Luftabwehr zur leichten Beute. Das Panzerschiff »Admiral Scheer« wurde von drei Bomben getroffen, die jedoch nicht detonierten. Andere Treffer auf dem Kreuzer »Emden« verursachten nur geringen Schaden. Fünf Blenheim und zwei Wellington wurden abgeschossen.

Im Kriegstagebuch des Bomberkommandos wurde eingetragen: »Ein Augenzeugenbericht aus geheimer Quelle zeigt, daß der Angriff der Blenheim äußerst tapfer durchgeführt wurde und den besten Traditionen der RAF entsprach.« Das stimmte wohl, aber fast die Hälfte der Bomber hatte es nicht vermocht, bei Tageslicht ein 430 Kilometer von der britischen Küste entferntes Ziel zu finden. Von denen, die das Ziel gefunden hatten, war wiederum fast die Hälfte verlorengegangen. Ein enttäuschender Anfang.

Der letzte Einsatz der RAF im Krieg gegen Deutschland fiel in die Nacht vom 2./3. Mai 1945, als 125 Mosquitos den Kieler Hafen angriffen. Sie bombardierten in zwei Wellen und benutzten ein hochentwickeltes Navigationsgerät namens »Oboe«. Die Bomben trafen genau, im Zielgebiet wurden viele Brandherde gesehen, und der offizielle Kommentar über den Gegner lautete: »Verteidigung gleich null«. Alle Mosquitos kehrten zurück, einige auf den gleichen Flugplatz Wyton bei Huntingdon, von dem über fünf Jahre zuvor die Blenheim nach Wilhelmshaven gestartet waren. Fünf Tage später war der Krieg in Europa vorbei.

Diese beiden Angriffe, beide mit zweimotorigen Maschinen und beide gegen Seeziele, markieren die zeitlichen Begrenzungen im Krieg des Bomberkommandos. Aber weder im Typ der eingesetzten Flugzeuge noch in der Art der angegriffenen Ziele waren sie typisch für das, was in den dazwischenliegenden Jahren geschah. Zwischen dem tapferen, aber ergebnislosen Beginn in Wilhelmshaven und der vollständigen Überlegenheit und technischen Wirksamkeit in Kiel lag ein fünfeinhalb Jahre dauernder Einsatz des Bomberkommandos, der für seine Zeit einmalig war und mit größter Wahrscheinlichkeit nie wiederkehren wird; die fortwährende Offensive gegen deutsche Industriestädte, zumeist nachts und von schweren Bombern durchgeführt. Später nannte man dies die »strategische Bomberoffensive«.

Dieses Buch will einen 24stündigen Abschnitt dieser Offensive mit möglichst vielen Einzelheiten schildern. In der Nacht vom 30. zum 31. März 1944 griff das Bomberkommando der RAF Nürnberg an. In seiner Zielsetzung war der Angriff typisch für Hunderte, die während des Krieges geflogen wurden. In seiner Durchführung jedoch traf er auf alle Schwierigkeiten und Gefahren, die Luftabwehr und Wetterunbilden zusammen hervorbringen können. Dies und ein Schuß Unglück verwandelten einen Routineeinsatz in eine Tragödie. Der Angriff auf Nürnberg galt unter den Männern des Bomberkommandos als höllisch. Er wurde einer der Wendepunkte des Bombenkrieges und zeigte wie in einem Kulminationspunkt alle Gefahren, denen sich die Bomberbesatzungen ausgesetzt sahen.

Der Rückblick auf die Ereignisse hat, wie ich offen zugebe, seine Vorteile. Die jüngst erfolgte Freigabe der Dokumente von damals, die Aufzeichnungen einiger hundert Teilnehmer, vor allem aber die Gelegenheit, in Ruhe zu sichten und auszuwerten: Dies macht es heute leicht, die Handlungsweise jener Männer zu beurteilen, die eine furchtbare Verantwortung trugen, jener Männer, die unter dem Druck und den Zwängen des Krieges das Bomberkommando zu führen hatten. Ich hoffe, diese Vorteile nicht mißbräuchlich zu nutzen.

Zuerst jedoch ist es notwendig, den Verlauf des Bombenkrieges von 1939 bis zum Vorabend des Angriffs auf Nürnberg zu beschreiben, Wesen und Hoffnungen der britischen Bomberführung und die Zusammensetzung sowohl des Bomberkommandos als auch der deutschen Nachtjägerverbände während dieses Zeitabschnitts. Dies wird dem Leser die eigentliche Beschreibung des Angriffs und seiner Bedeutung als Wendepunkt im Bombenkrieg leichter verständlich machen.

Die frühen Jahre

Trotz vieler Versuche in den Jahren zwischen 1918 und 1939, für Luftangriffe im Kriegsfall international gültige Regeln festzulegen, wurde nie etwas modifiziert. Obgleich die Genfer Konvention ausgeklügelte Regeln für den Krieg auf See und zu Lande hatte, begann der Zweite Weltkrieg ohne irgendeine Einschränkung für die Verwendung von Bombenflugzeugen.

Nach Meinung der Bomberführung der Royal Air Force bestand die richtige Verwendung des Flugzeugs im Kriege darin, die Produktionsstätten des Feindes anzugreifen und damit seine Armeen des Nachschubs an Kriegsmaterial zu berauben. Würde dies in entsprechend großem Maßstab geschehen, so wäre die Niederlage des Feindes in der Schlacht die automatische Folge. Das Bombenflugzeug sollte die Hauptwaffe der RAF sein.

Dies war, vereinfacht dargestellt, eine Denkweise, die sich seit dem Jahr 1917 entwickelt hatte. Mit unterschiedlich starker Überzeugung hielten die Offiziere der RAF an ihr fest. Einige glaubten, daß eine große und richtig eingesetzte Bomberflotte die entscheidende Waffe in einem kommenden Krieg sein und daß der Krieg zu Lande aufhören werde, das Hauptmittel zur Niederringung des Gegners zu sein; die RAF müsse die führende Waffengattung mit der ausschlaggebenden Stimme in Fragen der Kriegführung werden. Andere Offiziere gingen nicht so weit, aber alle waren der Ansicht, daß strategische Bombardierungen durch Vernichtung der Rüstungsproduktion des Gegners zumindest eine entscheidende Vorbedingung für einen Sieg im Landkrieg bildeten.

Bei Kriegsausbruch appellierte Franklin D. Roosevelt, Präsident der Vereinigten Staaten, an alle kriegführenden Länder, keine uneingeschränkten Bombenangriffe durchzuführen. Frankreich bat Großbritannien, keine deutschen Landziele zu bombardieren, weil Frankreich eher unter der Vergeltung zu leiden haben würde. Großbritannien entsprach beiden Bitten; es war froh über den Zeitgewinn, um seine Streitkräfte aufzubauen. Das Bomberkommando setzte die Tagangriffe auf deutsche Schiffsziele fort, aber dann verlor es im Dezember durch deutsche Jäger in zwei Angriffen von 36 eingesetzten Wellington 20. Die Annahme, sich selbst verteidigende Bomberformationen könnten ihre Ziele angreifen und davonkommen, war offensichtlich falsch. Die Angriffe hörten auf.

Die einzigen Nachteinsätze dienten dem Abwurf von Flugblättern. Sie hatten in der ersten Nacht des Krieges begonnen, als zehn Whitley von Linton-on-Ouse über fünf Millionen Propagandablätter über verschiedenen deutschen Städten abgeworfen hatten. Diese Flugblatteinsätze dauerten mehrere Monate. Es ist kaum wahrscheinlich, daß dadurch die deutsche Kampfmoral beeinträchtigt wurde, aber die Bomberbesatzungen gewannen wertvolle Erfahrungen. Schlechtes Wetter war die Hauptgefahr, und die Navigation stellte, wie immer, ein Problem dar.

Bis Mai 1940, als der »Sitzkrieg« plötzlich aufhörte, hatte das Bomberkommando 990 Nachteinsätze mit einem Verlust von 28 Maschinen und 393 Tageinsätze mit einem Verlust von 45 Maschinen geflogen. Nach den Vorausschätzungen hätte das Bomberkommando eine Verlustrate von mehr als fünf Prozent bei Dauereinsätzen nicht durchhalten können. Nun betrugen die Verluste bei Tagangriffen durchschnittlich 11,5 Prozent, bei Nachtangriffen dagegen erträgliche 2,8 Prozent. Auf diese Weise sah sich das Bomberkommando gezwungen, seine Einsätze hauptsächlich nachts zu fliegen.

Durch die Geschichte des Bombenkrieges zieht sich eine Reihe von Daten, welche im nachhinein als deutliche Wendepunkte erscheinen. Der 10. Mai 1940 ist eines dieser Daten. In der Morgendämmerung dieses Tages begannen die Deutschen den »Blitzkrieg« gegen Frankreich, Belgien und die Niederlande. Einheiten der Luftwaffe bombardierten jede Stadt, die ihren Armeen im Wege war. Offensichtlich sollte Westeuropa nicht anders als Polen behandelt werden, wo viele Zivilisten bei der sogenannten »taktischen« Bombardierung von großen und kleinen Städten getötet worden waren.

An diesem Tag ereignete sich ein wichtiger Zwischenfall. Eine Formation zweimotoriger Flugzeuge erschien über der schönen deutschen Stadt Freiburg und bombardierte sie. 57 Menschen wurden getötet, darunter 13 Kinder auf einem Schulhof. Wütend beschuldigten die Deutschen Frankreich oder England, eine friedliche Stadt ohne jede militärische Bedeutung bombardiert zu haben. Bald zeigte es sich jedoch, daß es deutsche Bomber gewesen waren, die geglaubt hatten, sie befänden sich über dem französischen Mülhausen. Dieser Irrtum von 45 Kilometern auf einem kurzen Flug bei Tageslicht zeigt, daß Navigationsschwierigkeiten nicht auf eine Seite beschränkt blieben.

Am gleichen Tag wurde Winston Churchill Premierminister. Sofort wurde darauf gedrungen, die Bomber einzusetzen. In dieser Nacht griffen 36 Maschinen Mönchengladbach an, eine Stadt am Westufer des Rheins und Drehscheibe für den deutschen Angriff auf die Niederlande und Belgien. Unter den vier bei diesem Angriff getöteten Personen befand sich auch eine Engländerin.

Während vier weiterer Tage wurde die Genehmigung für einen Großangriff auf Deutschland verweigert. Doch als am 14. Mai Rotterdam von den Deutschen bombardiert wurde, fielen die letzten Hemmungen. Riesige Feuer brachen aus, zahlreiche Zivilisten wurden getötet. Über den Angriff wurde viel berichtet, und überall in der Welt reagierte man mit Abscheu auf diese Meldungen. Fairness gegenüber den Deutschen gebietet, diesen Angriff näher zu erklären.

Die Rotterdam angreifenden deutschen Truppen wurden durch starken Widerstand in einem Teil der Stadt aufgehalten. Die Deutschen stellten ein Ultimatum: Falls die Holländer nicht kapitulierten, würden deutsche Bomber ihre Stellungen angreifen. Als das Ultimatum verstrichen war, setzten sich einhundert He 111 in Richtung Rotterdam in Marsch. Während ihres Anflugs kapitulierten die Holländer, die Bomber bekamen den Befehl, den Angriff abzubrechen. 43 drehten noch ab, 57 hatten bereits ihre Bomben geworfen. Es waren lediglich 250-Kilo-Sprengbomben, und dazu genau gezielt, aber sie verursachten Feuersbrünste, mit denen die städtische Feuerwehr nicht fertig wurde. Es war das um sich greifende Feuer, das den meisten Schaden verursachte und die meisten Menschenverluste kostete.

Dies war kein »Terrorangriff«, sondern ein taktischer Angriff, der falsch gelaufen war. Es muß jedoch gesagt werden, daß der Angriff zur Unterstützung einer völlig ungerechtfertigten Invasion eines Landes erfolgte, das sogar während des Ersten Weltkriegs neutral geblieben war.

Dieser Angriff und der rasche Vormarsch der deutschen Landstreitkräfte führten dazu, daß Churchill und sein neues Kriegskabinett schließlich der RAF die Erlaubnis gaben, Industrieziele östlich des Rheins anzugreifen. In der Nacht des 15. Mai bombardierten 99 Flugzeuge Ölraffinerien und Eisenbahnanlagen im Ruhrgebiet.

Die Ereignisse des Jahres 1939 und der ersten Monate des Jahres 1940 sind hier mit einigen Einzelheiten geschildert worden, um zu zeigen, daß ungeachtet dessen, was später im Kriege geschah, die britische Regierung die RAF acht Monate nach Kriegsbeginn und noch vier Tage nach der deutschen Invasion in Frankreich, Belgien und den Niederlanden zurückhielt. Großbritannien versuchte, Bombenangriffe auf dicht besiedelte Gebiete zu vermeiden, denen deutsche Zivilisten zum Opfer fallen konnten, in der Hoffnung, daß auch die Deutschen ihre Bomber zurückhalten würden. Aber jetzt wurde die Theorie, daß die »strategische« Bombardierung von Industriezentren eher als taktische Angriffe auf Schiffe und militärische Ziele den Kriegsverlauf entscheidend beeinflussen könnte, einer Prüfung unterworfen.

Die »strategische Bombenoffensive«, welche am 15. Mai 1940 begann, sollte fast genau fünf Jahre dauern. Für das Bomberkommando sollte es eine lange, schwere Straße der Qual und Enttäuschung, wunderbarer Tapferkeit und vieler Triumphe sein. Sie sollte in Zweifeln und Meinungsverschiedenheiten enden.

Über die nächsten eineinhalb Jahre können wir schnell hinweggehen. Vom Mai 1940 bis Jahresende 1941 flog das Bomberkommando 43774 Einsätze. In diesem Zeitraum betrugen die Verluste 1019 Maschinen, aber mit 2,3 Prozent war die Verlustrate noch annehmbar. Wahrscheinlich waren die deutschen Flugabwehrgeschütze – die »Flak«, wie sie von allen Besatzungen der RAF genannt wurde – die Hauptursache, gefolgt von mechanischen Fehlern und schlechtem Wetter. Verluste durch deutsche Nachtjäger fielen erst spät im Jahre 1941 ins Gewicht.

Es herrschte eine Atmosphäre des Amateurhaften und der Individualität bei diesen Angriffen, die eine Bomberbesatzung der Jahre 1944 oder 1945 sich nur schlecht hätte vorstellen können. Zwischen 100 und 150 Flugzeuge wurden aufgeboten, um eine bestimmte Stadt anzugreifen. Die Startzeiten wurden oft der Entscheidung des Flugzeugführers überlassen. Auch der Flugweg war nicht vorgeschrieben, jede einzelne Besatzung wählte ihre eigene Route zum Ziel und zurück.

Nachdem die Deutschen Frankreich, Belgien und die Niederlande erobert hatten, operierten die Bomber der RAF mit einem permanenten Handicap. Um irgendeinen Teil von Deutschland zu erreichen, mußten sie zumindest 320 Kilometer über das Meer oder über von Deutschen verteidigtes Gebiet fliegen, während die in Frankreich stationierten deutschen Bomber lediglich den Englischen Kanal zu überqueren hatten. Nach Berlin etwa waren es für die britischen Bomber 800 Kilometer Weg, für die Deutschen aber nur 130 Kilometer bis London.

Die Auswahl der Ziele wurde zu allen Zeiten durch das taktisch Mögliche begrenzt. Weit entfernt gelegene Ziele waren im Sommer wegen der kurzen Nächte ganz einfach nicht zu erreichen, und nur das Ruhrgebiet, Köln und die deutschen Nordseehäfen konnten in dieser Zeit angegriffen werden. Berlin und andere Ziele in Mittel- und Süddeutschland oder in Norditalien lagen nur während der langen Winternächte im Einflugbereich. Die Deutschen nützten dieses System aus und setzten ihre Jäger und Luftabwehr dementsprechend ein. Nur selten wurde versucht, Ziele in den besetzten Gebieten nachts zu bombardieren, weil man Angst hatte, Verluste unter befreundeten Zivilisten zu verursachen.

Über dem Ziel wählte jede Besatzung ihre eigene Abwurfzeit. Die Abwurfhöhe konnte je nach Sicht, der deutschen Abwehr und der Entschlossenheit des Flugzeugführers zwischen 6000 und 2500 Meter betragen. Es gab keine Zielmarkierung und in den frühen Stadien auch keine Nullzeit. Ein Angriff konnte bis zu vier Stunden dauern. Mit fast unglaublichem

Optimismus wurden den Besatzungen innerhalb des Zielgebiets einzelne Gebäude zur Bombardierung zugewiesen.

In der Angriffszeit sollte zuerst durch Brandbomben Feuer gelegt werden, damit die nachfolgenden Besatzungen eine Markierung hatten, auf die sie zielen konnten. Das half, wenn die Feuer am richtigen Ort lagen und die Deutschen keine Ablenkungsfeuer anzündeten. Die ersten Bombenkameras wurden den besten Besatzungen mitgegeben, die damit Blitzlichtaufnahmen ihrer Abwurfposition machten.

Die meisten Sprengbomben wogen 250 oder 500 Pfund (1 englisches Pfund = 453 Gramm), obgleich 1941 schon einige 1000- und 4000-Pfund-Bomben zur Verfügung standen. Die durchschnittliche Bombenladung eines Flugzeugs betrug eine Tonne. Mondnächte waren offensichtlich am geeignetsten, und Präzisionsziele konnten nur dann angegriffen werden. Journalisten sprachen deshalb vom »Bombermond«. Falls Wolken das Ziel verhüllten oder in mondlosen Nächten navigierten die Besatzungen blind, klinkten ihre Bomben auf gut Glück aus und hofften auf Erfolg. Navigationsfehler bis zu 150 Kilometern waren nicht ungewöhnlich.

Der Herbst des Jahres 1941 markierte durch drei Ereignisse einen weiteren, wenn auch nicht so deutlichen Wendepunkt im Bombenkrieg. Obgleich niemand erwartet hatte, die kleine Bomberflotte werde nach 15 Monaten »strategischer« Einsätze Entscheidendes erreicht haben, kam die Frage auf, ob die Bombardierungen überhaupt wirkungsvoll gewesen seien. Die Regierung ordnete anhand der Zielfotos eine Erhebung an. Die Ergebnisse von einhundert Angriffen wurden sorgfältig geprüft. Bei insgesamt 4065 Einsätzen, bei denen die Besatzung angab, ihr Ziel getroffen zu haben, wurde ermittelt, daß nur ein Drittel die Bomben innerhalb von acht Kilometern um den Zielpunkt geworfen hatte, das heißt in einem Gebiet von 75 Quadratmeilen (1 englische Quadratmeile = 259 Hektar) rund um das angegebene Ziel. Auf die einfachste Formel gebracht bedeutet das: Der Großteil der Bemühungen war wegen fehlerhafter Navigation und ungenauem Bombenabwurf wirkungslos geblieben. Dies war eine bittere Enttäuschung.

Etwa zum gleichen Zeitpunkt entschloß sich das Kriegskabinett, einen früheren, allerdings nicht endgültig verabschiedeten Plan, der die Produktion von 4000 schweren Bombern vorsah, nicht durchzuführen. Die Schlacht im Atlantik war in vollem Gange, der neue Verbündete Rußland forderte die Invasion Europas als zweite Front, der Suezkanal war in Gefahr und der Krieg mit Japan drohte. Großbritannien hatte nicht die Mittel, um allen Anforderungen gerecht zu werden, und die Regierung wollte wegen der unbewiesenen Theorie, der Krieg könne durch Bomber allein gewonnen werden, kein Risiko eingehen. Das Bomberkommando sollte weiterhin eine Hauptangriffswaffe sein, aber sie konnte bei der gegebenen

Industriekapazität nicht den Vorrang vor den Bedürfnissen aller anderen Streitkräfte beanspruchen.

Ende 1941 drohten dem Bomberkommando neue Gefahren: die zunehmende Wirkung der deutschen Luftabwehr und die schlechten Wetterbedingungen, welche zusammen unannehmbare Verluste verursachten. Der Höhepunkt kam am 7./8. November, als 400 Flugzeuge zu Angriffen auf drei verschiedene Ziele in Deutschland eingesetzt wurden und über neun Prozent verlorengingen. Fünf Tage später erhielt das Bomberkommando die Weisung, seine Kräfte zu schonen und schwere Verluste zu vermeiden. Langstreckenangriffe hörten nun auf.

Dies war zweifelsohne der Tiefpunkt im Krieg des Bomberkommandos. Seine Führung mußte zögernd zur Kenntnis nehmen, daß viele der gesteckten Ziele und behaupteten Erfolge zu optimistisch gewesen waren. Die Besatzungen konnten für ihre Ausdauer und den Verlust so vieler Kameraden nur wenig vorweisen.

Zu diesem Zeitpunkt wäre es leicht gewesen, zugunsten einer konventionelleren Kriegführung sowohl das Bomberkommando als auch die Theorie strategischer Bombenangriffe aufzugeben, aber dies geschah nicht. Churchill sah im Bombenflugzeug weiterhin eine Waffe. Die gewonnene Einsatzerfahrung war unersetzlich, neue Taktiken wurden erprobt, und bessere Flugzeuge standen in immer größerer Zahl zur Verfügung. Was jedoch mehr als alles andere Kurs und Schicksal im Bombenkrieg änderte, war die Ernennung von Air Chief Marshal Sir Arthur Harris zum Oberkommandierenden des Bomberkommandos. Es war die Führungsbegabung von Harris, die es dem Bomberkommando möglich machte, sich von den schlechten Tagen Ende des Jahres 1941 abzuwenden und als eine neue und mächtige Streitmacht aufzuerstehen, eine Streitmacht, die eine wichtige Rolle beim Sieg spielen sollte.

Die mittleren Jahre

Viele Leute sagen, der Krieg könne nicht durch Bomben gewonnen werden. Meine Antwort ist, daß man es bisher noch nicht versucht hat. Wir werden es erleben.

Sir Arthur Harris, 1942

Es gibt zumindest zwei Gründe, warum man einigen Platz dafür verwenden sollte, um den neuen Chef des Bomberkommandos vorzustellen. Zum einen deshalb, weil er seine Stellung bis Kriegsende behielt und weil sein Einfluß auf die »strategische Bombenoffensive« ungemein groß war. Zum anderen, weil später zwei Fragen gestellt und beantwortet werden: Weshalb griff das Bomberkommando überhaupt Nürnberg an, und warum fand dieser Angriff ausgerechnet in der Nacht vom 30./31. März 1944 statt? Die Antwort auf beide Fragen liegt im Charakter und in der Denkweise von Sir Arthur Harris begründet.

Harris wurde in England geboren, ging aber schon als junger Mann nach Rhodesien, um dort zu leben. Er kämpfte mit einer rhodesischen Armee-Einheit im Jahr 1914 in Deutsch-Ostafrika, ehe er, wieder in England, in das Royal Flying Corps (den Vorläufer der RAF) eintrat. Bis zum Kriegsende 1918 war er Jagdflieger, aber er gehörte zu denjenigen, die von der Bombardierung Londons durch deutsche Kampfflugzeuge vom Typ Gotha im Jahre 1917 stark beeindruckt waren. Bei Kriegsende war er Major mit einer Dienststellung in der neuen Royal Air Force. Zwischen den Kriegen kommandierte er Bomber- und Flugboot-Staffeln. In den zwanziger Jahren flogen in seiner Staffel im Nahen Osten die Flight Lieutenants Robert Saundby und The Hon. Ralph Cochrane. Zwanzig Jahre später sollten diese drei Männer als hohe Offiziere im Bomberkommando wieder zusammenkommen. In jener Staffel wurde zuerst das Verfahren eingeführt, daß sich zum Zielen und Ausklinken der Bomben ein Besatzungsmitglied bäuchlings in die Nase des Bombers legte.

Als der Zweite Weltkrieg ausbrach, befehligte Harris eine Gruppe mit Hampden-Bombern, bis er Ende 1940 stellvertretender Chef des Generalstabs unter Air Chief Marshal Portal wurde. Nach sechs Monaten im Luftfahrtministerium ging Harris als Chef der RAF-Delegation nach Washington. Als das Ergebnis der Erhebung über die Bombardierungsergebnisse vom Spätjahr 1941 bekannt und ein neuer Oberkommandierender für das Bomberkommando gesucht wurde, erhielt Harris seine Berufung in dieses Kommando.

Niemand erreicht in Kriegszeiten einen hohen Posten und behält ihn, wenn er nicht über einzigartige Qualitäten verfügt. Rückwirkend betrachtet, mögen diese Qualitäten nicht unbedingt bewunderungswürdig erscheinen, und wenige in Kriegszeiten führende Männer bewahren sich die fortdauernde Zuneigung des Landes, dem sie dienen. Dies ist eines ihrer Berufsrisiken.

Für Sir Arthur Harris lassen sich viele Eigenschaftswörter finden. Er war rücksichtslos, seiner Aufgabe zugetan und aufrichtig. Er war von der Richtigkeit seines Urteils völlig überzeugt und ohne jede Geduld für alle diejenigen außerhalb des Bomberkommandos, die nicht ihm zustimmten. Er war weder arglistig noch gewunden, sondern offen heraus und ehrlich.

Nach dem Kriege schrieb er ein Buch – »Bomber Offensive« –, das typische Kriegserinnerungsbuch eines Oberbefehlshabers. In ihm erklärte er, welche Ziele und Hoffnungen er für das Bomberkommando gehegt hatte. Er machte keinen Versuch, die Ansichten zu ändern, die er während des Krieges vertreten hatte, die aber hinterher nicht mehr so attraktiv erschienen. Komplizierte Taktiken erklärte er knapp und einleuchtend.

Nach Harris' Überzeugung war die entscheidende Waffe im Ersten Weltkrieg das Unterseeboot gewesen; da es aber nun veraltet sei, habe der strategische schwere Bomber seinen Platz eingenommen. Er glaubte, die RAF müsse die führende Waffengattung sein. Man kann nicht sagen, daß er mit den Chefs von Heer und Marine leicht zusammenarbeitete. Harris erkannte im Jahr 1942 die Notwendigkeit einer Invasion des Kontinents. Wie die meisten älteren Offiziere der RAF war er im Ersten Weltkrieg über die Schlachtfelder der Somme, von Arras und Passchendaele geflogen. Er wollte sicherstellen, daß sich eine derartig langwierige Quälerei nicht wiederholte. Er war überzeugt, Deutschland könne allein durch Bombenangriffe auf die Knie gezwungen werden, wenn man nur ihm, dem Bomberchef, die notwendigen Mittel und die entsprechende Handlungsfreiheit gäbe. Seine Absicht lief darauf hinaus, die wichtigsten Industriestädte systematisch zu zerstören und damit die Einwohner so zu demoralisieren, daß Deutschland zusammenbrechen müsse. Die Armee könne, nachdem dies geschehen sei, zum »Aufräumen« und als Besatzungstruppe landen. Jedes Abweichen von dieser einfachen Methode war in den Augen von Harris Zeitverschwendung und Vergeudung wertvoller Kräfte. Gewiß ein starkes und attraktives Argument, das der schon lange von der RAF vertretenen Theorie vom strategischen Bomber genau entsprach.

Harris hatte Glück. Er war einer jener Befehlshaber, die ihr Kommando bekamen, nachdem andere sich durch die gefährlichen frühen Jahre mit schwachen Kräften und veralteter Ausrüstung durchgeschlagen hatten. Er übernahm das Bomberkommando zum gleichen Zeitpunkt, als auch die verbesserten Flugzeuge und Navigationshilfen einsatzbereit wurden. Nun hatte er die Gelegenheit und die Mittel, um die Wahrheit der Theorie zu beweisen, daß der strategische Bomber den Krieg gewinnen könne.

Mehr als drei Jahre lang führte Harris das Bomberkommando von seinem Hauptquartier in High Wycombe aus. Nur wenige Bomberbesatzungen bekamen ihren Oberbefehlshaber zu Gesicht, weil er die Flugplätze nur selten besuchte. Aber alle kannten ihn und waren irgendwie von seiner treibenden Kraft angesteckt. Er riß eine entmutigte Truppe wieder hoch, und obgleich noch schlechte Zeiten genug bevorstanden, gab es keinen Rückfall mehr in jene Niedergeschlagenheit, wie sie Ende 1941 geherrscht hatte. Befragt nach der Stimmung, die nach den schweren Verlusten des Angriffs auf Nürnberg geherrscht, und hingewiesen auf einen Bericht, wonach »tiefe Düsternis« existiert habe, antwortete ein Stabsoffizier: »Ich kann mich keines Tages nach der Ankunft von Sir Arthur Harris entsinnen, der als ein Tag tiefer Düsternis bezeichnet werden könnte.«

In vieler Hinsicht kann Harris in High Wycombe mit Feldmarschall Haig im Hauptquartier der britischen Expeditionsstreitkräfte im Ersten Weltkrieg verglichen werden, obwohl Harris diesen Vergleich nicht mögen würde. Haig ging nie in die Schützengräben; Harris flog nie ein Bombenflugzeug über Deutschland. Haig glaubte, seine Front sei die kriegsentscheidende, Harris glaubte dasselbe von seinen Bombern. Beide haßten es, wenn anderen Kommandos Streitkräfte zugeteilt wurden. Beide spielten eine bedeutende Rolle beim Gewinn ihres jeweiligen Krieges, aber als der Frieden kam, machte man sie für zu große Verluste an Menschenleben verantwortlich, und die öffentliche Meinung wandte sich von ihnen ab.

In High Wycombe fand Harris seinen alten Kettenführer Robert Saundby als dienstältesten Stabsoffizier wieder. Bis zum Ende arbeiteten beide zusammen, in späteren Jahren Saundby in der neu geschaffenen Dienststellung eines stellvertretenden Oberbefehlshabers. Es war keine Partnerschaft – dafür hatte Harris einen zu eigenwilligen Charakter –, aber sie standen einander sehr nahe. Ungeachtet seiner eigenen Ansichten unterstützte Saundby immer seinen Chef, er war, wie ein anderer hoher Offizier bemerkte, »ein Intellektueller, einer der wenigen in der Führungsspitze«.

Harris führte zwei Nachweise über die von seinen Bombern verursachte Zerstörung. Der eine war das »blaue Buch«, ein Album mit Fotografien zerstörter Städte, das in die Downing Street, den Buckingham Palast und sogar bis nach Rußland geschickt wurde, um zu zeigen, was das Bomberkommando leistete. Der andere war ein Raum in High Wycombe, den Harris das »Bekehrungszimmer« nannte, ein Raum, der ähnliche Beweisstücke enthielt, womit man hohe Besucher beeindrucken wollte. In seinen Erinnerungen spiegelt sich Harris' Enttäuschung wider, daß die hohen Lordschaften des Heeres und der Marine es ablehnten, ihn zu besuchen und sich »bekehren« zu lassen.

Presse und Öffentlichkeit nannten ihn »Bomber-Harris«, für seine engste Umgebung hieß er Bert und für seine Besatzungen »Butch«, die Abkürzung für »Butcher« (Schlächter). Die Männer sahen in Harris einen Antreiber, der nicht zögerte, sie in den Tod zu schicken, so lange der Krieg dauerte. Sie erkannten jedoch an, daß dies für den Endsieg notwendig war. Ging etwas schief, so wurde immer »Butch« verflucht, aber nur selten mit wirklicher Gehässigkeit. Ein Soldat sprach von einem »Haßliebe-Verhältnis«, andere drückten es ähnlich aus: »Bomber-Harris war nicht sein wahrer Spitzname innerhalb der RAF, sondern ›Butch‹. Er stand bei allen Besatzungen in hohem Ansehen. Sie glaubten, daß für ihn bei der Auswahl der Ziele und dem Einsatz von Kräften die höchsten Sicherheitsmaßnahmen für das Wohl seiner Besatzungen eine wichtige Rolle spielten. Der Spitzname war typisch für den grausamen Kommißhumor, aber er sollte nicht unsere Meinung über ihn zeigen – wir hätten nicht gezögert, alles zu tun, was er verlangte.« (Sergeant E. Wilkins, Squadron 626).

»Harris war der Oberboß, er konnte nichts falsch machen. Wir wurden auf die Deutschen losgelassen, und er hatte das Gehirn, das uns führte. Ich glaube immer noch, daß er der beste Mann für diese Aufgabe war, und ich gebe niemand die Schuld für das, was geschah. Irgend jemand muß den Job übernehmen, und manchmal werden Fehler gemacht.« (Sergeant N. Wilmott, Squadron 10).*

In seinem Rechenschaftsbericht über die Kampfhandlungen hat Sir Arthur Harris nach dem Krieg seine Kampagne in drei Teile unterteilt. Die erste Phase dauerte von Februar 1942 bis Februar 1943: die Vorbereitungsphase. Harris hatte lediglich 400 einsatzbereite Nachtbomber übernommen, fast einhundert weniger, als drei Monate zuvor noch zur Verfügung gestanden hatten, als die Anweisung ergangen war, die Bomber während der Wintermonate zu schonen. Für diese verringerte Stärke gab es zwei Erklärungen. Die vor dem Krieg gebauten Hampden, Whitley und Blenheim wurden rasch ausgemustert, während die Produktion neuer Typen nur langsam anlief. Zudem mußte das Bomberkommando ausgebildete Staffeln für andere Zwecke abgeben – hauptsächlich für den Nahen Osten und an das Coastal Command, das die U-Boote bekämpfte. Harris war über diese Schwächung seiner Kräfte sehr erbittert, aber er konnte es nicht verhin-

* Dienstgrade und Einheiten werden nach dem Stand vom 30. März 1944 verzeichnet. Alle Zitate stammen von Besatzungsmitgliedern, deutschen wie alliierten, die in der Nacht des Angriffs eingesetzt sowie von Männern und Frauen, die mit seiner Vorbereitung beschäftigt oder von seinen Folgen betroffen waren.

dern, und der Einsatz seiner wertvollen Besatzungen und Staffeln für andere Zwecke hielt einige Zeit an.

Bei aller Enttäuschung über das zahlenmäßige Wachstum des Bomberkommandos im Jahre 1942 gab es doch qualitative Verbesserungen an den Flugzeugen und Ausrüstungen und in der Entwicklung von Einsatztechniken. Die neuen schweren Bomber – die Stirling, Halifax und Lancaster, die jetzt in den Einsatz kamen – waren ihren zweimotorigen Vorgängern in Reichweite, Manövrierfähigkeit und vor allem in der Bombenzuladung weit überlegen. Zusätzlich hatten die Schwierigkeiten bei der Navigation und beim Bombenwurf, die dem Kommando in den frühen Jahren so viel zu schaffen gemacht hatten, intensive Forschungsarbeiten veranlaßt. Das erste der neuen Hilfsmittel – Deckname »Gee« – war jetzt einsatzbereit.

»Gee« ermöglichte es dem Navigator eines Bombers, jederzeit seine Position festzustellen. Die »Gee«-Box empfing Funksignale von drei weit voneinander entfernten Stationen in England. Sie rechnete den Schnittpunkt der Peillinien aus und zeigte dem Navigator so seine Position. Wie bei Sichthilfsmitteln beruhte die Reichweite auf Höhe und Entfernung des Flugzeugs. Ein 6000 Meter hoch und 640 Kilometer von England entfernt fliegender Bomber konnte die Signale eben noch empfangen. Hier lag die Grenze für das Navigationssystem »Gee«, weil seine Richtstrahlen der Erdkrümmung nicht folgten. Und wie bei allen Funksignalen bestand die Gefahr, daß sie vom Gegner gestört oder verzerrt würden.

Das Luftfahrtministerium hatte jetzt seine Lehren aus der Untersuchung der Wirkung von Bombenangriffen im Jahre 1941 gezogen. Man entschied, daß Präzisionsbombardements die Fähigkeiten des Bomberkommandos überstiegen. Harris fand, soeben in High Wycombe eingetroffen, eine erst acht Tage alte Weisung vor, in der die neue Richtlinie formuliert wurde: »Das Hauptziel Ihrer Operationen sollte jetzt die Moral der Zivilbevölkerung des Gegners und insbesondere der Industriearbeiter sein.«*

In Ermangelung der Fähigkeit, einzelne Fabriken zu treffen, sollte nun die ganze Stadt angegriffen und das Leben in ihr zum Stillstand gebracht werden. Die Verwaltungsgebäude, die Versorgungsbetriebe, die Wohnungen der Arbeiter und mit einigem Glück auch die Fabriken selbst würden alle getroffen werden. Dieses neue Prinzip wurde als Flächenbombardierung bekannt. Die Weisung widerrief den Befehl, die Bomber während der Wintermonate zurückzuhalten. Harris wurde gedrängt, mit intensiven Angriffen unter Einsatz von »Gee« zu beginnen, ehe die Deutschen das Gerät stören konnten. Der deutsche Arbeiter und seine Familie befanden sich jetzt an der vordersten Front, und das lange Leiden der deutschen Zivilbevölkerung begann.

* *The Strategic Air Offensive Against Germany 1939–1945,* Bd. IV, S. 144; im folgenden als *Offizielle Geschichte* bezeichnet. Die ersten beiden Kapitel meines Buches basieren auf dieser Darstellung.

Unglücklicherweise war der erste Einsatz von Gee eine Enttäuschung. Ab 8. März 1942 griff das Bomberkommando innerhalb von zwei Monaten achtmal die Stadt Essen an. Aber die Flak und der vor dem Ruhrgebiet errichtete Scheinwerferriegel, der immerwährende Qualm der Industrie, der kluge Einsatz von Täuschungsfeuern durch die Deutschen und die Unerfahrenheit der Besatzungen in der Gee-Navigation wirkten zusammen und machten die Angriffe zu einem Fehlschlag. Bombenfotos zeigten, daß nur etwa zehn Prozent der Besatzungen Essen getroffen hatten.

Die Probe auf eine andere Theorie verlief erfolgreicher: Alte Städte konnten durch Feuer zerstört werden. In der Liste der Ziele befand sich der Ostseehafen Lübeck, dessen Gebäude im Stadtzentrum noch aus dem Mittelalter stammten. Lübeck lag außerhalb der Reichweite von Gee, aber das Gerät half beim Anflug, und die Lage der Stadt an einer Flußmündung machte die Identifizierung leicht. Am 28. März 1942 wurde die Stadt von 191 Bombern angegriffen. Drei Viertel von ihnen warfen nur Brandbomben, der Rest hauptsächlich die neuen 1800 kg-Minenbomben. 140 Minuten dauerte der Angriff auf die nur schwach verteidigte Stadt, die Bomber konnten bis auf 600 Meter hinunterstoßen. In der neuen Terminologie des Bomberkommandos wurden 200 Acre (ein acre = 40,47 Ar) Lübecks »verwüstet«. Vier Fabriken, darunter eine, die Flugzeuge baute, der Hauptbahnhof und die Elektrizitätswerke wurden schwer getroffen, aber auch der Dom, viele alte Gebäude und 2000 Wohnhäuser. Nach Unterlagen der Stadtverwaltung Lübeck wurden 302 Menschen getötet. Es war der erste Erfolg des Bomberkommandos bei einem Flächenangriff.

Zwei Monate nach Lübeck gab es einen anderen Erfolg, den Tausend-Bomber-Angriff auf Köln. Um diesen großen Verband zusammenzubringen, mußte Harris seine Ausbildungseinheiten mit einsetzen. Zudem waren ihm, nicht immer freudig, Bomber von anderen Kommandos zur Verfügung gestellt worden. Die Wirkung dieses Angriffs auf die britische Bevölkerung war ermutigend. Harris zog Vorteile daraus, weil er jetzt mehr Bombenflugzeuge verlangen konnte.

Doch auch die deutsche »Reichsluftverteidigung« kam gut voran. Sie stützte sich auf eine Kette von Radarstationen und ein ausgeklügeltes Jäger-Leitsystem; die Nachtjäger forderten einen immer höheren Zoll von den einzeln über deutsch-besetztes Gebiet fliegenden Bombern. Alle Anflugwege nach Deutschland waren in »Lufträume« unterteilt. Jeder wurde von einer eigenen Jägerleitstelle kontrolliert: Flog ein Bomber durch den Raum, wurde sofort ein Jäger per Radarkontrolle an ihn herangeführt. Um dies zu vereiteln, gab es beim Tausend-Bomber-Angriff zum erstenmal den »Bomberstrom«. Alle angreifenden Flugzeuge sollten nun auf dem gleichen Weg zum und vom Ziel fliegen, und jedem wurde sein eigener Platz und seine Flughöhe im Strom angewiesen. Obgleich allen befohlen wurde, mit genau gleicher Geschwindigkeit zu fliegen, wurde das offensichtliche Risiko von Zusammenstößen, besonders an Wendepunkten auf der Route, in Kauf genommen. Man hoffte jedoch, daß die Bomber in so großer Zahl die Nachtjagdräume der Deutschen durchfliegen würden, daß es den Leitoffizieren unmöglich gemacht würde, ihre Jäger auf einzelne Maschinen anzusetzen.

Noch ein anderer Versuch wurde gewagt. Man dachte, je kürzer die Dauer des Angriffs sei, desto erfolgreicher müsse er wahrscheinlich sein. Die deutsche Feuerwehr würde von den an vielen Orten gleichzeitig ausbrechenden Brandherden überfordert. Nicht alle Feuer könnten bekämpft werden, sie würden sich ausdehnen und schließlich vereinigen, und eine große Feuersbrunst würde einen größeren Schaden anrichten als viele kleine. Auch die Flak hätte weniger Zeit zur Abwehr, und die Konzentration am Himmel würde sie hindern, sich auf einzelne Maschinen einzuschießen. Wieder wurde das Risiko von Zusammenstößen in Kauf genommen. Der Angriff sollte nur neunzig Minuten dauern, im Gegensatz zu den Vier-Stunden-Angriffen des Jahres 1940 und den etwas mehr als zwei Stunden über Lübeck.

Der Angriff war ein weiterer großer Erfolg. Sechshundert Acres von Köln waren zerstört und trotz idealer Bedingungen für die deutschen Nachtjäger und der Unerfahrenheit vieler Bomberbesatzungen wurden nur vierzig Bomber von 1046 eingesetzten vermißt – ein Verlust von 3,8 Prozent. Lübeck war ein Erfolg gegen eine kleine, schwach verteidigte Stadt gewesen, Köln war der erste Erfolg des Bomberkommandos gegen eine stark verteidigte, große Industriestadt. Auch in taktischem Sinne war dies ein deutlicher Wendepunkt. Die Anwendung des Bomberstroms und die Konzentration im Zielgebiet hatten sich als erfolgreich erwiesen und wurden zur Grundlage künftiger Angriffe.

Es gibt noch ein weiteres wichtiges Ereignis des Jahres 1942: der Aufbau des Pfadfinder-Verbandes. Der Gedanke einer speziellen Einheit mit erfahrenen Besatzungen, welche die Ziele für das Gros der Bomber finden und markieren sollte, war seit dem Jahr 1941 öfters aufgetaucht. In der RAF gab es hierüber zwei verschiedene Ansichten. Nach der einen »Schule« würde die Schaffung einer solchen Einheit die anderen Staffeln im Bomberkommando schwächen und ihre Moral beeinträchtigen. Außerdem nahm man an, daß jetzt das Bomberkommando große Städte mit Erfolg treffen könne, und daß sich die gewünschte Wirkung schließlich einstellen werde, wenn man nur genügend Bomben werfe. Harris und die meisten Geschwaderkommodores dachten so. Die Befürworter der Pfadfinder befanden sich unter den dienstältesten Besatzungen, die meinten, daß für die Zielgenauigkeit bei Bombardierungen noch viel mehr getan werden könne. Es war die Argumentation der »Flächenbomber« gegen die Vertreter der

Ansicht, Präzisionsbombardierungen seien sowohl möglich als auch erwünscht.

Die Pfadfindereinheit fand ihren stärksten Fürsprecher in dem Group Captain Bufton, einem Offizier mit großer Fronterfahrung im Luftfahrtministerium. Bufton, stellvertretender Leiter der Bombereinsätze, veranlaßte den Generalstab, dem Bomberkommando eine aus Spezialisten bestehende Zielsuch-Einheit zu geben. Harris protestierte: Dies sei unnötig. Es paßte ihm nicht, daß sich ein Offizier beim Stabe, aber mit niedrigerem Dienstgrad, in seine Angelegenheiten mischte. Bufton und die Pfadfinder-Lobby setzten sich jedoch durch, und am 11. August 1942 bekam Harris vom Luftwaffenministerium den Befehl, den Pfadfinder-Verband aufzustellen.

Harris nahm die Entscheidung gefaßt entgegen, und zumindest 18 Monate lang hatten die Pfadfinder seine volle Unterstützung. Die neue Einheit wurde direkt der Kontrolle von High Wycombe unterstellt. Mit unterschiedlicher Begeisterung stellten die Bombergroups erfahrene, aber freiwillige Besatzungen zu der neuen Einheit ab. Der australische Group Captain Donald Bennett, ein anerkannter Navigationsexperte mit Einsatzerfahrung, wurde zum Air Commodore befördert und mit der Führung betraut.

Es ist typisch für Harris' Methoden, daß er den Pfadfinder-Staffeln bereits am Tage ihres Eintreffens in ihren neuen Stützpunkten befahl, am selben Abend einsatzbereit zu sein. Zwar gab es in dieser Nacht keinen Einsatz, aber drei Nächte später flogen sie. Sie besaßen weder besondere Flugzeuge noch Ausrüstungen. Gee, ihre einzige brauchbare Navigationshilfe, war von den Deutschen entdeckt worden, und sechs Nächte zuvor hatten die Störungen begonnen. Unter der Führung von Donald Bennett war es den Pfadfindern dennoch bestimmt, eine entscheidende Rolle zu spielen.

Zur RAF, die zweieinhalb Jahre lang hartnäckig an ihren strategischen Bombardements festgehalten hatte, trat nun ein Verbündeter. Die Amerikaner hatten ebenfalls ihre Bomber-Enthusiasten und waren bereit, schwere Bomber in England zu stationieren, um am Angriff auf Deutschland teilzunehmen. Ihre Taktiken unterschieden sich von denen der RAF, aber es war doch beabsichtigt, beide Luftflotten auf ein gemeinsames Ziel festzulegen. Im Januar 1943 trafen sich der Premierminister und der Präsident der Vereinigten Staaten mit den Vereinigten Stabschefs in Casablanca, um ihre Politik zu koordinieren. Das Ergebnis war die berühmte Casablanca-Direktive, die den Bomberstreitkräften zugestellt wurde. »Ihr vordringliches Ziel«, hieß es darin, »ist die fortschreitende Zerstörung und Desorganisation des deutschen militärischen, industriellen und wirtschaftlichen

Systems sowie die Untergrabung der Moral des deutschen Volkes bis zu einem Punkt, an dem seine Fähigkeit zu bewaffnetem Widerstand entscheidend geschwächt ist.«* Diese Direktive entsprach Harris und seiner Denkweise durchaus.

Das Bomberkommando war auf dem Wege zu dem, was Harris in seinem Rechenschaftsbericht nach dem Kriege »die Hauptoffensive« nannte. Sie begann im März 1943 und endete ein Jahr später mit dem Angriff auf Nürnberg. Harris wurde bei der Leitung seiner Einsätze in dieser Zeit freiere Hand gelassen als zu irgendeinem anderen Zeitpunkt des Krieges. Eine zunehmende Zahl von Bombern und bessere Ausrüstung gaben ihm zum erstenmal die Mittel, gegen die deutsche Industrie und jenes flüchtige Ziel, den Widerstandswillen des deutschen Volkes, einen entscheidenden Schlag zu führen.

Im Laufe dieses Jahres führte Harris drei verschiedene Offensiven. Bei jeder Offensive wurden die Bomber immer wieder gegen dasselbe Ziel eingesetzt – in der Hoffnung, sie würden es völlig zerstören. Um die deutsche Luftabwehr unsicher zu machen und wegen der Wetterbedingungen wurden zwar manchmal andere Ziele angegriffen. Aber die Deutschen erkannten die Absichten ihrer Gegner und konzentrierten ihre Verteidigung auf das Hauptziel. Dies hatte für die Bomber einen derart harten Widerstand zur Folge, daß diese Einsätze später als »Schlachten« eingestuft wurden, und daß die Geschichte sie auch so nennt: die Schlacht über dem Ruhrgebiet, die Schlacht über Hamburg und die Schlacht über Berlin.

Diese drei Schlachten waren nicht nur Kämpfe zwischen Menschen und von Flugzeugen gegen Flugzeuge, sondern auch ein Wettstreit zwischen den neuen elektronischen Geräten auf britischer Seite und der Fähigkeit der Deutschen, Gegengeräte zu entwickeln, welche die britischen Ausrüstungen wertlos machten oder, was noch schlimmer war, die vom Gegner ausgestrahlten Impulse dazu benutzten, die britischen Bomber zu jagen und zu zerstören. Die Wissenschaftler hatten zwei neue Geräte als Ersatz für Gee entwickelt, beide sollten in den kommenden Schlachten eine wichtige Rolle spielen.

Das erste mit dem Decknamen »Oboe« war mehr ein Gerät zur Zielfindung ohne direkte Sicht, als eine Navigationshilfe. Wie Gee hing es von Leitstrahlen ab, die durch Bodenstationen in England gesendet wurden. Zwei Strahlen konnten mit großer Genauigkeit über ein Ziel gelegt werden, das nicht größer als ein Fabrikgebäude war. Ein Empfänger im Bomber führte ihn genau zu diesem Punkt. Das Gerät hatte aber auch Nachteile. Im Gegensatz zu Gee, das von einer unbegrenzten Zahl Flugzeuge benützt werden konnte, konnte nur ein einziger Bomber während ei-

* ebd., S. 153.

ner bestimmten Zeit von zwei Oboe-Stationen geführt werden. Zudem mußte das Flugzeug, das einen von Oboe kontrollierten Bombenangriff flog, einige Minuten lang Höhe und Kurs genau einhalten – die denkbar schlechteste Bedingung, um deutschen Jagdfliegern und der Flak auszuweichen. Die Reichweite von Oboe war außerdem durch die Erdkrümmung begrenzt.

Das Bomberkommando überwand diese Nachteile. Die neuen Mosquito-Bomber konnten 9000 Meter Höhe erreichen. Bei ihrer überlegenen Geschwindigkeit bedeutete das Halten einer bestimmten Höhe und eines Geradeaus-Kurses nicht die Gefahr, die es für schwere Bomber in sich barg. Der Höhenvorteil der Mosquito verstärkte auch die Reichweite der Oboe-Navigation. Die Anzahl der Flugzeuge, die das Gerät verwenden konnten, war begrenzt; die Oboe-Mosquitos wurden daher hauptsächlich als Zielmarkierer eingesetzt.

»Eine äußerst interessante Sache: Einen genau bezeichneten Punkt im Raum anzufliegen und dort höchstens dreißig Sekunden vor oder nach der Null-Zeit zu sein. Dann wurde beim Empfang des eigenen Rufzeichens das Oboe-Gerät eingeschaltet, der Flugzeugführer flog etwa 15 Minuten lang geradeaus, hielt seine Höhe und wurde durch akustische Morsezeichen zur Abwurfstelle dirigiert. Dann kam das Signal zum Bombenwurf. Wieder zu Hause, bekam man gesagt, wie weit vom Ziel entfernt die Bombe gefallen war. Wir schafften durchschnittliche Zieldifferenzen von nur hundert Metern – bei Zielen im Ruhrgebiet.« (Flying Officer H. C. Boyd, Squadron 109)

Auf diese Weise war die Mosquito das perfekte Pfadfinder-Flugzeug. Die wenigen das Ziel markierenden Bomben lagen äußerst genau. Wurden die Oboe-Mosquitos nicht zur Zielmarkierung gebraucht, flogen sie Präzisions-Einzelangriffe. Wenn sie nur starten und landen konnten, griffen sie unter allen Wetterbedingungen an.

Die Deutschen mußten bald feststellen, daß die einzelne Mosquito, die sie auf ihrem Radarschirm entdeckten und die so genau ihre Bomben warf, nur schwer abzuschießen war. Vielleicht erbeuteten sie deshalb nie ein intaktes Oboe-Gerät; jedenfalls haben sie nie eine wirksame Störmethode entwickelt. Dies war zweifelsohne der größte Glücksfall, der dem Bomberkommando während des Krieges zugutekam.

Das andere neue Gerät war einfach ein Bord-Radargerät, das in jedem Flugzeug mitgeführt werden konnte. Es zeigte auf einem kleinen Schirm ein grobes Bild des Erdbodens, über den die Maschine gerade flog. Heute mag der Gebrauch derartiger Geräte einfach und selbstverständlich sein, aber für die Bomberbesatzungen waren diese ersten Bord-Radargeräte eine völlige Neuheit. Mechanische Ausfälle kamen häufiger vor, der Empfang der reflektierten Impulse war oft unsicher und verwirrt, und vor allem war die Ausdeutung dessen, was der Navigator sah, schwierig. Ein bebautes Gelände sah dem anderen ziemlich gleich, falls es nicht spezielle Eigenschaften wie einen typischen Fluß oder einen Küstenstreifen aufwies. Zuerst wurde für das neue Gerät der Deckname »Stinker« vorgeschlagen, aber schon bald hieß es nur noch H_2S.

H_2S konnte sowohl als Navigationshilfe des Navigators als auch zum Bombenwurf ohne Sicht benutzt werden, aber es war in letzterer Eigenschaft immer unberechenbar. Der große Vorteil von H_2S bestand darin, daß es keine Begrenzung seiner Einsatzreichweite gab, wenn es im Flugzeug mitgeführt wurde.

Die ersten H_2S-Geräte wurden in die schweren Bomber der Pfadfinder eingebaut. Sie erwiesen sich als nützlich, um die Maschinen an das Zielgebiet heranzubringen. Sie wurden auch zur Zielmarkierung eingesetzt, wenn die Flugzeuge jenseits der Reichweite von Oboe flogen. Als weitere Geräte zur Verfügung standen, wurden die Bomber der Hauptflotte damit ausgerüstet, aber es dauerte noch über ein Jahr, ehe jeder Bomber sein eigenes H_2S-Gerät hatte.

Durch einen besonderen Glücksfall erbeuteten die Deutschen bereits beim zweiten Einsatz von H_2S ein solches Gerät aus einer abgeschossenen Stirling. Nach der Absturzstelle gaben ihm die Deutschen den Decknamen »Rotterdam«. Sie konnten es nicht stören, aber sie entwickelten bald Bodengeräte, mit denen man die Spur von H_2S-Bombern aufnehmen und ihren Kurs verfolgen konnte. Mit einem anderen Bordempfänger konnten ihre Nachtjäger sogar einzelne Bombenflugzeuge aufspüren. Als die Bomberbesatzungen erkannten, daß die Deutschen ihre H_2S-Impulse auf diese Weise nutzten, wurde von längerem Einschalten des Geräts abgeraten. Die Moral litt darunter, und es schien zweifelhaft, ob ein H_2S-Gerät für die Bomberbesatzung mehr eine Hilfe oder ein Hindernis war. Aber all dies lag in der Zukunft.

Die Schlacht über dem Ruhrgebiet begann am 5. März 1943 um 20.58 Uhr, als eine Oboe-Mosquito der Pfadfinder ihre Zielmarkierungsbomben dort abwarf, wo sich zwei Oboe-Richtstrahlen über dem Werksgelände von Krupp im Zentrum von Essen kreuzten. In den nächsten vierzig Minuten markierten weitere Mosquitos erneut das Ziel, während aus geringerer Höhe schwere Bomber der Pfadfinder diese genau plazierten Markierungen mit weiteren Zielanzeigern verstärkten.

Dieser Angriff bedeutete einen weiteren Wendepunkt im Bombenkrieg. Vom Rauch aus tausend Schloten überlagert und dazu heftig verteidigt, war Essen, eine der wichtigsten Industriestädte in Deutschland, für das Bomberkommando das am schwierigsten zu treffende Ziel gewesen. Jetzt brauchte man zum erstenmal keine klare Bodensicht mehr. Die Bombenschützen der Hauptflotte mußten lediglich die roten oder grünen Zielmarkierungen finden, die klar durch den Dunst 6000 Meter tief unten leuchteten, um ihre Bomben genau ins Ziel zu werfen. Die Ergebnisse dieses Angriffs waren äußerst eindrucksvoll. Mehr als 600 Acres des Gebiets von Essen waren entweder zerstört oder schwer beschädigt, die Krupp-Werke waren besonders hart getroffen, und von 400 Bombern, die den Angriff geflogen hatten, waren nur 14 verlorengegangen.

Mit Hilfe der Oboe-Markierungstechnik bereitete das Bomberkommando neun weiteren Städten im Ruhrgebiet das gleiche Schicksal. Aber außerhalb dieses Gebiets mußten gelegentlich auch Ziele angegriffen werden, um die deutsche Verteidigung daran zu hindern, sich nur auf das Ruhrgebiet zu konzentrieren. Auf diese Weise wurden elf weit gestreute, entfernt liegende Ziele im Verlauf der Schlacht angegriffen. Es wurde jedoch sofort klar, daß Bombenangriffe außerhalb der Reichweite von Oboe nicht die gleiche Genauigkeit wie bei den Angriffen im Ruhrgebiet erreichten. Die genaue Markierung dieser fern liegenden Ziele blieb ein grundsätzliches Problem, so lange der Krieg dauerte.

Zur Zeit der Schlacht über dem Ruhrgebiet fand auch der berühmte Talsperren-Angriff statt, der hier nicht im einzelnen geschildert werden soll. Seine langfristige Bedeutung lag in dem erfolgreichen Versuch, ein wichtiges Ziel aus geringer Höhe durch schwere Bomber zu treffen – eine klare und erstrebenswerte Alternative zur zugegebenen Schwäche des Flächenbombardements. Um dies jedoch zu erreichen, hatte eine Elite-Staffel acht Wochen lang eine Sonderausbildung erhalten und erlitt überdies 42 Prozent Verluste, eine Rate, die sie für lange Zeit von jedem weiteren Einsatz fernhielt.

Die Schlacht um die Ruhr dauerte bis zum 14. April 1943 und bestand aus 43 einzelnen Angriffen, wovon zwei Drittel gegen das Ruhrgebiet selbst gerichtet waren. Fotografisches Beweismaterial zeigte den großen Schaden, der im wichtigsten Industriegebiet Deutschlands angerichtet worden war. Es war ein nicht anzuzweifelnder Sieg, und Sir Arthur Harris schrieb mit einer gewissen Berechtigung an RAF-Chef Sir Charles Portal: »Wenn wir das durchhalten können, muß es innerhalb eines Zeitraums, der nach meiner Überzeugung überraschend kurz sein wird, tödlich sein.« Die entscheidenden Worte waren: »Wenn wir das durchhalten können.« Die Schlacht über dem Ruhrgebiet hatte das Bomberkommando 872 Flugzeuge, seine Besatzungen eine Verlustrate von 4,7 Prozent gekostet.

Ehe jener Juli des Jahres 1943 vorüber war, hatte Harris bereits mit der nächsten Schlacht begonnen – der kurzen, harten und äußerst erfolgreichen Schlacht über Hamburg. Obwohl sie sich der kritischen Fünf-Prozent-Marke näherten, hatten die schweren Verluste der vergangenen drei Monate das Kommando überraschend wenig beeinträchtigt. Das Trainingsprogramm für Besatzungen und die Flugzeugproduktion hatten die Verluste mehr als ausgeglichen. Zu Beginn des Jahres 1943 standen dem Bomberkommando für Nachteinsätze nur 483 Bomber zur Verfügung, aber am Ende der Schlacht über der Ruhr war seine Stärke auf über 800 gestiegen.

Zusätzlich zur wachsenden Zahl viermotoriger Bomber verfügte das Bomberkommando über eine weitere taktische Neuerung, die sich als wichtiger Durchbruch im Kampf gegen die deutsche Luftabwehr erweisen sollte. In dem komplizierten elektronischen Krieg, der jetzt geführt wurde, beruhte der nächste Zug auf einen äußerst einfachen Gegenstand: einem knapp dreißig Zentimeter langen und eineinhalb Zentimeter breiten Stück schwarzen Papiers, das auf einer Seite mit Aluminiumfolie beschichtet war. Wurden diese »Windows« oder »Düppel« in Massen aus den Bombern geworfen, dann bildeten die langsam herabsinkenden Papierwolken ein Hindernis, durch das die deutschen Radaraugen nicht »hindurchsehen« konnten. Man hoffte, die deutschen Jäger-Leitstellen würden außerstande sein, Stärke und genauen Kurs der Bomberströme zu bestimmen, und die radargesteuerte Flak nicht mehr in der Lage, einzelne Flugzeuge zu erkennen und zu bekämpfen. Auch die Besatzungen der Nachtjäger würden nur mit Schwierigkeiten die britischen Bomber auf ihren Bord-Radargeräten erkennen können. 2000 solcher Streifen, die pro Stück nur vier alte Pennies kosteten, schufen ein Radarecho, das dem eines schweren Bombers glich. Die RAF warf durchschnittlich pro Woche 250 Millionen dieser »Windows« ab, Gewicht: einhundert Tonnen.

Die Briten hatten den Wert der Alu-Streifen schon über ein Jahr gekannt, aber man hatte befürchtet, die Deutschen würden sie kopieren und mit ihrer Hilfe eine neue Bombenoffensive gegen England beginnen. Aus diesem Grund wurde der Einsatz über Deutschland so lange verboten, bis ein Radargerät für britische Nachtjäger hergestellt war, das von den künstlichen Wolken nicht gestört wurde. Im Juli 1943 war es fertig. »Window« wurde zum Einsatz in der Schlacht über Hamburg freigegeben. Ironischerweise hatten auch die Deutschen bereits ihre eigenen »Düppel« entwickelt und ihrerseits den Einsatz durch ihre Bomber verboten, damit die Briten sie nicht kopierten! Sie hatten jedoch nicht die Vorsichtsmaßnahme getroffen, ein störsicheres Radargerät zu entwickeln.

Hamburg befand sich außerhalb der Reichweite von Oboe, aber mit seiner Lage an einem breiten Fluß und in der Nähe des Meeres konnte es gut von H_2S erfaßt werden. Der Plan war simpel genug: Die Stadt sollte so lange bombardiert werden, bis sie völlig zerstört war. Die H_2S-Pfadfinder sollten ihre Ziele durch Massen von Leuchtbomben markieren. »Window« war die Überraschung, welche die deutsche Verteidigung ausschalten sollte. Die Amerikaner waren bereit, mit »Fliegenden Festungen« am Tage anzugreifen. Die Vorbereitungen für die Zerstörung Hamburgs waren getroffen.

Es war bald vorbei. Innerhalb von zehn Nächten und neun Tagen, vom

24. Juli bis zum 3. August, erlitt die Hafenstadt vier massive Nachtangriffe durch die RAF und zwei Tagangriffe durch die 8. amerikanische Luftflotte. Obgleich die Zielmarkierung durch H_2S-Pfadfinder und dementsprechend auch die Bombenwürfe nicht so genau lagen, wurden dennoch enorme Verwüstungen verursacht. 30482 Menschen wurden getötet und über 40000 verletzt. Die meisten Menschenverluste wurden durch einen Feuersturm verursacht, der dadurch entstand, daß viele kleine Brände sich zu einer einzigen riesigen Feuersbrunst vereinigten. In Hamburg wurden mehr Menschen getötet, als in Großbritannien während des ganzen Krieges durch Fliegerangriffe ums Leben kamen.

Der Einsatz der »Windows« hatte die Deutschen völlig verwirrt. In der ersten Nacht gingen nur zwölf britische Bomber verloren. Bald entdeckten die Deutschen die Alu-Streifen, nannten sie »Düppel« nach dem Dorf an der dänischen Grenze, wo die ersten gefunden worden waren, und änderten sofort ihre Taktik. Bei den drei weiteren Angriffen stiegen die britischen Verluste: 17 Bomber beim zweiten Angriff und je dreißig bei den beiden letzten. Aber von den 3095 eingesetzten Maschinen gingen nur 2,8 Prozent verloren. Die Radarstörung hatte wahrscheinlich zwischen dreißig und vierzig Bomber und ihre Besatzungen gerettet.

Hamburg bestand nur noch aus rauchenden Ruinen, und die Deutschen begannen ernsthaft nachzudenken. Vor der Schlacht um die Ruhr hatten die Bombenangriffe der RAF sie zwar sicher beunruhigt, aber ihre Kriegsanstrengungen waren dadurch nicht ernsthaft beeinträchtigt worden. Ihr Stolz war stärker angeschlagen als ihre Fabriken. Auf jeden taktischen Zug der Bomber hatte die deutsche Reichsluftverteidigung mit einem Gegenzug geantwortet. Die Bombenschäden waren in den Kampfpausen meist wieder behoben worden. Die hartnäckigen Angriffe auf das Ruhrgebiet und auf Hamburg hatten jedoch gründlichen Wandel geschaffen. Albert Speer, der intelligente und sehr wirkungsvolle Reichsminister für Rüstung, bemerkt in seinen Erinnerungen, Deutschland wäre nicht fähig gewesen, den entstehenden Schaden auszugleichen, hätte die RAF den Angriff auf Hamburg systematisch mit ähnlichen Angriffen auf andere wichtige Städte fortgeführt. Der Gauleiter von Hamburg bat Hitler um einen Besuch in der angeschlagenen Stadt. Hitler lehnte ab und weigerte sich sogar, eine Abordnung Luftschutzhelfer zu empfangen.

Bald sollten Hitler und Speer erkennen, daß Harris bereits sein nächstes Ziel gewählt hatte: Berlin.

Wir sind jetzt im August des Jahres 1943, nur acht Monate vor dem Angriff auf Nürnberg, und haben einen anderen Wendepunkt erreicht. Er sollte sorgfältig geprüft werden, weil die nach der Luftschlacht über Hamburg gefaßten Entscheidungen direkt nach Nürnberg führen.

Bis Anfang 1943 waren alle Weisungen an das Bomberkommando im britischen Kriegskabinett oder im Luftfahrtministerium entstanden. Die Bombardierungspolitik war ausschließlich britischen Ursprungs und beruhte weitgehend auf den operativen Fähigkeiten der britischen Bomberstreitkräfte. Aber seit der Casablanca-Direktive vom Januar 1943 wurden die Richtlinien von den britischen und amerikanischen Vereinigten Stabschefs entworfen und als Befehle gemeinsam an die 8. U.S. Luftflotte und an das Bomberkommando gegeben. Jede größere Weisung definierte sowohl das gemeinsame Ziel der »strategischen Bomberoffensive« als auch, entsprechend ihren Einsatzmöglichkeiten, die Ziele für jede der beiden Bomberflotten.

Im Juni 1943 wurde eine neue Weisung ausgegeben. Die deutschen Jäger hatten bei Tag und Nacht einen immer höheren Zoll von den alliierten Bombern gefordert. Würde diese immer stärkere deutsche Jagdabwehr nicht in Schach gehalten, so war zu befürchten, daß sie die Luftherrschaft gefährdete, die als Voraussetzung für die im Frühjahr 1944 geplante erfolgreiche Invasion Europas galt.

Die neue Weisung besagte, das Hauptziel bleibe zwar die allgemeine Zerstörung der deutschen Industrie und der Moral, aber es sei notwendig, die Luftwaffe und insbesondere die deutschen Jagdflieger zuerst zu vernichten. Sowohl das Bomberkommando als auch die Amerikaner erhielten den Befehl, Kugellagerfabriken und Flugzeugwerke anzugreifen. Von den Kugellagern nahm man an, sie seien für die deutsche Flugzeugindustrie notwendig. Man erkannte, daß das Bomberkommando nicht die einzelnen Fabrikgebäude treffen konnte, aber der Weisung zufolge waren diejenigen Städte anzugreifen, in denen die Fabriken lagen. Diese Weisung wurde als »Pointblank-Direktive« bekannt, und die Reaktion der RAF auf sie sollte wichtige Konsequenzen haben.

Die in Pointblank erwähnten Ziele befanden sich zumeist in kleinen und mittelgroßen Städten Mittel- und Süddeutschlands. Zur Zeit der kurzen Sommernächte konnten sie vom Bomberkommando nicht erreicht werden. Aber mit dem Herannahen des Winters änderte sich die Lage.

Harris jedoch war dagegen, den Befehl zur Bombardierung solcher Ziele zu geben. Er war fest überzeugt, Deutschland werde durch die allgemeine Zerstörung seiner Industriestädte und nicht durch Angriffe auf ausgesuchte Industrieziele schon vor der Invasion geschlagen sein. Zudem glaubte er, das Bomberkommando werde außerhalb der Reichweite von Oboe die kleineren Städte nicht finden und zerstören können. Harris trug seine Ansichten mit Erfolg seinen Vorgesetzten in der RAF vor. Das Luftfahrtministerium ergänzte die Pointblank-Direktive dahingehend, daß das Bomberkommando weiterhin als Hauptziel den Angriff auf die deutsche Industrie und die Moral der Bevölkerung verfolgen sollte. Den amerikanischen Tagbombern blieb es überlassen, die Kugellager- und Flugzeugfabriken anzugreifen.

Auch die Amerikaner hatten ihre Schwierigkeiten. Ihre Formationen schwerer Bomber hatten im August des Jahres 1943 begonnen, die Pointblank-Ziele anzugreifen. Aber bald hatten sie, genauso wie die RAF bereits 1939, entdeckt, daß eine Bomberformation ohne eigenen Jagdschutz den Angriffen deutscher Jagdflieger nicht gewachsen war. Zwei Monate lang hielten sie durch, erlitten aber entsetzliche Verluste: Am 17. August gingen von 376 Bombern, die Schweinfurt und Regensburg angriffen, 60 verloren. Am 11. Oktober wurden von 274 beim Angriff auf Münster 30 abgeschossen. Schließlich mußten am 14. Oktober von 291 Maschinen gegen Schweinfurt wiederum 60 abgeschrieben werden. Schweinfurt war das Zentrum der deutschen Kugellagerindustrie und sollte eine entscheidende Rolle im Bombenkrieg spielen.

Niemand kann den Amerikanern vorwerfen, sie hätten nicht versucht, Pointblank durchzuführen. Aber nach ihrem zweiten Angriff auf Schweinfurt mußten Angriffe außerhalb der Reichweite der alliierten Tagjäger so lange eingestellt werden, bis ein Langstreckenjäger zur Verfügung stand.

Das Bomberkommando hatte die beiden ersten Schlachten des Jahres 1943 gewonnen. Als nun die Nächte länger wurden, wollte Harris »the Big City«, angreifen: Berlin. Die dritte große Schlacht des Jahres 1943 stand bevor.

Im Laufe der folgenden Wochen äußerte Harris deutlich seine Hoffnungen und Absichten. Zuerst gab er in der Presse bekannt, er plane eine große Winterkampagne mit dem Ziel, die Kapitulation Deutschlands im darauffolgenden Frühjahr zu erzwingen. Nach Beginn der Offensive gegen Berlin schrieb er am 3. November an Churchill: »Wir können Berlin vom einen zum anderen Ende zerstören, wenn sich die USAAF (United States Army Air Force) daran beteiligt. Wir werden zusammen zwischen 400 und 500 Flugzeuge verlieren. Deutschland aber wird den Krieg verlieren.«* Schließlich schickte er am 7. Dezember einen Brief an das Luftfahrtministerium, in dem er um Vorrang für den Lancaster, seinen besten Bomber, bat. Diesmal unterließ er jeden Hinweis auf die USAAF und behauptete: »Die Lancaster-Verbände allein sollten schon ausreichen, aber gerade eben nur ausreichen, um Deutschland bis zum 1. April 1944 so weitgehend zu zerstören, daß die Kapitulation unvermeidlich wird.«**

Harris erhob dann seine Forderungen für dieses große Ziel. Das meiste wurde ihm zugestanden, aber weder im April 1944 noch ein Jahr später gab es eine deutsche Kapitulation.

* ebd., Bd. 2, S. 9 ** ebd., S. 56

Viele Militärs und Politiker machen unglückselige Prophezeiungen, die auf sie zurückfallen und sie ihr Leben lang verfolgen. Man erinnert sich an Chamberlains »Frieden in unserer Zeit« oder an Görings Prahlerei zu Anfang des Krieges: »Ich will Meier heißen, wenn auch nur ein feindliches Flugzeug über Deutschland erscheint.« Die Behauptungen, er könne Berlin »von einem zum anderen Ende« und »Deutschland so weitgehend zerstören, daß die Kapitulation unvermeidlich wird«, sollten Harris in den kommenden Jahren verfolgen.

Die Zerstörung von Berlin im Stil von Hamburg war gewiß ein ehrgeiziger Plan. Die Stadt lag tief in Deutschland, und es war sicher, daß sie bis zum Äußersten verteidigt werden würde. Sie lag außerhalb der Reichweite von Oboe, und charakteristische Merkmale für H_2S-Ortung gab es nur sehr wenige. Berlin war eine moderne Stadt von weiter Ausdehnung. Die Industrie war nicht auf einen Punkt konzentriert wie etwa in Essen. Berlin würde auch nicht so leicht brennen wie Hamburg oder das unglückliche mittelalterliche Lübeck.

Die Schlacht um Berlin begann Ende August 1943. Drei Angriffe wurden innerhalb einer Woche auf die Stadt geflogen, aber die Erfolge waren äußerst bescheiden. 7,2 Prozent der eingesetzten Bomber gingen verloren, weil sich die Deutschen inzwischen von der Niederlage durch »Window« erholt hatten. Für derart schlechte Ergebnisse konnten die Verluste nicht in Kauf genommen werden. Die Angriffe wurden eingestellt, um die Ausrüstung der Pfadfinder-Bomber mit einem verbesserten H_2S-Gerät abzuwarten.

In dieser Kriegsphase flog das Bomberkommando wöchentlich zweimal einen Hauptangriff auf ein deutsches Ziel. Es hätte nach seinem Potential viel öfter Angriffe durchführen können, aber die Bomber starteten nun nicht mehr in mondhellen Nächten. Solche Bedingungen waren ideal für die deutschen Nachtjäger, so daß die Bomber gezwungen waren, nur noch in dunklen Nächten zu fliegen, wobei sie für die genaue Zielmarkierung und den Bombenwurf auf ihre neuen elektronischen Geräte angewiesen waren; der »Bombermond« war zum »Jägermond« geworden. Dementsprechend herrschte in der Vollmondphase jedes Monats eine gewisse Ruhe, dafür gab es intensive Einsätze in den dunklen Nächten. Bei einem typischen Angriff waren etwa 600 Flugzeuge beteiligt und in der Lage, über 2000 Tonnen Bomben abzuwerfen.

Der zuerst beim Tausend-Bomber-Angriff auf Köln erprobte Bomberstrom war immer noch Hauptbestandteil der Einflugtaktik. Die Zahl der bei Zusammenstößen verlorengegangenen Maschinen war nicht besorgniserregend, und der Bomberstrom wurde immer dichter. Die Bomber versammelten sich nach dem Start zur angegebenen Zeit über einem vorher festgelegten Punkt. Wenn die feindliche Küste überflogen wurde, war der Strom komplett – ein 1200 Meter hoher, hundert Kilometer langer Flugzeugschwarm, dessen Breite von der Genauigkeit der Navigation abhing. Den Besatzungen wurde immer eindrucksvoll beigebracht, daß ihre Sicherheit davon abhing, gut im Bomberstrom eingebettet zu sein.

Außer dem Bemühen, der deutschen Abwehr zu entkommen, blieb die Navigation weiterhin das größte Problem der Bomberbesatzungen. Nicht nur sollten alle Besatzungen das Ziel finden, sondern auch rechtzeitig dort sein. Eine vorzeitige Ankunft im Zielgebiet konnte bedeuten, daß die Deutschen zu früh das Angriffsziel erkannten. Kam ein Bomber zu spät, so waren die Pfadfinder bereits heimgeflogen, und er hatte den Schutz des Stroms verloren. Windstärke und -richtung waren der ausschlaggebende Faktor für die Navigation. Die vor dem Start gegebenen Voraussagen konnten nur ein ungefährer Anhaltspunkt sein. Um den tatsächlichen Windstand während des Fluges festzustellen, mußten die Navigatoren regelmäßige und genaue Angaben ihrer Position bekommen. Dies war nicht leicht bei Nacht, wenn das Gee-Netz gestört und nur etwa ein Viertel der Hauptflotte mit H_2S ausgerüstet war.

Zwei Hilfsmittel wurden verwendet, um den Strom zusammenzuhalten. Pfadfinder-Flugzeuge warfen an Wendepunkten Markierungen als »Wegweiser« ab, um dadurch einen auseinandergezogenen Strom für die nächste Flugstrecke wieder zu sammeln. Eine kompliziertere Navigationshilfe war der »Rundspruchwind«, das »Zephyr«-System. Erfahrene Besatzungen mit H_2S hatten als »Windsucher« an der Spitze des Bomberstroms zu fliegen. Ihre Navigatoren bekamen Positionsangaben und rechneten Richtung und Geschwindigkeit des Windes aus. Die Funker der »Windsucher« übermittelten diese Ergebnisse verschlüsselt jede halbe Stunde nach England. Im Bomberhauptquartier wurden die Durchschnittswerte ermittelt und wiederum verschlüsselt fünfzehn Minuten später an die übrigen Bomber gegeben, deren verhältnismäßig unerfahrene Navigatoren diese Werte bis zum nächsten »Rundspruchwind« eine halbe Stunde benutzen konnten. In der Theorie war dieses System großartig, in der Praxis funktionierte es oft nicht. Die Luftschlacht über Berlin kennt viele Berichte zerstreuter Bomberströme und verfrühter oder verspäteter Ankunft über dem Ziel.

Der eigentliche Angriff auf das Ziel war selbstverständlich der Höhepunkt jedes Einsatzes. Im ersten Abschnitt der Schlacht um Berlin konzentrierte sich die deutsche Abwehr auf die unmittelbare Verteidigung der Reichshauptstadt. Die britische Antwort bestand in einer weiteren Konzentration des Bombardements. Die Vier-Stunden-Angriffe des Jahres 1940 und die neunzig Minuten von Köln im Jahre 1942 waren nun auf nur dreißig Minuten zusammengeschrumpft.

Die Schlacht um Berlin ist teilweise die Geschichte der Pfadfinder-Group, denn in den mondlosen Winternächten war die Erde für die Bomben schützen der Hauptflotte aus 6000 Metern Höhe nur selten zu sehen, und der Erfolg jedes Angriffs beruhte auf der Genauigkeit der Zielmarkierung. Die Zielmarkierung spielte auch beim Angriff auf Nürnberg eine wichtige Rolle. Deshalb hier eine kurze Beschreibung der von den Pfadfindern außerhalb der Reichweite von Oboe verwendeten Markierungsmethoden.

Die Pfadfinder arbeiteten naturgemäß am erfolgreichsten, wenn die Sicht nach unten gut war. Vor der Bomberflotte flogen im allgemeinen zwei Pfadfinderverbände: die »Beleuchter«, die Massen von Leuchtbomben abwarfen, und die »Sichtmarkierer«, die im Licht dieser Leuchtbomben versuchten, ihre Zielmarkierungen direkt auf den Bomben-Zielpunkt zu setzen. Das war die sogenannte »Newhaven«-Markierungsmethode. Wenn dann zur Stunde Null die erste Welle des Bomberverbandes erschien, sahen die Bombenschützen 6000 Meter unter sich bis zu 60 Zielmarkierungen rund um den Zielpunkt sprühen. Diese Markierungsbomben wurden während des gesamten Angriffes immer wieder erneuert.

Meistens jedoch erforderten Dunst, Nebel oder Wolkenschleier den Einsatz der »Parramatta«-Markierungsmethode. Sie ähnelte in vielem dem »Newhaven«-System. Doch wurde hierbei der Zielpunkt mit Hilfe des relativ ungenauen H_2S-Radars markiert. Bei geschlossener Wolkendecke aber waren die Zielmarkierungen für die Bombenschützen unsichtbar. Dann mußte das Ziel durch bunte Fallschirm-Leuchtbomben, die sogenannten »Himmelsmarkierungen«, gekennzeichnet werden. Die Pfadfinder mußten diese so plazieren, daß die Bomben zwischen ihnen hindurchflogen und das darunterliegende verdeckte Ziel trafen – eine stets sehr schwierige Aufgabe! Fast unmöglich zu lösen war diese Aufgabe jedoch, wenn starke Höhenwinde die Leuchtbomben zu versetzen begannen, sobald die Fallschirme sich geöffnet hatten. Diese Himmelsmarkierungsmethode trug den Decknamen »Wanganui«. Oft war der Bombenwurf nach dieser Taktik ungenau. Aber die Resultate waren immer noch besser, als wenn die Bomberflotte ihre Sprengkörper blindlings durch die Wolkendecke geworfen hätte.

Es gibt eine interessante Geschichte darüber, wie eines Tages die drei Decknamen für die Markierungen im Hauptquartier der Pfadfinder ausgesucht wurden. Der australische Kommandeur der Pfadfinder, Bennett, wählte Parramatta, den Namen seines Geburtsortes. Ein neuseeländischer Offizier nannte Wanganui, seinen Wohnort. Und eine Luftwaffenhelferin, allgemein »Sonnenschein« genannt, durfte den dritten Namen auswählen. Sie stammte aus Newhaven in Sussex.

Oft gab es einen Master-Bomber, manchmal »Zeremonienmeister« genannt, einen erfahrenen Pfadfinder-Piloten, der sich während des ganzen Angriffs über dem Ziel aufhielt, die Genauigkeit der Markierungen bewertete und den Besatzungen der Hauptflotte über Sprechfunk Ratschläge gab.

Für die weniger erfahrenen Besatzungen bedeutete es eine große moralische Unterstützung, wenn sie in ihren Kopfhörern die ruhige Stimme des Zeremonienmeisters vernahmen, der sie ins Ziel einwies und ihnen sagte, wo die besten Zielmarkierungen standen. Aber auch dieses System funktionierte nicht immer reibungslos.

Bei Flächenbombardements war es immer das Bestreben, die angeflogene Stadt in Brand zu setzen und durch Feuer zu zerstören. Aus diesem Grund lag der Zielpunkt gewöhnlich nahe beim Stadtzentrum, weil dort die älteren Gebäude lagen, die am besten brannten. Die erste Welle über dem Ziel führte lediglich Sprengbomben mit, um die Straßen zu blokkieren und die deutsche Feuerwehr in Deckung zu zwingen. Die Bombenlast der Hauptflotte dagegen bestand hauptsächlich aus 1800 kg-Spreng- und Brandbomben. Die 1800 kg-»Wohnblockknacker« waren einfach dünnhäutige, mit Sprengstoff gefüllte Zylinder. Sie besaßen keine Durchschlagskraft und waren auch nicht besonders genau, aber sie hatten eine gewaltige Druckwirkung. Ein »Wohnblockknacker«, der beim Angriff auf Nürnberg im Notwurf über einem Vorort von Köln ausgeklinkt worden war, zerstörte nur zwei Häuser, aber beschädigte weitere 793. Die Deutschen nannten sie Luftminen, vielleicht deshalb, weil die allerersten Typen an einem Fallschirm abgeworfen worden waren.

Es gab verschiedene Arten Brandbomben. Am häufigsten wurde die vierpfündige Magnesium-Brandbombe geworfen, von den Deutschen Stabbrandbombe genannt. Über eine halbe Million dieser kleinen Brandbomben regneten bei einem einzigen Angriff auf eine deutsche Stadt! Die »Wohnblockknacker« sollten die Dächer und Fenster der alten Häuser im Zentrum der Städte eindrücken, und die Brandbomben sollten sie anzünden.

Der unersättliche Hunger der RAF nach Bomben brachte auch weniger zuverlässige Typen zum Einsatz. Viele Berichte erwähnen die hohe Anzahl von Bomben, die gar nicht explodierten. In einem Bericht wird behauptet, 60 Prozent aller »Allzweck«-Sprengbomben seien unbrauchbar gewesen. Ein anderer besagt, 25 Prozent aller Sprengbomben hätten versagt. Keiner dieser Berichte wird durch zuverlässige Forschungsergebnisse abgesichert. Eine deutsche Übersicht über 30434 Bomben, die später im Jahr 1944 auf die Hydrierwerke geworfen wurden, zeigt jedoch, daß 18,9 Prozent der RAF-Bomben und 12,2 Prozent der USAAF-Bomben nicht explodierten.*

Manche Bomberbesatzungen flogen ihre Angriffe auch nicht mit der notwendigen Einsatzbereitschaft. Es gibt viele Berichte, wonach Bomben über dem Meer abgeworfen wurden oder Flugzeugführer sich der Bomben-

* Details nach: *Offizielle Geschichte,* Bd. 4, S. 519

ladung entledigten, um Höhe zu gewinnen, wenn der Bomberstrom von Jägern angegriffen wurde. Auch am Ziel flogen manche Besatzungen nicht bis zum Zielpunkt, sondern klinkten ihre Bomben früher aus und machten kehrt. Das Ergebnis dieses Verhaltens war als »Zurückkriechen« der Bombeneinschläge bekannt, und trotz aller Bemühungen konnte es nie völlig verhindert werden. Fotografisches Beweismaterial zeigt, daß bei einem Angriff auf Berlin das Zurückkriechen 45 Kilometer betrug, aber dies ist ein ungewöhnliches Beispiel.

In einem Bericht über die Moral während der Luftschlacht über Berlin nannte Air Vice-Marshal Bennett diese Besatzungen geringschätzig »Kurzwarenkrämer«. Trotz dieser menschlichen Schwächen hatte, hauptsächlich dank Bennett und seinen Pfadfindern, die Zielgenauigkeit erheblich zugenommen. Alle Flugzeuge waren jetzt mit Kameras ausgerüstet. Im Jahre 1943 bewiesen die Fotos, daß nahezu zwei Drittel aller Bomben innerhalb von fünf Kilometern vom Zielpunkt fielen.

Auf der einen Seite wurden die Technik des Bombens und seine Genauigkeit immer besser, auf der anderen wuchsen auch die Gefahren für die Besatzungen. Die Deutschen verteidigten ihre Städte mit Entschlossenheit und Einfallsreichtum. Die Flak forderte weiterhin ihren Zoll, aber der Hauptfeind des Bombers waren jetzt die Nachtjäger. Sie erzielten rund zwei Drittel der Abschüsse in der Luftschlacht um Berlin. Die Bomber waren lediglich mit kleinkalibrigen Maschinengewehren bewaffnet, die gegen die Bordkanonen der Nachtjäger nicht aufkamen. Die Bordschützen hatten deshalb Befehl, erst dann zu schießen, wenn sie angegriffen wurden. Verstecken in der Dunkelheit und Ausweichen wurde für sicherer erachtet, als sich in einen Kampf mit einem Angreifer einzulassen. Falls man angegriffen wurde, galt das »Korkenzieher-Manöver«, ein fortgesetztes vertikales Kurven, als das beste Mittel, um dem Jäger zu entkommen. Ein deutsches Nachtjäger-As verfolgte eine kurvende Lancaster drei Viertelstunden lang, ohne auch nur einmal in Schußposition zu kommen.

In der Luftschlacht um Berlin wurde die Bombenlast der Lancaster erhöht. Aber das höhere Fluggewicht nahm den Viermotorigen ihre Manövrierfähigkeit. Deutsche Nachtjäger berichten, von diesem Moment an sei es für sie leichter gewesen, einen Bomber abzuschießen. Im allgemeinen waren die Chancen eines Bombers, der Vernichtung zu entgehen, gering, wenn ein guter Nachtjäger ihn aufgespürt hatte. Deshalb ist es nicht verwunderlich, daß Bennetts »Kurzwarenkrämer« ihre Bomben vorzeitig abwarfen, um ihre Chancen etwas zu verbessern.

Wenn die Operationen im Jahre 1939 gezeigt hatten, daß der auf sich selbst angewiesene Bomber bei Tageslicht nicht überleben konnte, so beraubte die zunehmende Schlagkraft der deutschen Nachtjagd im Winter 1943 die Bomber des Schutzes der Dunkelheit. Die Bomberverluste wurden so groß, daß es nun immer mehr auf die Rettung von Mensch und Material ankam, damit das Bomberkommando eine lebensfähige Truppe blieb.

Eine Zeitlang wurden die Bomber mit einer Vielzahl Geräte ausgestattet, und es gab eine Menge Decknamen. »Mandrel« war ein Gerät, um das deutsche Boden-Radar zu stören. »Tinsel«, ein nahe einem Bombermotor montierter kleiner Sender, wurde eingeschaltet, wenn Befehle an die Nachtjäger durchgegeben wurden. »Monica« und »Fishpond« warnten beide bei Annäherung deutscher Jäger. Weil jedoch auch viele Bomber in der Nähe waren, gab es häufig falschen Alarm. Was noch schlimmer war: Kaum war »Monica« Anfang 1943 eingeführt, hatten die Deutschen es auch schon entdeckt. Sie entwickelten ein Bord-Gerät, mit dem sie die Impulse von »Monica« orten konnten. Im Juli 1944 landete aus Versehen ein mit diesem Gerät ausgestatteter deutscher Nachtjäger auf einem britischen Flugplatz. Als die RAF das Gerät ausprobierte, entdeckte sie zu ihrem Schrecken, daß es »Monica«-Impulse von einem Bomber in 200 Kilometer Entfernung empfangen konnte. Das war das Ende von »Monica«.

Ein anderes, erfolgreicheres Gerät war die »Fliegende Zigarre«, deren Deckname später auf »A.B.C.« verkürzt wurde. In jeder Lancaster-Staffel wurde eine Maschine mit drei Sendern ausgerüstet, die von einem zusätzlichen, Deutsch sprechenden Besatzungsmitglied bedient wurden. Seine Aufgabe war es, die »Reportage« der deutschen Jägerleitstellen zu stören. Diese A.B.C.-Lancaster trugen eine normale Bombenladung und flogen bei allen Angriffen im Bomberstrom mit. Bald nach seiner Einführung waren die Deutschen auch über A.B.C. genau informiert, aber es scheint keinen ernsthaften Versuch gegeben zu haben, diese Ausstrahlungen anzupeilen. A.B.C. bereitete den deutschen Jägerleitoffizieren gewiß Schwierigkeiten. Sie mußten eine Vielzahl von Kniffen verwenden, um diese und andere Störungen zu überwinden.

Das Bomberkommando führte auch Langstrecken-Nachtjäger vom Typ Mosquito ein, obgleich ein enger Schutz der Nachtbomber unmöglich war. Jäger waren schon seit Jahren in geringer Höhe tief nach Europa eingeflogen und hatten versucht, besonders bei Start und Landung feindliche Maschinen abzuschießen. Diese zu Recht »Eindringlinge« genannten Maschinen wurden jetzt direkt mit den Bomberverbänden der RAF koordiniert. Sie flogen über bekannte deutsche Nachtjagd-Einsatzhäfen, die in Reichweite der Flugroute des Bomberstroms lagen. Eine spätere Entwicklung war der »Serrate«-Mosquito. »Serrate« war ein Spezialempfänger, der auf die seit 1943 eingeführten deutschen Bord-Radargeräte ansprach. Sowohl die »Eindringlinge« als auch die »Serrate«-Mosquitos schossen mehr Gegner ab, aber das Problem, den Nachtbombern ausreichenden Jagdschutz mitzugeben, blieb ungelöst.

Eine weitere Hilfe für die Bomber waren die Ablenkungsangriffe. Im Laufe der Luftschlacht um Berlin wurde diese Taktik eingeführt und in großem Maßstab entwickelt. Ausbildungsmaschinen oder ausgemusterte Bomber bildeten einen eigenen Pulk und flogen vor oder gleichzeitig mit dem Hauptbomberstrom auf die feindliche Küste zu, um dann im letzten Augenblick abzudrehen. Kleine Gruppen Mosquito-Bomber sorgten für weitere Ablenkung, indem sie tief in deutsches Gebiet flogen und dort ein Pseudoziel mit Leuchtbomben und Zielmarkierungen belegten – ohne daß dort ein Großangriff stattfand. Bei all diesen Ablenkungsmanövern wurden reichlich »Windows« abgeworfen, damit das deutsche Radar nicht so leicht die kleine Ablenkungsgruppe vom Hauptangriff unterscheiden konnte. Ziel all dieser Tricks war es, die deutschen Jägerleitstellen zu verwirren und, falls möglich, dazu zu bringen, ihre Nachtjäger am falschen Ort oder zur falschen Zeit einzusetzen.

Dies sind in kurzen Zügen die Taktiken eines Luftangriffs zur Zeit der Schlacht um Berlin. Die einfachen Bombenangriffe der Jahre 1940 und 1941 hatten einer sorgfältig geplanten, höchst komplizierten Operation Platz gemacht. Der nächtliche Himmel hing nun voller Flugzeuge. Sie waren entweder schwer beladen oder sehr schnell, elektronische Signale wurden gesendet, reflektiert, aufgefangen und brachten oft demjenigen den Tod, der mit ihrer Hilfe dem Tode zu entkommen suchte. Der Bombenkrieg war fast zu einem Wettbewerb der Technologie geworden, und jede Auseinandersetzung bedeutete den Verlust einer großen Zahl von Menschenleben.

Das Bomberkommando

Die »Frontlinie« des Bomberkommandos bestand aus einer großen Kette aus 54 Einsatzhäfen, die sich von Carlington bis Cambridge durch Ostengland erstreckte. Etwa ein Drittel davon waren schon vor dem Krieg RAF-Stützpunkte gewesen und verfügten über ausgedehnte Einrichtungen und bequeme Unterkünfte. Die Besatzungen bemühten sich, in diese »Ginpaläste« versetzt zu werden. Die weniger Glücklichen mußten sich mit den spartanischen Nissenhütten auf den Behelfsflugplätzen zufrieden geben. Sir Arthur Harris befand sich mit seinem Hauptquartier in High Wycombe achtzig Kilometer vom nächsten Einsatzhafen, Gransden Lodge, und über 320 Kilometer von dem kanadischen Flugplatz in Middleton St. George entfernt.

Zwischen dem Hauptquartier des Bomberkommandos und den Einsatzstaffeln befanden sich noch drei Kommandoebenen; alle wichtigen Entscheidungen aber wurden von Harris selbst getroffen. Selten hatte ein militärischer Befehlshaber eine derart mächtige und flexible Streitmacht unter direkter persönlicher Kontrolle.

Die Bombergroup war eine schon lange bestehende Organisation, zusammengesetzt aus etwa zwölf Squadrons (Staffeln), die im Idealfall mit demselben Flugzeugtyp ausgerüstet waren. Im März 1944 bestand das Bomberkommando aus sieben Groups im Einsatz, drei Groups in Ausbildung und einer Nachrichtengroup.

Die von einem Wing Commander befehligte Squadron war die operative Grundeinheit. Ein Einsatzhafen war zugleich Heimat für eine bis zwei Squadrons, die im Schnitt aus je 30 bis 40 Bombern bestanden.

Die sieben Einsatzgroups lagen in drei bestimmten Gebieten: in Yorkshire, Lincolnshire und East Anglia. In Yorkshire waren zwei Groups stationiert, zu denen alle mit Halifax-Bombern ausgerüsteten Squadrons des Bomberkommandos gehörten. Die 13 Squadrons der 6. Group stammten alle von der RCAF (Royal Canadian Air Force), der Königlich Kanadischen Luftwaffe. Ihr Kommodore war ein kanadischer Offizier, und fast alle laufenden Kosten wurden von Kanada aufgebracht. Dennoch war die 6. Group voll im Bomberkommando integriert.

Jede kanadische Squadron hatte ihren eigenen Namen; zumeist kanadische Städte oder Vögel und wilde Tiere des Landes, aber auch Namen anderen Ursprungs. Die Squadron 428 führte angeblich ihren Namen »Gespensterstaffel« darauf zurück, daß lange Zeit nach ihrer Aufstellung keine einzige Besatzung eine volle Einsatzperiode überlebte. Die Squadron 425 (Lerche) bestand überwiegend aus Franko-Kanadiern. Und für Squadron 427 (Löwe) hatte Metro-Goldwyn-Mayer in Hollywood die Patenschaft übernommen, deren bekannten Filmlöwen sie in ihr Wappen übernahmen. Die Besatzungsmitglieder bekamen einen Sonderausweis, der ihnen zwei Freiplätze in jedem Kino sicherte, das M-G-M-Filme zeigte.

Zwei Squadrons der Kanadier waren mit Lancaster ausgerüstet, den anderen wurde nach und nach dieser hervorragende Flugzeugtyp zugeteilt. Einige dieser Lancaster gehörten zu dem verhältnismäßig seltenen Typ Mark II mit einem MG-Stand an der Unterseite der Maschine. So schnell sie die entsprechenden Bauteile aus den Vereinigten Staaten bekommen konnten, bauten die Kanadier ähnliche Stände in die Bäuche auch der anderen Maschinen ein. Dies erforderte jedoch eine achtköpfige Besatzung.

Die 6. Group war im Januar 1943 aufgestellt worden, aber 1943 wurde ein schlechtes Jahr für die Kanadier. Durch die rasche Erweiterung mangelte es an erfahrenen Staffelkapitänen. Eine Serie schwerer Verluste beeinträchtigte die Moral. Erst Ende des Jahres hatte sich die Group konsolidiert und viele ihrer Probleme gelöst. Im Februar 1944 übernahm ein neuer Chef das Kommando: Air Vice-Marshal C. M. McEwen, ein Jagdflieger aus dem Ersten Weltkrieg, der wegen seiner dunklen Hautfarbe den Spitznamen »Black Mike« trug.

Nachbar der Kanadier war die 4. Bombergroup, die mit neun RAF-Squadrons und der australischen Squadron 466 im südlichen und östlichen Yorkshire lag. Dies war eine Vorkriegseinheit, die ursprüngliche Nachtbombergroup, deren zweimotorige Whitley in den allerersten Kriegsnächten nach Deutschland geflogen waren und Flugblätter abgeworfen hatten. Jetzt flog die Group durchgehend viermotorige Halifaxbomber. Sie war nie eine der glänzenden Elite-Einheiten mit irgendwelchen Sondereinsätzen. Seit 1939 war sie in den Norden Englands verbannt worden. Sie tat ihre Pflicht im Bombenkrieg, flog zumeist mit minderwertigen Flugzeugen und hatte überdurchschnittlich hohe Verluste: das typische Arbeitspferd des Bomberkommandos.

Der neue Kommodore war Air Vice-Marshal Roderick Carr, ein Neuseeländer mit gutem Ruf. Aber Teile seiner Group befanden sich zum Zeitpunkt des Angriffs auf Nürnberg auf einem moralischen Tiefpunkt. Da seit November 1943 die Stirlingbomber nicht mehr bei Großangriffen eingesetzt wurden, waren die Halifax – mit einer geringeren Diensthöhe als die Lancaster – zur Hauptbeute der deutschen Nachtjäger geworden. In der hart umkämpften Luftschlacht um Berlin hatte die 4. Group schwere Verluste erlitten und erholte sich auch nicht mehr davon. Carr und viele andere mögen protestieren und sagen, die Moral sei keineswegs schlecht gewesen, aber es steht fest, daß schwere Verluste bei fortwährenden Einsätzen mit minderwertigen Flugzeugen ihre Narben hinterlassen.

Weiter südlich, in Lincolnshire, waren zwei nur mit Lancaster ausgerüstete Groups beheimatet. Im Norden der Grafschaft die 1. Group unter Air Vice-Marshal E. A. B. Rice, einem Südafrikaner, dem eine im Ersten Weltkrieg erhaltene Beinwunde schwer zu schaffen machte. Rice war ein Freund und Bewunderer von Sir Arthur Harris. Seine Ansicht und die seiner Group war, die schwerstmöglichen Bombenlasten so oft wie möglich nach Deutschland zu schaffen.

Die 1. Group bestand aus elf Sqadrons, von denen drei besonderer Erwähnung wert sind. Die Squadron 101 in Ludford Magna war diejenige, deren Flugzeuge mit dem A.B.C.-Störgerät ausgerüstet waren und deren Lancaster mit acht Mann Besatzung jeden langen Angriff mitflogen – oft auch dann, wenn die übrige Group Ruhe hatte. Ihre Besatzungen behaupteten, an mehr Angriffen teilgenommen zu haben als jeder andere im Bomberkommando. Squadron 460 in Binbrook war die dienstälteste der vier australischen Staffeln und die Squadron 300 (Masuren) die einzige polnische Staffel im Bomberkommando. Bis Anfang März 1944 flogen die Polen die letzten Wellington, die noch im Einsatz waren. Zum Zeitpunkt des Angriffs auf Nürnberg wurden die Polen auf Lancaster umgerüstet, weshalb sie das Glück hatten, an diesem Angriff nicht teilzunehmen.

Anschließend kam die 5. Group, deren Flugplätze in den niedrigen Hügeln von Mittel-Lincolnshire lagen. Falls man irgendeinem Teil des Bomberkommandos einen gewissen Glanz nachsagen kann, so gilt dies für die 5. Group und vielleicht für die Pfadfinder. Die 5. Group wurde als erste mit den Lancaster-Viermots ausgerüstet. Sie hatte die durch den Talsperrenangriff berühmte Squadron 617 aufgestellt und betreute sie. Ihre Flieger bekamen mehr als die Hälfte der Victoria-Kreuze, der höchsten britischen Tapferkeitsauszeichnung, die dem Bomberkommando verliehen wurden. Im März 1944 war sie die größte aller Groups mit insgesamt 13 Staffeln.

Früher im Krieg hatte Harris selbst die 5. Group geführt, und andere Kommodore hatten das Gefühl, daß er sein altes Geschwader noch immer den anderen vorzog. Dies ist möglich, aber es ist auch denkbar, daß es an dem derzeitigen Kommodore, Air Vice-Marshal The Hon. Ralph Cochrane lag, der mehr als die meisten seiner Zeitgenossen zu bieten hatte. Cochrane hatte im Ersten Weltkrieg Zeppeline der britischen Marineluftwaffe geflogen. Er war ein zurückhaltender, ernster Mann und dauernd bemüht, die Bombertaktiken generell und die Zielgenauigkeit insbesondere zu verbessern, und das zu einem Zeitpunkt, zu dem nach landläufiger Meinung mit den Flächenbombardierungen ein System eingeführt war, das bis zum Ende des Krieges genügen würde.

Auf unterer Ebene waren die Besatzungen anderer Groups neidisch auf

Obgleich kaum jemand neutral blieb, wenn es um Bennett ging, gab es in einem Punkt keinen Zweifel: Er hatte das volle und absolute Vertrauen der Pfadfinder-Besatzungen. So mochten sie ihn für intolerant und nur schwer zufriedenzustellend halten, wegen seiner Fähigkeiten als Flieger und seiner Führungsstärke folgten sie ihm bedingungslos. »War man nicht religiös, dann glaubte man, Bennett sei Jesus Christus. War man religiös, dann kam er gleich danach.« (Flight Lieutenant C. S. Chatten, Squadron 97).

Im März 1944 hatte Bennetts Pfadfinder-Group sieben Lancaster-Squadrons, fünf Mosquito-Squadrons und den ebenfalls mit Mosquitos ausgestatteten Wetterbeobachtungsschwarm. Jede Lancastersquadron wurde von der Bombergroup unterstützt, welche die Staffel ursprünglich zum Aufbau der Pfadfindereinheit abgegeben hatte. Auch weitere freiwillige Besatzungen kamen von dort. Dieses System hatte jedoch seine Mängel. Es gab viele Beschwerden darüber, daß die Geschwader nicht ihre besten Besatzungen ermunterten, sich zu den Pfadfindern zu melden. Das Bomberkommando hatte angeordnet, die Pfadfinder sollten auf diese Weise nur zwei Drittel der angeforderten Mannschaften bekommen. Der Rest kam von Ausbildungseinheiten, dem Küstenkommando, aus dem Nahen Osten und von überall her, wo geeignete Männer gefunden werden konnten. Gewöhnlich waren es gute Leute, aber die offizielle Kriegsgeschichte spricht im Zusammenhang mit den Pfadfindern davon, sie hätten häufig »mit dem Ballast von Besatzungen aus ehemaligen Ausbildungseinheiten zu kämpfen gehabt«. Man kann den Mut von Männern, die sich freiwillig zu längeren als den üblichen Einsatz-Dienstzeiten gemeldet hatten, kaum bezweifeln. Es gibt jedoch Beweise dafür, daß der allgemeine Erfahrungsstand und das Können der Pfadfinder am Ende der Schlacht um Berlin weit unter dem Niveau lagen, das Bennett gern gesehen hätte.

Zwei Mosquito-Squadrons sind besonderer Erwähnung wert. Squadron 139 (Jamaica) hat als einzige Staffel sowohl am ersten als auch am letzten Luftangriff des Krieges in Europa teilgenommen: Wilhelmshaven und Kiel. Das »Jamaica« im Titel sollte die Anerkennung für eine Spende dieser Insel zum Kauf von Flugzeugen für die RAF sein, aber im Jahre 1944 waren die Angehörigen der Squadron wahrscheinlich mehr an dem Jamaica-Rum interessiert, der ihnen reichlich zufloß. Eine andere Geldspende zum Kauf von Flugzeugen, diesmal von der britischen Gemeinde in Buenos Aires und anderen dort lebenden Freunden der Alliierten, hatte dazu geführt, daß der Name dieser Organisation von einer Squadron getragen wurde. Es war die Squadron 692, »die Gemeinschaft der Blasebälge«, eine eigenartige, aber durchaus offizielle Bezeichnung.

Unter Flugzeugführern und Navigatoren gab es einen großen Wettbewerb, um zu den Pfadfindern versetzt zu werden. Dieses Privileg blieb gewöhnlich denen vorbehalten, die entweder eine bestimmte Einsatzzeit auf schweren Bombern abgeleistet oder lange als Instrukteure in Ausbildungseinheiten verbracht hatten. Von Piloten wurde normalerweise der Nachweis von mindestens tausend Flugstunden als verantwortliche Flugzeugführer verlangt, weil die Mosquitos eine sorgfältige Behandlung erforderten. Diese Anforderungen führten dazu, daß Mosquito-Besatzungen oft die »alten Hasen« im Bomberkommando waren.

Für die längere Einsatzzeit und die rigorosen Maßstäbe erhielten die Pfadfinder-Besatzungen zweierlei Anerkennung. Wenn sich ein Mann als Pfadfinder qualifiziert hatte – meist nach Prüfungen, die sich Bennett selbst ausdachte –, wurde er um einen Dienstgrad befördert und bekam, allerdings nur auf Zeit, das Pfadfinderabzeichen verliehen. Dies war ein kleiner RAF-Adler, den man unter dem Tätigkeitsabzeichen trug. Erst wenn der Mann eine bestimmte Zahl von Feindeinsätzen ohne Tadel hinter sich gebracht hatte, oder wenn er auf dem Feindflug vermißt wurde, wurde ihm das hoch geschätzte Abzeichen endgültig verliehen. Andererseits machte Bennett kein Hehl aus seiner Meinung, für Überlebende werde es bei den Pfadfindern kein Victoria-Kreuz geben – und es gab auch keines.

Die letzte Group, die im Bomberkommando aufgestellt wurde, war die im nördlichen Norfolk stationierte Bomber-Support Group 100. Der Erfolg der deutschen Nachtjäger im Jahre 1943 hatte direkt zur Bildung mehrerer Einheiten geführt, die die Bomber auf verschiedene Weise zu unterstützen hatten.

Im November wurden sie zu der neuen Group 100 zusammengefaßt, deren Chef der Commodore (später Air Vice-Marshal) E. B. Addison war, ein Nachrichtenfachmann und Spezialist für elektronische Gegenmaßnahmen.

Im letzten Kriegsjahr sollte die Group 100 große Taten vollbringen, zur Zeit des Angriffs auf Nürnberg war sie noch nicht voll einsatzbereit. Sie hatte drei Squadrons mit »Serrate«-Mosquitos, die mit veralteten Radargeräten ausgestattet waren (man brauchte sowohl ein gewöhnliches Radargerät als auch die »Serrate«-Ausrüstung). Ihr Erfolg war gering: Bis Ende März 1944 hatte die Squadron 239 nur drei deutsche Nachtjäger abgeschossen, selber aber sechs Mosquitos im Einsatz und in der Ausbildung verloren. Eine vierte Mosquito-Squadron, die als »Eindringlinge« Tiefangriffe gegen deutsche Nachtjagd-Einsatzhäfen fliegen sollte, war ebenfalls noch nicht einsatzbereit. Die mit Halifax und Mosquito ausgerüstete Squadron 192 war als einzige einsatzbereit für elektronische Gegenmaßnahmen, aber nur eine Handvoll Flugzeuge flog mit dem Bomberstrom und spürte deutsche Radarimpulse auf; sie wirksam zu stören, waren sie noch nicht in der Lage.

Dies war also das Bomberkommando am Vorabend des Angriffs auf Nürnberg: Sieben Groups, 76 Squadrons oder »Staffeln«, etwa eintausend

Flugzeuge. Von einigen Ausnahmen abgesehen war der Einsatzwille beträchtlich, und es gab genug Besatzungen, wenn auch ihre durchschnittliche Erfahrung durch schwere Verluste in jüngster Zeit gefährlich vermindert worden war.

Nach mancherlei Versuchen und Irrtümern bestand die normale Besatzung eines schweren Bombers nun aus sieben spezialisierten Soldaten: dem Piloten, dem Navigator, dem Bombenschützen, dem Funker, zwei Bordschützen und dem Bordmechaniker.

Die Besatzungen formierten sich in einer operativen Ausbildungseinheit der RAF, in der mit Ausnahme des Bordmechanikers und eines Bordschützen alle als Besatzung auf Wellington oder Whitley geschult wurden. Ein Lehrgang umfaßte immer 16 Besatzungen. Die Männer wurden in einem Flugzeugschuppen oder einer großen Halle zusammengezogen, und es wurde ihnen überlassen, »Crews« zu bilden. Auf diese legere Weise taten sich Männer zusammen, um dem entgegenzusehen, was für die meisten die schwerste Prüfung ihres Lebens werden sollte. Am Ende des Lehrgangs wurden je ein Bordmechaniker und ein Bordschütze zur Vervollständigung der Besatzung zugeteilt.

Jedermann wollte Flugzeugführer sein. Und wirklich, wer die harte Auswahl und Pilotenausbildung überstand, konnte schon als »Auslese« betrachtet werden. Häufig gab es Beschwerden von anderen Fliegern, dies sei eine reine Piloten-Luftwaffe, und bis zu einem gewissen Grad stimmte das auch. Für die Bomberpiloten gab es reichlich Beförderungen und Auszeichnungen, aber man sollte sich immer vor Augen führen, daß der Flugzeugführer außer für sein eigenes noch für sechs weitere Leben verantwortlich war und es oft von seiner Entscheidung abhing, ob die anderen lebten oder starben. Kam es zu einem Zusammenstoß, so mußte der Pilot so lange am Steuer bleiben, bis alle anderen Besatzungsmitglieder das Flugzeug sicher verlassen hatten. Jeder Pilot wußte, daß er bei Gefahr die geringste Überlebenschance hatte.

Freilich, jeder Mann im Bomber war vom anderen abhängig, jeder trug zum Überleben der Besatzung und zu ihrem Erfolg im Einsatz bei. Es war Aufgabe des Navigators, die Maschine auf dem rechten Kurs zu halten, das Ziel zu erreichen, verteidigte Gebiete zu vermeiden und schließlich das heimatliche Flugfeld zu finden. In den kanadischen Staffeln war der Navigator sogar Kommandant des Flugzeugs, wenn er im Rang höher stand als der Pilot. Der Navigator konnte sich während des Fluges nie mehr als einige wenige Minuten ausruhen und mußte komplizierte Berechnungen durchführen. Viele litten unter Luftkrankheit.

Navigatoren galten als in sich gekehrte, zurückhaltende Leute. Sie waren wahrscheinlich die unkriegerischsten unter der Besatzung, empfindsame, gebildete Menschen, die ihre eigene Clique bildeten. Navigatorische Schwierigkeiten wurden oft ohne Aufhebens von dieser »Gewerkschaft der Navigatoren« erledigt.

Der Bombenschütze wurde erst 1942 in die Besatzung eingeführt; bis dahin hatte der Navigator gezielt und die Bomben ausgeklinkt. Wenn jetzt die Maschine im Angriffsflug über dem Ziel war, übernahm der auf dem Bauch liegende Bombenschütze – in der Stellung, wie sie zwanzig Jahre zuvor der Squadron Leader Arthur Harris im Irak entwickelt hatte – das Kommando, und der Pilot befolgte seine Anweisungen, bis die Bomben ausgeklinkt und das Zielfoto geschossen war. Bei den Pfadfindern und in anderen Staffeln, die das Bodensichtradar H_2S hatten, war meist der Bombenschütze dafür ausgebildet, neben dem Navigator sitzend das H_2S-Gerät zu bedienen. Sonst versuchte er von seiner Position in der Bugkanzel des Flugzeugs, sich anhand von Karten zu orientieren. Der Bombenschütze hatte auch die »Windows« abzuwerfen und die MG's im vorderen Stand zu betätigen. Schließlich bekam er eine gewisse Ausbildung als Flugzeugführer, um im Notfall einzuspringen.

Waren der Flugzeugführer, der Navigator und der Bombenschütze das »Gehirn« einer Besatzung, so die anderen – der Funker, der Bordmechaniker und die beiden Bordschützen – die »Handwerker«. Es gab jedoch kaum Hochnäsigkeit, sondern viel echte Kameradschaft zwischen den beiden Gruppen; die meisten Besatzungen waren sich kaum bewußt, daß der Unterschied überhaupt offiziell existierte.

Der Funker saß neben dem Navigator und war für alle Meldungen vom und zum Stützpunkt verantwortlich. Vom Bomber selbst war ausnahmslos Funkstille zu wahren. Mithin hatte der Funker wenig mehr zu tun, als die halbstündlich gefunkten Sprüche vom Stützpunkt aufzunehmen. Sie enthielten die verschlüsselten »Rundspruchwinde«, gelegentlich Rückzugsbefehle, aber selten etwas anderes. Deshalb wurde der Funker als Reserveschütze ausgebildet, er bediente »Fishpond«, ein verbessertes Radargerät, das vor anfliegenden Jägern warnte, und er konnte vom Flugzeugführer in jeden Teil der Maschine geschickt werden, um die auftretenden Pannen zu beheben. Geriet das Flugzeug jedoch in Schwierigkeiten, so wurde der Funker ein lebenswichtiges Besatzungsmitglied. Seine Funkpeilungen gaben dem Piloten sofort die Position. Wurde ein Aussteigen über dem Meer unvermeidlich, so mußte er bis zum letzten Augenblick an seinem Platz bleiben und Notsignale geben.

Der Bordmechaniker wurde ebenfalls erst 1942 in die Besatzung eingeführt, als man die alte Stellung des zweiten Flugzeugführers fallen ließ. Er fungierte auf vielerlei Weise als Kopilot, überwachte die Instrumente und half bei Start und Landung. Im Notfall hatte er ebenfalls eine äußerst wichtige Aufgabe: Seine Berechnung der Treibstoffreserve mußte stimmen.

Die bisher genannten fünf Besatzungsmitglieder arbeiteten im vorderen Teil des Bombers zusammen, der geheizt war. Sie hatten eine gewisse Bewegungsfreiheit. Die beiden Bordschützen jedoch waren, jeder in seinem Turm, völlig isoliert. In ihren hinderlichen, elektrisch geheizten Anzügen waren sie gezwungen, stundenlang in der Enge ihrer Türme auszuhalten. Sie hatten von der gesamten Besatzung den unbequemsten und langweiligsten Job. Ihre Hauptaufgabe bestand darin, den Flugzeugführer durch die Beobachtung eines Angreifers zu Ausweichmanövern zu veranlassen. Im Kampf hing oft von der »Reportage« der Bordschützen die tatsächliche Kontrolle über das Flugzeug ab. Oft beendeten Bordschützen ihre Einsatzzeit, ohne auch nur einmal ihre Maschinengewehre benutzt zu haben. Der beste Bordschütze war derjenige, der wußte, wann er *nicht* schießen durfte, um nicht die Aufmerksamkeit auf sein Flugzeug zu lenken. Die Bordschützen saßen auf einem Feindflug sechs Stunden lang oder länger in äußerster Kälte und starrten in die Dunkelheit, immer in der Hoffnung, einen deutschen Jäger zu entdecken, ehe der das Feuer eröffnete.

Alle fliegenden Besatzungen, junge Männer des britischen Empire, aber auch aus anderen alliierten Ländern, waren Freiwillige, die harte physische und verzwickte Intelligenzprüfungen bestanden hatten. Trotz der schweren Verluste mangelte es zu keinem Zeitpunkt an Bewerbern. Oft dauerte es selbst nach der Annahme noch lange Zeit, ehe die Ausbildung begann. In einer Streitkraft, in der nicht Herkunft oder Erziehung, sondern Fähigkeit der entscheidende Faktor war, fanden sich die Besten in der Frontlinie des Bomberkommandos.

Diese Männer hatten sich aus verschiedenen Gründen gemeldet: Bei einigen war es echter Patriotismus, der Wunsch, Nazi-Deutschland niederzuringen und die Bombenangriffe auf Warschau, Rotterdam, London und Coventry zu rächen. Aber häufiger war es einfach der Wunsch zu fliegen und sich auf ein Abenteuer einzulassen, das ihren Mut bis zum Äußersten fordern würde.

Im Jahr 1944 flogen kaum noch Berufssoldaten aus der Vorkriegszeit mit den Bomberstaffeln. Beförderungen und Ausfälle hatten mit geringen Ausnahmen alle aus dem Weg geräumt. Die jüngsten Flieger waren die 19jährigen Bordschützen und Bordmechaniker, deren kürzere Ausbildungszeit sie schneller als die anderen Besatzungsmitglieder in den Einsatz brachte. Die meisten waren Anfang Zwanzig, nicht mehr als eine Handvoll Männer war in den Dreißigern. Nur ein Viertel der Besatzungen bestand aus Offizieren.

Im Bomberkommando gab es keine Staffel, die ausschließlich aus Angehörigen eines Landes bestand. Alle ergänzten sich durch Soldaten aus anderen Staaten. Auch die Besatzungen waren gemischt, und es gab nur wenige, denen nicht Männer aus zumindest zwei verschiedenen Ländern angehörten. Die Mischung der Nationalitäten ging quer durch bis zur höchsten Kommandoebene. Der Oberbefehlshaber war Rhodesier, und von den sieben Kommodores waren drei Engländer, einer Kanadier, einer Australier, einer Neuseeländer und einer Südafrikaner.

Über die Fähigkeiten von Männern aus verschiedenen Ländern gab es unterschiedliche Meinungen. Einige glaubten, der phlegmatische und gewissenhafte Charakter der Briten mache sie für Bombereinsätze besser geeignet, und die Nähe ihrer Heimat zu Europa und zum Kriegsschauplatz veranlasse sie zu besonderer Hingabe. Harris sagt in seinem Buch, diese Männer seien besonders tapfer gewesen und auch effektiver, weil sie eine bessere Schulbildung als die Besatzungen aus Übersee hatten. Dies mag zutreffen, aber es ist eine Tatsache, daß wegen des Menschenmangels der britische Anteil am Bomberkommando geringer wurde, je länger der Krieg dauerte, und Harris sich immer mehr auf Männer aus anderen Ländern verlassen mußte.

Aus Übersee stellten die Kanadier eindeutig das größte Kontingent. Sie waren eher unkompliziert, große Glücksspieler, scharf auf Mädchen und auch auf diesem Felde erfolgreich. Ihr transatlantischer Nationalcharakter unterschied sie etwas von den anderen Männern des Empire. Sie fielen nicht immer durch Flugdisziplin auf, und einige glaubten, ihre forsche Haltung prädestiniere sie mehr für Jagdfliegereinsätze. Die Kanadier stellten jedoch während des Kriegs ein Fünftel aller Besatzungen des Bomberkommandos, und sie erlitten auch ein Fünftel der Verluste.

Im Jahre 1944 kamen die Australier, ein Mann unter zehn, zahlenmäßig an nächster Stelle. Viele nahmen an, Australien habe seine besten Flieger für den Dienst in der RAF ausgesucht, und die australischen Besatzungen seien die besten im Bomberkommando. Besonders bei den Piloten glaubte man an ihre Naturbegabung für Bombereinsätze. Besatzungen mit australischen Bordkommandanten fühlten sich in guten Händen und glaubten an eine überdurchschnittliche Überlebenschance.

Neuseeland unterstützte eine Squadron im Bomberkommando für die gesamte Kriegsdauer und schickte außerdem auch einzelne Flieger, ruhige, zuverlässige Leute mit sehr gutem Ruf. Es gab auch Männer aus anderen Ländern des Empire und eine überraschend große Zahl von Iren aus dem Freistaat Irland. Ferner Amerikaner, die sich in Kanada oder in England vor Pearl Harbor freiwillig gemeldet hatten. Nach Amerikas Kriegseintritt wurden einige zurückversetzt, andere blieben in der RAF.

Daß auch Freiwillige aus den von Deutschen besetzten Ländern Europas im Bomberkommando dienten, ist leicht zu verstehen. Die Polen hatten ihre eigene Squadron, die Norweger eine Kette in einer Halifax-Squadron, und zwei französische Halifax-Squadrons stießen später im Jahr 1944 zur

4. Group. Alle diese Einheiten kämpften mit wilder Entschlossenheit, aber wegen fehlenden Ersatzes schrumpften sie zusammen und mußten mit anderen Besatzungen aufgefüllt werden.

Dies also waren die Männer, die im Jahr 1944 im Bomberkommando flogen.

Schätzungsweise 4500 Mann traten jeden Monat bei den Ausbildungseinheiten an und teilten sich in Besatzungen auf. Dem dreimonatigen Grundlehrgang folgte ein kürzerer Umschulungskurs für den Flug mit Viermotorigen auf der Halifax oder Stirling, und für Lancaster-Besatzungen gab es noch einen zusätzlichen Lehrgang. Jetzt war die Besatzung soweit, um einer Kampfstaffel zugeteilt zu werden. Bei einer Front-Squadron galten die neu angekommenen Besatzungen als »Novizen« und wurden einer weiteren Ausbildung unterworfen. Dabei mußte der Pilot bei einem oder zwei Angriffen mit einer erfahrenen Besatzung als Passagier mitfliegen. Die Veteranen haßten es, solche »Notsitzbenutzer« mitzunehmen, weil sie ein bereits überfülltes Cockpit noch mehr verstopften und ihre Anwesenheit oft als schlechtes Omen galt. Viele neue Piloten kamen von diesen Flügen, auf denen sie Fronterfahrung sammeln sollten, nicht zurück, und ihre Besatzung, nun als »kopflos« bezeichnet, mußte zur Ausbildungseinheit zurückkehren, um dort einen neuen Flugzeugführer zu bekommen – ein deprimierender Vorgang.

Wer diese Gefahr überstand, war nun für den Hauptteil des »Vertrages« mit der RAF bereit: die Einsatzzeit. Ihre Länge wurde vom Luftfahrtministerium bestimmt. Die normale Einsatzzeit für schwere Bomber entsprach dreißig Feindflügen. Alle Angriffe auf Deutschland galten als ein Feindflug. Bombenangriffe auf Belgien, die Niederlande und Frankreich bis 6 Grad östlicher Länge sowie Minenlegen in den Gewässern vor diesen drei Ländern galten jedoch nur als ein Drittel-Feindflug. Das Verminen deutscher Gewässer und innerhalb stark verteidigter französischer Häfen zählte wiederum als voller Feindflug. Flugblattabwurf wurde nicht bewertet, aber Urkunden zeigen, daß auch eine Besatzung, die Flugblätter abwarf, Anspruch auf das »Einsatz-Ei« hatte – das eifersüchtig gehütete Abzeichen der Besatzungen von Kampfflugzeugen. Ein abgebrochener Feindflug, offiziell als frühzeitiger Rückflug und inoffiziell als »Bumerang« bezeichnet, zählte nur dann, wenn die Bomben auf Deutschland abgeworfen worden waren. Besatzungen von Mosquito-Bombern brauchten 50 Feindflüge, diejenigen von »Serrate«-Mosquitos und von »Eindringlingen« 35 zur Erfüllung ihres Gesamtsolls.

Die Einsatzzeit der Pfadfinder betrug 45 Feindflüge, eingeschlossen solche, die bei einer anderen Bomberstaffel vor Eintritt in die Pfadfindergroup geflogen worden waren. Falls sie dies wollten, konnten Pfadfinderbesatzungen auch direkt hintereinander sechzig Feindflüge absolvieren. In diesem

Fall zählten die zusätzlichen 15 als zweite Einsatzzeit, und die Besatzung konnte nicht mehr zu weiteren Feindflügen angefordert werden. Dies alles muß mit den 200 Einsatzflugstunden des Jägerkommandos oder den 800 Flugstunden des Küstenkommandos für eine Einsatzzeit oder mit den 20 Tageslicht-Einsätzen für die Besatzungen amerikanischer schwerer Bomber verglichen werden.

Die entscheidende Frage, um die es für die Männer ging, lautete schlicht: »Werde ich das Ende meiner Einsatzzeit erleben?« Für den einzelnen war die Antwort auf diese Frage Glückssache und blieb bis zum Ende unbekannt. Es gab jedoch eine Menge Statistiken. Während des Krieges flog das Bomberkommando 364514 Einsätze bei Tag und bei Nacht. Hierbei wurden 8325 Flugzeuge vermißt – ein Totalverlust von 2,28 Prozent. Auf der Grundlage dieser Zahlenangaben würden 50,06 Prozent der Besatzungen ihre erste Einsatzzeit überlebt haben, die Chancen waren also ausgewogen.

Innerhalb dieses Zahlengebäudes gab es breite Variationen. Die Männer, die zur Zeit der Schlacht um England flogen, werden denken, dies sei der schlimmste Abschnitt des Bombenkrieges gewesen, aber das trifft nicht zu. Den Höhepunkt der Bomberverluste brachte das Jahr 1942 – das erste Jahr unter dem Kommando von Harris, das erste Jahr der Flächenangriffe. 1942 brachte die ersten Tausend-Bomber-Angriffe, die Entwicklung des Bomberstroms und die Einführung der Pfadfinder. In diesem Jahr betrug die Verlustrate genau vier Prozent, und nur drei von zehn Besatzungen konnten damit rechnen, daß sie ihre erste Einsatzzeit überleben würden.

Eine Einsatzzeit konnte zwischen vier Monaten und einem Jahr dauern. In dieser Zeit führten die Besatzungen ein eigenartiges Doppelleben. Etwa vierzig Stunden pro Monat flogen sie Angriffe mit all der Gefahr, die damit verbunden war. In der übrigen Zeit führten sie, verglichen mit den anderen Teilstreitkräften, ein Leben mit großem Komfort und vielen Privilegien. Am Krieg beteiligten sie sich eben nur zeitweise, und sie bedauerten die Landser und Matrosen, die es sehr viel beschwerlicher hatten oder an der Front stets dem Feind gegenüberlagen. Für sie gab es auch nicht die langen, anstrengenden Stunden der Männer und Frauen des Bodenpersonals, die so hingebungsvoll für die fliegenden Besatzungen arbeiteten.

Die Besatzungen waren fein heraus: Es gab wenig Disziplin und viel Freizeit an Tagen, an denen sie nicht flogen, dazu noch Flugzulagen. Auf jedem Heimathafen waren genug Luftwaffenhelferinnen stationiert. Bei ihnen und bei den Mädchen in den Tanzhallen am Ort hatten die Flieger die größten Chancen. Überall gab es aber auch Mädchen oder Frauen, meist Helferinnen, die nacheinander mit einer Reihe von Männern befreundet gewesen waren, die dann vermißt wurden oder vom Feindflug nicht zurückkehrten.

Diese armen Frauen konnten nichts gegen ihren unerwünschten Ruf tun, sie waren »abgestempelt« und wurden schließlich von allen Besatzungen gemieden.

Jede Besatzung hatte alle sechs Wochen Anspruch auf eine Woche Urlaub. Wer die Feindflüge überlebte, wurde zudem schnell befördert. Flugzeugführer, die eine Einsatzzeit ohne Tadel überlebten, bekamen das Distinguished Flying Cross als Tapferkeitsauszeichnung; man nannte den Orden etwas zynisch den »Überlebens-Klunker«. Aber eine direkte Auszeichnung während einer Einsatzzeit, etwa die Distinguished Flying Medal für einen Unteroffizier, wurde hoch geschätzt.

Trotz aller dieser Privilegien und Belohnungen lebten die Besatzungen unter größter Anspannung. Eine neue Besatzung, die darauf erpicht war, rasch an den Feind zu kommen, begann gewöhnlich mit einer hohen Einsatzfreude, obgleich sie sich der verringerten Überlebenschance bewußt war. Es gab das Gefühl des »Mir wird schon nichts geschehen«; neue Besatzungen folgten meist dem inoffiziellen Motto der RAF: »Ohne Rücksicht – drauf!« Die größte Gefahr bestand auf den ersten fünf Feindflügen, bei denen rund vierzig Prozent aller Verluste erfolgten. Wer das überlebte und gesehen hatte, was ihn erwartete, wurde fatalistisch und nahm eher die »Mir ist alles schnuppe«-Haltung ein. Die hohe Einsatzmoral des Anfangs begann abzusacken. Besatzungen, die schon zwanzig Einsätze hinter sich hatten, spielten mit dem Gedanken, sie könnten trotz allem doch eine Chance haben, und flogen nun sehr vorsichtig. Die letzten Angriffe einer Einsatzzeit trieben die Verlustrate wieder hoch; sie waren die schlimmsten.

Die beste Abwehr eines Mannes gegen die Nervenbelastung bestand darin, daß er sich für die Solidarität und die Stärke seiner Besatzung einsetzte. In einer guten, ausgeglichenen Besatzung zu fliegen, war schon ein großer Glücksfall. Man hielt enge Kameradschaft mit seiner eigenen Besatzung und vielleicht mit zwei oder drei anderen Fliegern, die zur gleichen Zeit gekommen waren. Es war tragisch anzusehen, wie eine nicht miteinander harmonierende Besatzung auseinanderfiel und fast mit Sicherheit verlorenging.

Unweigerlich brachen einige Männer zusammen und konnten oder wollten nicht mehr weiterfliegen. Fälle echter Krankheit wurden auf die übliche Weise behandelt, aber diejenigen, die einfach nicht weitermachen wollten, hatten nichts zu lachen. Sie wurden öffentlich verdammt, des Mangels an moralischer Stärke bezichtigt, im Dienstgrad herabgestuft und bewußt zu körperlicher Arbeit eingesetzt. Bei den Bomberstaffeln gab es überraschend wenig derartige Fälle. Es waren alles Freiwillige, die Angsthasen waren bereits während der Ausbildung ausgeschieden. Sicher müssen viele Männer mit dem Gedanken gespielt haben, sich zu weigern und nicht mehr zu fliegen; aber sie taten es dann doch, teils aus Loyalität zu ihrer Besatzung, teils aus Angst, gebrandmarkt zu werden.

Viele waren der Ansicht, die Abqualifizierung der Flugunwilligen sei zu hart. Der »Hansard« (das offizielle Parlamentsprotokoll) vom April 1944 zeigt, daß einige Unterhausmitglieder sich bemühten, das Luftfahrtministerium zu einer milderen Behandlung zu bewegen. Doch die Haltung der RAF war einfach. Als sich der Mann zum Einsatz als Angehöriger einer Flugzeugbesatzung meldete, wußte er, was ihn erwartete. Für seine Ausbildung war eine Menge aufgewendet worden, und nun wurde von ihm verlangt, daß er seinen Teil des Geschäftes erfüllte. Andererseits bestand ein Flieger schon in der halben Einsatzzeit größere Gefahren als diejenigen, die die Vorschriften machten, in ihrem ganzen Leben. Es wurden auch bittere Vergleiche mit streikenden zivilen Arbeitern gezogen.

Für die fünfzig Prozent, die überlebten, war die sichere Rückkehr vom letzten Feindflug Grund zu einer großen Feier, besonders in Squadrons, in denen einige Monate lang keine Besatzung das Ende ihrer Einsatzzeit erlebt hatte. Nachdem jetzt die Ausbildungseinheiten hinreichend Ersatz zur Verfügung stellten, wurde Squadrons mit besonders schweren Verlusten gestattet, Besatzungen schon vor Vollendung ihrer Einsatzzeit freizustellen. Damit sollte ein »Rückstrom« zu den Ausbildungseinheiten gesichert und den weniger erfahrenen Besatzungen eine moralische Stütze gegeben werden.

Besatzungen, deren Einsatzzeit vorbei war, wurden aufgelöst. Sie gingen für mindestens sechs Monate als Ausbilder zu den verschiedenen Trainingseinheiten des Bomberkommandos. Nach dieser Zeit konnten sie sich wieder freiwillig melden oder zu einer zweiten Einsatzzeit zurückgeholt werden. Diese zweite Frontflugzeit betrug 20 Einsätze für schwere Bomber, 30 für Mosquito-Bomber und 25 für »Serrate«-Mosquitos. Viele Flieger, die zuvor nichts sehnlicher erwartet hatten als das Ende ihrer ersten Einsatzzeit, waren nun bestrebt, eine zweite zu beginnen. Oft haßten sie es, andere auszubilden. Sie vermißten die Aufregung eines Einsatzhafens und waren stolz darauf, wieder an der Front zu stehen.

Das von vielen zur Schau getragene Gefühl der Sicherheit aufgrund der früheren Erfahrungen war gefährlich. Die Taktiken des Nachtbombens entwickelten sich so schnell, daß Besatzungen, die eine Zeitlang ausgeschieden waren, oft völlig den Kontakt verloren hatten. Optimisten, die mit der Ansicht, sie wüßten alles, oder mit dem Gedanken »Gott hat uns das erstemal durchgebracht, und er wird es nun auch sicher das zweitemal tun«, antraten, kamen oft schon vom ersten Feindflug nicht zurück.

Wer jedoch auch die zweite Einsatzzeit überlebte, konnte nicht mehr gezwungen werden, Bombereinsätze zu fliegen. Es war nur möglich, sich für eine dritte Feindflugperiode freiwillig zu melden. Als einziger Staffel außerhalb der Pfadfinder war es der Squadron 617 erlaubt, solche Besatzungen anzunehmen. Einige Männer schafften es, mehr als einhundert Einsätze zu fliegen; sie stießen auf diese Weise alle Regeln der Wahrscheinlichkeit um. Die meisten waren jedoch gewillt, nach ihrer zweiten Einsatzzeit aufzugeben. Sie wurden vom Bomberkommando zu anderweitiger Verwendung innerhalb der RAF abkommandiert. Sie hatten ihren »Vertrag« erfüllt.

Wie viele haben überlebt? Auf der Grundlage der Gesamtverluste an Flugzeugen und Besatzungen in den Jahren 1939 bis 1945 ist die folgende Liste eine Schätzung, was mit je einhundert Besatzungen geschah, für die der Krieg lange genug dauerte, daß sie ihre ganze Dienstzeit im Bomberkommando ableisten konnten:

Beim Feindflug gefallen	51
Bei Abstürzen in England getötet	9
Bei Abstürzen schwer verletzt	3
Kriegsgefangen (einige verwundet)	12
Abgeschossen, aber der Gefangenschaft entgangen	1
Ohne Schaden überlebt	24

Die deutsche Nachtjagd

Als die Nachtangriffe der RAF im Mai des Jahres 1940 begannen, hatten die Deutschen keine Nachtjagdeinheiten. Sie hatten nicht damit gerechnet, auf diese Weise bedroht zu werden. Aber schon zwei Monate später, genau am 20. Juli um 02.15 Uhr, schoß ein für den Nachteinsatz umgebauter zweimotoriger Zerstörer vom Typ Messerschmitt Me 110 eine Whitley über dem Ruhrgebiet ab – der erste von zumindest 4000 britischen Bombern, die im Laufe der kommenden Jahre den Bordwaffen der deutschen Nachtjäger zum Opfer fallen sollten.

Die deutsche Abwehr entwickelte sich ebenso gleichmäßig, wie die britischen Angriffe anhielten. Besondere Nachtjagdgruppen wurden aufgestellt und in den Anfluggebieten der Briten stationiert. Der nächtliche Himmel wurde in »Nachtjagdräume« eingeteilt, von denen jeder einen patrouillierenden Nachtjäger, zwei Boden-Radargeräte und einen kleinen Leitstand hatte. Dieses System leistete den Deutschen viele Monate lang gute Dienste, bis es sich zuerst durch die Taktik des Bomberstroms und schließlich durch den Einsatz von »Window« im Juli 1943 als veraltet erwies.

Die Deutschen reagierten unglaublich schnell auf den Rückschlag durch »Window« und führten zwei neue Nachtjagdtaktiken ein: die »Wilde Sau« und die »Zahme Sau«. Als das Bomberkommando im Herbst 1943 mit der Luftschlacht über Berlin begann, hoffte man, »Window« werde immer noch einen klaren Vorteil bedeuten. Statt dessen traf man auf die beiden »Sau«-Taktiken, die hauptsächlich für den Verlust von 1047 Bombern im Laufe der nächsten sieben Monate verantwortlich waren. Die Geschichte der »Wilden Sau« und der »Zahmen Sau« ist auch die Geschichte des Angriffs auf Nürnberg.

Die Deutschen waren zu verzweifelten Maßnahmen bereit, damit ihre Städte nicht so litten, wie Hamburg gelitten hatte, als »Window« dort zum erstenmal eingesetzt worden war. Ein verhältnismäßig junger Bomberpilot, Oberst Hans-Joachim (Hajo) Herrmann, machte der Luftwaffe einen Vorschlag. »Window« verwirrte sowohl die Radarstationen auf der Erde, die ursprünglich die Bomber entdeckt hatten, als auch die Bordradars in den Nachtjägern. Die Deutschen hatten viele einmotorige Jagdmaschinen, aber sie galten normalerweise als ungeeignet für den Nachteinsatz, sie hatten weder ein Radargerät noch einen Mann, der es bedienen konnte. Zudem

gab es genug Bomberpiloten, die Erfahrung im beim Nachteinsatz notwendigen Instrumentenflug hatten. Beim Angriff auf Städte hatte man beobachtet, daß ein in großer Höhe fliegender deutscher Pilot die Bomber im Licht der brennenden Gebäude oder im Licht der Scheinwerfer gegen die Wolken als Silhouette sehen konnte. Herrmann glaubte, einmotorige Jagdmaschinen könnten diese Bedingungen über dem Zielort ausnutzen, um die Bomber auf Sicht anzugreifen.

Diese Idee fand Zustimmung. Die Taktik wurde »Wilde Sau« genannt; denn war der Flugzeugführer erst einmal gestartet und auf seinen Zielort eingewiesen, konnte er nur durch sein eigenes Herumstreifen Erfolge erzielen. Neue Jagdgruppen mit einmotorigen Maschinen, deren Flugzeugführer zum größten Teil ehemalige Bomberpiloten waren, wurden aufgestellt und in der Nähe der großen Städte stationiert.

Die »Wilde Sau« hatte einen großen Nachteil. Wenn die kurze Flugzeit der kleinen Jäger zu Ende ging, mußten sie rasch landen. Es kam häufig zu Zusammenstößen, weil alle Jäger der »Wilden Sau« auf den wenigen naheliegenden Flugplätzen zu landen versuchten, nachdem sie im Einsatz über der angegriffenen Stadt gewesen waren.

Nach dem Krieg war in Deutschland die Meinung zu hören, die »Wilde Sau« sei ein Fehler gewesen; die schweren Verluste erfahrener Piloten und Flugzeuge hätten die Luftwaffe entscheidend geschwächt. Diese Taktik hatte jedoch zumindest Anfangserfolge und half, die Lücke in der deutschen Verteidigung gegen »Window« zu schließen.

Ehe wir uns mit der »Zahmen Sau« beschäftigen, müssen zwei Voraussetzungen beschrieben werden: Die Jägerleitstände und die »laufende Reportage«. Die Verteidigung Deutschlands gegen Luftangriffe lag in den Händen von fünf Jagddivisionen. Jede Division hatte einen unterirdischen Leitstand. Ende 1943, nach drei Jahren fortwährender Bombenangriffe, hatten die Deutschen ihre Überwachungs- und Befehlstechnik verfeinert. Ihre Kommandozentralen waren weit ausgeklügelter als die des britischen Jägerkommandos im Jahre 1940. Hier wurden Informationen aus einer Vielzahl von Quellen gesammelt und auf einen riesigen Bildschirm projiziert. Weil die gleichen Informationen sofort auch an die Leitstände der anderen Divisionen übermittelt wurden, wußte man, was etwa in den Niederlanden geschah, genau so schnell auch in Metz, Berlin oder München. General Adolf Galland, damals General der Jagdflieger, beschreibt einen dieser Gefechtsstände wie folgt:

»Magischer Mittelpunkt des Raumes war eine überdimensionale Milchglasscheibe, auf die durch Lichtpunktwerfer und Leuchtschreiber Standorte, Höhen, Stärken und Marschkurse sowohl feindlicher wie eigener Verbände projiziert wurden. Das Ganze erinnerte etwas an ein riesiges Aquarium, hinter dessen beleuchteter Glaswand eine Unmenge von Was-

serflöhen wild durcheinanderwirbelte. Jeder einzelne Punkt und jede seiner Veränderungen, die sich hier dem Auge darboten, war das Ergebnis der Meldungen und Beobachtungen von Radargeräten, Flugwachen, Peilern und Abhörstellen, von Aufklärern, Führungshaltern oder eingesetzten Verbänden. Sie alle liefen über Draht oder Funk hier in der Zentrale zusammen, wurden aufgenommen, ausgewertet und innerhalb von weniger als einer Minute in projektionsfähige Werte transponiert. Das, was sich also auf dieser großen Karte darstellte, war das Luftlagebild im Luftraum einer Jagddivision mit etwa einer Minute Verspätung... Hier war das grundlegende Instrument, um die gesamte Verteidigung des Reichs zu leiten.«*

Die »Gefechtsopernhäuser«, wie sie die Deutschen nannten, waren ihre Nervenzentren. Bis zum Einsatz von »Window« hatte jede Division ihre eigene Schlacht von ihrem Gefechtsstand aus geschlagen, wobei viele Leitoffiziere kleine Gruppen Jäger oder sogar einzelne Maschinen geleitet hatten. Durch »Window« war eine solche enge Führung unmöglich geworden. Die Reaktion der Deutschen war die Einführung der »laufenden Reportage«.

Jede Division behielt die Verantwortung, den Startbefehl für ihre Jäger zu geben. Waren sie aber erst einmal in der Luft, so stand nur der Leitoffizier in dem am günstigsten gelegenen Gefechtsstand mit allen Jägern in Verbindung. Damit sollten weniger detaillierte Befehle als vielmehr ein fortlaufender Bericht über den Anmarsch des Bomberstroms und besonders über alle Richtungsänderungen gegeben werden. Außerdem versuchte man, das wahrscheinliche Ziel so früh wie möglich vorauszusagen. Die Nachtjägerbesatzungen benutzten diesen Informationsfluß, um den Bomberstrom zu finden, aber im Strom selbst mußten sie dann ihre Ziele mit Hilfe von Radar oder auch durch Sicht ausfindig machen. Falls der Jäger den Strom verlor, schaltete er sich wieder in die »laufende Reportage« ein und versuchte, erneut an die Bomber heranzukommen. Dies war die Taktik der »Zahmen Sau«.

Gegen diese »laufende Reportage« richteten sich die von deutschsprechenden Besatzungsmitgliedern an Bord der A.B.C-Lancaster der Squadron 101 verursachten Störungen und die anderen elektronischen Gegenmaßnahmen. Die Deutschen reagierten darauf, indem sie oft die Frequenzen wechselten, stärkere Sender in Betrieb nahmen und viele andere Geräte verwendeten. Galland stellt rückblickend fest, die britischen Maßnahmen hätten zwar große Schwierigkeiten bereitet, aber es sei ihnen nicht gelungen, alle Methoden der Boden-Luft-Führung für die Jäger gleichzeitig zu stören.

Zu Anfang der »Zahmen Sau« waren die Deutschen schon zufrieden,

* Adolf Galland: *Die Ersten und die Letzten,* S. 205.

wenn ihre zweimotorigen Nachtjäger gleichzeitig mit den Bombern über dem Ziel waren, um sie dann auf dem Rückflug abzuschießen. Mit ihrer verbesserten Taktik starteten die Jäger jedoch schon früh, um die Bomber schon beim Anmarsch auf das Ziel abzufangen. Die Schlachten, die sich hieraus entwickelten, zogen sich oft lange hin.

Obgleich die meisten Bomber in diesem Abschnitt des Krieges von Jägern abgeschossen worden sind, war die früher so erfolgreiche Luftabwehr durch Flak und Scheinwerfer auch jetzt noch nicht nutzlos; zumindest ergänzte sie die Abwehr durch die Nachtjäger.

Flak und Scheinwerfer arbeiteten zusammen. In früheren Kriegsjahren hatten sie breite Gürtel quer zu den Einflugschneisen gebildet und die Nachtjagdräume ergänzt. Durch den Bomberstrom war diese Form der Verteidigung sinnlos geworden. Die Flak war nach Deutschland zurück- und rund um die wichtigsten Bevölkerungszentren zusammengezogen worden. In Ballungsgebieten überschnitten sich die Verteidigungszonen. Dadurch wurden besonders das Ruhrgebiet und in geringerem Ausmaß das Gebiet von Frankfurt–Mainz–Mannheim riesige Flak- und Scheinwerferzonen mit einhundert Kilometern Durchmesser.

Die leichte Flak, welche Unmengen Leuchtspurmunition verschoß, konnte zu diesem Zeitpunkt den hoch fliegenden Bombern nicht viel anhaben, aber die schwere Flak, besonders wenn sie radargeleitet war und sich auf einzelne Maschinen einschoß, konnte von tödlicher Genauigkeit sein. Bei einem schweren Angriff ging sie jedoch bald von radargeleitetem Feuer auf Sperrfeuer über. Wenn Jäger der »Wilden Sau« im Einsatz waren, wurde die Flak auf eine bestimmte Höhe beschränkt. Dies gab den Jägern die Möglichkeit, über dieser Höhe zu jagen. Weil die deutschen Zivilbehörden um bestmöglichen Schutz bemüht waren, gab es deshalb oft Streit. Viele deutsche Jäger wurden von der eigenen Flak getroffen.

Nicht die gesamte Flak befand sich in der Nähe deutscher Städte. Die gesamte Kanalküste und die Nordseeküste wurden von Flak verteidigt; es gab sogar Flak-Schiffe vor der Küste. Das erfolgreichste Geschütz war wahrscheinlich die schwere Eisenbahn-Flak, die unerwartet an Orten erscheinen konnten, die nicht auf den Flak-Landkarten der Bombersatzungen angegeben waren.

In einem Bericht des Bomberkommandos zu Anfang des Jahres 1944 wird geschätzt, daß 20625 Flugabwehrgeschütze und 6880 Scheinwerfer in Deutschland und Westeuropa eingesetzt waren. Ein anderer Bericht besagt, daß zu ihrer Bedienung fast 900000 Soldaten eingesetzt waren. Viele davon waren Frauen, alte Männer, Schuljungen und russische Kriegsgefangene. Hans Rumpf berichtet, ein Flak-Kommandeur habe seine Einheit im Spaß mit den Worten angesprochen: »Meine Damen, Kameraden, Jungs und Towarischtsch!«

Rumpf weist auch nach, daß im Schnitt 3343 Granaten 8,8 cm nötig waren, um einen schweren Bomber abzuschießen. Da jedes Geschoß 80 Reichsmark kostete, beliefen sich die Kosten eines Abschusses durch Flak auf 267440 Mark. Aber dies war immer noch ein »Geschäft«, weil der Bomber über 400000 Mark gekostet hatte. Rumpf weist noch auf eine andere Wirkung der Flak hin: »Auf jeden Fall haben die gewaltigen Flak-Kanonaden, wenn sie mitunter ganze Munitionsdepots in den Himmel schleuderten, der Bevölkerung ein Gefühl des Beschütztwerdens und der Genugtuung gegeben, und darin lag wahrscheinlich der Hauptwert ihrer Anstrengung.«*

Der Wert der Flak sollte jedoch nicht nur nach der Zahl zerstörter Flugzeuge beurteilt werden. Sie zwang die Bomber, stets in großer Höhe zu fliegen, was einen Verlust an Zielgenauigkeit zur Folge hatte, und die Flak-Zusammenballungen zu meiden, es sei denn, sie griffen ein Ziel innerhalb dieses Gebiets an. Dies führte zu einer beträchtlichen Beschränkung der Anmarschwege des Bomberkommandos und gab dementsprechend den deutschen Jägerleitoffizieren einen Vorteil.

Dies waren also die Taktiken und die Mittel, mit denen die Deutschen zu Anfang des Jahres 1944 ihre Städte verteidigten: Jäger der »Wilden Sau« und der »Zahmen Sau«, Flak und Scheinwerfer. Es bleiben noch zwei Dinge zu erklären: der Funkhorchdienst und die Nachtjagd-Funkfeuer.

Die Reichsluftverteidigung bereitete sich auf jeden Angriff lange vor dem Start der Bomber vor. Sie wußte vom Handikap des Bomberkommandos: Weit entfernte Ziele konnten während des Sommers nicht angegriffen werden, und große Angriffe wurden gewöhnlich nicht in der Zeit des Vollmonds geflogen. Außerdem wurden die Wetterbedingungen des Tages ebenso begutachtet wie die Anlage der letzten Angriffe. All dies gab gewisse Hilfen bei der Voraussage, wann und wo die RAF in dieser Nacht angreifen würde.

Die Deutschen hatten einen hochentwickelten Funkhorchdienst, wobei zahlreiche Funker alle möglichen Frequenzen abhörten. Jede einzelne Durchgabe wurde schriftlich festgehalten. Weil sie verschlüsselt war, war sie gewöhnlich unverständlich, aber Ursprung und Häufigkeit der Signale besagten viel. Die deutschen Empfänger waren so hochentwickelt, daß sie registrierten, wenn in einem auf einem britischen Flugplatz stehenden Bomber das Funkgerät und das H_2S-Gerät eingeschaltet und ausprobiert wurden. Der Umfang solchen Verkehrs sagte ihnen, ob Flugzeuge für einen Großangriff in dieser Nacht vorbereitet wurden. Die Ergebnisse dieses

* Hans Rumpf, *Das war der Bombenkrieg,* S. 135

Horchdiensts wurden selbstverständlich sofort an die Nachtjagdgefechtsstände weitergemeldet.

Auf diese Weise waren schon am frühen Abend die Nachtjäger vorgewarnt, wenn sie mit einem Angriff rechnen mußten. Sobald die britischen Bordfunker ihre Sender und H_2S-Geräte einschalteten, konnte der deutsche Horchdienst den Jägern sagen, daß der Start unmittelbar bevorstand. Die Impulse der H_2S-Geräte in den Bombern wurden verfolgt; die Deutschen kannten also die ungefähre Flugroute der Angreifer bereits, noch ehe die Bomber in die Reichweite der deutschen Radarstationen an der Küste gekommen waren. Und so ging es weiter, wobei sämtliche Berichte der Radarstationen und dann der Luftraumbeobachter zu den fünf Gefechtsständen der Jagddivisionen gingen.

Gewöhnlich traf die Division selbst die wichtige Entscheidung, wann sie ihre Maschinen starten ließ. Sie mußte den künftigen Kurs des Bomberstroms berechnen, seine voraussichtliche Stärke und die Möglichkeit weiterer Angriffe im Verlauf dieser Nacht. Sie mußte Ablenkungsmanöver vom eigentlichen Hauptangriff unterscheiden. Eine nach der anderen gaben die Divisionen den Start für ihre Jäger frei. Diejenigen Divisionen, deren Luftraum nicht direkt bedroht war, schickten ihre Jäger in das Gebiet, durch das der Bomberstrom flog. Die Besatzung eines Nachtjägers konnte dementsprechend ihren Nachmittagstee in Frankreich trinken und in Dänemark frühstücken.

Die Jäger richteten ihre Navigation nach ortsfesten Baken: Funkfeuer für die zweimotorigen Jäger und Leuchtfeuer mit einer bestimmten Kennung für die »Wilde Sau«. Beide lagen nahe beieinander und hatten einen gemeinsamen Decknamen. Für die Nachtjäger wurden die Funkfeuer zu einer wertvollen Navigationshilfe, und so dienten sie auch als Sammelpunkt für die Jäger. Der Standort sämtlicher Signale war dem Bomberkommando bekannt und bereitete viel Kopfzerbrechen bei der Flugstreckenplanung über Deutschland, denn kein Anmarschweg von England führte mehr als sechzig Kilometer an einem Funkfeuer vorbei.

Der Erfolg hing für die Deutschen von zwei Dingen ab: dem Zeitpunkt, zu dem der Start freigegeben wurde, und dem Können des Offiziers, der die »laufende Reportage« gab. Ein schlecht berechneter Start, die falsche Einschätzung einer Finte oder eines Ablenkungsangriffs oder die Wahl des falschen Funkfeuers als Sammelpunkt konnten bewirken, daß die Jäger den Bomberstrom verfehlten. Wenn jedoch alles klappte, konnte fast die gesamte deutsche Nachtjagd zum Einsatz gebracht werden.

Die jungen Männer in den deutschen Nachtjägern glichen weitgehend den Fliegern jeder anderen Luftwaffe. Ihr Wunsch zu fliegen, dazu eine gewisse Bewunderung für Hitler, nachdem sie unter bedrückenden Umständen in Deutschland nach dem Ersten Weltkrieg aufgewachsen waren – das

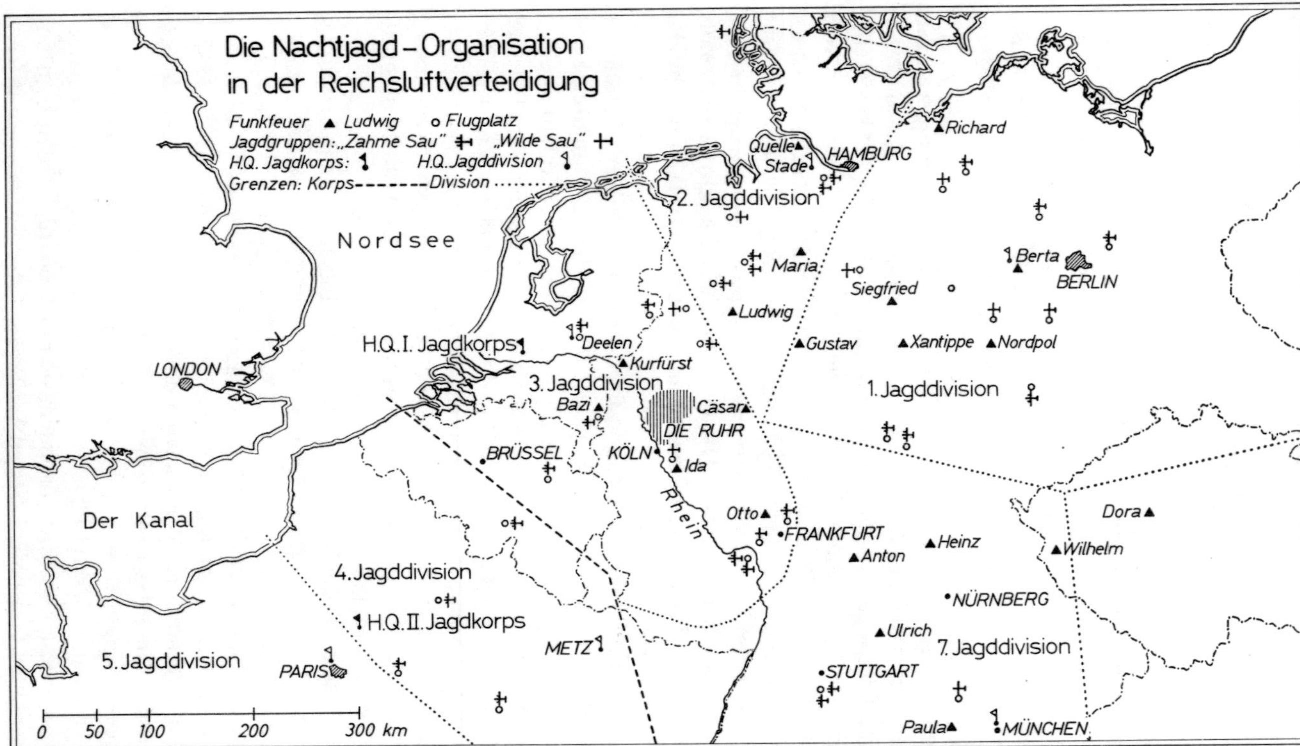
Die Nachtjagd-Organisation in der Reichsluftverteidigung
Funkfeuer ▲ Ludwig
o Flugplatz
Jagdgruppen: „Zahme Sau"
„Wilde Sau"
H.Q. Jagdkorps:
H.Q. Jagddivision
Grenzen: Korps
Division
Nordsee
Der Kanal
LONDON
PARIS
BRÜSSEL
METZ
KÖLN
DIE RUHR
Rhein
HAMBURG
BERLIN
FRANKFURT
NÜRNBERG
STUTTGART
MÜNCHEN
H.Q. I. Jagdkorps
H.Q. II. Jagdkorps
1. Jagddivision
2. Jagddivision
3. Jagddivision
4. Jagddivision
5. Jagddivision
7. Jagddivision
Richard
Quelle
Stade
Maria
Siegfried
Berta
Ludwig
Gustav
Xantippe
Nordpol
Deelen
Kurfürst
Bazi
Cäsar
Ida
Otto
Anton
Heinz
Wilhelm
Dora
Ulrich
Paula
0
50
100
200
300 km

1. Air Chief Marshal Sir Arthur Harris, genannt »Bomber-Harris«, der Oberkommandierende des Bomberkommandos der Royal Air Force.

2. Sir Arthur Harris verläßt nach der morgendlichen Lagebesprechung den unterirdischen Befehlsstand.

CONTROLLER

PG S
S

3. Das Hauptquartier des Bomberkommandos in High Wycombe: Hier wurden die Angriffe gegen die militärischen und zivilen Ziele in Deutschland geplant. Die große Leinwand verzeichnet alle Angriffsziele, die Tabelle hinter dem Offizier am Telefon legt ihre Rangfolge fest.

4. und 5. Die Avro »Lancaster« und die Handley Page »Halifax« (rechts): Diese beiden schweren Bombertypen flogen den Hauptangriff gegen Nürnberg.

THE TERRIFIC RANGE OF THE HUGE LANCASTER BOMBER : With a maximum speed of about 300 m.p.h., and a maximum range of about 3,000 miles, there are few places between England and Moscow which are immune from attack by the big Lancasters, if the High Command decide to attack them. This map has been split up into areas of 500 miles each to show the regions now within striking distance of the R.A.F. It bodes ill for Germany during the coming winter, when the longer nights will help the efforts of our bomber pilots

6. Bei einer Reichweite der »Lancaster« von über 4500 km gab es in Europa kaum ein Ziel, das vor ihren Bomben sicher war. (Zeichnung aus *The Sphere* vom 29. August 1942.)

hatte sie in die Luftwaffe geführt. Jetzt hatten sie ein ruhigeres Gewissen und bessere Motive als andere, die Hitler dienten. Sie kämpften, um zu verhindern, daß ihre Städte und ihr Zuhause zerstört und verbrannt wurden.

Die ursprünglichen Nachtjägerbesatzungen waren größtenteils von den für den Tageinsatz bestimmten Zerstörern des Typs Me 110 gekommen, die in den Blitzfeldzügen eingesetzt worden waren. Diese erfahrenen Flieger bildeten den Kern der Nachtjagd. Wer lange genug überlebte, wurde Staffelkapitän oder Gruppenkommandeur, meist »Asse« mit hohen Abschußzahlen. Als die Nachtjagd erweitert wurde, stießen viele andere zu ihnen: frisch ausgebildete Soldaten oder Flieger von anderen Luftwaffeneinheiten.

»Ursprünglich war ich überhaupt nicht Jagdflieger. In Polen, Frankreich, auf dem Balkan und in Rußland hatte ich als Flugzeugführer Panzeraufklärung geflogen und war dabei von Jägern so herumgejagt worden, daß ich nach einem Winter in Rußland beschloß, selber Jagdflieger zu werden. Ich wurde zu den Nachtjägern versetzt. Diese Nachtjagd war eine lebensgefährliche Sache, man mußte wirklich ein guter Flugzeugführer sein, wenn man überleben wollte. Ich wurde dreimal abgeschossen. Es war ein riesiger Unterschied: Einen Augenblick kämpfte man wie ein Jäger, im nächsten flog man ruhig heim wie der Pilot eines Bombers. Als der Krieg zu Ende war, war ich ein alter Mann.« (Oberleutnant Helmut Schulte, II./Nachtjagdgeschwader 5)

In den ersten Kriegsjahren war das Leben für die Nachtjäger verglichen mit ihren an anderen Fronten kämpfenden Kameraden nicht unerfreulich. Ihre Erfolge wurden in den deutschen Zeitungen groß herausgestellt, es gab regelmäßig Urlaub und auch Auszeichnungen in reichem Maße. Wie in allen deutschen militärischen Einheiten ging die Beförderung langsam voran. Viele junge Flugzeugführer waren nur Gefreite, und der Offizier, der eine Gruppe mit bis zu vierzig Jagdflugzeugen führte, war möglicherweise nur ein Hauptmann.

Zumindest in einer Hinsicht unterschied sich der Soldat der Luftwaffe von den Fliegern in der RAF oder in der USAAF: So etwas wie Einsatzzeiten gab es in der Luftwaffe ebenso wenig wie einen regelmäßigen Austausch der Einheiten im Fronteinsatz. Die Besatzung eines Nachtjägers wurde einer Fronteinheit zugeteilt und blieb gewöhnlich bei ihr, bis sie durch Tod oder schwere Verwundung ausfiel.

Dieses System zeitigte zumindest zwei Ergebnisse. Jäger in den Nachtjagdräumen, die die Bomber oft durchflogen, etwa in den Einflugschneisen zum Ruhrgebiet, hatten reichlich Gelegenheit sowohl zum Einsatz als auch zum Studium der Taktiken ihrer Gegner. Solche Einheiten und einzelne Besatzungen erreichten deshalb eindrucksvolle Abschußziffern. Obgleich die Propaganda gewöhnlich die Gesamtzahl der Luftsiege übertrieb, bedeutete die Tatsache, daß so gut wie alle zerstörten Bomber auf deutschbesetztes Gebiet fielen, daß einzelne Abschußmeldungen sorgfältig überprüft werden konnten, und dies geschah auch. Für jeden anerkannten Abschuß verlieh die Luftwaffe eine Urkunde.

Den Rekord eines Nachtjägers mit 121 anerkannten Abschüssen, fast alles britische Bomber, hielt Major Heinz-Wolfgang Schnaufer. Er war lange Zeit in Saint-Trond in Belgien stationiert und errang viele seiner Siege über Bomber, die Köln und das Ruhrgebiet anflogen. Es gab 25 Nachtjäger mit über 50 Luftsiegen, und es kam vor, daß das Flugbuch eines Nachtjägers mehr als 300 Einsätze aufwies, falls er so lange überlebte. Die »Asse« wurden, oft von Hitler persönlich, mit Eichenlaub und Schwertern, und die beiden besten, Oberst Helmut Lent und Major Schnaufer, sogar mit der höchsten Tapferkeitsauszeichnung, den Brillanten zum Ritterkreuz des Eisernen Kreuzes, ausgezeichnet.

Das zweite Ergebnis des Systems, demzufolge die Besatzungen keine regelmäßigen Ruhezeiten bekamen, war weniger gut. Die Schlüsselfigur in einer Nachtjägerbesatzung war zweifelsohne der Flugzeugführer. Großes Können und reiche Erfahrung gehörten schon dazu, um ein Flugzeug bei Nacht zu fliegen, und so bedurfte es der sorgfältigsten Ausbildung. Die Praxis, die Besatzungen ständig im Fronteinsatz zu belassen, bedeutete schlicht, daß kaum Flugzeugführer als Instrukteure zu den Ausbildungseinheiten zurückkehrten. In dem Maße, wie die ursprüngliche Schar erfahrener Flugzeugführer langsam zusammenschrumpfte, wurde sie durch weniger gut ausgebildete Männer ersetzt. Diese wiederum wurden noch schneller dezimiert und durch noch unerfahrenere Flugzeugführer ersetzt – und so schritt der Zerfall fort.

Zum Zeitpunkt des Angriffs auf Nürnberg waren die deutschen Nachtjagdgruppen gut mit Flugzeugen ausgerüstet und hatten auch genug Besatzungen, aber es kann nicht genug betont werden, daß sich die Flugzeugführer aus weniger erfahrenen Nachtjägern und einer großen Zahl zwar eifriger, aber unerfahrener Neulinge zusammensetzten. Diese letztere Gruppe errang zwar gelegentlich auch einen Luftsieg, wurde aber häufig selbst zu Opfern. Die Gruppenkommandeure erkannten wohl, woran das lag, aber unter dem erbarmungslosen Druck des Bomberkommandos war für zusätzliche Ausbildung bei den Fronteinheiten kaum Zeit. In den Luftschlachten war ein großer Teil der deutschen Flugzeugführer nach dem Start einfach so sehr mit den grundlegenden Anforderungen des Blindflugs und des Überlebens beschäftigt, daß sie gegen die britischen Bomber wenig ausrichteten. Gleichzeitig erzielten die erfahrenen Nachtjäger bei fast jedem Angriff ihre Abschüsse.

Deutsche Besatzungen sagen, Verluste in Nachtjägereinheiten seien auf viererlei Weise entstanden: durch Unfälle aufgrund technischer Fehler, durch Bruchlandungen bei schlechtem Wetter oder auf fremden Flugplätzen nach langen Nachteinsätzen, durch Mosquitos und durch die Bordschützen britischer Bomber. Übereinstimmend wird die Ansicht vertreten, die Verluste durch Unfälle und Bruchlandungen seien weitaus höher gewesen als Abschüsse durch die RAF. Gewiß waren die Mosquitos eine Gefahr; jeder deutsche Flugzeugführer, der eine Mosquito abschoß, bekam dies als doppelten Luftsieg angerechnet. Deutsche Nachtjäger, die von Bombern abgeschossen oder in lange Schußwechsel verwickelt wurden, mögen schwerfällige, unerfahrene Flugzeugführer gewesen sein, die versuchten, ihren ersten Abschuß zu erzielen. Keines der bekannten Asse fiel im Kampf mit Bombern. Ein Mann von der IV./Nachtjagdgeschwader 1, der Gruppe der Asse in Saint-Trond, sagt, sie hätten 17 Monate lang keine Verluste durch Bomber gehabt.

Während einer kurzen Zeitspanne im Jahr 1943 waren die Nachtjäger einer besonderen Gefahr ausgesetzt, die ihnen schwere Verluste brachte. Beim Versuch, die Tagangriffe der USAAF zu unterbinden, wurden Nachtjäger vom Typ Me 110 eingesetzt. Aber sie waren in den Taktiken des Luftkampfes bei Tage nicht ausgebildet und erlitten schwere Verluste. Frontalangriffe auf Bomberverbände waren dann eingestellt worden, aber die Nachtjäger sollten sich mit versprengten Bombern befassen, ferner die Flugwege nach Schweden und in die Schweiz überwachen, wo viele amerikanische Bomber zu landen versuchten. Später wurden die Me 110 eine leichte Beute für die herumstreifenden Mustangs, nachdem diese amerikanischen Langstreckenjäger am Himmel über Europa erschienen waren.

Ein Kommandeur ergriff eigene Maßnahmen, um den Verlust von Besatzungen auf diese Weise zu verhindern. »Wir bekamen zahlreiche blödsinnige Befehle. Einmal sollte ich vier in Bereitschaft liegende Maschinen gegen amerikanische Bomber einsetzen, die von ihrem Verband abgesprengt waren. Am ersten Tag verlor ich alle vier Maschinen, man schickte mir zwei neue als Ersatz. Dann verlor ich wieder vier und bekam wieder zwei als Ersatz. Die 110 war einfach kein vollwertiger Gegner für eine Mustang. Am nächsten Tag mußte ich alle meine Maschinen nicht einsatzbereit melden, und darauf habe ich nie wieder etwas gehört.« (Major Wilhelm Herget, I./Nachtjagdgeschwader 4)

Andererseits vergaben die Deutschen eine große Möglichkeit, dem Bomberkommando schweren Schaden zuzufügen. Ab Ende 1940 und fast das ganze Jahr 1941 hindurch besaßen sie eine äußerst effektive Gruppe von »Fernnachtjägern«, die meist mit Ju 88 ausgerüstet war und große Erfolge über den Flugplätzen des Bomberkommandos in England hatte. Plötzlich, im Oktober 1941, hörten die Einsätze der deutschen »Eindringlinge« auf. Hitler hatte befohlen, zur Verbesserung der Moral der Zivilbevölkerung dürften Nachtjäger nur noch zur direkten Verteidigung Deutschlands eingesetzt werden, wo ihre Erfolge beobachtet werden konnten. Diese nur aus Propagandagründen getroffene Entscheidung erwies sich als großer Fehler. Die deutsche Fernnachtjagd hätte in den späteren Kriegsjahren in dem stark erweiterten Bomberkommando bei Starts und Landungen ein Chaos verursachen können.

Eins zeigt sich immer wieder: Die Deutschen hatten nicht mit einem langen Krieg gerechnet, während Großbritannien schon vor Kriegsbeginn erkannt hatte, daß es weitreichender Anstrengungen bedürfe, den Krieg zu gewinnen. Diese Haltung zeigt sich am deutlichsten in der Entwicklung der Flugzeuge. Die Luftwaffe des Jahres 1939 war die modernste Luftstreitmacht der Welt, aber sie hatte nur wenige neue Flugzeugtypen entwickelt. Nach zwei Jahren zogen Großbritannien und die anderen Alliierten sowohl in der Anzahl als bei den Typen gleich, und fortan lagen sie immer weiter vorn.

Beide Seiten besaßen zu Beginn der Nachtbombardements keinen speziell zur Abwehr der Bomber gebauten Nachtjäger. Die Luftwaffe reagierte darauf, indem sie einen schweren Jäger (Zerstörer), die Messerschmitt Me 110, und zwei mittelschwere Bomber, die Junkers Ju 88 und die Dornier Do 17, für den Nachteinsatz umbaute. Von diesen Typen wurde die Me 110 vorgezogen, teilweise, weil sie zu dieser Zeit schneller und geeigneter für den Nachtkampf als die anderen Typen war, vermutlich aber auch, weil mit dem Ende der Tagangriffe der Bomber auf Deutschland die Me 110 in ihrer ursprünglichen Rolle nun überflüssig war, während die beiden Bombertypen weiterhin gebraucht wurden. Die sich rasch entwickelnde Nachtjagd wurde deshalb hauptsächlich mit Me 110 ausgerüstet.

Bald jedoch verlor dieses Flugzeug seine überragende Stellung in den Nachtjagdgruppen. Die zweiköpfige Besatzung – Flugzeugführer und Funker, der auch das Radargerät bediente – wurde durch einen Heckschützen ergänzt, dessen eigentliche Aufgabe der zusätzliche Ausguck war. Die Deutschen nannten dieses dritte Besatzungsmitglied »das Holzauge«, das Auge im Hinterkopf. Die Zahl der am Bug befestigten Radarantennen nahm ständig zu. Diese und andere zusätzliche Lasten kosteten die verhältnismäßig leichte Me 110 wertvolle Geschwindigkeit. Als dann die »Zahme Sau«-Taktik mit ihren verhältnismäßig weiten Flugstrecken eingeführt wurde, zwang Treibstoffmangel die Besatzung oft, zu früh zu landen. Auf diese Weise verlor die Me 110 an Wert.

Gleichzeitig erkannte man, daß auch die Do 17 und später die Do 217 zu wünschen übrig ließen, weil sie zu langsam waren. Die Ju 88 war jedoch schnell und kräftig genug, um die zusätzlichen Lasten zu tragen. Sie war nie so manövrierfähig wie die Me 110, aber über 80 km/h schneller und besaß eine zusätzliche Stunde Flugdauer. Die Luftwaffe begann, die Me 110-Einheiten auf Ju 88 umzurüsten, aber dieser Typ war überall sehr gefragt, und dementsprechend geschah die Umstellung nur langsam.

Im März 1944 wurden die ersten neu entwickelten Nachtjägertypen eingeführt, die Heinkel 219 vor allem, aber es waren zu wenige, und sie kamen zu spät. Während sich die Luftwaffe also auf die vor dem Krieg entwickelten Me 110 und Ju 88 verließ, hatte die RAF die Blendheim eingesetzt und abgeschafft, dann die Beaufighter entwickelt und eingeführt und diese wiederum durch die Mosquito ersetzt. So kam es, daß die deutschen Nachtjäger im Jahre 1944 über ihrem eigenen Land von den Mosquitos herumgejagt wurden: direktes Ergebnis der Hoffnung Hitlers auf einen kurzen, harten Krieg, während sich Großbritannien auf eine lange Auseinandersetzung vorbereitet hatte.

Das Stärkeverhältnis im nächtlichen Luftkampf beruhte jedoch nicht allein auf den Flugzeugtypen, sondern auch auf Radar. Die ersten in deutsche Jäger eingebauten Radar- oder »Funkmeßgeräte« waren vom Typ Lichtenstein. Dieses Gerät war gut, aber es wurde durch »Window« schwer gestört und konnte zudem von den »Serrate«-Geräten in den Mosquitos der 100. Group aufgespürt werden. Die deutschen Wissenschaftler produzierten schnell ein neues Radargerät, das SN-2. Dies war ein Fortschritt, denn es wurde von »Window« kaum beeinflußt und konnte, im Gegensatz zu den drei Kilometern von Lichtenstein, einen Bomber schon in sechs Kilometer Entfernung orten. Anfang 1944 bauten die Deutschen das SN-2 in ihre Nachtjäger ein. Die Briten mußten zuerst das neue Radargerät identifizieren, damit die »Serrate«-Geräte der Mosquitos auf die Frequenz seiner Impulse abgestimmt werden konnten. Wieder war das Pendel nach der anderen Seite ausgeschlagen, und die deutschen Nachtjäger besaßen einen klaren Vorteil.

Die Deutschen hatten außerdem eine Waffe eingeführt, von der die RAF kaum etwas oder nichts zu wissen schien. Dies ist ein anderer wesentlicher Teil der Geschichte des Angriffs auf Nürnberg. Der herkömmliche Nachtjägerangriff bestand darin, daß Radar den Jäger auf Sichtweite an den Bomber heranführte und der Angriff von hinten kam, wobei sich der deutsche Flugzeugführer so tief wie möglich hielt, um einem Beschuß aus dem Heckstand des Bombers zu entgehen. Die Deutschen nannten die den Angriff »von hinten unten«.

Die neue Waffe entstand durch den zufälligen Abschuß einiger eigener Maschinen durch die Deutschen. Ihre Flugzeugführer bekamen nun den Befehl, direkt unter ihre Opfer zu fliegen und sie zuerst genau zu identifizieren, ehe sie ihre Maschine zurückfallen ließen und das Feuer eröffneten. Zu ihrer Überraschung stellten die Deutschen fest, daß es möglich war, in völliger Sicherheit unbegrenzte Zeit unter einer Lancaster oder einer Halifax zu fliegen, weil kein Besatzungsmitglied im Bomber direkt senkrecht nach unten sehen konnte. Die Deutschen experimentierten mit zwei Zwei-Zentimeter-Kanonen, die sie so auf den Rumpf einer Me 110 aufmontierten, daß sie fast senkrecht mit einer leichten Neigung nach vorn oben schossen. Der Flugzeugführer flog unter sein Ziel, identifizierte es, zielte ruhig durch ein Reflexvisier am Kabinendach und eröffnete das Feuer. Nach Darstellung eines Deutschen war das Ergebnis »ein fast hundertprozentiger Erfolg«. Die neue Waffe bekam den Decknamen »schräge Musik«, was in Wirklichkeit »Jazzmusik« bedeutete.

Die »schräge Musik« wurde als großer Erfolg bewertet, aber wegen der umständlichen Wege, auf denen neue Waffen in der Luftwaffe entwickelt wurden, dauerte es viele Monate, bis die Waffe in die neuen Maschinen auch eingebaut wurde. In der Zwischenzeit führten Fronteinheiten die notwendigen Änderungen selbst durch, aber es waren so wenig Waffen vorhanden, daß nur die besten Besatzungen ihre Flugzeuge auf diese Weise umrüsten konnten.

Ein »schräge Musik«-Angriff begann auf die gleiche Weise wie »von hinten unten«, also mit Radareinweisung bis auf Sichtweite. Sobald der Bomber in Sicht kam – und dies geschah fast immer, ohne daß der Heckschütze des Bombers wegen der großen Zahl der Viermots und ihrer oft rotglühenden Abgase den Jäger sah –, drückte dieser nach unten, flog dann heran und zog langsam hoch, bis er etwa dreißig Meter unter dem nichtsahnenden Bomber hing. Das Feuern auf den Bauch des beladenen Bombers war jedoch eine gefährliche Sache. Einige Nachtjäger gingen verloren, weil der Bomber direkt über ihnen buchstäblich explodierte.

Die neue Waffe war so genau, daß man mit ihr auf ein Triebwerk oder zwischen die Motoren auf eine Tragfläche zielen konnte. Eine kurze Garbe von Explosivgeschossen genügte, um die Tragfläche in Brand zu setzen, was schließlich zum Absturz des Bombers führte, während der deutsche Flugzeugführer zuvor genügend Zeit hatte, sich aus dem Staub zu machen.

Bei der »schrägen Musik« gab es noch einen anderen Gesichtspunkt: »Beim Angriff von hinten unten mit den Bugwaffen war es am wichtigsten, zuerst die Abwehr des Bombers auszuschalten. Man zielte auf den Flugzeugrumpf und auf die Besatzung, und wenn sie erledigt waren, kamen die Treibstofftanks dran. Beim Angriff mit der ›schrägen Musik‹ war das anders. Wir zielten nur auf die beiden Steuerbord-Triebwerke und schossen die Treibstofftanks in Brand, ohne auf die Besatzung zu schießen. Es dauerte einige Zeit, bis der Bomber abschmierte, und die Besatzung hatte dadurch genügend Zeit, auszusteigen. Es war ein Teil der Idee der ›schrägen Musik‹, Menschenleben zu schonen. Viele Flieger der RAF sind noch

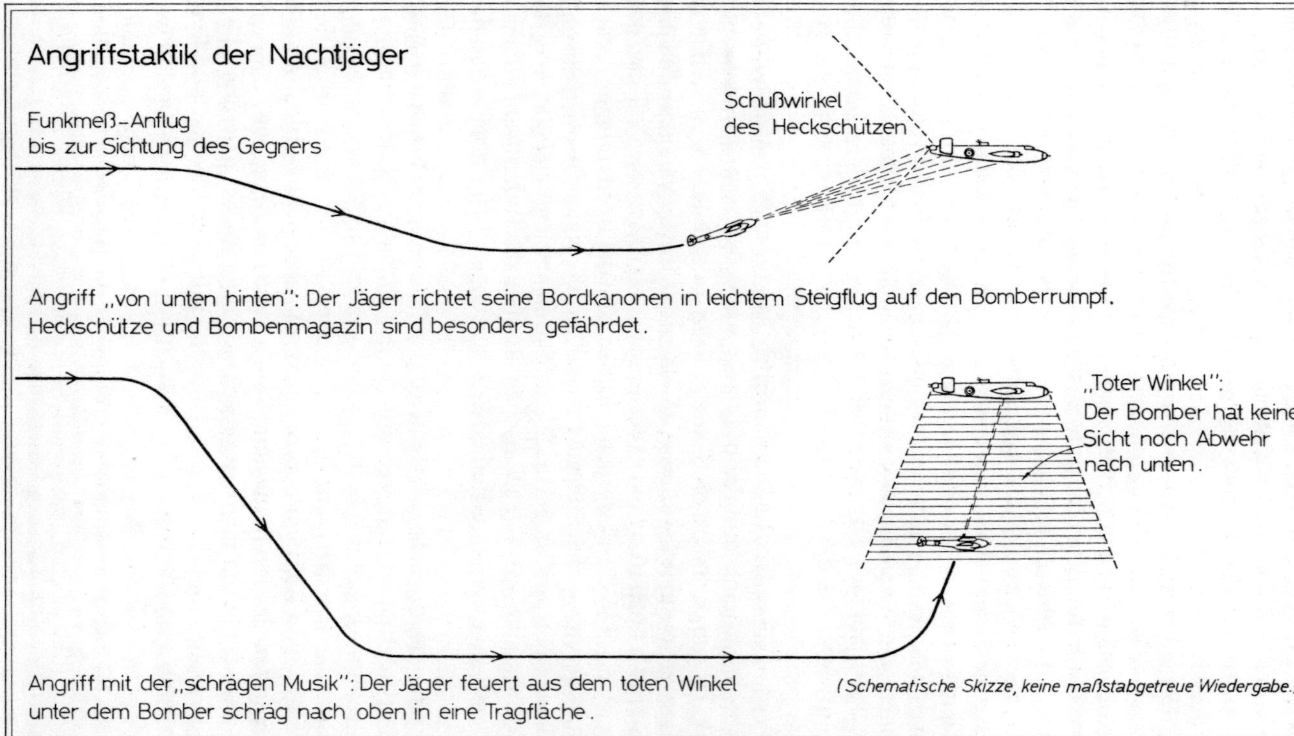
Angriffstaktik der Nachtjäger
Funkmeß-Anflug
bis zur Sichtung des Gegners
Schußwinkel
des Heckschützen
Angriff „von unten hinten": Der Jäger richtet seine Bordkanonen in leichtem Steigflug auf den Bomberrumpf.
Heckschütze und Bombenmagazin sind besonders gefährdet.
„Toter Winkel":
Der Bomber hat keine
Sicht noch Abwehr
nach unten.
Angriff mit der „schrägen Musik": Der Jäger feuert aus dem toten Winkel
unter dem Bomber schräg nach oben in eine Tragfläche.
(Schematische Skizze, keine maßstabgetreue Wiedergabe.)

heute am Leben, weil ihr Flugzeug von der ›schrägen Musik‹ abgeschossen wurde.« (Major Rudolf Schönert, Nachtjagdgeschwader 10)*

Unter den Fliegern herrschte selbst im Kriege immer noch ein Gefühl für Fairneß.

Die »schräge Musik« war so erfolgreich, daß nur wenige britische Flugzeuge es schafften, heimzukehren und zu berichten, wie sie auf diese Weise angegriffen worden waren. Sie wußten wahrscheinlich gar nicht, was sie getroffen hatte, denn die aufwärts gerichteten 2-cm-Kanonen schossen mit nur ganz schwach erkennbarer Leuchtspurmunition. Deshalb konnten die Deutschen diese Waffe viele Monate lang einsetzen, ohne daß sich das Bomberkommando dessen bewußt war. Dies wiederum überraschte die Deutschen, weil auf den Flugplätzen in den besetzten Ländern viele Zivilisten arbeiteten, und weil man annahm, Einzelheiten dieser Waffe würden durch die Widerstandsbewegung nach Großbritannien weitergemeldet.

Jetzt läßt sich erkennen, wie schwer es sich für das Bomberkommando auswirkte, daß die 3. Group ihre unteren Türme aus den Lancaster Mark II ausgebaut hatte, denn die »schräge Musik« wurde nur durch den toten Winkel unter den Bombern möglich. Mit Gewißheit läßt es sich nicht sagen, aber es scheint, daß die 6. Group zumindest eine Vorahnung der neuen Waffe gehabt haben muß, und daß sie deshalb ihre MG-Stände unter dem Rumpf so schnell wie möglich einbaute. Einige englische Staffeln wußten hierüber auch Bescheid. Aber in den Unterlagen der 4. Group gibt es noch im Mai 1944 Beschwerden darüber, daß die Bordschützen nicht aufmerksam genug beobachtet hätten und durch »nicht vorausgesehenes Feuer« überrascht worden seien. Es ist interessant, daß eine Zeitlang sowohl die »schräge Musik« der Deutschen als auch die Rumpfwannen mit MG's bei den Kanadiern im Grunde lokal begrenzter »Eigenbau« waren.

Zu Beginn des Jahres 1944 betrug die Stärke der deutschen Nachtjagd etwa 15 Prozent des Flugzeugbestands der Luftwaffe. Die Russen besaßen keine strategische Bomberwaffe, und so konnten die Nachtjäger allein gegen das Britische Bomberkommando eingesetzt werden, mit Ausnahme einer geringfügigen Zahl von Nachtjägern, die abgestellt wurden, um den Nachtangriffen der RAF aus dem Nahen Osten zu begegnen.

Bei den Nachtjägern war die Gliederung Korps – Division – Geschwader – Gruppe – Staffel, aber hiervon sind nur zwei, Division und Gruppe, von besonderem Interesse. Die Jagddivision verteidigte ein bestimmtes Gebiet

* Das Nachtjagdgeschwader 10 war eine Testeinheit für neue Flugzeugtypen, Waffen und Radargeräte unter Einsatzbedingungen. Seine Heimatbasis war Werneuchen östlich von Berlin, jedoch operierten seine Flugzeuge auch oft von Hangelar bei Bonn aus. Kommandeur dieser Einheit war Rudolf Schönert, der 64 Luftsiege errang. Ich möchte ihm und dem kürzlich verstorbenen Major Willi Herget für ihre kritische Überprüfung dieses Kapitels danken.

und hatte sowohl Tag- als auch Nachtjäger. Die Gruppe war die Kampfeinheit. Normalerweise operierte sie von einem Stützpunkt aus und hatte Flugzeuge eines einzigen Typs. Mit etwa vierzig Flugzeugen war sie größer als eine RAF-Squadron. Im Westen standen fünf Jagddivisionen in voller Kriegsstärke. Jede hatte im Durchschnitt vier Gruppen zweimotoriger Maschinen für den »Zahme Sau«-Einsatz und zwei einmotorige Gruppen für die »Wilde Sau«.

Als das Bomberkommando den Angriff auf Nürnberg flog, hatte die Luftwaffe 361 einsatzbereite zweimotorige Nachtjäger mit vollständigen Besatzungen und etwa 150 Maschinen für die »Wilde Sau«. Die Hauptstärke lag in den alten »Zerstörern« vom Typ Me 110, die jetzt mit zu viel Zuladung belastet und durch unzureichende Einsatzdauer behindert waren, aber den unschätzbaren Vorteil des ungestörten Radargeräts vom Typ SN-2 besaßen. Wieviele Maschinen zudem noch die unerwartet tödliche »schräge Musik« einsetzen konnten, ist nicht bekannt; möglicherweise zu diesem Zeitpunkt ein Viertel bis ein Drittel aller Nachtjäger.

30. März 1944

Im März 1944 war für die Menschen in Großbritannien der fünfte Kriegswinter vorüber. Schon lange hatte die gesamte Bevölkerung ihr Leben hartnäckig den Verhältnissen angepaßt, um den Konflikt bis zum Ende durchzustehen. Die Jahre der Krise waren vorüber. Das Land war voller Soldaten aller alliierten Nationen, und die Invasion des von Deutschen besetzten Europa stand offensichtlich kurz bevor. Obgleich es noch Rückschläge geben würde, war dies eine Zeit der Hoffnung. Endlich war das Ende in Sicht.

Aus Rußland, wo die jüngste Offensive von Marschall Schukow Fortschritte machte, kamen gute Nachrichten. Die deutsche Besatzung von Odessa stand kurz vor der Kapitulation, und bald würden russische Truppen in die Tschechoslowakei eindringen. Auch die Amerikaner kamen bei ihrer Offensive im Pazifik gut voran und waren jüngst auf den Marshall-Inseln gelandet. An zwei anderen Fronten gab es für die alliierten Truppen jedoch Schwierigkeiten. In Italien verlief die Schlacht von Cassino ungünstig. Obgleich das Kloster durch Bomben in Trümmer gelegt worden war, war der Infanterieangriff vorerst fehlgeschlagen. Die bei Anzio gelandeten Verbände steckten immer noch in ihrem ungemütlichen Brückenkopf. In Burma machten die Japaner überraschende Fortschritte bei ihrer letzten verzweifelten Offensive. Die schwere Belagerung von Imphal hatte soeben begonnen.

Die Bevölkerung von London und Südwestengland litt wieder unter deutschen Luftangriffen. Nach der Luftschlacht um Hamburg hatte Hitler die Aufstellung von Kampfverbänden zur Vergeltung befohlen. Wie sich das Kräfteverhältnis in der Luft zugunsten Großbritanniens verändert hatte, zeigt am besten, daß es von August 1943 bis Januar 1944 dauerte, bis die Luftwaffe ganze 200 Bomber zusammengezogen hatte. Der folgende »Baby-Blitz« dauerte vier Monate. Dabei wurden 2000 Tonnen Bomben geworfen und 2673 Zivilisten getötet. Während des gleichen Zeitraums warf die RAF 25mal soviel Bomben über Deutschland ab.

Die am Tage des Angriffs auf Nürnberg erschienenen englischen Zeitungen enthielten folgende Inlandsnachrichten: Durch die jüngsten Streiks sind eine dreiviertel Million Tonnen Kohle verlorengegangen. Die Arbeiter in den Werften an der Tyneside seien in einer »aggressiven Stimmung«. In einem Verfahren vor dem Zentralen Kriminalgericht wurden Angeklagte

nach dem Gesetz gegen Hexerei schuldig gesprochen, weil sie an spiritistischen Sitzungen teilgenommen hatten. Das Sparziel in Höhe von 165 Millionen Pfund im Rahmen der »Woche für unsere Soldaten« war einen Tag vor Schluß bis auf zwanzig Millionen Pfund erreicht. In einer Nachwahl in North Camberwell verteidigte der Labour-Kandidat sein Mandat, aber die geringe Wahlbeteiligung war ein negativer Rekord. Die Regierung versprach, die Entwicklung des Düsenantriebs und die Erhöhung der Renten zu unterstützen. Und die Irische Republikanische Armee, so schrieben die Zeitungen, helfe den Deutschen.

Wenige Minuten vor neun Uhr am Morgen des 30. März, einem Donnerstag, ging Sir Arthur Harris die wenigen Stufen zu seinem unterirdischen Befehlsstand hinunter. Etwa zwanzig Offiziere waren schon vorausgegangen. Die Morgenkonferenz des Oberbefehlshabers konnte beginnen.

Vierzig Minuten später war Harris wieder in seinem Dienstzimmer über der Erde. Die Konferenz hatte mit dem Beschluß geendet, in der kommenden Nacht Nürnberg anzugreifen. Um die Logik hinter dieser Entscheidung zu verstehen, muß man sich erneut die Luftschlacht über Berlin vor Augen führen, in die Harris seine Bomber fünf Monate zuvor mit so großen Hoffnungen geschickt hatte. Nürnberg sollte der letzte Angriff dieser Schlacht werden. Tatsächlich war der 1. April 1944, der Tag nach dem Angriff auf Nürnberg, das Datum, zu dem Harris »einen Grad der Zerstörung« erwartet hatte, »bei dem die Kapitulation unvermeidlich ist«. Jedoch: Trotz seiner eigenen Entschlossenheit und Führungseigenschaften und trotz der mutigen Bomberbesatzungen war dies eine Schlacht, welche die Deutschen gewonnen hatten.

Seit Ende November 1943, dem Beginn der Hauptoffensive, hatte Harris 34 Großangriffe auf Deutschland befohlen, von denen 16 gegen Berlin gerichtet waren. Die Anfangserfolge hatten gut ausgesehen: Die Verlustrate lag unter vier Prozent, und es gab ermutigende Schätzungen des in Berlin angerichteten Schadens. Unglücklicherweise konnte dies nicht nachgeprüft werden, weil durch häufige Bewölkung sowohl Angriffsfotos als auch fotografische Aufklärung nur schlechte Informationsmöglichkeiten boten. Als in der englischen Presse optimistische Berichte erschienen, machte Goebbels, gleichzeitig Gauleiter von Berlin und Minister für Volksaufklärung und Propaganda, keinerlei Versuch, sie zu korrigieren. Er nahm an, je eher die RAF dachte, sie habe Berlin zerstört, desto eher würden auch die Angriffe aufhören. Tatsächlich hatten die Angriffe keinen entscheidenden Schaden verursacht.

Die Schlacht tobte den ganzen Winter über. Die stets wiederholten Angriffe auf dasselbe Ziel halfen den Deutschen bei der Abwehr. Um den Jägern aus dem Weg zu gehen, führten die Anflugstrecken weniger direkt zum Ziel, und die Bombenladungen wurden geringer, aber die Erschöpfung der

Bomberbesatzungen nahm zu, und ein größerer Teil der Angriffe mußte auf andere Städte in Deutschland umgeleitet werden. Dennoch stieg die Verlustrate. Zwischen dem 18. November 1943 und dem Vorabend des Angriffs auf Nürnberg gingen 953 Bomber verloren. Am 19. Februar wurde ein schauerlicher Rekord erreicht; der Bomberstrom traf wegen unerwartet starken Rückenwindes zwanzig Minuten vor der Nullzeit über dem Ziel Leipzig ein und verlor 78 Bomber, die meisten beim Warten auf die Einsatzzeit. Es war der bis dahin schwerste Verlust in einer einzigen Nacht.

Das Luftfahrtministerium, das früher Harris' Bestreben unterstützt hatte, mit der Offensive gegen Berlin die Entscheidung zu erzwingen, verlor das Vertrauen in die Flächenbombardierungen. Dort glaubte man jetzt, mit Angriffen auf kleinere Ziele, auf ausgewählte Industrien wie die Kugellager- und Flugzeugfabriken, könnte mehr erreicht werden, wie dies auch in der offiziell immer noch geltenden »Pointblank«-Direktive festgelegt worden war. Anfang 1944 wurde Harris gedrängt, Schweinfurt anzugreifen, ein Ziel, das in dieser Auseinandersetzung schon fast zur Grundsatzfrage geworden war. Harris zögerte, Kräfte von der Flächenbombardierung abzuziehen, aber nachdem viele Briefe zwischen dem Luftfahrtministerium und dem Bomberkommando gewechselt worden waren, bekam er den förmlichen Befehl, Schweinfurt anzugreifen. In der Nacht zum 25. Februar wurde ein Angriff auf diese Stadt geflogen.

Der Monat März, der mit dem Angriff auf Nürnberg endete, verdient eine nähere Betrachtung. Zu Monatsbeginn hatte das Bomberkommando eine neue Direktive oder vielmehr eine weitere Variante der Zielprioritäten bekommen. Sechs Städte, alles solche, in denen Kugellager oder Flugzeuge produziert wurden, galten als Hauptziele des Bomberkommandos:

1. Schweinfurt,
2. Leipzig,
3. Braunschweig,
4. Regensburg,
5. Gotha,
6. Augsburg.

Die sechs Ziele waren alle schon in der früheren Dringlichkeitsliste aufgeführt, nur hatten in der Reihenfolge der Priorität Gotha und Augsburg die Plätze getauscht. Ferner wurde angeordnet, daß »die genannten Prioritäten alle früheren Instruktionen hierüber ungültig machen«.*

Bei solch unmißverständlichen Befehlen sollte man annehmen, diese sechs Städte hätten an führender Stelle in der Liste der Angriffe im Monat März gestanden, aber dem war nicht so. Die tatsächlichen Ziele dieses Monats waren Stuttgart (zweimal), Frankfurt (zweimal), Berlin und Essen.

* Public Record Office AIR 14/780

Zielabweichungen bei Bombenangriffen März 1944

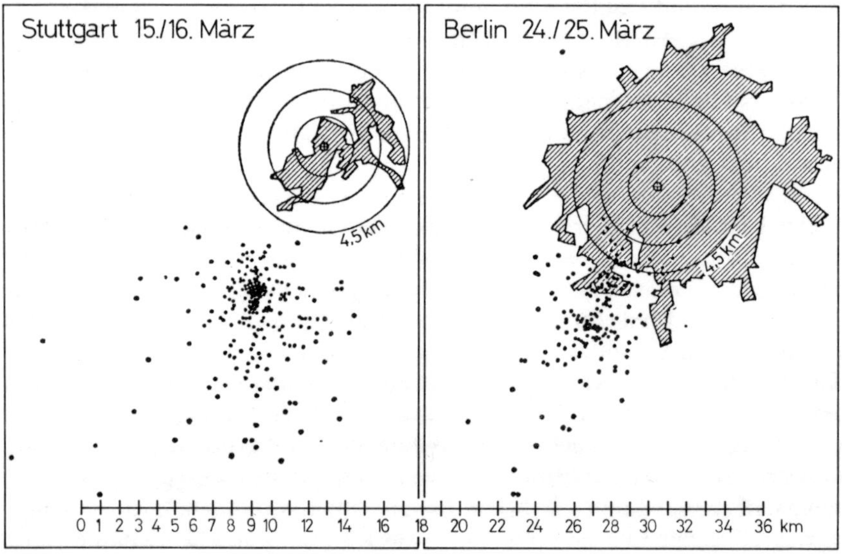

Mit einem Verlust von 73 Flugzeugen war der Angriff auf Berlin am 24./25. März wieder besonders kostspielig. Man nahm an, drei Viertel der Verluste seien durch widrige Winde verursacht worden, welche die Bomber über die Flak-Stellungen des Ruhrgebiets getrieben hätten. Wenn man diesen Faktor in der Verlustquote berücksichtigte, dann betrugen die Verluste in diesem Monat nur 21 Bomber je Angriff oder 2,7 Prozent der eingesetzten Maschinen. Andererseits war bei diesen Angriffen, wie gewohnt, auch nicht viel herausgekommen. Sogar bei wolkenlosem Himmel waren die Ergebnisse der Bombenangriffe auf Stuttgart, Frankfurt und Berlin mager gewesen. Beim zweiten Angriff auf Stuttgart zeigten Bombenfotos, daß kein einziges Flugzeug seine Ladung innerhalb der Stadtgrenzen ausgeklinkt hatte! Die Schwierigkeiten einer genauen Zielmarkierung außerhalb der Reichweite von »Oboe« waren immer noch nicht gelöst. Im Gegensatz dazu brachte der Angriff auf Essen mit den Markierungen durch »Oboe« einen vollen Erfolg. Berichte aus Essen besagen, daß 48 Fabriken und zahlreiche andere Einrichtungen getroffen wurden, obgleich die Stadt unter einer dichten Wolkendecke lag. Der plötzliche Wechsel auf ein Ziel im Ruhrgebiet hatte auch die Luftwaffe unvorbereitet getroffen. Ergebnis: Nur zehn Bomber gingen verloren.

Hier lag der Grund für die offensichtliche Weigerung von Harris, den Befehlen Folge zu leisten. Wenn seine Bomber Stuttgart, Frankfurt und Berlin

nicht entscheidend treffen konnten, dann würden auch die auf Schweinfurt und die fünf anderen Prioritätsstädte – alles viel kleinere Ziele und außerhalb der Reichweite von »Oboe« – konzentrierten Bemühungen verschwendet sein. Harris weigerte sich, Menschen und Flugzeuge auf diese Weise zu verlieren. Einige Tage nach dem Angriff auf Nürnberg sollte das Problem auf dramatische Weise gelöst werden, aber es wäre voreilig, dies schon jetzt zu schildern.

Solange die Teilnehmer sich erinnern konnten, hatte es jeden Morgen eine Lagebesprechung des Oberbefehlshabers gegeben. Nach einem formellen »Guten Morgen, meine Herren« hatte Harris an einem kleinen Tisch Platz genommen und erst einmal eine Zigarette angezündet. Der Offizier, der die amerikanische 8. Luftflotte vertrat – ihr Hauptquartier lag in der Nähe, und ihre Viermotorigen waren neben denen des Bomberkommandos in East Anglia stationiert – war der einzige, der sich ebenfalls setzte und außerdem der einzige andere Raucher. Er zündete sich eine große Zigarre an. Die Offiziere vom Stab des Bomberkommandos standen respektvoll und aufmerksam hinter ihrem Chef. Die Besprechung verlief zügig.

Zuerst las der Luftmarschall einen Bericht, der kurz die Ergebnisse der Einsätze der vergangenen Nacht zusammenfaßte. Seit dem Angriff auf Essen am 26./27. März, also seit drei Nächten, hatte es keinen größeren Angriff mehr gegeben. In der ersten Nacht danach waren nur einige »Oboe«-Mosquitos ins Ruhrgebiet vorgestoßen, in der zweiten Nacht hatte Nebel das gesamte Bomberkommando am Start gehindert. Die Konferenz am Tage zuvor war zu dem Beschluß gekommen, einen größeren Angriff auf Braunschweig durchzuführen. Der Angriff des Bomberkommandos sollte auf einen von den Amerikanern für dieses Datum vorgesehenen Tagesangriff folgen. Dieser war dementsprechend von 236 Flying Fortress ausgeführt worden, die von 438 Jägern begleitet worden waren. Die Amerikaner behaupteten, 64 deutsche Jäger abgeschossen zu haben, aber sie hatten ihrerseits neun Fortress und elf Jäger verloren. Wegen schlechter Wetterverhältnisse war am frühen Abend jedoch der Angriff des Bomberkommandos abgeblasen worden.

Der Bericht, den Harris überflog, erwähnte deshalb nur kleinere Einsätze aus der vergangenen Nacht. Die Squadron 617 hatte einen Präzisisionsangriff auf eine Flugzeugmotorenfabrik in Lyon geflogen, zwanzig Mosquitos hatten mit »Oboe« Ziele im Ruhrgebiet angegriffen. Als der Hauptangriff auf Braunschweig abgesagt wurde, hatte man schnell mit 32 anderen Mosquitos einen Angriff auf Kiel geflogen. Der größte Einsatz dieser Nacht: 49 Stirling- und 56 ältere Halifax-Bomber, hatten den Eisenbahnknotenpunkt Vaires bei Paris bombardiert, wobei acht »Oboe«-Mosquitos die übliche genaue Zielmarkierung geliefert hatten. Dieser Probeangriff

diente der Vorbereitung von Großeinsätzen gegen französische Eisenbahnziele vor der Invasion. Insgesamt wurden im Laufe der Nacht 184 Flugzeuge eingesetzt, alle Ziele waren getroffen worden und nur eine Halifax von einer kanadischen Staffel wurde seit dem Angriff auf Vaires vermißt.*

Jetzt war Magnus Spence, Harris' Chefmeteorologe, an der Reihe. Spence hatte bereits Kontakt mit dem Zentralwetteramt in Dunstable aufgenommen und eine vorläufige Wetterkarte vorbereitet. Für einen erfolgreichen Angriff waren folgende Vorbedingungen erforderlich: Günstiges Wetter für den Start, keine mächtigen Haufenwolken auf der Strecke, die Vereisungen hervorrufen könnten, gute Sicht über dem Ziel für die Markierung, falls es sich außerhalb der Reichweite von »Oboe« befand, und vor allem kein Nebel und eine verhältnismäßig hohe Wolkendecke für die Landung. Eine Kombination aller dieser Bedingungen für einen Zeitraum von zwölf bis zwanzig Stunden vorauszusagen, ohne detaillierte Wettermeldungen gerade aus jenen Teilen des von den Deutschen besetzten Europa zu haben, über die die Bomber fliegen sollten, war das schwierigste Problem, dem sich Spence jeden Morgen zu stellen hatte. An diesem Morgen kam noch dazu, daß in der folgenden Nacht der Mond gerade durch das erste Viertel seiner Phase gehen würde. Es würde einen Halbmond geben, der zwar schon eine halbe Stunde vor Sonnenuntergang am höchsten stand, aber nicht vor den frühen Stunden des darauffolgenden Morgens, am 31. März, unterging. Jeder Bombereinsatz *vor* diesem Zeitpunkt würde vom Halbmond beeinflußt werden.

Es gab zwei weitere wichtige Aspekte der Wetterlage. Ein Vergleich der Wetterkarten des Zentralwetteramts dieses Tages mit deutschen Wetterkarten zeigt, daß die Spence zur Verfügung stehende Information ziemlich genau war. Ein Tiefdruckgebiet über Norwegen trieb Kumuluswolken über die Nordsee heran. Für jedes Flugzeug, das nördlich einer Linie vom Humber nach Nordholland flog, bestand Vereisungsgefahr. Außerdem erstreckte sich eine komplizierte Kältefront von jenseits Irland über Nordfrankreich, Süddeutschland und den Balkan in östlicher Richtung, ehe sie nordwärts zu ihrem Ursprung, einem in Rußland gelegenen Tief, zurückdrehte. Diese Front war nicht sehr aktiv; ihre langsame Bewegung nach Süden war in den letzten drei Tagen beobachtet worden.

Für den Einsatz bot die Kältefront drei Möglichkeiten: Ihre Südkante konnte niedrig ziehende Wolken enthalten, die ein mögliches Ziel verdeck-

* Das Bomberkommando hatte nicht gewußt, daß dreizehn deutsche Eisenbahnzüge, die Teile der 10. SS-Panzerdivision »Frundsberg« von Lisieux nach Rußland transportierten, in Vaires Aufenthalt hatten. Widerstandskämpfer unter den französischen Eisenbahnarbeitern hatten einen mit Seeminen beladenen Zug zwischen die Transportzüge rangiert. Die Bomben trafen genau, die Minen explodierten. Nach sechs Tagen hatten die Deutschen die Erkennungsmarken von 1200 toten SS-Männern zusammengetragen. Auch vierzehn französische Eisenbahner waren getötet worden. Diese Details stammen aus einem Bericht des französischen Widerstands an C.E.R. Sherrington vom Ministry of Economic Warfare.

ten. Ihre nördliche Kante konnte hohe Schichtwolken mit sich führen und in größeren Höhen beständige Winde in der Richtung, in der sich auch die Front bewegte. Überall sonst in Deutschland gab es nur flache Tiefdruckrinnen mit wenig Wolken und einem weitgehend klaren Himmel.

Nach Spence kam der Verbindungsoffizier der 8. Luftflotte zu Wort. Der Plan, mit acht Gruppen schwerer Bomber einen Angriff auf Flugzeugfabriken in Berlin zu fliegen, war abgeblasen worden. Der amerikanische Offizier konnte jedoch den Angriff von drei Gruppen Thunderbolt-Jagdbombern auf deutsche Flugplätze in den Niederlanden und über die Grenze nach Deutschland an diesem Nachmittag ankünden.

Sir Arthur Harris überprüfte nun seine Möglichkeiten. Wegen der über die Nordsee heranziehenden Wolken und der weiten, klaren Gebiete im Binnenland, in denen die Bomber einem Jägerangriff im Mondlicht preisgegeben wären, konnte ein Angriff auf ein Ziel in Norddeutschland nicht in Frage kommen. Normalerweise wäre es unter den herrschenden Mondverhältnissen für einen Angriff ohnehin schon zu spät gewesen. Aber die Möglichkeit hoher Wolken hinter der Kältefront, die den Bombern Schutz bieten könnten, zog seine Aufmerksamkeit auf den Süden.

Wir können nur vermuten, was Harris dachte, als er dasaß und die Möglichkeiten gegeneinander abwog. Vielleicht dachte er bedauernd daran, daß mit Ausnahme von Essen die Ergebnisse der Bombenangriffe in diesem Monat recht mager gewesen waren. Die Verbände waren nach drei Nächten ohne Einsatz ausgeruht, und bald würde der Frühling zu weit fortgeschritten sein, um noch tief nach Deutschland eindringen zu können. Die jetzt von dem Langstreckenjäger Mustang begleiteten Amerikaner hatten ihre weiten Tagesangriffe mit großen Verlusten für die Tagjäger der Luftwaffe aufgenommen. Diese Einsätze könnten auch die Nachtjagdgruppen beeinträchtigt haben. Harris' eigene jüngste Verluste waren nicht schwer, falls man die Verlustzahlen von Leipzig und Berlin außer acht ließ, die schließlich, wie man glaubte, durch außergewöhnliche Umstände entstanden waren. In der letzten Woche allein hatten seine Bomber 1270 Einsätze geflogen und dabei nur zehn Maschinen verloren. Darüber hinaus würde der Angriff der Amerikaner am Nachmittag nützen. Hatte die deutsche Nachtjagd ihre Kraft vorübergehend eingebüßt? Harris beschloß, in dieser Nacht einen Großangriff zu starten.

Vor der Entscheidung, welches Ziel angegriffen werden sollte, mußte sich der Bomberchef zuerst mit den sechs Prioritätszielen der letzten Direktive befassen, obgleich er die darin zum Ausdruck gebrachte Politik mißbilligte. Braunschweig, Leipzig und Gotha lagen alle zu weit im Norden und konnten deshalb außer Betracht bleiben. Augsburg war zu weit im Süden und könnte durch die Wolkenfront bedeckt sein. Aber Schweinfurt mit seinen Kugellagerwerken und Regensburg mit einer Messerschmitt-Fabrik befanden sich in dem Gebiet, das Harris jetzt in Betracht zog. Er hatte drei der befohlenen Ziele – Schweinfurt, Leipzig und Augsburg – im Februar angegriffen und zumindest zweimal im März Angriffe auf Braunschweig befohlen, die jedoch wegen unvorhergesehener Witterungsverhältnisse abgesagt werden mußten. Es gab keinen rechten Grund, weshalb nicht Schweinfurt oder Regensburg als Angriffsziel dieser Nacht ausgewählt werden sollten. Vielleicht glaubte Harris aber, er habe in jüngster Zeit die Prioritätenliste hinreichend befolgt. Er war sich zudem der kürzer werdenden Nächte bewußt und der Anforderungen, die an sein Kommando vor der Invasion gestellt werden würden. So wandte er sich von der Prioritätenliste ab. Dies waren nicht die Ziele, die er suchte.

Die nächste Liste, die er prüfte, enthielt die Zielgebiete: jene großen Industriestädte, die bisher noch nicht schwer beschädigt worden waren. Sofort fiel ein Name auf: Nürnberg, eine große Stadt, noch dazu in der Mitte zwischen Schweinfurt und Regensburg gelegen. Wing Commander Fawssett, zuständig für »Ziele«, brachte sofort seinen Aktenordner über Nürnberg. Es zeigte sich, daß in der Stadt mehrere wichtige Industriewerke lagen. Man nahm an, daß sie Panzer, Dieselmaschinen, Elektrogeräte und noch vieles mehr produzierten. Von einigen Mosquito-Angriffen abgesehen, war die Stadt seit mehreren Monaten nicht ernsthaft bombardiert worden. Keiner der vorhergegangenen Großangriffe hatte hier entscheidenden Schaden verursacht.

Hier war ein großes, im wesentlichen unbeschädigtes industrielles Ziel genau am richtigen Platz. Harris brauchte nicht lange, um zu entscheiden: Das Angriffsziel in dieser Nacht würde Nürnberg sein.

Der Oberbefehlshaber begann, einen vorläufigen taktischen Plan zu entwickeln. Die Bomber sollten spät starten, soweit wie möglich die hohen Wolken ausnützen, die im Rücken der Kaltwetterfront lagen, und versuchen, mit dem Rückenwind schnell nach Süddeutschland zu kommen. Auf diese Weise würde die über feindlichem Gebiet verbrachte Zeit, während der Mond schien, auf ein Minimum begrenzt. Nürnberg würde im letzten Mondlicht bombardiert werden, und der Rückflug in der Dunkelheit erfolgen, nachdem der Mond untergegangen war.

Nicht alle Anwesenden waren glücklich über die Wahl. Einige glaubten, die Mondphase sei für einen Angriff so tief innerhalb Deutschlands schon zu weit vorgeschritten. Der stellvertretende Oberbefehlshaber, Sir Robert Saundby, äußerte unmißverständlich Bedenken und der Meteorologe war im Zweifel wegen der Abhängigkeit von den hohen Wolken, die sich vielleicht als nicht existent erweisen würden, falls die Kaltfront unerwartet in Bewegung kam oder die Wolkendecke selbst aufriß.

Aber die Entscheidung war gefallen. Es war bis zu einem gewissen Grade ein Glücksspiel mit dem Wetter und mit den Reaktionen der deutschen

Jägerleitoffiziere, aber schließlich war das bisher jeder Angriff des Bomberkommandos gewesen. Falls sich die Wetterbedingungen innerhalb der nächsten zwölf Stunden verschlechtern sollten, konnte der Angriff immer noch abgesagt werden. Die Konferenz war beendet.

Was für eine Stadt war Nürnberg, das vorgesehene Opfer?

Vor dem Krieg war Nürnberg ein Musterbeispiel für die schönen alten Städte in Süddeutschland. Im Zentrum die mittelalterliche Altstadt mit der Burg und mit turmbewehrten Mauern, Toren und einem Wassergraben. Hier lagen Kirchen und Museen und viele schöne alte Giebelhäuser. Die Nürnberger rühmten ihre Altstadt als schönstes Stadtzentrum Deutschlands. Aber größeren Anspruch auf Ruhm besaß Nürnberg als Geburtsort von Albrecht Dürer. Sein Haus in der Altstadt wurde liebevoll gepflegt.

Die Stadt, die 1939 die Nachbarstadt Fürth eingemeindet hatte, liegt an der Pegnitz in Nordbayern. Im Gegensatz zum größten Teil Bayerns hatte Nürnberg eine vorwiegend protestantische Bevölkerung. Zur Schwerindustrie gehörten in Friedenszeiten Maschinen-, Kraftwagen- und Chemikalien-Fabriken, aber die Welt kannte Nürnberg hauptsächlich wegen seines Spielzeugs, seiner Holz- und Elfenbeinschnitzereien und wegen der Bleistifte. Es war zudem ein großer Markt für Hopfen und besaß fünf Brauerein.

Als die Nationalsozialisten an die Macht kamen, interessierte sich Hitler für Nürnberg. Er nannte sie »die deutscheste der deutschen Städte«, obgleich sie in ihrer Begeisterung für die Nazis vermutlich nicht über dem Durchschnitt lag. Hitler plante am südöstlichen Stadtrand eine Reihe von Bauwerken für die alljährlichen Parteitage, die in den dreißiger Jahren eindrucksvolle und dramatische Schauspiele waren. Ein junger Architekt, Albert Speer, wurde mit diesem Auftrag betraut. Sein Entwurf sah drei riesige Arenen mit einem Fassungsvermögen bis zu 400000 Personen vor, ein Sportstadion, die Kongreßhalle, das Märzfeld, auf dem die Wehrmacht Manöver vor einem Publikum durchführen konnte, und schließlich eine gepflasterte Prachtstraße, die Große Straße, eineinhalb Kilometer lang und einhundert Meter breit, auf der große Marschkolonnen und Panzer paradieren konnten. Diese massiven Bauwerke sollten jene tausend Jahre überdauern, die laut Hitler dem Dritten Reich vorbehalten waren. Tausende Arbeitslose wurden hier beschäftigt, und riesige Summen wurden zur Verfügung gestellt; aber als der Krieg begann, war ein großer Teil der Arbeit noch nicht vollendet. Die Kongreßhalle, die Große Straße und eine der Arenen stehen heute noch – nutzlose Denkmale des Nazismus, deren Abbruch sogar zu teuer ist.

Nürnbergs Einwohnerzahl wurde im Jahr 1944 von der RAF auf 426000 geschätzt, von denen 200000 potentielle Arbeitskräfte waren. Eine äußerst genaue Karte des Kriegsministeriums führte in Nürnberg und Fürth fünfzig Fabriken, 46 andere kommerzielle Anlagen, 28 militärische Einrichtungen und 16 Parteigebäude auf, darunter eine große SS-Kaserne in der Nähe der Kongreßhalle. Nürnberg war außerdem ein wichtiges Verwaltungs-, Wirtschafts- und Nachrichtenzentrum. Die wichtigsten Industriekomplexe waren M.A.N. (Maschinenfabrik Augsburg–Nürnberg), schwere Maschinenfabriken, die zwei Elektrofabriken von Siemens–Schuckert und ein kleines Flugzeug-Reparaturwerk am östlichen Stadtrand von Fürth. Zusammen mit vielen kleineren Unternehmen leisteten diese Betriebe einen wichtigen Beitrag zur deutschen Kriegsrüstung. Zusätzlich dazu nennt ein Dokument des Bomberkommandos aus dem Jahr 1943 Nürnberg nicht nur ein wichtiges industrielles, sondern »auch ein politisches Ziel erster Ordnung und eine der heiligen Stätten des Nazi-Glaubens«. Im gleichen Bericht heißt es auch: »Die Moral in Nürnberg war immer sehr schwankend.«*

Dies war Nürnberg, in jeder Hinsicht typisch für ein Flächenziel: Wichtige Industrien, eine »unsichere Moral« und zusätzlich seine Verbindung mit der verhaßten Nazi-Partei. Falls die Bomber in der kommenden Nacht gute Arbeit leisteten, würde dies einen Namen weniger auf der Liste jener Städte bedeuten, die noch der Aufmerksamkeit des Bomberkommandos bedurften.

Nachdem die Konferenz beendet war, verließen Sir Arthur Harris und einige andere Teilnehmer den Befehlsstand und kehrten in ihre Diensträume und zu anderer Arbeit zurück. Es blieben zehn Offiziere, die für die Planung des Einsatzes der folgenden Nacht verantwortlich waren. Diese Gruppe wurde von Sir Robert Saundby geleitet, der jetzt an dem kurz zuvor von seinem Vorgesetzten geräumten Tisch in der Mitte saß. Bei der Vorbereitung des Plans setzten diese Männer ihren Verstand direkt gegen den ihrer deutschen Gegenspieler, die in der Angriffsnacht selbst die Züge der Bomber berechnen und dementsprechend die Nachtjäger ansetzen mußten.

Die Verantwortlichen für die Planung der Flugstrecke hatten von allen Beteiligten die wichtigste Aufgabe. Die von ihnen getroffenen Entscheidungen bedeuteten für die Besatzungen tatsächlich Leben oder Tod. Aus diesem Grund soll die Überlegung, die hinter der Wahl der Flugstrecke nach Nürnberg stand, genau dargestellt werden.

Im allgemeinen gab es zwei Denkrichtungen bei der Festlegung der Strecke: Die eine vertrat das Prinzip »Auf dem kürzesten Weg hinein, auf dem kürzesten Weg heraus«, die andere war für die indirekte Annäherung. Für den möglichst direkten Weg sprachen verschiedene Vorteile: Die kürzere Strecke ermöglichte eine höhere Zuladung von Bomben statt Treibstoff, geringere Ermüdung der Besatzungen und schließlich auch weniger Flugzeit über dem Feindgebiet. Aber diese Methode hatte auch einen gro-

* Nach: *Immediate Assessment of Results of the Bomber Command raid of 10–11 August 1943*

ßen Nachteil: Je länger der Bomberstrom einen stetigen Kurs über feindliches Gebiet flog, desto größer war die Chance der Deutschen, den Kurs festzustellen und den Strom abzufangen. Die Alternative dazu war die aus vielen Teilstücken bestehende indirekte Flugstrecke, deren dauernde Kurswechsel die Deutschen oft verwirrten, die aber auf die Vorteile des direkteren Anmarschs verzichtete. Beide Denkrichtungen hatten viele Anhänger, und die meisten Flugstrecken des Bomberkommandos in jener Zeit paßten entweder der einen oder der anderen Seite nicht.

Saundby und seine Mitarbeiter standen vor einer schwierigen Aufgabe. Nürnberg lag dreimal so tief in deutschem Gebiet wie ein Ziel im Ruhrgebiet. Von den Einsatzplätzen der Bomber war es so weit entfernt wie Berlin, aber wegen der geographischen Lage konnte kein größerer Teil des Fluges über dem Meer zurückgelegt werden, wie das bei Angriffen auf Berlin möglich war. Der Mond würde über Nürnberg nicht vor 01.48 Uhr am kommenden Morgen untergehen, und es gab keine Garantie dafür, daß die schützende Wolkendecke zur richtigen Zeit am richtigen Ort, ja, ob sie überhaupt da sein würde, die Navigations- und Einsatzplanungs-Offiziere zogen dünne, farbige Kordeln über die große Wandkarte, wobei sie von Squadron Leader Varcoe, dem Fachmann für die deutsche Luftverteidigung, beraten wurden.

Hauptgesichtspunkte für die endgültige Festlegung des Anmarschweges waren: 1. die Notwendigkeit, die Flak-Gürtel des Ruhrgebiets und Frankfurts zu vermeiden, 2. der Wunsch, das wirkliche Ziel vor den Deutschen so lange wie möglich zu verbergen. Ein später Start hatte für die Bomber den Vorteil, daß die ungünstigste Phase der Mondscheindauer dieser Nacht bereits vorüber war. Die erste Teilstrecke, von der Versammlung des Bomberstroms bis zum Wendepunkt in Belgien, war unkompliziert. Die nächste, 425 Kilometer lange Teilstrecke über die deutsche Grenze südlich von Aachen umging die Verteidigung des Ruhrgebiets südlich von Bonn und führte dann tief nach Deutschland hinein. Es war ein interessanter, ungewöhnlich langer Streckenabschnitt, der dicht an den Jäger-Funkfeuern »Ida« und »Otto« und an vielen Nachtjagd-Einsatzplätzen vorbeiführte. Er wurde als die »lange Strecke« bekannt, und so werden auch wir sie nennen, obgleich sie wegen des starken Rückenwinds nur 62 Minuten Flugzeit erforderte. Für die Deutschen war der erste Teil der »langen Strecke« ein potentieller Anflug auf das Ruhrgebiet oder auf irgendeines der wichtigen Ziele im Raum Frankfurt, Mannheim oder Karlsruhe. Die weitere Etappe dieser Strecke konnte überall hinführen.

Am Ende der »langen Strecke« machte der Anmarschweg eine scharfe Wendung fast genau nach Süden, nur 127 Kilometer oder 19 Minuten Flugzeit von Nürnberg entfernt. Diese Teilstrecke führte nahe an einem weiteren Jäger-Sammelpunkt, dem Funkfeuer »Heinz«, vorbei. Bamberg und

Erlangen würden deutlich auf den H_2S-Schirmen der Pfadfinder zu sehen sein und ihnen als Anhaltspunkte für die letzte Wegstrecke zum Ziel dienen.

Der ganze Anflug in der theoretisch gefährlichen Mondscheindauer betrug, dank der starken Westwinde, von der belgischen Küste bis Nürnberg nur einhundert Flugminuten. Die »lange Strecke« war ein Glücksspiel, aber man hoffte, der Vormarsch der Bomber werde so schnell sein, daß sie schon weit innerhalb Deutschlands flögen, ehe der Gegner merkte, was sich da abspielte. Und würden die Bomber schon auf dieser Strecke gestellt, so könnten vielleicht die Höhenwolken sie vor den deutschen Jägern schützen.

Bei der Rückflugstrecke rechnete man nicht mit großen Schwierigkeiten. Der Mond war dann untergegangen, und der lange Südkurs führte weder über bedeutende Flak-Stellungen noch an den meisten Nachtjäger-Plätzen vorbei. Das letzte Teilstück über dem Englischen Kanal würde die von der Nordsee herunterkommenden Kumuluswolken vermeiden und es auch den amerikanischen Bombern in East Anglia gestatten, ihre Formationen zu versammeln, falls sie frühzeitig zu einem ihrer Angriffe am nächsten Tag starten wollten. Einziger Nachteil dieses Rückflugkurses war die lange Flugzeit. Die Gegenwinde würden den Besatzungen eine langweilige, fünf Stunden dauernde Schinderei bescheren.

Diese Flugstrecke läßt sich als ein gutes Beispiel für das Prinzip »Auf dem kürzesten Weg hinein, auf dem kürzesten Weg heraus« bezeichnen. Für ein so weit entferntes Ziel wie Nürnberg, das unter solchen Umständen angegriffen werden sollte, war diese Flugstrecke so gut oder so schlecht wie jede andere. Das Risiko, auf der »langen Strecke« im Mondlicht von Nachtjägern abgefangen zu werden, mußte einkalkuliert werden. Die Flugzeuge der 6. Group aus dem nördlichen Yorkshire würden mit 2530 Kilometern und acht Stunden Flugzeit den längsten Weg haben, die 3. Group mit 2080 Kilometern und einer Stunde weniger in der Luft den kürzesten.

Die Route stieß jedoch sofort auf Widerstand. Zuerst wurden die Einzelheiten an die 8. Group, die Pfadfinder, zur Stellungnahme gegeben. Air Vice-Marshal Bennett steckte die Strecke auf seiner Landkarte ab, aber was er sah, gefiel ihm nicht. Die Pfadfinder zogen gewöhnlich den indirekten Anflug mit vielen »Kunststückchen« vor, die die Deutschen verwirrten. Bennett gefiel die »lange Strecke« ganz und gar nicht. Er rief Saundby an, erklärte seine Einwände und bat um Änderung der Flugstrecke. Statt der drei vorgesehenen schlug er beim Anflug vier kürzere Teilstrecken vor. Solche Gegenvorschläge waren nicht ungewöhnlich; Saundby antwortete, er müsse zuerst die Meinung der anderen Kommodores einholen. Dies paßte wiederum Bennett nicht; die Pfadfinder als Navigationsexperten des Bomberkommandos sollten seines Erachtens das letzte Wort haben.

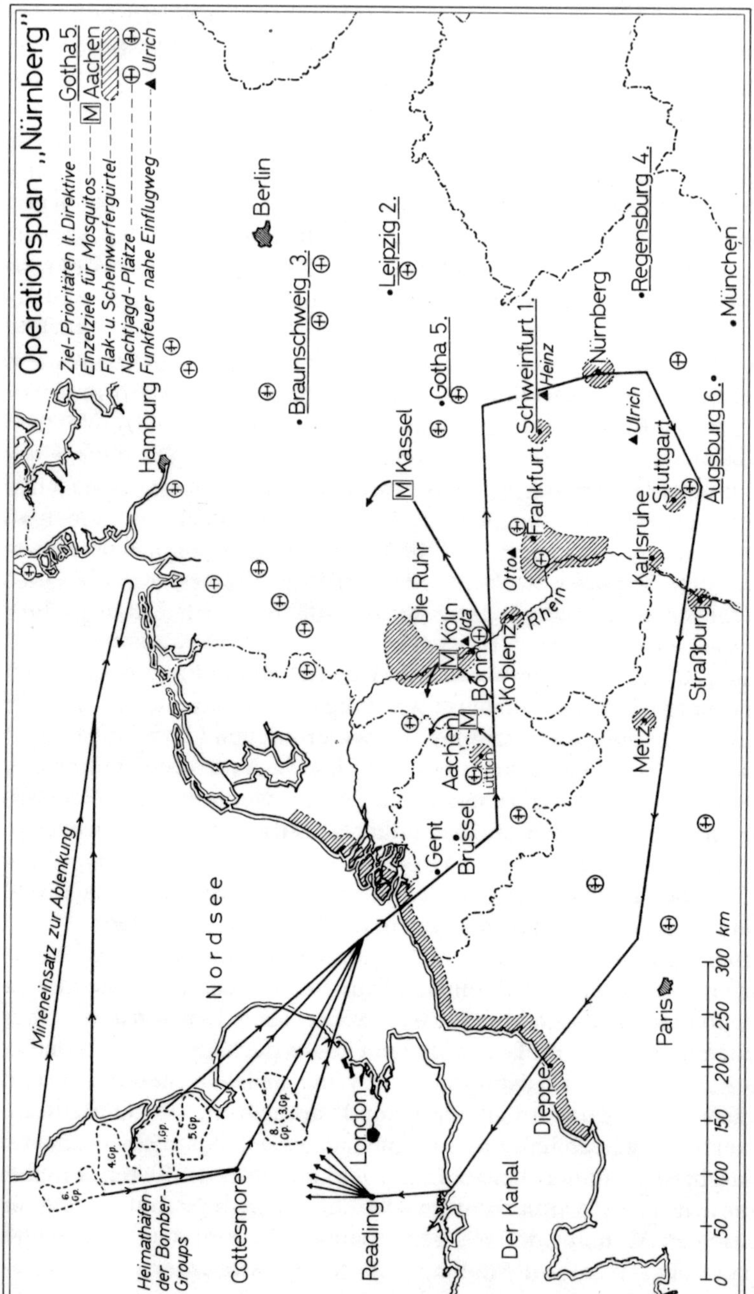

Operationsplan „Nürnberg"
Ziel-Prioritäten lt. Direktive Gotha 5.
Einzelziele für Mosquitos M Aachen
Flak-u. Scheinwerfergürtel
Nachtjagd-Plätze
Funkfeuer nahe Einflugweg Ulrich
Hamburg
Braunschweig 3.
Berlin
Leipzig 2.
Gotha 5.
Kassel
Schweinfurt 1.
Heinz
Nürnberg
Regensburg 4.
München
Augsburg 6.
Ulrich
Stuttgart
Karlsruhe
Frankfurt
Otto
Die Ruhr
Köln
Ida
Bonn
Koblenz
Rhein
Straßburg
Metz
Aachen
Lüttich
Gent
Brüssel
Nordsee
Mineneinsatz zur Ablenkung
Heimathäfen der Bomber-Groups
6. Gp.
4. Gp.
1. Gp.
5. Gp.
8. Gp.
3. Gp.
Cottesmore
Reading
London
Der Kanal
Dieppe
Paris
0 50 100 150 200 250 300 km

Saundby rief darauf die Kommodores der Bombergroups per Konferenzschaltung an und legte ihnen die beiden Möglichkeiten dar: Die von seinem Stab vorgeschlagene direktere Flugstrecke oder Bennetts indirekte. Die sich daraus ergebenden Entscheidungen der einzelnen Offiziere und ihre Meinungen sind interessant. Rice von der 1. Group, Harrison von der 3. und Cochrane von der 5. mit ihren schnellen, zuverlässigen Lancaster entschieden sich sofort für den direkten Anmarschweg. Sie waren nicht bereit, auf Bomben zugunsten von Treibstoff zu verzichten. Sie wollten nicht zu viele Wendepunkte, weil dies das Risiko von Zusammenstößen und eine Belastung der Navigation bedeutete. Carr, Kommodore der 4. Group, unterstützte Bennett aus zwei Gründen. Seine leichter verwundbaren Halifax brauchten jede nur mögliche Unterstützung über feindlichem Gebiet, und weil er Bennett noch aus jener Zeit kannte, als er unter Carr eingesetzt war, machte er sich in solchen Situationen Bennetts Ansicht zu eigen. McEwen von der kanadischen 6. Group war zuerst unentschlossen. Wie Carr wollte auch er für seine Halifax günstige Bedingungen, aber seine Flugzeuge mußten ohnehin die längste Strecke zurücklegen, und er wollte sie nicht noch verlängern. Bennett versuchte, die Opposition umzustimmen, aber schließlich unterstützte ihn nur Carr. Saundby stimmte zu, die Angelegenheit dem Oberbefehlshaber zur endgültigen Entscheidung vorzulegen. Harris wurde über die Lage unterrichtet und entschied nach einiger Überlegung, es solle bei der ursprünglichen Flugstrecke bleiben: eine Niederlage für Bennett, der anerkannte Navigationsexperte wurde überstimmt, aber es war mehr eine taktische Frage als ein navigatorisches Problem.

Die Meinungsverschiedenheit über den Flugweg hatte die Fertigstellung des Einsatzbefehls verzögert, aber der endgültige Beschluß gestattete Saundby und seinen Offizieren, die restlichen Aufgaben nun rasch zu erledigen.

Der Zielpunkt in Nürnberg war bereits ausgewählt worden. Es sollte einer der üblichen Flächenangriffe werden. Deshalb lag der Zielpunkt so, daß die Bomben ins Zentrum fielen, in die Altstadt und die umgebenden Wohngebiete und weniger auf die südlichen Vororte, wo die wichtigsten Fabriken, Eisenbahnanlagen und die Parteigebäude lagen. Die Bomber sollten von Norden kommen. Ihre Bomben fielen gewöhnlich vor den Markierungen, die dazu neigten, sich leicht mit dem Wind zu bewegen. So wurde der Zielpunkt weiter südlich – und gegen die Windrichtung – vom Stadtzentrum fixiert. Ein Güterdepot der Eisenbahn in der Nähe des Bahnhofs wurde ausgewählt mit der Angabe, der Zielpunkt liege 1100 Meter in 210 Grad von der Altstadt entfernt. Obgleich das Güterdepot nur 700 Meter von der Siemens-Fabrik und 1800 Meter von der M.A.N.-Fabrik trennten, waren nicht etwa diese Industriegebäude das anvisierte Ziel.

Die Stunde Null für den Angriff wurde auf 01.10 Uhr am folgenden Mor-

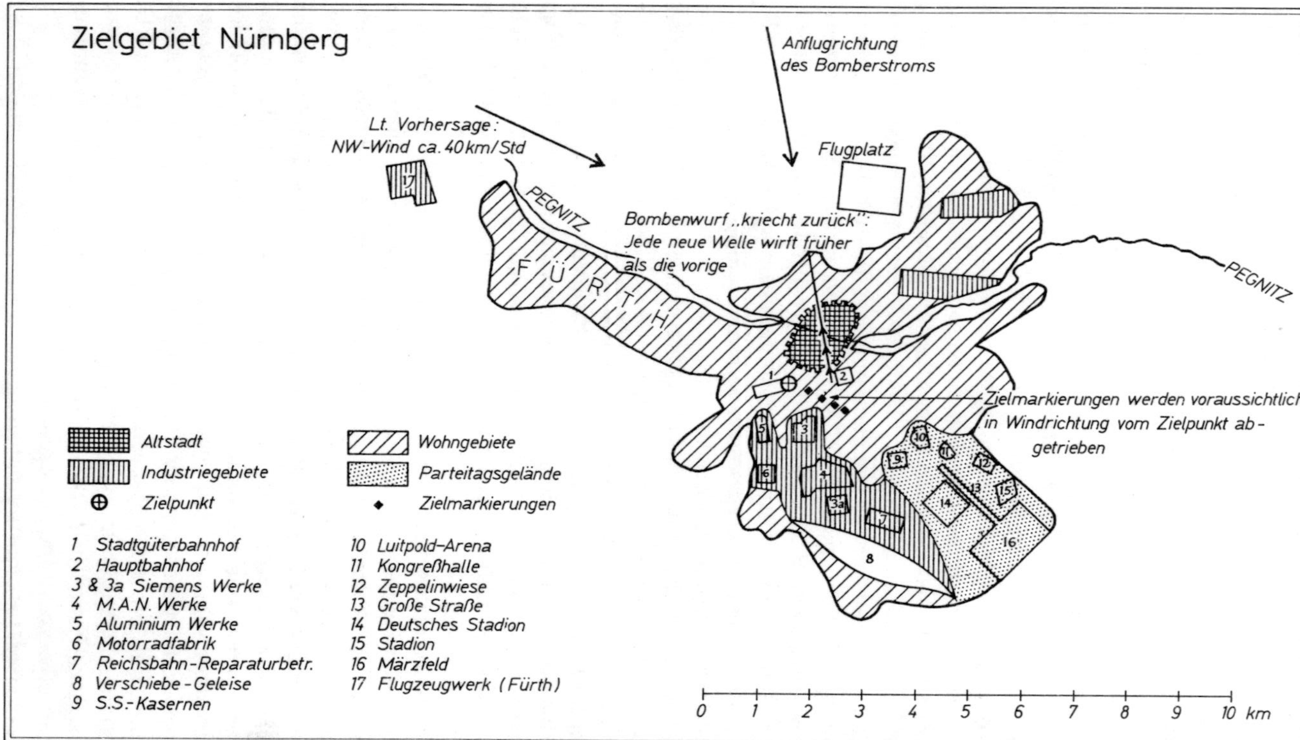

Zielgebiet Nürnberg
Anflugrichtung des Bomberstroms
Lt. Vorhersage: NW-Wind ca. 40 km/Std
Flugplatz
PEGNITZ
FÜRTH
Bombenwurf „kriecht zurück“: Jede neue Welle wirft früher als die vorige
PEGNITZ
Zielmarkierungen werden voraussichtlich in Windrichtung vom Zielpunkt abgetrieben
Altstadt
Industriegebiete
Zielpunkt
Wohngebiete
Parteitagsgelände
Zielmarkierungen
1 Stadtgüterbahnhof
2 Hauptbahnhof
3 & 3a Siemens Werke
4 M.A.N. Werke
5 Aluminium Werke
6 Motorradfabrik
7 Reichsbahn-Reparaturbetr.
8 Verschiebe-Geleise
9 S.S.-Kasernen
10 Luitpold-Arena
11 Kongreßhalle
12 Zeppelinwiese
13 Große Straße
14 Deutsches Stadion
15 Stadion
16 Märzfeld
17 Flugzeugwerk (Fürth)
0 1 2 3 4 5 6 7 8 9 10 km

gen, dem 31. März, festgelegt. Die Pfadfinder würden fünf Minuten vor dieser Zeit mit der Markierung beginnen, die letzten Bomber sollten um 01.22 Uhr ihre Bomben abwerfen. Diese 17minütige Bombardierungszeit war etwas kürzer als bei sonstigen Angriffen und zeigt das Bestreben der Planer, den Bombern die beste Überlebenschance zu geben. Für den Fall, daß unerwartete Winde den Bomberstrom auf seinem Weg zum Ziel beflügeln oder aufhalten sollten, kam die variable Nullzeit zum Zuge. Dies war eine noch neue Verbesserung des »Radiowind«-Systems. Während des Fluges konnte High Wycombe entscheiden, die Nullzeit zu ändern, und dies durch verschlüsselten Befehl allen Flugzeugen übermitteln.

Die Technik des Master-Bombers wurde zu dieser Zeit noch immer entwickelt, und viele Angriffe wurden ohne jeden Versuch durchgeführt, die Bombardierung am Ziel zu kontrollieren. Niemand schlug für den Nürnberg-Angriff einen Master-Bomber vor, und es wurde keiner bestimmt.

Die konzentrierte Bombenwurfzeit bedeutete, daß die Länge des Bomberstroms verkürzt werden mußte. Von den Flugzeugen der Pfadfinder abgesehen, die die ersten Markierungen warfen, wurde jeder Bombergroup ein fairer Anteil an den fünf Angriffswellen und vier Höhenstufen zugebilligt, so daß die Halifax und Lancaster innerhalb des Stroms die gleichen Chancen hatten.

Irgendwann im Laufe des Tages erkundigte sich die 1. Group nach den Mondlichtbedingungen, besonders beim ersten Teil des Fluges. Zur Ausnutzung des erhofften Wolkenschutzes schlug die Group vor, zumindest bis zum Rhein sollte 1200 Meter tiefer als die vom Kommando vorgeschlagenen 6000 bis 7000 Meter geflogen werden. Dies wurde gestattet, aber die anderen Groups blieben in der vorgesehenen größeren Höhe. Die Flugzeuge der Group 1 mußten bei Erreichen des Rheins auf die allgemeine Marschhöhe hochziehen.

Der Plan für den Hauptangriff war nun vollendet. Nur noch über Einzelheiten mußte entschieden werden. Die Planer beschäftigten sich mit den Möglichkeiten, die Aufmerksamkeit der Deutschen von der nach Nürnberg fliegenden Bomberflotte abzulenken. Fünfzig ältere Halifax wurden über der Nordsee eingesetzt. Ihre Aufgabe: den Angriff eines größeren Verbandes vorzutäuschen. Diese Flugzeuge sollten auf Deutschland zufliegen, als hätten sie Hamburg oder Berlin zum Ziel, aber vor Erreichen der Küste Minen in der Deutschen Bucht werfen und dann heimfliegen. Diese Ablenkungsgruppe sollte sich der deutschen Küste genau zur gleichen Zeit nähern, in der 420 Kilometer weiter südöstlich die Hauptgruppe auf die belgische Küste zuhielt. Man hoffte, der Anflug von zwei weit voneinander getrennten, aber offensichtlich starken Angriffskräften werde die Deutschen veranlassen, ihre Jagdwaffe zu teilen.

Die 8. Group plante mit ihren Mosquitos drei Ablenkungsangriffe auf

Aachen, Köln und Kassel. Jede dieser Staffeln sollte zahlreiche Zielmarkierungen mitführen, um einen Großangriff auf die drei Städte zu simulieren. Die Täuschungsangriffe auf Aachen und Köln sollten die deutschen Jäger im Ruhrgebiet binden, die Finte von Kassel einen Kurswechsel der Hauptflotte auf Berlin vortäuschen.

Mit den Mosquito-Staffeln wurde eine höchstmögliche Unterstützung abgesprochen. Die 100. Group sollte jedes verfügbare »Serrate«-Flugzeug mit dem Bomberstrom mitschicken, und die »Eindringlinge« sollten im Tiefangriff auf die deutschen Flugplätze hinabstoßen.

Von einer ungewöhnlichen Quelle kam sogar Jägerunterstützung. Die USAAF hatte vor kurzem vier Langstreckenjäger – zwei Lightning und zwei Mustang – zur 100. Group abgestellt, wo sie versuchsweise als »Eindringlinge« fliegen sollten. Sie waren auf dem Mosquito-Flugplatz Little Snoring stationiert, waren bereits einmal mit dem Bomberstrom nach Berlin geflogen und sollten in dieser Nacht auch gegen Nürnberg dabeisein. Wahrscheinlich war keiner RAF-Bomberbesatzung bekannt, daß amerikanische Jäger in dieser Funktion flogen.

Es spricht für das Ausmaß der Bemühungen zur Unterstützung der Bomber, daß 162 Flugzeuge zur Ablenkung oder mit anderen Nebenaufgaben mitflogen, ohne daß sie eine Bombe auf Nürnberg zu werfen hatten.

Zusätzlich zu all diesen Einsätzen, die in Zusammenhang mit dem Angriff auf Nürnberg standen, wurden verschiedene andere Einsätze organisiert, einige vom Bomberkommando, andere von anderen Einheiten, die in dieser Nacht ebenfalls über dem Kontinent tätig waren: »Oboe«-Mosquitos benützten die »Oboe«-Strahlen, die nicht bis Nürnberg reichten; Minenwurfeinsätze in niederländischen und französischen Küstengewässern; Flugblattabwurf über Frankreich und, unter Ausnutzung des Mondlichts, Abwurf von Nachschub und Absetzen von Agenten für die Widerstandsgruppen in den besetzten Ländern.

Insgesamt waren 1009 Flugzeuge – 570 Lancaster, 274 Halifax, 117 Mosquito, zwanzig Stirling, zehn Albemarle, acht Wellington, sechs Fortress, zwei Lightning und zwei Mustang – in dieser Nacht über dem deutschbesetzten Gebiet. 6493 Flieger waren aufgefordert, ihr Leben erneut zu wagen, um das Kriegsende etwas näher zu bringen.

Gegen 11.30 Uhr hatte Saundbys Stab seine Arbeit geschafft. Die endgültigen Pläne waren von Harris gesehen und genehmigt worden; als Einsatzbefehle des Kommandos gingen sie über Fernschreiber an die beteiligten Verbände. Nürnberg wurde nicht mit seinem Namen, sondern mit dem Decknamen »Grayling« bezeichnet. Saundby, ein begeisterter Angler, hatte allen deutschen Zielen Fischnamen (grayling ist eine Äsche) gegeben. Die gestellte Aufgabe lautete, »maximalen Schaden am Zielpunkt zu verur-

sachen«. Die Bombenladungen bekamen das Deckwort »Arson« – Brandstiftung.*
Für die Männer, die nach Nürnberg fliegen sollten, hatte der Tag wie jeder andere begonnen. Der Angriff auf Braunschweig am Abend zuvor war abgeblasen worden, die Männer in den meisten Staffeln hatten also zum drittenmal hintereinander eine ganze Nacht Schlaf bekommen, und weil es fast Halbmond war, rechneten sie für einige Zeit nicht mit einem größeren Einsatz. Viele der dienstälteren Besatzungen hatten sich auf Urlaub eingestellt. Jüngere Besatzungen könnten die Minenflüge oder kürzeren Angriffe durchführen, mit denen allenfalls zu rechnen war.

Zwei Staffeln begannen den Tag mit Beerdigungen. Beim Angriff auf Frankfurt war eine Woche zuvor eine in Waterbeach stationierte Lancaster der Squadron 514 schwer getroffen worden. Navigator und Bombenschütze waren mit dem Fallschirm abgesprungen, der Flugzeugführer war mit dem Bordfunker, dem Bordmechaniker und zwei toten Bordschützen heimgekommen. Heute war die Beisetzung eines dieser Bordschützen.

Ein australischer Pilot frühstückte gerade auf dem kanadischen Flugplatz in Leeming, als ihm der Adjutant mitteilte, zwei seiner Landsleute und ein Neuseeländer seien ums Leben gekommen; eine Wellington war bei einem Übungsflug in der Nähe abgestürzt.

»Ich war der einzige noch lebende Australier in der Squadron, und so mußte ich als Sargträger für einen der Toten dabeisein. Ich erhob heftigen Widerspruch dagegen und wies darauf hin, daß ich im Falle eines Einsatzbefehls nicht da wäre, um unser Flugzeug durchzuprüfen. Allerdings glaubte ich wegen des Mondes nicht wirklich an irgendeinen Einsatz. Ich ging nach Harrowgate und half, die australischen und den neuseeländischen Flieger zu beerdigen. Es war ein kalter und unfreundlicher Morgen. Ich erinnere mich, daß ich die Namen von drei Australiern, mit denen ich in der Ausbildung zusammen gewesen war, auf den Grabsteinen des Friedhofs entdeckte, weit weg von den Gräbern, in die wir soeben die Toten gesenkt hatten.« (Pilot Officer K. H. Bowly, Squadron 429). Dies war Bowlys letzter Tag in Leeming. Er wurde in dieser Nacht abgeschossen.

Vor zehn Uhr hatten die Verbände erfahren, es werde in der kommenden Nacht Einsätze geben. Die Entscheidung, einen Großangriff durchzuführen, war sofort den Bombergroups mitgeteilt und von ihnen über Stützpunkte und Einsatzhäfen bis hinunter zu den Staffeln weitergegeben worden. Nur wenige kannten schon den Namen des Ziels, aber das war jetzt auch noch nicht interessant. Zu diesem Zeitpunkt genügte es zu wissen, wie viele Flugzeuge starten sollten, die ungefähre Flugdauer und die Art der Bomben, die gebraucht wurden. Die Kommodores hatten telefonisch mit

* Public Record Office AIR 14/3115

den unterstellten Einheitsführern gesprochen und befohlen, jedes Flugzeug für die traditionelle »maximale Anstrengung« vorzubereiten.

Die Besatzungen hatten um ihre Bereitschaftsräume herumgelungert und darauf gewartet, daß das Telefon klingelte und die entscheidende Nachricht brachte: Entweder »Wir haben ein Ziel« oder »Übergang aus der Bereitschaft in Ruhestellung«. Überraschung und sogar Mißvergnügen herrschten, als die erstere Mitteilung durchkam. Bald war zu hören, der Einsatz werde lange dauern. Das Mißvergnügen wuchs. Sie hatten das sichere Gefühl, daß bei den vorhandenen Mondbedingungen ein derartiger Einsatz »nicht drin« war. Von diesem Augenblick an gab es jene besondere Atmosphäre der Spannung, die vor jedem Angriff herrschte und sich nicht eher löste, bis zwanzig Stunden später der letzte Bomber zurückgekehrt war.

»Nachfragen ergaben eine leichte Bombenladung und eine schwere Treibstoffmenge – also eine verdammt lange Reise. Typen, die mehr redeten als Mut zu haben, wurden krank, falls sie das noch schafften – und oft genug schafften sie es. Ehrlich gesagt, war das vorherrschende Gefühl einfach Angst, nachdem Lord Trenchard* unseren Flugplatz besucht und allen Ernstes darauf aufmerksam gemacht hatte, unsere Lebenserwartung sei erheblich geringer geworden, der Kampf gegen das Reich gehe um Leben oder Tod.« (Flight Sergeant M. C. Coughlan, Squadron 103)

Obgleich das Bodenpersonal viel zu tun hatte, gab es nicht die hektische Eile, die sonst mit der Vorbereitung vieler Angriffe verbunden war. Die späte Absage des Angriffs in der vergangenen Nacht hatte die meisten Flugzeuge in einsatzbereitem Zustand belassen, und in den meisten Fällen war nur ein gründliches Durch-Checken nötig. Nur die Maschinen, die gerade von einer größeren Reparatur oder Wartung kamen oder erst vor kurzem geliefert worden waren, bedurften intensiver Arbeit durch das Wartungspersonal; denn es gab nur wenige Nachtflug-Tests.

Die intensiven Einsätze Mitte März und die schweren Verluste beim Angriff auf Berlin sechs Nächte zuvor hatten die Einsatzstärke der Lancaster und Halifax II von dem Höchststand von 860 auf etwas über 700 Bomber reduziert, aber die mehrtägige Ruhe ließ die Zahl der verfügbaren Maschinen wieder ansteigen. Früh an diesem Morgen hatten die Bombergroups 785 einsatzbereite Maschinen gemeldet, 25 mehr als am Tage zuvor. Jede Einheit sah ihren Stolz darin, die zugesagte Einsatzstärke zu halten oder gar zu übertreffen. Die 5. Group war mit Abstand die größte Einheit und stellte in dieser Nacht 201 Lancaster zur Verfügung. Waddington konnte den größten Beitrag eines Einsatzhafens leisten. Die beiden dort

* Viscount Hugh Trenchard, Marshal of the RAF, war 1918–1929 Chef des Generalstabes der britischen Luftwaffe. Der 1956 gestorbene Offizier galt als der eigentliche Schöpfer der RAF.

stationierten australischen Staffeln stellten 35 Lancaster. Die höchste Ist-Stärke einer Staffel war die der Squadron 101 in Ludford Magna, die 26 ABC-Lancaster in den Angriff schickte. Die einzige einsatzbereite Staffel des Bomberkommandos, die diesmal nicht beteiligt war, war die Squadron 617, die »Staudammknacker«: Sie war die Nacht zuvor im Einsatz gewesen und spielte bei den Ereignissen der kommenden Nacht keine Rolle.

Die späte Absage des Angriffs auf Braunschweig hatte auch dazu geführt, daß die meisten Bomben über Nacht unberührt in den Maschinen geblieben waren. Die Strecke nach Nürnberg aber war 640 Kilometer länger und so mußten Bomben aus- und Treibstoff zugeladen werden. Die viermotorigen Bomber benötigten 4,54 Liter Hochoktan-Treibstoff für jede geflogene Meile (= 1,609 Kilometer). Ein Flugzeug brauchte zwischen 7900 und 9200 Liter, je nach der Entfernung zwischen Flugplatz und Angriffsziel. Die Lancaster verbrauchte im Schnitt 7,5 Tonnen Treibstoff, um eine Bombenlast von 4,5 Tonnen nach Nürnberg zu schaffen.

Befohlen war die Routinebeladung für Flächenbombardierungen, in dieser Nacht 2600 Tonnen, davon die Hälfte Brandbomben. Die Lancaster transportierten hauptsächlich gemischte Ladungen aus Spreng- und Brandbomben, darunter viele der 4000 Pfund schweren »Wohnblockknakker«; je eine gehörte zur Grundausrüstung der meisten Lancaster-Bombenzuladungen. Die größten Bomben bei diesem Angriff waren sieben 8000-Pfund-Bomben, die in speziell umgebauten Bombenschächten von Lancaster II der Squadrons 115 und 514 aufgehängt wurden. Die Halifax trugen ausschließlich Brandbombenladungen, die in Behälter verpackt und eher umfangreich als schwer waren, so daß ihr volles Ladegewicht nur ein Drittel der Zuladung einer Lancaster betrug. Das war ein Zugeständnis an die schlechteren Flugeigenschaften dieser Maschine.

Die schwersten Bombenladungen wurden wahrscheinlich von den Lancaster der 1. Group mitgeführt, deren Ehrgeiz es war, immer die meisten Bomben zu schleppen. Ein Bordgeschütz (Gefechtsplatz oberer Mittelturm seines Bombers) entdeckte zum Beispiel, daß die Munitionsbehälter für seine beiden Maschinengewehre weniger als halbvoll waren. Diese Türme wurden oft nicht gebraucht, und jemand hatte entschieden, Bomben seien eben wichtiger als Maschinengewehrmunition.

Die Pfadfinder hatten die übliche Kombination von Feuerwerkskörpern für eine »Newhaven«-Markierung, und die 75 Markierungsflugzeuge führten 120 Bündel Leuchtbomben und 336 Zielmarkierungsbomben mit. Zu dieser Ladung kamen noch 116 Himmelsmarkierungen für den Fall, daß Nürnberg unter einer Wolkendecke lag und die »Wanganui«-Methode angewendet werden mußte. Diese ganzen Leuchtbomben füllten die Bombenschächte der Pfadfinder noch nicht. Es war noch Platz für eine Ladung von 8000 Pfund gewöhnlicher Bomben.

Während die Flugzeuge vorbereitet wurden, suchten die Staffelkapitäne die Besatzungen aus, die an dem Angriff teilnehmen sollten. In manchen Fällen war das eine schwierige Aufgabe, weil Mangel an erfahrenen Besatzungen herrschte und einige schon auf Urlaub gegangen waren. Obgleich es genügend neue Besatzungen gab (im Schnitt drei Besatzungen für zwei Flugzeuge), war Nürnberg nicht das ideale Ziel für den ersten Feindflug neuer Leute. Soldaten, die in Urlaub gehen wollten, wurden im letzten Augenblick zurückgehalten, und andere, die nur Ausgang hatten, ebenfalls zusammengetrommelt. Dennoch mußten viele unerfahrene Besatzungen zu diesem Einsatz eingeteilt werden.

Neun Staffelkapitäne meldeten sich selbst für diesen Angriff. Sie mußten jeden Monat zumindest einmal fliegen. Hartgesottene Besatzungen beurteilten ihre Vorgesetzten oft danach, ob sie sich gerade die schwierigen Einsätze aussuchten. 41 frisch bei den Staffeln eingetroffene Flugzeugführer wurden eingeteilt, um mit erfahrenen Besatzungen zur Einweisung mitzufliegen. Überzählige Besatzungsmitglieder hatten die durch Krankheit in anderen Bombern entstandenen Lücken zu füllen, und oft wurden Soldaten, deren eigene Besatzung gar nicht flog, ebenfalls eingeteilt.

Zwei Männer erschienen auf den Einsatzhäfen und baten, als Passagiere mitfliegen zu dürfen. In Coningsby wurde einem Wing Commander, der zur baldigen Übernahme einer eigenen Staffel vorgesehen war, ein Platz als zweiter Flugzeugführer in einer Lancaster gegeben. Einem Flight Sergeant, Ausbilder für Flugzeugführer, der selbst aber nie einen Einsatz geflogen war, wurde ein Platz im Bugturm einer Lancaster in Kirmington zugewiesen. Der künftige Staffelkapitän kehrte als geläuterter Mann zurück; der Flight Sergeant sollte in seinem Bugturm sterben.

Der Erfolg jedes Einsatzes hing vom Wetter auf dem Anmarsch und über dem Ziel ab. Der meteorologische Stab des Bomberkommandos setzte alles daran, um Wetteränderungen festzustellen. Für diesen Zweck besaß das Bomberkommando den auf dem Pfadfinderflugplatz Wyton stationierten Schwarm Wetterbeobachtungsmaschinen. Eine Mosquito war am Morgen über der Nordsee die Strecke abgeflogen, auf der in der Nacht der Ablenkungsangriff der Minenflugzeuge laufen sollte. Die Besatzung entdeckte aufgerissene Kumuluswolken, meist unter 3000 Meter, die nach Osten zu abnahmen. Im Norden waren deutlich viele Kumulo-Nimbus zu sehen. Diese Bedingungen erlaubten die Verminung, vorausgesetzt, die beteiligten Flugzeuge starteten früh und kehrten zurück, ehe die Kumulo-Nimbus-Bedeckung zu weit südlich in die Nordsee vorrückte, weil diese Wolken schwere Vereisung verursachen konnten.

Diese Information stand dem Bomberhauptquartier bald zur Verfügung, nachdem die Mosquito um 12.35 Uhr wieder in Wyton gelandet war.

Chef-Meteorologe Spence hatte nun eine ausführliche Telefonkonferenz mit dem Wetteramt in Dunstable und mit seinen Kollegen in den Gefechtsständen der Bombergroups. Als Ergebnis konnte er dem Stab in High Wycombe um 13 Uhr folgende Voraussage vorlegen: »Stützpunkte klar zum Start, lediglich einzelne Schauer möglich. Über der Nordsee aufgerissene Haufenwolken, hauptsächlich unter 4000 Metern, aber mit einigen Spitzen bis 5000 Meter und darüber. Es ist damit zu rechnen, daß die Bewölkung über dem Kontinent in erheblichem Maße aufbricht.«*

Es ist bezeichnend, daß diese Voraussage nichts mehr über die Hochbewölkung über Deutschland sagte.

Spence hatte bereits um einen zweiten Flug einer Mosquito gebeten, dieses Mal, um einen Blick auf den entscheidenden Anmarschweg nach Nürnberg zu bekommen. Gegen Mittag wurden Flying Officer T. Oakes und sein kanadischer Navigator, Flight Lieutenant R. G. Dale, die an der Spitze der Einsatzliste in Wyton standen, zur Flugkontrolle gerufen. Der Navigator notierte die Einzelheiten der abzufliegenden Strecke und der besonderen Wettermerkmale, die beobachtet werden sollten. Um 12.20 Uhr war das Flugzeug in der Luft und nahm Kurs auf die niederländische Küste. Die Strecken für derartige Flüge wurden äußerst geheim geplant, damit sie den Deutschen, die selbstverständlich den ganzen Flug auf dem Radarschirm verfolgten, nicht das vorgesehene Angriffsziel verrieten. Die Mosquito flog bei Osnabrück nach Deutschland ein, machte einen großen Bogen um das Ruhrgebiet und flog dann wieder in Richtung Süden über Belgien aus.

Das Wetter blieb während des ganzen Fluges ziemlich beständig. In 8000 bis 10000 Meter Flughöhe hinterließ die Mosquito eine Kondensspur in der klaren Luft. Tief unten, auf etwa 3000 Meter, konnte die Besatzung klar eine Sechs- bis Acht-Zehntel-Bedeckung erkennen, es waren Schönwetter-Kumuluswolken, die sich vermutlich in der kühleren Nachtluft auflösen würden. Als sie an der Grenze ihrer Reichweite zum Heimflug abdrehten, blickten die Mosquito-Flieger sorgfältig in Richtung des 160 Kilometer südöstlich liegenden Nürnberg. Sie konnten nur große Wolkenlagen sehen, die sie als Strato-Kumulus ansprachen, und einige Wolkenschleier in größerer Höhe. Davon abgesehen gab es keine hohe Bewölkung.

Um 15.25 Uhr landete die Mosquito wieder. Sie hatte in kaum mehr als drei Stunden 1520 Kilometer zurückgelegt. Der Navigator rannte sofort zum Telefon in der Flugkontrolle und meldete dem Bomberkommando und allen Bombergroups in Konferenzschaltung, was er gesehen hatte.

Die Ergebnisse des Fluges von Flight Lieutenant Dale waren von äußerster Wichtigkeit. Sie bestätigten nicht nur, daß der Rückflug des Bomberstroms im Mondlicht kaum Chancen auf einen Wolkenschutz hatte, son-

* Public Record Office AIR 24/269

dern auch, daß die über Nürnberg gesehenen Wolken, falls sie dort blieben, den Pfadfindern die Möglichkeit nehmen würden, die Zielmarkierungen bei klarer Sicht im Mondlicht zu setzen. Damit schien der Hauptvorteil dieses ansonsten wenig attraktiven Einsatzes verloren zu sein.

Spence gab eine weitere Vorhersage ab: »Nürnberg. Große Mengen Strato-Kumulus mit Spitzen in etwa 2400 Meter Höhe. Möglichkeit einiger Wolkenschleier in 5000 bis 5500 Meter Höhe.«

Diese Wettervorhersage wurde um 16.40 Uhr Sir Robert Saundby vorgelegt. Es ist nicht bekannt, ob er darüber mit den Kommodores sprach, aber sicher zeigte er den Bericht seinem Chef. »Ich kann sagen, daß in Anbetracht des Wetterberichts jedermann einschließlich mir selbst erwartete, der Oberbefehlshaber werde den Einsatz absagen. Wir waren äußerst überrascht, als er dies nicht tat. Ich dachte, es gebe vielleicht höchst geheime politische Gründe für den Angriff – Gründe, die so geheim waren, daß auch ich sie nicht wissen durfte, aber heute glaube ich, daß dies nicht der Fall war.«*

Die zwei Wetteraufklärungs-Mosquitos waren nicht die einzigen Flugzeuge, die im Laufe dieses Tages über feindliches Gebiet flogen. Der Vorstoß von genau einhundert amerikanischen Thunderbolt-Jägern über die Niederlande und Deutschland erfolgte wie geplant. Fünf Flugplätze, mehrere Eisenbahnen und andere Ziele wurden angegriffen. Zwei deutsche Flugzeuge wurden als zerstört, zwei weitere als beschädigt gemeldet. Eine Thunderbolt wurde bei Venlo durch Flak abgeschossen, aber es wurde beobachtet, daß sich der Flugzeugführer durch Absprung mit dem Fallschirm rettete.

Von der RAF gab es nur wenig Tätigkeit. Ein kleiner Vorstoß von Spitfires und Typhoons über Nordfrankreich, aber ohne Erfolgsmeldung, und eine Spitfire wurde in der Nähe von Rouen abgeschossen. Drei Foto-Aufklärer vom Typ Spitfire flogen routinemäßig über Norddeutschland, verschiedene Flugzeuge über dem Kanal und der Nordsee. Meist jagten sie feindliche Schiffe. Eine Wellington der 100. Group flog die Küste zwischen Dieppe und Le Havre auf und ab, um die Frequenzen der in diesem Gebiet stationierten deutschen Küsten-Radarstationen festzustellen. Weiter nördlich Feindberührung vor der norwegischen Küste: 18 Beaufighter des Küstenkommandos griffen ein großes deutsches Handelsschiff mit Torpedos an, zwei Treffer auf dem Schiff gemeldet. Eine Me 110 der Luftsicherung wurde abgeschossen, aber auch zwei Beaufighter gingen verloren.

Insgesamt war es jedoch ein Tag mit nur leichter alliierter Luftaktivität; die Luftwaffe wurde nicht besonders gefordert.

Auf den Bomber-Einsatzhäfen verlief alles wie gewohnt. Das Bodenper-

* Brief Sir Robert Saundbys an den Verfasser vom 14. September 1971. Elf Tage später starb Sir Robert.

7. und 8. Das Radar half, die Marschroute der Bomberströme zu erkennen. Im Bild ein Gerät vom Typ »Würzburg«, auf dessen Schirm die abgeschossenen Bomber eingezeichnet sind.

9. Eine deutsche 8,8-cm-Flakbatterie auf Eisenbahnwagen an der besetzten Kanalküste. Die elf weißen Ringe an den Geschützrohren bedeuten elf abgeschossene Bomber.

10. Zum Schutz der deutschen Städte und der Bevölkerung wurden aus Beton und Stahl massive »Flaktürme« (Luftschutz-Großbunker, auf deren Flachdächern schwere Flakbatterien in Stellung gingen) und Luftschutzbunker verschiedener Konstruktion errichtet. Unser Foto zeigt zwei kegelförmige Bunker im zerstörten Bremen.

11. und 12. In Nürnberg wurde die Luftschutzbunker »mittel-

alterlich« getarnt. Links: Der Hochbunker an der Hirsvogelstraße. Rechts: Der Betonturm an der »Hohen Martha« in der Nähe der M.A.N.-Werke.

13. Die Beurteilung der Wetterlage über Deutschland und den Bereitstellungsräumen der Bomberflotte in England war von entscheidender Bedeutung für die Voraussage, ob in der Nacht ein Angriff stattfinden würde oder nicht.

14. Eine »Lancaster« der australischen Squadron 463 mit ihrer tödlichen Ladung.

15. Eine »Mosquito« der Squadron 692 wird mit einem »Wohnblockknacker« von 36 Zentner Gewicht beladen. Diese Minenbombe drückte Dächer und Fenster ein. Der anschließende Abwurf von Brandbomben entfachte dann die gefürchteten Feuerstürme.

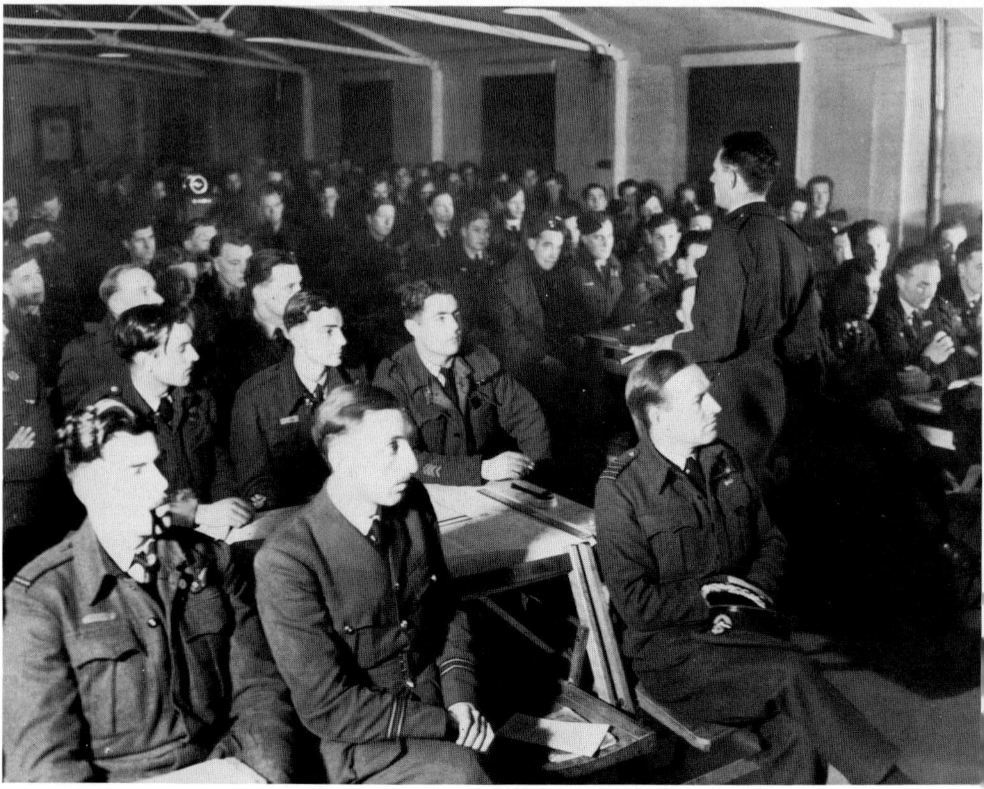

16. Wing Commander R. C. Ayling unterrichtet die Besatzungen der Squadron 51 über die Ziele des Angriffs auf Nürnberg. Zwölf Stunden später waren 35 Angehörige dieser Staffel tot und sieben in Gefangenschaft.

17. Einsatzplan der Squadron 514 für den Angriff. Zwei »Lancaster« konnten wegen technischer Mängel nicht starten, vier wurden abgeschossen, zwei stürzten in England ab oder machten eine Bruchlandung.

No. 514 Squadron. BATTLE ORDER Serial No. 50. Date :- 30th. March. 1944.

Officer i/c flying :- S/LDR. C. PAYNE, D.F.C.

A/C.	PILOT.	NAVIGATOR.	BOMB AIMER.	WOP/AIR.	M.U. GUNNER.	REAR GUNNER.	FLIGHT ENGINEER.
~~A~~	~~F/O. Hood. -/1/3.1/3.~~	~~F/S. Cosgrove.~~	~~F/O. Wilton.~~	~~F/S. Rollings.~~	~~Sgt. McKenzie.~~	~~T/S. Lanthier.~~	~~Sgt. Wickson.~~
E	F/S. Wichart. -/1/3.	F/S. Gray.	Sgt. Thornber.	Sgt. Turner.	Sgt. Saint.	Sgt. Fairbrass.	Sgt. Cartwright.
G	F/O. Medland. -/1/1.	F/O. Walker.	Sgt. Venus.	Sgt. Shimmons.	Sgt. Rose.	Sgt. Williams.	Sgt. Sealtiel.
F	P/O. Greenwood 2/1/16.	F/S. Newman.	F/S. Deans.	Sgt. Cringle.	Sgt. Henry.	P/O. Bourne.	Sgt. Thornton.
J	F/S. Hudson. -/1/2	Sgt. Constable.	Sgt. Goddard.	W/O. Rolph.	Sgt. Campbell.	Sgt. Granbois.	Sgt. James.
B	F/S. Shearing. -/1/1.	F/S. Tayton.	Sgt. Rigden.	Sgt. Marshall.	Sgt. Marson.	Sgt. Smart.	Sgt. Blunden.
~~D~~	~~P/O. Hughes. -/1/1.~~	~~F/S. Smith.~~	~~F/S. Hall.~~	~~W/O. Goddard.~~	~~F/S. Whitebread.~~	~~Sgt. Thornton.~~	~~Sgt. West.~~
~~L~~	~~P/O. Crombie. -/1/12.~~	~~Sgt. McPhee.~~	~~F/O. Darby.~~	~~Sgt. Tyler~~	~~Sgt. Payne.~~	~~Sgt. Hill.~~	~~Sgt. McGahey.~~
M	P/O. Woods. -/1/7.	F/O. Longson	Sgt. Shanks.	Sgt. Heron.	Sgt. Udell.	Sgt. Doherty.	Sgt. Coles.
O	S/L. Roberts. 31/1/13.1/3.	Sgt. Bell.	Sgt. Foggin.	P/O. Hydes.	F/S. Clewlow.	F/S. Dahle.	Sgt. Bannister.
P	W/O. McGown. 20/1/11.	F/S. Durham.	Sgt. Lewis.	F/S. Bryan.	F/S. Boanson.	Sgt. Tanney.	Sgt. Clarke.
R	F/O. Chitty. -/1/2.	Sgt. Fox.	Sgt. Pattison.	Sgt. Pratt.	Sgt. Shepherd.	Sgt. Guy.	Sgt. Ive.
U	F/O. Thackray. -/1/2.	Sgt. Watts.	F/S. Moulsdale.	Sgt. Hughes.	F/S. Heron.	F/S. Bromley.	Sgt. Banfield.
B2	F/S. Johnson. -/1/3.	Sgt. Henser.	Sgt Lush.	Sgt Green.	Sgt. Road.	Sgt. Dymott.	Sgt. Whitmore.
D2	F/S. Petry. -/1/7.1/3.	Sgt. Reid.	F/O. Parker.	Sgt. Boal.	Sgt. Pitt.	Sgt. McLean.	Sgt. Chandler.
E2	F/S. Topham. -/1/1.	F/O. Baxter.	Sgt. McGlenaghen.	Sgt. Gilmore.	Sgt. Sculley.	Sgt. Reid.	Sgt. Reid.
G2	F/S Delacour. -/1/10.	F/O. Picton.	F/S. Palamountain.	Sgt. Benham.	Sgt. Williams.	Sgt. Savage.	Sgt. Martin.
H2	F/L Curtis. 30/1/7.1/3.	F/O. Davey.	F/O. McLeod.	F/O. Baud.	F/S. Marshall.	F/S. Clubb.	Sgt. Bristowe.
~~J2~~	~~F/S. Gregory. -/1/11.1/3.~~	~~Sgt. McDonald.~~	~~Sgt. McCeary.~~	~~Sgt. Pond.~~	~~Sgt. Blythe.~~	~~Sgt. Cooke.~~	~~Sgt. Frith.~~
K2	P.O. Protheroe -/1/8.1/3.	Sgt. Kellock	F/S. Sach.	Sgt. Law.	Sgt. Birse.	Sgt. Tate.	Sgt. Proctor.
C	F/S. Harrison. -/1/6.1/3.	Sgt. Wilde.	F/S. Kirkpatrick.	Sgt. Nash.	Sgt. Wilson.	Sgt. Buttling.	Sgt. Norris.

MEALS 19.00 TRANSPORT : 20-25 MAIN-BRIEFING : 19.50
PRE-BRIEFING : 17.00

M. Stevens
M. STEVENS.
Flight Lieutenant, Adjutant,
for Wing Commander, Commanding,
No. 514 Squadron. R.A.F.

Distribution :
O.C. 514 Sqdn.
O.C. 'A' Flight.
O.C. 'B' Flight.
O.C. 'C' Flight.
Officers Mess.
Sergeants Mess.
Flying Control.
Sqdn. Photo. Sectn.
Nav. Officer.
Sqdn. Armoury.
N.C.O. i/c Cloakroom.
RADAR Officer.
C.T.O. (2).
Base Messing Officer.
Station Operations.
Intelligence.
Transport Officer.
Medical Officer.

sonal war mit den letzten Versorgungsaufgaben beschäftigt, um sicherzustellen, daß sich die Maschinen in bestmöglichem Zustand befanden. Die kanadischen Staffeln in Nord-Yorkshire wurden auf Eisregen vor dem Start aufmerksam gemacht, und ihre Flugzeuge wurden stündlich mit Antifreeze eingesprüht. Die Besatzungen selbst konnten zu diesem Zeitpunkt wenig tun. Viele versuchten zu schlafen oder sich mit Billard, Schach oder Kartenspielen abzulenken, aber der Gedanke an das, was bevorstand, ging nicht aus dem Sinn. Diese schwierigen Stunden ließen sich nur mühsam totschlagen.

Unter den Soldaten – und es wurden immer mehr –, zu deren Aufgabe die Kenntnis von Ziel und Anmarschweg gehörte, waren viele, denen beides nicht gefiel. Bennetts Einspruch am Morgen fand sein Echo bei anderen Fliegern der 8. Group, denn etwa die Hälfte der Einheitsführer rief den Gefechtsstand der Pfadfinder an, um den Anmarschweg in Frage zu stellen. Ein Offizier in Upwood war überrascht, daß trotz des bevorstehenden Feindfluges immer noch Soldaten den Platz verlassen durften und auch der Telefonverkehr nach außen nicht unterbrochen war. Er und viele andere rechneten damit, irgendwann zu hören, der Angriff sei abgeblasen.

Einer der erfahreneren »Serrate«-Piloten entdeckte, daß der vorgesehene Weg dicht an einem deutschen Sichtfeuer vorbeiführte; er hatte es oft beobachtet und wußte, daß es ein Sammelpunkt für Nachtjäger war.

»Wir verständigten sofort den Stab der 100. Group und fragten, ob die Strecke nicht geändert werden könne. Sie nahmen Kontakt mit dem Hauptquartier des Bomberkommandos auf, aber eine Änderung des Anmarschweges wurde nicht erwogen. Wir fragten dann, ob einer von uns direkt dieses Leuchtfeuer anfliegen sollte, ehe es von den Bombern erreicht wurde. Dies wurde ebenfalls abgelehnt. Aus diesem Grund ermahnte uns unser Einsatzleiter, gerade in dieser Nacht bei Versagen des Radar nicht aufzugeben und den Einsatz abzubrechen, was durchaus erlaubt war, sondern weiterzufliegen, weil selbst eine einzelne Mosquito einen deutschen Nachtjäger von den Bombern ablenken könnte.« (Flight Lieutenant R. G. Woodman, Squadron 169)

Tatsächlich beweist ein Dokument vom 23. Februar 1944, daß die genaue Lage von 21 deutschen Funkfeuern und sogar ihre Decknamen dem Bomberkommando bekannt waren, aber auch die Schwierigkeit, eine Flugstrecke zu planen, die alle Funkfeuer ebenso wie die von Flak verteidigten Gebiete umging.

Spät am Nachmittag endete die Wartezeit zumindest für einige Flieger. Die Navigatoren – und in vielen Staffeln auch die Piloten und Bombenschützen – hatten sich zur Voreinweisung zu melden. Die Vorbereitung der Karten und Flugpläne war eine zumindest zweistündige Arbeit. Dann, nach dem unveränderlich aus Schinken und Eiern bestehenden Einsatzessen, versammelten sich die Besatzungen in einem großen Raum zum Ritual der Haupteinweisung.

Der Adjutant meldete die Besatzungen beim Eintritt des Staffelkapitäns und des Einsatzleiters. Dann betrat der Einweisungsoffizier für diesen Angriff ein Podest, nahm eine Billardstange, ließ die Vorhänge vor der Karte zurückziehen und begann die Einsatzbesprechung in der zur Tradition gewordenen Form: »Meine Herren, Ihr Ziel heute nacht ist Nürnberg!«

Die Einzelheiten der Aufklärung und die meteorologischen Informationen waren über die üblichen Kanäle vom Bomberkommando gekommen, aber die Art, wie diese Information weitergegeben wurde, hing vom jeweiligen Einweisungsoffizier ab. »Bei der Einweisung meiner Staffeln gab ich alle wichtigen Informationen an die Besatzungen weiter, aber ich stellte es auf eine Weise dar, die die bestmögliche Wirkung auf die Moral hatte. Zweifelsohne entwickelten die Besatzungen nach einigen Einsatzbesprechungen die Fähigkeit, meine Informationen richtig zu deuten.« Was nun folgt, ist eine Synthese der Einweisungen, wie sie in vielen Einsatzhäfen gegeben wurden.

Hauptsächlich betont wurde die Bedeutung Nürnbergs als Industriezentrum und Verkehrsknotenpunkt. Die Panzer- und Elektrofabriken wurden erwähnt, und einer Staffel wurde gesagt, man glaube, auf den Güterbahnhöfen stünde Material für die Front in Rußland. Es wurde darauf hingewiesen, daß der Zielpunkt einer dieser Güterbahnhöfe sei; falls die Bombardierung über die Altstadt »zurückkriechen« werde, würden die mittelalterlichen Gebäude dort gut brennen. Dies und der hohe Anteil an Brandbomben wurden mehrfach wiederholt. Neuen Besatzungen schien dies »etwas kaltschnäuzig, aber logisch«, während die erfahrenen Leute das alles längst kannten. In Leeming wurde den kanadischen Besatzungen gesagt, Nürnbergs Spielzeugindustrie aus Vorkriegstagen sei auf Rüstung umgestellt worden und »jede Wohnung ist jetzt eine potentielle Fabrik«. Allzuviel wurde auf die Verbindung der Stadt mit der Nazi-Partei abgehoben und auf die Erwartung, daß ihre Zerstörung einen schweren Schlag für die deutsche Moral bedeuten werde. Die Nazis, so hieß es, hätten jedes Jahr im März ein großes Treffen in Nürnberg. Diese Behauptung traf nicht zu, und es ist lediglich ein Zufall, daß die Stadt im März der Jahre 1943, 1944 und 1945 angegriffen wurde.

Die Einweisungsoffiziere standen nun vor der schwierigen Aufgabe, die »lange Strecke« zu erklären, die so nahe an den Flakstellungen des Ruhrgebiets und von Frankfurt, an den Flugplätzen der Nachtjäger und an ihren Funkfeuern vorbeiführte. Mit vielen Mitteln versuchte man, dies harmlos erscheinen zu lassen. In Coningsby gab es eine starke Reaktion und laute Rufe »Jesus!«, als die Flugstrecke bekanntwurde. Hier sagte man den Besatzungen, die Deutschen hätten ihre Jäger an die Küste verlegt, um auf die dort erwarteten Angriffe in den kurzen Frühlingsnächten vorbereitet zu sein. Sie erwarteten keinen Angriff tief im Land. In Lissett bekamen die Besatzungen zu hören, die Luftabwehr in Süddeutschland sei nur schwach und die Einflugschneise bei Köln sei »praktisch unverteidigt«.

Auf mindestens drei Flugplätzen wurde gesagt, die Amerikaner seien tagsüber im Einsatz gewesen und hätten den deutschen Jägern schwere Verluste zugefügt. In Snaith gab es ungläubiges Gelächter bei den Besatzungen. Die Amerikaner, so wurde behauptet, hätten »jeden einzelnen verdammten deutschen Jäger in diesem Gebiet abgeschossen«. Die erfahrenen Pfadfinder-Leute in Bourn fanden das überhaupt nicht komisch; die Erklärung des verwirrten Einweisungsoffiziers, die Amerikaner seien auf schwarz angestrichene Nachtjäger gestoßen, und dadurch sei die Gefahr für die Nachtbomber geringer geworden, »traf auf den Spott, den eine derartige Bemerkung verdiente«.

Es wurden Einzelheiten über die Ablenkungen und Täuschungen, die Markierungen der Pfadfinder und die Angriffsmethoden am Ziel genannt.

Als nächstes kam der Flugplatz-Meteorologe, ebenfalls mit einer nicht zu beneidenden Aufgabe. Der meteorologische Stab des Kommandos erwähnte in seiner Wettervoraussage am Nachmittag keine hohe Bewölkung. Auf den Einsatzhäfen wurde jedoch alles getan, um den Besatzungen die unangenehme Tatsache zu verheimlichen, daß sie auf ihrem Geradeauskurs 420 Kilometer lang in hellem Mondlicht durch einen stark verteidigten Luftraum fliegen mußten und nur geringe Chancen auf Schutz durch Wolken hatten. Auf zumindest elf Plätzen wurden besondere Wettervorhersagen mitgeteilt, wonach es eine Wolkendecke in Operationshöhe beim Anflug gäbe. Der Plan der 1. Bombergroup, bis zum Rhein in geringerer Höhe zu fliegen, wurde nicht geändert. Einige Besatzungen waren höchst unglücklich, als ihnen eine Flughöhe von 5000 Metern befohlen wurde – 2300 Meter unter der besten Einsatzhöhe für ihre Lancaster. Niemandem, nicht einmal den Pfadfindern, die das Ziel markieren mußten, wurde gesagt, daß »große Mengen Strato-Kumulus, in den Spitzen bis zu 2600 Metern« jetzt für Nürnberg vorhergesagt wurden. Das Wetter, das die zweite Mosquito bei ihrem Aufklärungsflug vorgefunden hatte, wurde nicht an die Einsatzverbände weitergegeben.

Der Rest der Einweisung war Routine. Der Leiter jeder Sektion – Navigation, Bordwaffen, Bomben, Nachrichten und Technik – machte seine paar Bemerkungen. Der Staffelkapitän von der 50. in Skellingthorpe hatte die Angewohnheit, einen Bordschützen einer neuen Besatzung zum Schluß der Einsatzbesprechung die wichtigsten Punkte wiederholen zu lassen. Sergeant Frank Patey, der erst vor seinem vierten Einsatz stand, machte zur Verärgerung seines Flugzeugführers und zum Zorn des Wing Commanders daraus ein völliges Durcheinander. Sergeant Patey sollte in dieser Nacht sterben.

In East Kirkby versprach der Chef der Squadron 630 fünf Besatzungen Urlaub für den nächsten Tag. Er hatte dies noch nie zuvor bei einer Einsatzbesprechung getan, und die Besatzungen betrachteten es als ein schlechtes Zeichen. Alles war plötzlich still. Von den fünf Besatzungen, die Urlaub bekommen sollten, wurden zwei abgeschossen, zwei brachen den Einsatz ab und nur eine führte den Angriff ohne Zwischenfälle durch.

Die Besatzungen hatten den Einweisungen ruhig und aufmerksam zugehört. Sie wußten, sie konnten nichts tun, um den Lauf der Dinge zu beeinflussen. Aber was sie hörten, entsprach nicht ihrem Geschmack. Ein Staffelkapitän erinnert sich, daß »zu diesem Zeitpunkt die Besatzungen eine weit empfindlichere Nase für einen wirklich gefährlichen Angriff entwickelt hatten als die Führungshierarchie des Kommandos und der Bombergroups.«

Einige wenige, zumeist die Unerfahrenen, waren nicht so besorgt. Nürnberg rief keine Reaktion des Unbehagens hervor wie etwa Berlin oder das Ruhrgebiet, zudem vertrauten sie immer noch den meteorologischen Einweisungen. Aber solche Optimisten waren in der Minderheit.

»Unser Navigator und ich hatten eine makabre Routine während der navigatorischen Einweisungen entwickelt. Wir beobachteten genau die Gesichter und Reaktionen der anderen Navigatoren und Bombenschützen im Raum und versuchten vorherzusagen, welche Besatzungen in dieser Nacht einen verplättet bekommen würden. Es war schlimm, aber unsere Vorhersagen waren überraschend genau. Diesmal lagen im Bereitschaftsraum Unsicherheit und einfach schlichte Angst. Diese langen, langen Strecken in das Kerngebiet von Deutschland schrien geradezu nach Jägereinsatz. Wir trafen schließlich unsere ›Wahl‹: Zwei verhältnismäßig erfahrene Besatzungen zeigten die größte Anspannung; wahrscheinlich würde es sie in dieser Nacht erwischen. Hinterher zeigte sich, daß wir recht gehabt hatten.« (Sergeant W. J. Blackburn, Squadron 12)

»Hier waren wir, 112 Mann, jeder mit seinen eigenen persönlichen Gedanken, aber alle dachten etwa: Wird unsere Besatzung zu den glücklichen gehören? Sind diesmal wir dran? Werde ich je meine Frau wiedersehen? Und so weiter. Alles kreiste um das Thema: Werde ich leben oder werde ich sterben? Es war offensichtlich, uns alle bewegte der gleiche Gedanke. Normalerweise gingen wir nach der Einsatzbesprechung laut und fröhlich auseinander, aber diesmal blieben wir sitzen und sahen uns nur an. Kein Wort wurde gesprochen, aber die Botschaft wurde unmißverständlich durch die knisternde Atmosphäre übermittelt.« (Flight Sergeant L. Nugent, Squadron 78) Drei Besatzungen dieser Staffel wurden abgeschossen, und Sergeant Nugent war in seinem Bomber der einzige Überlebende.

Die letzten Vorbereitungen wurden getroffen. In Ludford Magna gab Pilot Officer Jimmy Batten-Smith seiner Freundin, einer für Ausrüstung zuständigen Luftwaffenhelferin, wie üblich seine Schreibmappe mit Briefen für die in Indien lebenden Eltern, falls er vermißt werden sollte. »Denk' an mich, heute nacht um eins«, sagte er, und ehe es zu Bett ging, stellte das Mädchen seinen Wecker auf diese Zeit.

Die Flieger gingen jetzt in die Unterkünfte, um ihre Kombinationen anzuziehen, und fuhren dann mit Omnibussen zu den Maschinen, die rings um die Startbahn standen. Fünf Halifax hatten den Geheimauftrag, Agenten mit Fallschirmen abzusetzen. Ein Besatzungsmitglied fuhr mit einem geschlossenen Lieferwagen zum »Garden Hotel« in der Nähe von Peterborough, um die Passagiere abzuholen. Die anderen Besatzungsmitglieder sahen sie nie, weil sie sofort ins Flugzeug gebracht wurden, das startbereit am Ende der Rollbahn stand. In ihren Abendsendungen für die von Deutschen besetzten Länder hatte die BBC verschlüsselte Nachrichten gesendet und bestimmte Widerstandsgruppen darauf aufmerksam gemacht, daß für sie heute nacht Nachschub abgeworfen und Leute abspringen würden.

Auf den Bomberflugplätzen kontrollierten die Besatzungen zum letztenmal ihre Maschinen. Die Piloten ließen die Triebwerke laufen, die anderen Besatzungsmitglieder überprüften ihre eigene Ausrüstung. Selbst in dieser späten Stunde wurden noch Mängel entdeckt, Fehler entweder eilig behoben oder das Flugzeug zurückgestellt.

In Skipton-on-Swale drückte der Bombenschütze einer kanadischen Halifax auf den Bombenauslöser, ohne daß die Sperre eingerastet war. Die Bombenschächte waren noch offen, und die gesamte Ladung fiel auf das Rollfeld. Schaden entstand nicht, keine Verluste, mit Ausnahme einer Ladung Brandbomben weniger für Nürnberg.

Das Bomberkommando hatte die Groups angewiesen, 785 schwere Bomber gegen Nürnberg einzusetzen – 557 Lancaster und 228 Halifax. Die Halifax-Staffeln unterschritten ihre Quote um 16 Maschinen, aber dafür flogen 13 Lancaster zusätzlich, davon allein zwölf bei der 5. Group. Mit nur drei Maschinen weniger als geplant war die Bomberflotte jetzt bereit zum Einsatz.

Nun blieb noch eine letzte Wartezeit bis zu einer halben Stunde. Die Besatzungen kletterten aus ihren Maschinen und standen rauchend herum, sprachen halblaut miteinander oder mit dem Bodenpersonal. Sie genossen die letzte Zigarette und zelebrierten eine traditionelle Sitte vor dem Start: sie pinkelten gemeinsam an das Heckrad. Am Himmel stand nur eine kleine Wolke, vom Halbmond angestrahlt. Einige glaubten immer noch, der Angriff werde gewiß abgesagt werden, und warteten auf die rote Leuchtkugel: das Zeichen in letzter Minute, nicht zu starten.

In Spilsby war eine Helferin aus dem Büro des Platzingenieurs mit einem kanadischen Flugzeugführer der Staffel 207 befreundet. Normalerweise stand sie mit den Schaulustigen am Rollfeld und winkte der startenden Maschine zu. An diesem Abend bat er sie, bereits zum Anrollen zu kommen und ihn zu verabschieden. Das war streng tabu, aber er bestand darauf, und sie war gekommen.

»Ich stieg sogar in ihre Lancaster und stand hinter Jack, als er die Motoren anließ. Ich sagte ihm, er solle die Bomben für mich abwerfen; ich hatte einen Bruder in Dünkirchen verloren. Ich sah, die ganze Besatzung war nervös. Vier Mann hatten schon angefangen, die Flugrationen zu essen. Der junge Bordmechaniker setzte dauernd seinen Helm auf und ab. Sein Gesicht war in Schweiß gebadet. Kein Zweifel: Alle hatten eine Vorahnung, daß es sie in dieser Nacht erwischen würde.« (Leading Aircraftwoman E. M. Butler, RAF Spilsby)

Die Bomben des Pilot Officers Jack Thornton sollten während des Einsatzes in dieser Nacht eine wichtige und ungewöhnliche Rolle spielen.

Die letzten Minuten schlichen dahin. Es kam kein Widerruf. Die Flugplätze lagen ganz ruhig da. Niemand schien jetzt noch irgend etwas zu sagen haben.

Die grüne Leuchtkugel stieg vom Kontrollturm hoch. Die Besatzungen kletterten in ihre Maschinen. Ein Pilot warf erst seinen inneren Steuerbordmotor an, dann den äußeren. Nacheinander liefen auch die anderen Flugzeugmotoren, bis der ganze Platz dröhnte und es Zeit für den ersten Bomber war, auf die Startbahn zu rollen. Der Angriff hatte begonnen.

Der Anflug

Genau um 21.16 Uhr rollte die Lancaster JB 736 der Squadron 103 die Startbahn in Elsham Wolds hinunter und erhob sich in die Luft: der erste Bomber, der nach Nürnberg startete.

Diese Lancaster war neun Minuten vor den anderen Maschinen in der Luft; ein verhältnismäßig altes Flugzeug mit fast 200 Flugstunden. Die Besatzung flog erst ihren dritten Einsatz, und es hatte schlecht begonnen. Beim ersten Angriff war sie zur Rückkehr gezwungen worden, beim zweiten vor zwölf Tagen wurde ihr Flugzeug über Frankfurt stark beschädigt. Die Lancaster war mit einem neuen Mittelturm und zwei neuen Triebwerken ausgerüstet und jetzt gerade fertig für Nürnberg, ohne daß sie im Flug erprobt worden wäre. Der Pilot, der schottische Flying Officer Guy Johnston, war immer noch sauer, daß er einen Angriff hatte abbrechen müssen. Für Nürnberg mußten alle zur Verfügung stehenden Maschinen eingesetzt werden, und so war auch seine Lancaster mit Bomben beladen und aufgetankt worden. Johnston hatte Befehl, frühzeitig zu starten, einen kurzen Flugtest zu machen und dann, wenn alles in Ordnung war, Kurs auf Nürnberg zu nehmen.

Bald war es für die in Yorkshire stationierten Geschwader Zeit zum Start, denn sie mußten die längste Strecke bis zum Sammelpunkt über der Nordsee zurücklegen, wo sich der Bomberstrom formieren sollte. Nach und nach starteten auch die anderen, aber es dauerte fast eine Stunde, nachdem Flying Officer Johnston abgehoben hatte, ehe die am südlichsten stationierte Bombergroup in der Luft war.

Dies war nun das fünfte Kriegsjahr, und bei jedem Start wurde eine inzwischen fest begründete Tradition eingehalten. Am Anfang der Rollbahn, dort wo die Bomber starteten, versammelten sich die Zuschauer: Luftwaffenhelferinnen, deren Freunde am Angriff teilnahmen, Bodenpersonal, Schreibstubenleute, kurzum alles, was im Augenblick nichts zu tun hatte. Jeder Bomber nahm seine Position am Anfang der Rollbahn ein und wartete auf das »Grün«, die Startfreigabe. Dann liefen die Triebwerke auf voller Stärke, die Bremsen wurden gelöst und unter Hochrufen, Winken und vielen stillen Gebeten rollten die Bomber langsam die Startbahn hinunter.

Es war eine schöne Nacht, und so waren viele da, um die Männer auf ihrem Flug nach Nürnberg zu verabschieden. In Dunholm Lodge grüßte der

Platzkommandant vorschriftsmäßig jedes Flugzeug im Augenblick des Anrollens; »ein Zeichen der Hochachtung vom Chef für einen bescheidenen Sergeant-Piloten, das mich stark bewegte. Ich hatte dann immer einen Kloß im Hals«, erinnert sich ein Flieger.

»In Skellingthorpe gab es ein Mädchen, einen fröhlichen Sergeanten der Luftwaffenhelferinnen. Man hatte uns informiert, sie sei ein Unglücksbringer. Offensichtlich war kein Kumpel, mit dem sie eine Verabredung gehabt hatte, je wieder vom Einsatz zurückgekehrt. Beim Tee in der Messe kam sie zu mir herüber und sprach ohne besonderen Grund einige Worte mit mir. ›Das ist es! Jetzt sind wir dran‹, dachte ich. Mein letzter Eindruck von Skellingthorpe war eine Gruppe nichtfliegenden Personals, das sich regelmäßig an der Rollbahn versammelte, um mit Winken die Jungen zu verabschieden. Das Mädchen war deutlich im Vordergrund zu sehen.« (Flight Sergeant D. G. Gray, Squadron 50) Die Lancaster Grays kam nicht mehr zurück.

Über ganz Ostengland, von Northallerton bis Newmarket, war die Märznacht mit dem Dröhnen von über 3000 Motoren erfüllt, die die Bomber in die Höhe zogen. Viele Besatzungen sagen, die Augenblicke zwischen dem Lösen der Bremsen und der Abhebe-Geschwindigkeit von 170 km/h hätten eine Ewigkeit gedauert und seien für sie die Zeit schlimmster Angst gewesen, weil sie inmitten von zwölf Tonnen Benzin und Sprengstoff saßen. Das Versagen eines Triebwerks konnte das Ende ihrer Einsatzzeit bedeuten.

Innerhalb einer Stunde nach Beginn des Hauptstarts war die Masse der Bomber verschwunden. Auf den Flugplätzen wurde es ruhig, die Zuschauer zerstreuten sich. Es begann das siebenstündige Warten, ehe die Rückkehr der Bomber einsetzte. Hier und da starteten die üblichen Nachzügler, nachdem Mängel in letzter Minute behoben worden waren, und versuchten Anschluß an die anderen zu gewinnen. Die Ehre, diesmal die Letzten zu sein, hatte eine Besatzung der Squadron 619. Ihre Maschine hatte die Schlußkontrolle nicht bestanden, und sie wechselte auf eine überzählige Lancaster der Squadron 61 über, die ebenfalls in Coningsby stationiert war. Flight Sergeant John Paterson startete schließlich um 22.54 Uhr mit 15 Minuten Verspätung, die er aufholen mußte.

Die gute Arbeit des Bodenpersonals und das perfekte Flugwetter hatten dem Angriff zu einem guten Start verholfen. 779 Bomber machten sich auf ihren langen Flug nach Nürnberg.

»Sofort nach dem Start wandte ich mich gewissermaßen von meinen Kameraden ab und sprach zu Gott ein einfaches Gebet für uns alle. Ich habe bisher noch nie darüber gesprochen. Ob die anderen das auch taten, weiß ich nicht, aber an die Worte werde ich mich immer erinnern: ›O Herr, bitte, bringe uns sicher zum Ziel, sicher durch das Ziel und bringe uns wieder sicher heim, und Gott, bewahre uns vor Unglück.‹ Sicher gibt es welche, die wegen eines solchen Gebets und des Glaubens, der dahinter steht, die Nase rümpfen, aber wir haben eine Einsatzzeit als vollständige Besatzung überlebt.« (Sergeant P. Bailey, Squadron 51)

Die Bomber konnten nicht sofort ihre Nase in Richtung Deutschland drehen. Zuerst einmal startete jede Maschine gegen den leichten Nordwestwind und drehte deshalb von Deutschland ab. Aber auch jetzt konnte sie noch nicht auf Kurs gehen, ehe sie Höhe gewonnen hatte, um den noch startenden anderen Flugzeugen nicht in die Quere zu kommen.

Hunderte Bomber flogen unter Bedingungen im Kreis herum, die heutzutage kein Fluglotse mehr gestatten würde. Dies war tatsächlich einer der potentiell gefährlichsten Abschnitte des Fluges. Freilich: Feindliche »Eindringlinge«, Fernnachtjäger gab es nicht, die Bomber konnten die Positionslichter einschalten, und das helle Mondlicht dieser Nacht tat ein übriges für die Sicherheit der Bomber. Es gab keine Unfälle. Bis zu 600 Meter stiegen die Piloten mit voller Kraft hoch, dann gingen sie eine halbe Stunde lang auf die Standard-Steigdrehzahl, die sie auf die erforderlichen 3000 oder 4000 Meter brachte, ehe sie auf Kurs gingen.

Die genaue Geschwindigkeit, Höhe und Position jedes Flugzeugs während des ganzen Fluges war vorher festgelegt worden. Das Bomberkommando hatte am Morgen den Plan in groben Umrissen entworfen. Auf der Ebene von Bombergroup und Squadron war durch detailliertere Planung ein Platz für jedes Flugzeug gefunden worden. Wenn alles gut ging, würde es keine Zusammenstöße geben, dafür aber einen dichten Bomberstrom, konzentriertes Bombardieren und eine sichere Rückkehr. In der Praxis jedoch war der Plan den Wetterbedingungen, den Aktionen des Gegners und menschlicher Schwäche unterworfen, denn sobald ein Flugzeug gestartet war, unterlag es nur noch der Kontrolle seiner eigenen Besatzung. Zwischen der Einsatzplanung und seiner Durchführung bestand immer ein erheblicher Unterschied.

Während jedes Flugzeug seine vorgeschriebene Höhe in vorgesehener Zeit erreichte, gab der Navigator dem Piloten den Kurs zum Sammelpunkt des Bomberstroms an. Für die meisten war dies ein direkter Flug in südöstlicher Richtung. Nur die Staffeln der 4. und 6. Group mußten in fast genau südlicher Richtung fliegen, um nicht den Start der in Lincolnshire stationierten Bomber zu stören. Eine kanadische Besatzung der Squadron 429 (Bison) beschloß allerdings, ihre Chancen zu verbessern, indem sie von Leeming aus direkt zum Sammelpunkt flog und sich in die erste Welle des Bomberstroms einreihte, statt in die letzte, der sie zugeteilt war.

Dieser Teil des Fluges verlief ohne große Spannung und wurde zumeist mit Routineaufgaben ausgefüllt. Das Identifikationssignal, das Freund von Feind unterschied, war schon vor dem Start angestellt worden, die Bomber waren vor Angriffen durch Jäger der RAF sicher. Die Funker führen ihre

Schleppantennen aus. Die Navigatoren hatten alle Hände voll zu tun, um die lebensnotwendige genaue Standortbestimmung zu bekommen, die ihnen sagen würde, wie sich die tatsächlichen Winde im Vergleich zu denen der Wettervorhersage verhielten. Ihre Gee-Geräte gaben ihnen eine Reihe guter Ortsbestimmungen, aber dieses Gerät wurde schon bald gestört, nachdem die englische Küste überflogen war. Einige Navigatoren benützten ihre H_2S-Geräte, ohne sich darüber klar zu sein, daß die Deutschen die Impulse des Geräts schon auffangen konnten, wenn sich die Maschine noch über England befand. Das Flugzeug brachte es auf eine stetige Steigleistung von etwa dreißig Metern in der Minute. Die Piloten konnten sich nun etwas ausruhen, und viele hatten »George«, den automatischen Piloten, eingeschaltet. Ehe 5500 Meter Höhe erreicht wurden, mußte die Besatzung die Sauerstoffversorgung einschalten. Fiel sie zu irgendeinem Zeitpunkt während der nächsten sechs Stunden länger als zwei Minuten aus, so würde die Besatzung ohnmächtig werden und sterben.

Das erste Flugzeug überquerte die Küste von Suffolk um 23 Uhr. Ein senkrecht gerichteter Scheinwerfer aus Southwold gab seinem Navigator die letzte optische Positionsangabe. Beim Flug über die Nordsee wurden die Maschinengewehre durch kurze Feuerstöße ausprobiert. Die Bordschützen waren nicht bereit, auch nur einen Schuß zuviel zu verschwenden. In die Bomben wurden die Zünder eingeschraubt, die Positionslichter gelöscht. Wachsamkeit und Spannung nahmen spürbar zu.

Von der englischen Küste bis zu dem Punkt über der Nordsee, der als Sammelpunkt bestimmt war, waren es nur achtzig Kilometer oder etwa fünfzehn Minuten Flugzeit. Der Bomberstrom begann sich zu formieren, nachdem das führende Flugzeug die Position 51 Grad 50 Minuten Nord und 2 Grad 30 Minuten Ost erreicht hatte. Der Formationsflug der Bomber in der Dunkelheit warf keine Probleme auf. Die Viermotorigen kamen in einem lockeren Strom zusammen, weil jede in der vorgeschriebenen Zeit und Höhe den Sammelpunkt überflog.

Nach dem Plan war der Bomberstrom in dieser Nacht 110 Kilometer lang, eine Ausdehnung, die es gestatten würde, Nürnberg in den für den Angriff vorgesehenen 17 Minuten zu überfliegen. In den ersten 30 Kilometern des Bomberstroms befanden sich nur 97 Flugzeuge. Dies war eine Art Vorhut: die erste Pfadfinder-Gruppe mit 24 Blindmarkierungs-Beleuchtern und sechs Sicht-Markierern, ferner 67 Lancaster mit Sprengbomben zur Unterstützung der Markierungsflugzeuge. Ihnen sollten die fünf Wellen der Hauptflotte folgen; jede nahm knapp 16 Kilometer des Bomberstroms ein. Der Ausdruck »Welle« ist jedoch etwas irreführend, weil es keine Trennung zwischen den Wellen gab und sie häufig einander überlappten.

Im Schnitt bestand die Welle aus 138 Bombern, die sich aus neun Pfadfindern, fünf ABC-Lancaster mit Funkstörgeräten, 78 gewöhnlichen

Lancaster und 46 Halifax zusammensetzte. Weil alle Bombergroups zu gleichen Teilen den Wellen zugeteilt waren, konnte eine Lancaster von der 3. Group aus Mildenhall durchaus dicht neben einer kanadischen Halifax von einem der Flugplätze in Yorkshire fliegen. Es war üblich, die erfahreneren Besatzungen mit den ersten Wellen zu schicken, und die »Neuen« in der Nachhut fliegen zu lassen. Die beiden einzigen »Fremden« im Strom waren zwei Halifax von der 100. Group. Sie flogen im Schutz des Bomberstroms und versuchten, mit ihrer elektronischen Ausrüstung die neuesten vom deutschen Radar benützten Frequenzen festzustellen. Zwei Mosquitos hatten ebenfalls diese wichtige Aufgabe, aber ihre überlegene Geschwindigkeit und Steighöhe erlaubte ihnen, ungehinderter zu manövrieren.

Dies war also die Theorie des Bomberstroms, der sich über der Nordsee bildete. Aber schon jetzt war die Luftflotte geschwächt, weil viele Flugzeuge technische Schwierigkeiten gehabt hatten und zurückgekehrt waren. Das Problem dieser »frühen Umkehr« ist immer eine ärgerliche Angelegenheit gewesen. Es gab die unvermeidlichen Fälle, bei denen ein Weiterflug unmöglich war. Aber es gab auch die Randfälle, bei denen ein Defekt solcher Art vorlag, daß das Flugzeug hätte weiterfliegen können, wäre eine entschlossene Besatzung an Bord gewesen. Eine weniger beherzte Besatzung jedoch kehrte mit einer einigermaßen plausiblen Entschuldigung um. Frühe Rückkehr zählte nicht für die Einsatzzeit, falls nicht Bomben auf ein feindliches Ziel geworfen worden waren. Die meisten Besatzungen waren jedoch schon zufrieden, dadurch im Austausch auf einen besonders schwierigen Angriff zu verzichten. Jede Anstrengung wurde unternommen, um die Zahl dieser abgebrochenen Feindflüge auf ein Minimum zu beschränken. Besatzungen, die auf diese Weise zurückgekehrt waren, mußten in einer scharfen Befragung dem Platzkommandanten oder ihrem Staffelkapitän Rede und Antwort stehen.

Vom Zeitpunkt des Starts an waren Flugzeuge umgekehrt, und das würde so weitergehen, bis sich der Bomberstrom weit über Belgien befand. Der übliche Grund für die Rückkehr war der Ausfall eines Motors. Andere Gründe waren Ausfälle der Sauerstoffzufuhr, Bordfunksysteme und Gee-Geräte, Navigatoren, die unter Luftkrankheit litten und der Fallschirm eines Funkers, der sich aus Versehen öffnete.

Der folgende Bericht eines australischen Piloten im zweiten Einsatz beschreibt eine typische frühe Rückkehr: »Der Navigator meldete sich über die Bordsprechanlage und sagte, er habe Schwierigkeiten mit dem Sauerstoff. Wir waren eine neue Besatzung, flogen nicht unser eigenes Flugzeug, und das, welches wir hatten, benützten wir zum erstenmal. Ich schickte den Bordmechaniker zu Hilfe nach hinten. Nach einigen Minuten meldete er, er könne die Ursache des Defekts nicht finden, aber der Navigator zeige Erschöpfungserscheinungen. Aber nur er hatte Schwierigkeiten, also mußte der Fehler entweder an seiner Maske oder an der Sauerstoffzapfstelle liegen, an die er angeschlossen war. Ein Ersatzteil hätte das Problem gelöst, aber wir hatten keines an Bord (oder glaubten es zumindest). Ich ließ ihn nach vorn kommen, an eine andere Anschlußstelle, und begann den Abstieg auf unter 3000 Meter Höhe.

Nun, wir konnten das Problem nicht lösen und wir hatten zu viel Zeit und Höhe verloren, um den Einsatz noch mitzufliegen. Deshalb drehte ich nach Hause ab. Diese Entscheidung machte mir zu schaffen. Sicher würde es Leute geben, die unsere frühe Rückkehr in Verbindung mit der Urlaubsliste bringen würden. In meinen Gedanken sah ich bereits die Anklage wegen mangelnder moralischer Stärke.

Am nächsten Morgen mußte ich zum Alten in sein Dienstzimmer. Er pfiff mich gewaltig an, weil das Ersatzstück eines Sauerstoffrohrs in unserer Maschine gefunden worden war. Ich versuchte mich mit dem Hinweis darauf zu verteidigen, ich sei nie zuvor in dieser Maschine gewesen und hätte deshalb auch nicht wissen können, daß ein Ersatzrohr an Bord gewesen sei. Dies blieb völlig ohne Wirkung. Er fuhr mit mir in einer unvorstellbaren Weise Schlitten.« (Flight Sergeant L. N. Rackley, Squadron 630)

Die Gesamtzahl der Flugzeuge, die vorzeitig die nach Nürnberg fliegende Bomberflotte verließen, betrug 52. Das erscheint viel, aber 6,9 Prozent waren der Durchschnitt in jener Zeit. Die Leistung der verschiedenen Flugzeugtypen beweist die technische Überlegenheit der Lancaster, von denen nur 4,7 Prozent vorzeitig zurückkehrten, über die Halifax mit 14,2 Prozent. Wie weit auch Einsatzfreude und Leistung in den Einheiten auseinanderklafften, zeigt sich in den 18,5 Prozent der Flugzeuge der 4. Bombergroup, die vorzeitig zurückkamen, und den nur 1,8 Prozent bei den Pfadfindern.

Zwei der in Schwierigkeiten geratenen Flugzeuge schafften es, Ostende zu bombardieren, dessen Docks als Ausweichziel bestimmt worden waren, ein anderes warf seine Bomben auf einen Flughafen in Flushing, aber der Rest schmiß etwa 120 Tonnen Bomben in die Nordsee, so daß die Maschinen nicht mit scharfen Bomben an Bord landen mußten. Von der ursprünglichen Streitmacht von 782 schweren Bombern, die zum Angriff auf Nürnberg gestartet waren, bleiben zu diesem Zeitpunkt noch 725.

Man sollte jedoch auch erwähnen, daß einige Besatzungen durchhielten, obgleich ihre Flugzeuge Defekte hatten, die eine Rückkehr gerechtfertigt hätten. Eine zur Markierung eingesetzte Maschine der Squadron 35 konnte nicht mehr höher als 4500 Meter steigen, aber der Pilot flog weiter, denn nichts war ihm wichtiger als seine Markierungen über Nürnberg zu setzen. Eine australische Besatzung hielt den gesamten Angriff trotz ausgefallenen Funkgeräts durch.

Während sich die letzten Maschinen des Stroms noch sammelten, flog das Flugzeug an der Spitze bereits die belgische Küste an, die an diesem engen Teil der Nordsee nur zehn Flugminuten entfernt war. Tief unten gab es einige Haufenwolken, aber von der hohen Wolkendecke, die so viele versprochen hatten, und auf die alle hofften, konnten nur dünne Fetzen von Strato-Kumulus entdeckt werden. Davon abgesehen war die Sicht ausgezeichnet. Der Halbmond stand niedrig am Himmel, aber strahlte immer noch hell im Norden. Unter diesen vorteilhaften Flugbedingungen konnte sich der Bomberstrom ohne Schwierigkeiten formieren.

In den schweren Bombern war nun jedermann äußerst wachsam, denn jetzt konnten sie jeden Augenblick auf den Feind treffen. Zwar war es ungewöhnlich, daß so früh zu Beginn eines Anflugs mehr als ein einzelner Jäger erschien. Die Piloten hatten den Steuerknüppel wieder von »George« übernommen und waren bereit, sofort zu reagieren, falls ein Gegner auftauchte oder die Gefahr eines Zusammenstoßes bestand. Immer noch stiegen die Flugzeuge langsam, aber bald hatten sie ihre Einsatzhöhe erreicht. Leichte Korrekturen an den Gashebeln der vier Motoren hielten den Geschwindigkeitsanzeiger stetig auf 250 Kilometern in der Stunde, obgleich in der dünneren Luft, in der sie flogen, die Geschwindigkeit bei ruhigen Bedingungen eher 330 km/h betrug und der Rückenwind dem Flugzeug tatsächlich eine Geschwindigkeit von etwa 390 km/h verlieh. Gelegentlich geriet ein Bomber ohne vorherige Warnung in den Propellerwind eines anderen; die plötzliche Turbulenz wirkte auf die Tragfläche und führte zu einem geringen Höhenverlust, so daß der Pilot hochziehen mußte, um wieder seine Position einzunehmen. Für neue Besatzungen war dieses Erlebnis etwas furchterregend, aber bald erkannten sie, daß ihre Maschine sich sicher inmitten des Bomberstroms befand, was sie dann wiederum beruhigte.

Dicht neben dem Piloten half der Bordmechaniker, die vier Triebwerke synchron zu halten. Er beobachtete die Anzeigegeräte für die Motoren, berechnete den Treibstoffvorrat und wann ein Wechsel der Tanks notwendig wurde. War er nicht mit diesen Aufgaben beschäftigt, so verbrachte er so viel Zeit wie nur möglich als Ausguck.

Im Bug des Flugzeugs lag der Bombenschütze auf dem Bauch, ein vielbeschäftigter Mann. Nicht nur versuchte er, dem Navigator beim Kartenlesen behilflich zu sein, er war zudem für »Window« verantwortlich und mußte die braunen Papierpakete auswickeln, die seinen kleinen Raum versperrten, und die Metallstreifen durch einen schmalen Schacht im vorgeschriebenen Tempo von einem Bündel pro Minute hinauswerfen – eine mühsame, verhaßte Tätigkeit. »Am schwersten war es, die Karten zu lesen, weil in der Bugkanzel kein Licht brennen durfte und die einzige Lichtquelle aus einer trüben Taschenlampe bestand. Ich begann, die braunen Papierpakete mit ›Window‹ zu öffnen, und es dauerte nicht lange, bis Karten, Packpapier,

Bindfaden und ich selber ineinander verstrickt waren, zumal dieser verdammte Schacht nicht groß genug war, um auch das Packpapier hinauswerfen zu können.« (Sergeant D. G. Patfield, Squadron 61)

»Bei Nachteinsätzen hatte der Navigator eindeutig den besten Job. Er konnte nicht sehen, was sich draußen abspielte, außer wenn die Flak sehr nahe rückte. Wenn er genug Grips hatte, um den Zehn-Minuten-Rhythmus der Positionsfeststellung, Wind- und Streckenberechnung und Berechnung der voraussichtlichen Ankunftszeit einzuhalten, arbeitete er wie ein Irrer und hatte keine Zeit, sich Sorgen über das zu machen, was sich draußen abspielte.« (Flying Officer H. B. Mackinnon, Squadron 57). Die meisten Navigatoren zogen es vor, sich völlig von dem abzuschließen, was draußen geschah, und sich auf ihre Arbeit zu konzentrieren.

Nicht weit entfernt vom Navigator saß der Bordfunker. Für dieses Besatzungsmitglied bedeutete ein langer Flug Stunden tötender Langeweile, weil er kein Ausguck war und, wenn seine Besatzung kein »Windfinder« war, nur wenige Aufgaben hatte. »Unser Bordfunker las regelmäßig das Buch ›Die verblüffenden Abenteuer des Doktor Syn‹, das er auf jede Reise mitnahm. Er las geradezu fieberhaft, wenn der Einsatz begann, aber ich glaube, daß er das Buch nie beendet oder je gewußt hat, was er las.« (Sergeant E. Wilkins, Squadron 626)

Die beiden Bordschützen waren ebenfalls gelangweilt, aber sie konnten sich kein Ausruhen leisten, weil sie die hydraulisch bewegten Türme von Seite zu Seite schwingen und den ihnen zugewiesenen Teil des Himmels absuchen mußten. In dieser Nacht gab es besonders viel zu sehen. Die Sicht war so gut, daß der Heckschütze einer Halifax gleichzeitig 15 andere Bomber zählen konnte, die alle den gleichen Kurs hielten. Die Bordschützen hockten im ungeheizten Teil des Flugzeugs, und zwei Ereignisse dieser Nacht zeigen die extreme Unbequemlichkeit, die sie auszuhalten hatten, auch wenn sie sich nicht mit dem Feind herumschlugen. In der elektrisch geheizten Kombination eines Mannes entstand zu Beginn des Fluges ein Fehler, der eine so große Blase in sein Bein brannte, daß er dafür später eine Rente bekam. Ein anderer Bordschütze hatte es so kalt, daß am Ende des Fluges lange Eiszapfen von seiner Sauerstoffmaske hingen. Als er nach dem Einsatz seinen Fallschirm abgab, überreichte er einer verblüfften Helferin ein 25 Zentimeter langes Eisstück.

Nach dem Start der Bomber hatten die Kommandeure in England kaum noch Verbindung mit ihnen. Obgleich jeder Funker seinen Stützpunkt erreichen konnte, kam es nicht in Frage, Einzelheiten über eine massive Reaktion des Gegners oder gefährliche Wetterbedingungen nach England zu melden. Waren die Bomber gestartet, dann gehörten sie unwiderruflich zu dem Einsatz. In diesem Teil der Operation benutzten Flugzeuge nur dann ihr Funkgerät, wenn sie »Windfinder« waren oder wenn sie auf dem Meer niedergehen mußten und eine Chance bestand, die Besatzung zu retten. In dieser Nacht würde nicht einmal ein »Meister-Bomber« über Nürnberg seine bescheidene Kontrolle ausüben. Es stand nicht mehr in der Macht der Kommandeure zu Hause oder der sich Deutschland nähernden Besatzungen, den Verlauf der Ereignisse zu beeinflussen.

Die ersten Einsätze dieser Nacht flogen die »Oboe«-Mosquitos der Squadrons 105 und 109. Sie nutzten die »Oboe«-Strahlen so gut wie möglich aus, ehe sie bei den Ablenkungsangriffen auf Aachen und Köln benötigt wurden. 17 Mosquitos waren zu Präzisions-Bombenangriffen angesetzt, um die schweren Bomber zu unterstützen; 13 davon griffen fünf deutsche Flugplätze in den Niederlanden und in Frankreich an, die restlichen vier Mosquitos bombten Fabriken im Ruhrgebiet.

Diesen Mosquitos widerfuhr viel Mißgeschick. Wegen technischer Schwierigkeiten konnten fünf ihr »Oboe«-Gerät nicht benutzen und mußten die Bomben blind werfen. Eine sechste Maschine brachte ihre Bomben wieder heim, weil der Bombenauslöser versagt hatte. Eine Mosquito wurde durch Flak über dem Ruhrgebiet beschädigt – der erste Schaden bei einem Flugzeug in dieser Nacht –, doch die Besatzung war nicht verletzt und kehrte ohne Schwierigkeiten zurück.

Über das Ergebnis der Angriffe auf die Flugplätze gibt es keine Unterlagen, aber das Resultat des einzigen Angriffs einer Mosquito, die ihr »Oboe«-Gerät mit Erfolg bei einem Ziel im Ruhrgebiet verwenden konnte, ist bekannt. Von Norden nach Süden fliegend, griffen der neuseeländische Flight Lieutenant I. O. Breckon und sein Navigator, Flying Officer K. L. Pring, von der Squadron 109 die Werke der Gutehoffnungshütte AG in Oberhausen an, typische Schwerindustrie der Ruhr, die Panzerwagen, Geschützrohre und Granaten herstellte. Sie hatte in Oberhausen zwei Fabriken, die nur 600 Meter voneinander entfernt waren. Zwischen den beiden Fabriken lag die Arbeitersiedlung Eisenheim.

Der Anflug der Mosquito kam so schnell, daß der Fliegeralarm nur vier Minuten früher ausgelöst wurde, bevor Breckons 4000-Pfund-Bombe ausgeklinkt wurde. Die Menschen von Eisenheim liefen gerade zu ihrem Luftschutzbunker, da explodierte der »Wohnblockknacker« dicht davor. 23 Personen wurden sofort getötet, 32 weitere verletzt. Es waren die ersten Toten und Verwundeten dieser Nacht.

Weniger tödlich verliefen die Einsätze der acht Wellington, deren Besatzung diesen »halben Einsatzflug« absolvierten, um damit ihre Ausbildung abzuschließen, und der Einsatz der acht amerikanischen Fortress von der in Chalveston in Northamptonshire stationierten Bombersquadron 422. Sie warfen mehrere Millionen Flugblätter über Paris und neun anderen Städten und Ortschaften in Nordfrankreich ab. Eine Ju 88 war einer Fortress längere Zeit gefolgt, ohne sie jedoch anzugreifen, und eine andere »Festung« war zehn Minuten lang von den Scheinwerfern über Doullens erfaßt worden. Die Fortress kehrten alle heil heim; nur eine Wellington wurde von der Flak getroffen, aber niemand war verletzt, und die Besatzung brachte ihr Flugzeug ohne Schwierigkeiten nach Hause.

Die wichtigste dieser vorbereitenden Operationen war der Mineneinsatz der Halifax-Bomber, der feindliche Jäger nach Norddeutschland locken sollte. Von fünfzig veralteten Halifax, die diesen Ablenkungsangriff fliegen sollten, waren 49 gestartet. Die Ballonsperren zum Schutz der Imperial Chemical Industries-Fabriken in Billingham waren niedergeholt worden, um es den Kanadiern der 6. Group zu ermöglichen, über die Mündung des Flusses Tees zu fliegen, während die Maschinen der 4. Group von Flamborough Head starteten. Eine Halifax brach den Flug ab, aber alle anderen absolvierten den 510-km-Flug über die Nordsee, trotz starker Vereisung, die sich einstellte, als die Flugzeuge durch dichte Wolken stiegen. Die beiden Verbände trafen sich mitten über der Nordsee und flogen von dort auf Deutschland zu, und zwar auf einem Kurs, der auf Berlin deutete. Dabei warfen sie große Mengen »Window« ab, um ihre geringe Zahl zu verbergen.

Fünf Flugzeuge der Squadron 419 (Elch) erkannten Helgoland auf ihren H_2S-Geräten und betätigten sich dann als Markierer: sie warfen Leuchtbomben an Fallschirmen über dem zur Verminung vorgesehenen Gebiet. Die Halifax wurden durch Flak von Helgoland und von den friesischen Inseln beschossen, aber weder dieses Feuer noch ein knapp vermiedener Zusammenstoß über dem Zielgebiet verursachte irgendwelche Verluste. Der Verband drehte dann hinter seinem eigenen »Window«-Vorhang ab und flog heim, nachdem er seinen Teil im Plan dieser Nacht erfüllt hatte. Die Halifax hatten den 7. Grad östlicher Länge überschritten, und daher galt dies als voller Einsatz für ihre Einsatzzeit.

Die 112 Minen, die hier zu eben der Zeit abgeworfen wurden, zu der die für Nürnberg bestimmten Bomber die belgische Küste erreichten, waren nur unerheblich im Verhältnis zu der erhofften Ablenkungswirkung. Als die Halifax das Gebiet verließen, wurden einige Jäger beobachtet, aber es blieb abzuwarten, ob der Trick erfolgreich gewesen war.

Um 23.22 Uhr überquerte die Spitze des Bomberstroms die belgische Küste bei Knokke, nur eine kurze Strecke von der Grenze zu den Niederlanden entfernt. Wieder einmal wurde in den Luftraum, den Hitler-Deutschland beanspruchte, mit großen Kräften eingedrungen. Dieser jüngste Einfall wurde zunächst nur von leichter Flak erwidert, die es nicht schaffte, 6000 Meter hoch zu schießen – die Höhe, in der die meisten Bomber flogen.

Nürnberg war immer noch 675 Kilometer entfernt, aber der Schub, den der Angriffsverband durch den Rückenwind bekam, ließ die Distanz auf nur 103 Flugminuten zusammenschrumpfen, und mit jeder Minute sank der verhaßte Mond weiter hinab zum Horizont. Waren die deutschen Jäger durch den Ablenkungsangriff nach Norden abgezogen worden? Und konnten, falls dies nicht so war, die Angreifer durch die Einflugschneise südlich des Ruhrgebiets kommen und schon ein ganzes Stück der »langen Strecke« zurückgelegt haben, ehe die deutschen Jägerleitoffiziere reagierten? Die nächsten einhundert Minuten würden die Antwort hierauf geben.

Immer noch auf südöstlichem Kurs, kamen die Bomber über Gent, wo die Flak keinen Schaden anrichten konnte, an Brüssel vorbei und dann zum ersten Wendepunkt. Verständlicherweise gab es bei den Besatzungen bei diesem Punkt eine gewisse Beklemmung.

Auf der Erde breitete sich ein langes Band weißen Feuers aus, als eine kanadische Lancaster, die nicht mehr steigen konnte, einfach ihre Brandbomben abwarf. Es gab andere, nicht zu erklärende Feuer auf der Erde. Ein Mann behauptete, er habe die Straßen von Brüssel gesehen, obgleich die Stadt völlig verdunkelt war. Gelegentlich kamen Feuerstöße von Leuchtspur, wenn nervöse Bordschützen der Bomber auf eingebildete Gegner schossen, aber Antwortfeuer blieb aus.

Es gab noch einen anderen Grund für die Nervosität der Bomberbesatzungen. Die hohen Wolken, welche nie dicht gewesen waren, lösten sich nun völlig auf. Es gab keinen Bodennebel, keine tiefe oder mittelhohe Wolke, einfach nirgends einen Wolkenschutz. Die Luft war so klar, daß eine Besatzung die horizontale Sicht auf 320 Kilometer schätzte. Ein Bordschütze kann sich lebhaft daran erinnern, daß sich der Mondschein in einem Fluß 5500 Meter unter ihm spiegelte.

Zwanzig Minuten nach Überquerung der Küste hatten die führenden Bomber den ersten Wendepunkt etwas nordöstlich der Kohlenstadt Charleroi erreicht. Der genaue Wendepunkt befand sich über dem alten Schlachtfeld von Ligny, wo Napoleon vor seiner Niederlage bei Waterloo noch einen letzten Erfolg errungen hatte. Die Bomberbesatzungen hatten allerdings keine Zeit für derartige historische Erinnerungen.

Die Bomber begannen nun, ihre kompakte Formation zu verlieren. Hätte der Schleier der Dunkelheit gelüftet werden können, so hätte der Bomberstrom etwas zerrissen ausgesehen, wobei sich ein Großteil der Flugzeuge nördlich des korrekten Kurses befand. Zwei Faktoren verursachten dieses Abtreiben nach Norden: ein natürlicher Faktor und ein menschlicher.

Die oberen Winde liefen parallel zur alten Kältefront, aber diese hatte – was die meisten Bomberbesatzungen nicht wußten – ihre Richtung geändert. Eine Teilfront über Nordostfrankreich hatte sich schneller bewegt als die Teilfront über Deutschland. Das hatte die wenigen vorhandenen Wolken nach Süden gezogen und ließ damit die Bomber ohne Deckung, und es hatte bewirkt, daß der Wind nun fast direkt aus westlicher Richtung statt aus Westnordwest blies. Auch hatte die Windstärke leicht zugenommen.

Diese Änderungen hätten die vor dem Bomberstrom fliegenden Pfadfinder entdecken sollen. Sie hatten ihren Windzustandsbericht seit Beginn des Fluges halbstündlich nach England gefunkt. Befehlsgemäß hatten die Gefechtsstände der Bombergroups diese Information an das Hauptquartier des Bomberkommandos weiterzugeben, wo der meteorologische Stab die Durchschnittswerte ausrechnen und die neuen Windmeßergebnisse, jetzt »Radiowind« genannt, an alle Bomber hinausfunken sollten. Mit Kenntnis dieser neuen Windwerte wäre der Bomberstrom eng zusammengeblieben. War dies aber nicht der Fall und versuchte jede Besatzung, ihren eigenen Wind zu finden, so fiel der Strom auseinander.

In jener Nacht war jedoch das »Windfinder«-System bereits zusammengebrochen. Nachdem sie gerade die belgische Küste überquert hatten, hatten die Bomber den ersten Windzustandsbericht aus England bekommen, jeder vom Sender seiner eigenen Bombergroup, aber die Angaben waren von Group zu Group verschieden. Beispielsweise lautete die Windvorhersage um 23.30 Uhr für die nächsten Flugabschnitte 80 km/h aus Richtung 300 Grad für die Flugzeuge der 1. Group, während die 5. Group 88 km/h aus Richtung 290 Grad durchgab. Einige Verbände bekamen die nächste halbe Stunde lang überhaupt keine Windvorhersage.

Was hier falsch gelaufen war, steht in einem Dokument, das nach dem Angriff von der 8. Group unter den Pfadfindern verteilt wurde. Die Pfadfinder, deren Besatzungen durchweg hohe navigatorische Fähigkeiten besaßen, flogen an der Spitze des Bomberstroms und stellten auch einen hohen Anteil der »Windfinder«. In dem erwähnten Erfahrungsbericht wird Beschwerde geführt, die Funker in diesen Flugzeugen hätten versäumt, ihre Welle »richtig abzuhören«, um sicher zu sein, daß sie auch frei sei, bevor sie ihre kurze Meldung an die Bombergroup absetzten. Wenn zwei Meldungen gleichzeitig auf derselben Welle durchgegeben wurden, kam keine davon richtig an. Die 8. Group hatte Windzustandsmeldungen von 36 Pfadfinder-Flugzeugen erwartet, aber nur 13 brauchbare Berichte erhalten. Zusätzlich hatten diese 13 eine Differenz in der Windgeschwindigkeit um 50 km/h und um 48 Grad in der Windrichtung enthalten. All dies geschah bei ungestörtem Anflug, noch ehe ein einziger Bomber angegriffen wurde. Es war kein Wunder, daß das Hauptquartier nicht in der Lage war, eine gemeinsame Voraussage zu erstellen, und daß die Bombergroups ihre eigenen Wettervoraussagen machen mußten.

Da auch die Gee-Geräte gestört waren, konnte keine Besatzung eine wirklich zuverlässige Positionsbestimmung bekommen. Die besseren Besatzungen, besonders diejenigen, die H_2S hatten und in seinem Gebrauch geschult waren, konnten die Windänderung erkennen und auf der vorgesehenen Flugstrecke bleiben, aber die Männer der Wettervorhersage in England, die nur widersprüchliche und unzureichende Berichte erhielten, erkannten nicht, daß sich der Wind gedreht hatte. Dementsprechend trieben alle Besatzungen, die sich auf die »Radiowinde« aus England verließen, langsam von ihrer Flugstrecke nach Norden ab und verloren Zeit. Die Winde sollten die Operationen dieser Nacht »verhexen«.

Während die Bomber vom Wendepunkt Charleroi genau nach Osten in nur 18 Minuten Flugzeit bis zur deutschen Grenze flogen, zeigten sich erste Anzeichen des Einsatzes deutscher Jäger. Der Flugweg der Bomber führte zwischen zwei regulären Nachtjagdplätzen, Saint-Trond und Florennes, hindurch, und die Sicht war so gut, daß einige Bomberbesatzungen unten die Lichter der Rollbahn sehen konnten. Die deutschsprechenden Sonder-Bordfunker in den Lancaster der Squadron 101 hatten ihre Funkempfänger seit der Überquerung der belgischen Küste eingeschaltet. Bald nach der Wendung bei Charleroi tauchten auf ihren Oszillographen die bekannten Punkte auf, die zeigten, daß ein deutscher Jägerleitoffizier mit gestarteten Nachtjägern sprach. Der Funker drehte einen seiner drei ABC-Sender auf diese Frequenz und drückte die Taste, womit er ein eigenartiges, trillerndes Geräusch über die deutsche Stimme legte. Falls der Deutsche nun auf eine andere Frequenz auswich, standen dem Funker zwei weitere Geräte zur Verfügung. Trotz der Aufmerksamkeit von 26 derartigen Flugzeugen setzten sich die deutschen Stimmen jedoch immer wieder durch – aber waren die Jäger in der Nähe oder Hunderte Kilometer weit weg im Norden?

Es gibt mehrere Berichte, wonach die zuerst gesichteten Jäger einmotorige Me 109 waren, obgleich nicht klar ist, von welcher Einheit sie kamen und was sie über Belgien machten. Es entwickelte sich jedoch nur ein kurzes Luftgefecht. Eine Me 109 griff eine australische Halifax an, die am Ende des Bomberstroms flog. Der Jäger wurde abgewiesen, getroffen, wie die Australier behaupteten, und die Halifax blieb unbeschädigt.

Bald danach gab es Beweise dafür, daß auch zweimotorige Jäger in der Gegend waren. »Wir sahen unter uns mehrere Ju 88, zuerst zwei zusammen und dann mehrere einzelne. Wir gingen in Schräglage nach Steuerbord und verloren Höhe, weil der Flugzeugführer sie sehen wollte. Der Navigator war dagegen. Es kam zwischen ihnen zu einer kleinen Auseinandersetzung, die damit endete, daß der Flugzeugführer sagte: ›Überlaß das mir. Ich werde die verdammten Bastarde schon loswerden!‹ Der Bordschütze mitten oben wollte schießen, aber der Flugzeugführer verbot es ihm.

Wir verloren diese Deutschen und gewannen wieder Höhe, als der Bordschütze mitten oben sehr aufgeregt rief: ›Paß auf, Skipper, da ist einer an Steuerbord!‹, aber der Heckschütze hatte ihn auch gesehen: ›Reg dich ab, das ist einer von uns.‹ Wir guckten alle, als er näher kam, und erkannten an seinen Buchstaben ›GT‹, daß es einer von unserer Staffel war, aber wir wußten nicht, welche Besatzung. Wir flogen lange Zeit zusammen. Es war ein sehr beruhigendes Gefühl.« (Sergeant L. Wooliscroft, Squadron 156)

Es war gerade nach Mitternacht, als der erste Bomber abgeschossen wurde, aber nicht durch deutsche Jäger. Eine Lancaster war vom korrekten Kurs nördlich abgedriftet und über die Flakbatterien von Lüttich geraten. »Hier geht der erste runter. Ein schwaches goldenes Glühen, dann eine Feuerspur, bis es ›plop‹ macht, und ein weiterer unserer Bomber verglüht rot auf der Erde. Dieses ekelerregende blutrote Feuer, aus dem schwarzer Rauch hervorquillt – unsere eigenen Jungen waren darin! Man fragt sich, wer der nächste sein wird.« (Warrant Officer G. C. Notman, Squadron 550) Als Notman von »unseren Jungen« sprach, wußte er nicht, wie sehr er recht hatte: Die Lancaster hatte seiner Staffel angehört. Nur drei Mann, alle verwundet, konnten mit dem Fallschirm abspringen.

Etwa zur Zeit dieses Zwischenfalls überquerten die Bomber an der Spitze die deutsche Grenze südlich von Aachen. Jetzt verblieben nur noch 440 Kilometer bis Nürnberg, eine gute Flugstunde.

Die »lange Strecke«

Die Lebensweise der deutschen Nachtjäger entsprach weitgehend dem Verhalten der Männer des Bomberkommandos. Genau so, wie die Bombenflieger ruhig drei Nächte lang geschlafen hatten und sich am Morgen vor dem Angriff für den Urlaub vorbereiteten, hatten dies auch die Deutschen getan. Die Stimmung bei den deutschen Jagdfliegern war gut. Sie hatten sich während des Winters, der jetzt zu Ende ging, gut geschlagen und nur sechs Tage zuvor das geschafft, was sie für ihren größten Erfolg seit Kriegsbeginn hielten. Nach dem letzten RAF-Angriff auf Berlin hatte der deutsche Rundfunk die Vernichtung von 112 »Terrorbombern« gemeldet, von denen die Jäger 88 für sich in Anspruch genommen hatten. Tatsächlich hatte das Bomberkommando in dieser Nacht durch Feindeinwirkung 73 Flugzeuge verloren.

Eine deutsche Einheit hatte allerdings keine Ruhe. Die II. Gruppe des Nachtjagdgeschwaders 1 war drei Tage zuvor durch einen amerikanischen Tagangriff auf ihrem Flugplatz Saint-Dizier ausgebombt, acht ihrer zwölf Me 110 waren getroffen worden. Die restlichen vier Maschinen waren seither von einem Flugplatz zum anderen beordert worden, zuerst nach Athies bei Laon, dann nach Saint-Trond in Belgien und dann, an diesem Nachmittag, wieder zurück nach Athies. Die Besatzungen landeten hier am frühen Abend, sahen nach dem klaren Himmel und dem strahlenden Mond, und es stand für sie fest: In dieser Nacht würden sie nicht mehr fliegen.

Jeden Tag und jede Nacht mußten Offiziere der Luftwaffe auf verschiedenen Kommandoebenen immer auf der Grundlage unvollständiger und einander widersprechender Informationen und angesichts der Bemühungen der RAF, sie mit allen Mitteln irrezuführen, ihre Entscheidungen treffen. Spät an diesem Nachmittag gingen Berichte der deutschen Horchfunker ihren täglichen Weg, bis sie gesammelt dem Offizier vom Dienst des I. Jagdkorps im holländischen Zeist vorgelegt wurden. Um die gleiche Zeit, zu der Sir Robert Saundby Sir Arthur Harris die Berichte der Mosquito-Wetterflugzeuge zeigte und erwartete, sein Chef werde den Angriff abblasen, wurden dem Kommandierenden General des I. Jagdkorps, Generalleutnant Josef Schmidt, einem Bayern, der noch vor einem Jahr die Panzerdivision »Hermann Göring« in Tunesien geführt hatte, die Horchergebnisse vorgelegt.

Es gibt keinen Bericht darüber, was entschieden wurde. In Anbetracht dessen jedoch, was folgte, läßt sich mit Sicherheit annehmen, daß die Deutschen annahmen, die RAF werde vermutlich in dieser Nacht in großer Stärke angreifen, aber wegen der dichten Wolkendecke über der Nordsee werde sich der Angriff gegen Mittel- oder Süddeutschland richten und wegen des Mondes werde die Eindringtiefe nicht sehr groß sein. Das Ruhrgebiet schien ein wahrscheinliches Ziel, wie es das schon vier Tage zuvor gewesen war.

In Chantilly bei Paris stimmte das von Generalleutnant Werner Junck geführte II. Jagdkorps, das nur über vier Nachtjagdgruppen verfügte, dieser Einschätzung zu und stimmte mit den Plänen seines stärkeren Nachbarn überein. Das Kennwort »Fasan« ging jetzt die Kommandokette hinunter: »Feindliche Einflüge sind heute Nacht zu erwarten.«

Die erste Entscheidung war richtig. Mit Ausnahme der erwarteten Eindringtiefe stimmte alles.

Während die Besatzungen der britischen schweren Bomber ihre Einsatzbesprechung hatten, wurden in den Gefechtsständen der deutschen Jäger die Mosquitos verfolgt, die am frühen Abend einflogen, um die »Oboe«-Bombenangriffe durchzuführen. Die deutschen Jäger ignorierten die Mosquitos. Diese schnellen, hochfliegenden Bomber wurden der Flak überlassen.

Nicht lange danach erfuhren die Deutschen von ihrem Horchdienst, Flugzeuge seien von den Bomberflugplätzen in Nordengland gestartet. Bald darauf bestätigte die Radarstation auf Texel – sie war stolz darauf, daß immer sie die erste war, die herannahende Bomber entdeckte –, daß diese Maschinen quer über die Nordsee auf einem Kurs flogen, mit dem sie Hamburg oder Berlin bedrohten. Dies war die zur Ablenkung gedachte Gruppe der Halifax-Minenflugzeuge. Kurz nach dieser Nachricht kamen neue Berichte, daß noch viel mehr Bomber gestartet waren und nun in südöstlicher Richtung flogen. So hatten gegen 23 Uhr die Deutschen die beiden Verbände identifiziert, die sich dem Reichsgebiet näherten. Von beiden konnte erwartet werden, daß sie in etwa dreißig Minuten die Küste überquerten, aber an Punkten, die 480 Kilometer voneinander entfernt lagen. Jetzt mußten die Stäbe eine zweite Entscheidung treffen, eine von lebenswichtiger Bedeutung für die Männer, die nach Nürnberg flogen: Welcher von beiden war der Hauptangriff?

Zwei Generale hatten mit der Beantwortung dieser Frage zu tun. Beide Bombereinheiten näherten sich dem Gebiet des I. Jagdkorps von »Beppo« Schmidt, aber auf Abschnitte zu, die von zwei verschiedenen Jagddivisionen verteidigt wurden. Nicht weit vom Hauptquartier Schmidts in Zeist lag der Gefechtsstand der 3. Jagddivision in Deelen bei Arnheim, einer Stadt, die nur sechs Monate später berühmt werden sollte. Divisionskommandeur war Generalmajor Walter Grabmann, ein hochgewachsener preußischer Offizier, nur 39 Jahre alt, aber schon ein Veteran der Legion Condor, die in

Spanien für Franco gekämpft hatte, und ein Mann mit Luftkampf-Erfahrungen in Polen, Frankreich und der Schlacht um England. Grabmann zögerte keinen Augenblick: Die Bomber, die sein Gebiet anflogen, stellten die Hauptdrohung dar. Die anderen gegen Norddeutschland flogen lediglich die Ablenkung. Er hatte für alle Nachtjagdgruppen seiner Division sofort Startbefehl gegeben und hatte das Funkfeuer Ida, südöstlich von Köln, zum Sammelpunkt bestimmt.

Grabmann hatte dann mit dem Korpskommando, mit General Schmidt, gesprochen, ihm seine Einschätzung der Lage gegeben und ihm über seine Anordnungen berichtet. Ohne jede Diskussion hatte Schmidt dem zugestimmt, hatte sofort Verbindung mit den anderen drei Divisionen seines Korps aufgenommen und ihnen Gleiches befohlen. Zudem erklärte sich das II. Jagdkorps bereit, seine vier Gruppen zur Verfügung zu stellen. Diese Flugzeuge konnten Ida nicht rechtzeitig erreichen und bekamen den Befehl, zu einem zweiten Funkfeuer, Otto, gerade nördlich von Frankfurt, zu fliegen. Diese Befehle wurden ausgegeben, als die ersten Bomber eben die englische Küste hinter sich ließen, um die Nordsee zu überqueren.

Diese Entscheidungen waren außerordentlich rasch und mit einem Minimum an Beratungen getroffen worden. Die ausgezeichnete Feindlagebeurteilung der Deutschen hatte ihnen geholfen, den Hauptbomberstrom zu identifizieren. Der entscheidende Faktor war dabei die Anpeilung der H_2S-Strahlen der Bomber, während sich die Flugzeuge immer noch im Gebiet über Norwich befanden. Dies ermöglichte es den Deutschen, die Größe des Bomberverbandes bis auf fünfzig Flugzeuge genau einzuschätzen. Die folgende Aufzeichnung der H_2S-Impulse hatte den südöstlichen Kurs auf die belgische Küste zu gezeigt.

Die Wahl der Funkfeuer Ida und Otto erwies sich als glücklich für die Deutschen. Der Flugweg der Bomber führte nahe an beiden Funkfeuern vorbei.

Ehe ein einziger britischer Bomber die belgische Küste überflogen hatte, stiegen Nachtjäger schon von weit entfernt liegenden Flugplätzen auf: Im Gebiet von Berlin, in Westerland auf Sylt und in Coulomiers bei Paris. Von 28 Nachtjagdgruppen blieben nur fünf am Boden: Die Me 110 der II./Nachtjagdgeschwader 6 in Echterdingen bei Stuttgart, das unter Nebel lag, drei »Wilde Sau«-Gruppen im Gebiet von Berlin und eine weitere in der Nähe von Nürnberg. Diese einmotorigen Jäger waren jetzt noch zu weit entfernt, aber der Einsatz von vier anderen Gruppen einmotoriger Jäger zu diesem frühen Zeitpunkt des Angriffs wird uns später als Beweis gegen eine ungewöhnliche Theorie über den Angriff auf Nürnberg dienen.

Als die Spitze des Bomberstroms eine oder zwei Minuten nach Mitternacht die deutsche Grenze überflog, strebten über 200 deutsche Nachtjäger auf Ida und Otto zu.

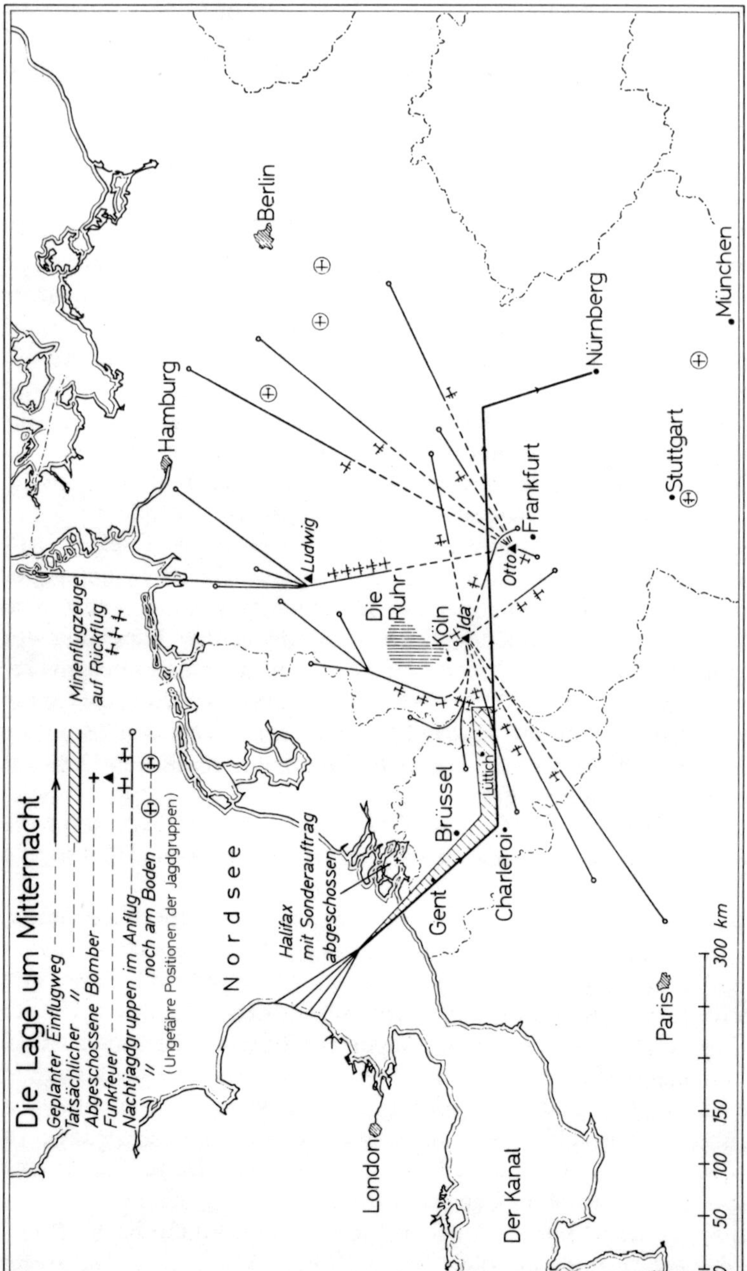
Die Lage um Mitternacht
Geplanter Einflugweg
Tatsächlicher //
Abgeschossene Bomber
Funkfeuer
Nachtjagdgruppen im Anflug
// noch am Boden
(Ungefähre Positionen der Jagdgruppen)
Minenflugzeuge auf Rückflug
Nordsee
Der Kanal
London
Paris
Gent
Brüssel
Charleroi
Lüttich
Halifax mit Sonderauftrag abgeschossen
Köln
Die Ruhr
Ida
Ludwig
Otto
Hamburg
Berlin
Frankfurt
Stuttgart
Nürnberg
München
0 50 100 150 300 km

18. und 19. Die »Leuchtspucker« im Einsatz – deutsche Luftwaffenhelferinnen in den Jagdleitständen projizieren alle eintreffenden Informationen über den Bomberstrom auf eine Leinwand. Nach diesem Bild konnten die Leitoffiziere ihre Anweisungen – die »laufende Reportage« – an die Jäger geben.

20. Eine mit Junkers Ju 88 ausgerüstete Nachtjagdgruppe vor dem Start.

21. Warten auf den Start.

22. Die Messerschmitt Me 110, das »Arbeitspferd« der deutschen Nachtjäger. Mit dem Lichtenstein SN-2-Funkmeßgerät am Bug der Maschinen orteten die Besatzungen die anfliegenden feindlichen Bomber.

Gleichzeitig mit der Überquerung der Grenze durch die Bomber kam der erste der drei Täuschungsangriffe der Mosquitos auf Aachen, etwa 32 Kilometer nördlich des Bomberstroms. Sechs »Oboe«-Mosquito warfen rote Zielanzeiger und 250-Kilo-Bomben. Sie versuchten den Deutschen weiszumachen, Aachen sei das Hauptziel dieser Nacht. Die Bombenschächte einer Mosquito waren zugefroren; sie konnte ihre Ladung nicht abwerfen, aber die anderen erledigten ihren Auftrag und kehrten ohne Verluste zurück.

Die sorgfältig geführten Unterlagen der Stadt Aachen weisen aus, daß von den zwölf geworfenen Bomben vier nicht explodierten. Die anderen beschädigten eine Anzahl Häuser und rissen Straßenbahn-Oberleitungen herunter. 175 Personen wurden betroffen, aber nur ein Soldat und ein Zivilist verwundet. All dies war zweitrangig, soweit es die RAF betraf. Hauptziel des Angriffs war es, die deutschen Jäger zu veranlassen, in der Nähe von Aachen zu bleiben, während der Bomberstrom weiter landeinwärts zog. Der Trick schien jedoch nur teilweise Erfolg gehabt zu haben: Einige einmotorige Jäger wurden kurz darauf in dem Gebiet gesehen.

Der Weg der anderen deutschen Jäger, die auf das Funkfeuer Ida zuflogen, kreuzte jedoch die Anmarschstrecke des Bomberstroms. »Wir flogen von Laon und hatten über die ›laufende Reportage‹ erfahren, die Bomber seien noch etwa fünf Minuten entfernt. Ich hatte noch nicht einmal das SN-2-Gerät angestellt, als der Bordschütze mich in die Rippen stieß und sagte: ›Da oben ist der erste!‹ Als wir auf Ostkurs einkurvten, sahen wir den zweiten direkt 200 Meter über uns. Ich schaltete mein SN-2 ein, und sofort hatte ich drei Ziele drin. Ich führte an das nächste heran, das Drewes (der Flugzeugführer) aus 600 Meter sah. Das Wetter war bestens – Sternhimmel, Halbmond, keine Wolken, kein Dunst, nichts, einfach ideal, fast zu hell. Es war eine Lancaster, schön geradeaus fliegend, so daß wir uns ruhig darunter setzen konnten. Aus etwa 50 Meter schoß Drewes mit den Schrägkanonen in die linke Tragfläche, die auch sofort brannte. Wir folgten der Lancaster etwa fünf Minuten, bis sie mit einer gewaltigen Explosion unten aufschlug.« (Unteroffizier Erich Handke, IV./NJG 1)

Diese Lancaster von der australischen Squadron 467 war das erste Opfer der Jäger in dieser Nacht. Daß Oberleutnant Martin Drewes dem brennenden Bomber nachflog, ohne erneut zu schießen, gab Flight Lieutenant Bruce Simpson und seiner gesamten Besatzung die Möglichkeit, sicher auszusteigen. Simpson hatte, als er getroffen wurde, instinktiv in Richtung Heimat abgedreht, und der Bomber war tatsächlich noch über die Grenze geflogen. Er stürzte ab und explodierte nahe bei Spa in Belgien.

Die Luftgefechte, die sich zwischen der deutschen Grenze und dem Rhein entwickelten, scheinen von einer gewissen Verwirrung gekennzeichnet zu sein, als ob beide Seiten überrascht gewesen wären, schon so früh auf den Gegner zu treffen. Einige deutsche Jäger hatten noch ihre Positionslichter an, weil sie annahmen, sie seien erst auf dem Anflug zum Funkfeuer, aber zu ihrer Überraschung fanden sie sich inmitten eines Bomberstroms. Die Bomberbesatzungen waren schon lange Zeit nervös gewesen. Ihre Befürchtung, dazu verdammt zu sein, von Jägern in hellem Mondlicht gefaßt zu werden, wurde nun offensichtlich bestätigt.

Dies führte vermutlich auch zu dem Zwischenfall, den Sergeant Don Brinkhurst, Bordschütze im mittleren oberen Turm einer Lancaster der Squadron 101, beschreibt: »Eine Halifax flog direkt über uns, etwa hundert Meter hoch, und kreuzte von Steuerbord nach Backbord. Gerade als sie verschwand, sah ich einen langen Streifen Leuchtspur aus dieser Richtung auf uns zukommen. Die deutsche Leuchtspur war bläulich, aber diese hier war das Rot und Rosa, das wir hatten. Wir bekamen es voll in unsere Backbordseite, und brannten schon bald darauf. Zu diesem Zeitpunkt wechselten wir dauernd den Kurs, und ich denke, daß wir einem nervösen Bordschützen wie ein Jäger erscheinen mochten, der einen Angriff macht. Ich versuchte, den Skipper über das Bordsprechgerät zu erreichen, bekam aber keine Antwort. Ich stieg aus meinem Turm aus. Der Heckschütze war schon aus dem seinen herausgekrochen und saß auf dem Torfmullklosett, ohne es jedoch zu benutzen. Er ruhte nur aus. Ich zeigte ihm mit Gesten, er solle seinen Fallschirm anlegen, aber er nahm keine Notiz davon. Ich legte meinen an und schaffte es, die Tür zu erreichen. Ich zog mich hoch, denn wir gingen steil abwärts. Ich konnte spüren, wie der ABC-Funker sich an der Aufhängung meines Fallschirms festhielt, und war sicher, er würde mir auf dem Weg hinaus folgen.«

Dieser tragische Irrtum kostete das Leben von fünf Mann einer Besatzung, die auf dem vorletzten Feindflug ihrer Einsatzzeit war. Brinkhurst und zwei weitere Besatzungsmitglieder gelangten mit dem Fallschirm in Sicherheit, aber der wohl durch das MG-Feuer verwundete Sonderfunker wurde zwei Tage später tot gefunden; er hing an den Leinen seines Fallschirms in einem Baum. Die Identität der Halifax ist nicht bekannt.

Eine ähnlich eigenartige Begegnung spielte sich einige Kilometer weiter auf dem Flugweg ab. Eine Ju 88, eine der ersten, die fabrikmäßig mit »schräger Musik« ausgerüstet worden war, kam von Quakenbrück. »Knapp vor Aachen bekam ich auf eine Entfernung von fünf Kilometern einen SN-2-Kontakt. Ich erinnere mich noch deutlich, daß das Bild auf meinem Radar eine eigenartige, ungewöhnliche Form hatte. Bei Nachteinsätzen gab es oft verwirrende Situationen, und natürlich sprach ich mit der Besatzung über meinen ungewöhnlichen Kontakt und forderte sie auf, besonders wachsam zu sein. Wir arbeiteten uns buchstäblich Meter um Meter heran, aber wir sahen ihn nicht, bis wir in einem Fleck helleren Himmels flogen, wo sich zu unserer Überraschung das eigenartige Zielobjekt als zwei in enger Formation fliegende Flugzeuge entpuppte. Es waren Lancaster, und wir nahmen an, es seien Pfadfinder. Wir flogen vorsichtig unter die linke Maschine und schossen aus etwa achtzig Metern Entfernung. Schon der erste Feuerstoß saß, unser Gegner fing Feuer in der linken Tragfläche. Wir schoben uns nach rechts, und wenige Sekunden später saßen wir unter der zweiten Maschine. So eigenartig dies auch klingen mag: Sie flog weiterhin in der gleichen Richtung. Wir handelten schnell, und unsere schrägen Bordkanonen sprachen erneut.

Alles geschah wie zuvor. Nun sahen wir zwei feindliche Flugzeuge, die eng beieinander flogen und brannten, aber dennoch ihren alten Kurs hielten. Wir konnten die Besatzungen nicht aussteigen sehen, obgleich sie nach unserer Meinung genügend Zeit dazu gehabt hätten und unsere Feuerstöße nur die Tragflächen getroffen hatten. Es dauerte beträchtliche Zeit, ehe die beiden Flugzeuge mit schrecklichen Explosionen auf der Erde aufprallten. Einige Sekunden lang war es sogar in unserer Höhe taghell. Die Explosionen zeigten uns die Visitenkarten unserer Gegner. Farbige Kaskaden und Christbäume brannten noch einige Zeit auf der Erde, also waren es tatsächlich Pfadfinder gewesen! Es war besonders befriedigend, sie abgeschossen zu haben.« (Oberfeldwebel Walter Heidenreich, II./NJG 2)*

Was Heidenreich als »Christbäume« beschrieb, waren die Zielanzeiger von zwei Pfadfindern. Es waren die Lancaster der Squadron 156, die sich zuvor getroffen hatten und zusammen geflogen waren. Nichts kann deutlicher die tödliche Wirkung der unerwarteten »schrägen Musik« auf vollbeladene Flugzeuge zeigen, deren Besatzungen nicht rechtzeitig erkannten, wie schwer ihr Flugzeug getroffen war. Von den 15 Mann der beiden Besatzungen gab es nur einen einzigen Überlebenden. Sergeant Wooliscroft, der Bordfunker der Besatzung von Warrant Officer Murphy, war aus seinem Flugzeug hinausgeblasen worden und kam mit dem Fallschirm herunter.

Diese Vorhutgefechte auf dem sechzig Kilometer langen Abschnitt zwischen der deutschen Grenze und dem Rhein kostete die Briten zehn Lancaster und zwei Halifax. Mit Ausnahme der Lancaster, die von einer Halifax getroffen wurde, und einer zweiten, die nach Süden abkam und prompt von der Koblenzer Flak abgeschossen wurde, waren alle das Opfer deutscher Jäger geworden. Zwei weitere Bomber waren beschädigt. Der eine, ein Pfadfinder, flog weiter, der andere, der zwei Verwundete an Bord hatte, kehrte um. Der Kampf war jedoch nicht ganz einseitig gewesen. Die Bomber reklamierten die Zerstörung einer Me 109 (was von einigen anderen Besat-

* Quelle für diesen Bericht: »Jägerblatt«, Heft November/Dezember 1963. Dem Herausgeber wird für die Erlaubnis zum Abdruck gedankt. Oberleutnant Köberich, der Flugzeugführer der erfolgreichen Ju 88, fiel bei einem amerikanischen Bombenangriff auf seinen Heimatflugplatz weniger als eine Woche später, sein Bordschütze wurde verwundet. Heidenreich, der Bordfunker, war gerade in Osterurlaub gefahren.

zungen bestätigt wurde), die mögliche Vernichtung von zwei Ju 88 und die Beschädigung fünf weiterer Jäger.*

Prüft man die britischen Verluste in diesem Abschnitt, dann kann man ganz sicher sein, welcher Teil des Bomberstroms betroffen war. Die Spitze des Stroms mit den ersten Pfadfindern und Unterstützungsflugzeugen war durchgekommen und hatte den Rhein überflogen, ohne auf Abwehr zu treffen (die beiden abgeschossenen Pfadfinder hatten zur Nachhut gehört). Die Verluste betrafen hauptsächlich Besatzungen, die schon viele Einsätze hinter sich gebracht hatten. Solche Besatzungen flogen normalerweise tief im Bomberstrom, und es müssen die erste und zweite der fünf Wellen der Hauptflotte gewesen sein, die mit den deutschen Jägern zusammenprallten. Auf diesem Teilstück des Flugweges sollten die Maschinen der 1. Group befehlsgemäß zwischen 5000 und 6000 Meter hoch fliegen. Aber die Wolken, von denen man gehofft hatte, sie würden Schutz gewähren, waren nicht da, und die Einwände der Besatzungen gegen eine so niedrige Flughöhe waren gerechtfertigt gewesen. Fünf der zwölf abgeschossenen Flugzeuge hatten zu ihnen gehört.

712 Bomber aber flogen über den Rhein.

Die Planer in High Wycombe hatten die Bomberstraße durch die 32 Kilometer breite Lücke zwischen dem südlichsten Teil des großen Flak- und Scheinwerfer-Riegels vor dem Ruhrgebiet und dem kleineren verteidigten Gebiet um Koblenz herum gelegt. Das Bomberkommando hatte oft von dieser Lücke, »Kölner Loch« genannt, Gebrauch machen müssen, und die Deutschen hatten sie mit dem Funkfeuer Ida abgedeckt. Das Leuchtfeuer für die Einmot-Jäger stand auf dem Flugplatz Hangelar bei Bonn, das Funkfeuer war nur wenig entfernt, und beide lagen kaum 25 Kilometer von dem vorgesehenen Anmarschweg nach Nürnberg ab.

Nur fünf Minuten, bevor der erste Bomber durch die Lücke südlich von Ida fliegen sollte, war der zweite Ablenkungsangriff auf Köln, 25 Kilometer nördlich des Funkfeuers, an der Reihe. Acht der neun für diese Aufgabe be-

* Es ist angebracht, an dieser Stelle einige Bemerkungen über die Quellen für diese Informationen zu machen. Die Berichte der RAF-Squadrons führen alle Flugzeuge und Besatzungen auf und enthalten eine Zusammenfassung des Einsatzberichts jeder zurückgekehrten Besatzung. Nach dem Krieg legten Vermißtensuchtrupps der RAF über jede verlorengegangene Maschine eine Akte an. Die Akten über den Angriff auf Nürnberg stellte mir das Ministry of Defence zur Verfügung. Sie geben genaue Auskunft darüber, wo das Flugzeug abstürzte, welches Schicksal die Besatzung erlitt und oft auch, wie es abgeschossen wurde. Die Angaben über Verluste der RAF an Maschinen und Menschen sind daher zuverlässig.

Deutsche Berichte auf Einheitsebene gibt es nicht. Das einzige verläßliche Dokument auf deutscher Seite ist das Kriegstagebuch des I. Jagdkorps, das viel nützliches Material enthält, allerdings mehr über die Einsätze als über die einzelnen Besatzungen. (Ich bin der Historical Research Division der United States Air Force zu Dankbarkeit verpflichtet, daß sie den vollständigen Text des Tagebuchs beschafft hat.) Daher können britische Angaben über die Zerstörung oder Beschädigung deutscher Jäger nicht anhand deutscher Dokumente überprüft werden. Zivile deutsche Berichte sind gewöhnlich gewissenhaft, und Angaben über Verluste am Boden können als zuverlässig gelten.

stimmten Mosquitos schafften es genau zur vorgesehenen Zeit und warfen Zielanzeiger und »Wohnblockknacker« ab, um damit die Jäger nördlich von Ida nach Köln zu ziehen, während die Bomberflotte durch die Lücke im Süden schlüpfen konnte. Deutsche Unterlagen zeigen, daß die von »Oboe« markierte Bombardierung bemerkenswert genau war und viel Schaden auf dem Gelände des Bahnhofs neben dem berühmten Kölner Dom angerichtet wurde. Wenigstens zehn Züge wurden getroffen, Eisenbahnpersonal und Passagiere getötet, aber auch hier bemaß sich der Erfolg des Ablenkungsangriffs nicht nach der angerichteten Zerstörung.

Die Nachtjagdgruppen von zwei Divisionen hatten den Befehl bekommen, nach Ida zu fliegen. Einige von ihnen, vielleicht fünfzig Jäger, waren auf ihrem Weg zum Funkfeuer in den Bomberstrom hineingeraten und hatten mit ihren Luftsiegen begonnen. Es ist möglich, daß weitere neun Gruppen – etwa einhundert Jäger – das Wettrennen mit den Bombern gewonnen hatten und am Funkfeuer warteten, die meisten davon zweimotorige Jäger, denen die Taktik der »Zahmen Sau«, den Bomberstrom zu finden und in ihm zu kämpfen, geläufig war.

Die Deutschen umkreisten die Warteposition. Gewöhnlich hielten sie etwas Abstand vom Funkfeuer und zeigten aus Sicherheitsgründen Positionslichter, aber sie waren in Kontakt mit dem Radiosignal des Funkfeuers. Die Jäger befanden sich im Gebiet der 3. Jagddivision von Generalmajor Grabmann, die wegen der vielen Angriffe durch dieses Gebiet vielleicht die erfahrenste war. Der große unterirdische Gefechtsstand auf dem Flugplatz Deelen war der erste seiner Art. Es war die »laufende Reportage« dieser Division, der die Jäger bei Ida nun aufmerksam zuhörten. Gerade als die Markierungen und Bomben der Mosquitos weiter nördlich auf Köln heruntergingen, vernahmen sie zu ihrer Überraschung, daß der Hauptbomberstrom direkt auf sie zukam. Dies war ein ungewöhnliches Ereignis. Normalerweise mußten die Jäger über ganz Deutschland herumjagen, um die Bomber zu finden. Jetzt waren die Briten gefällig genug, direkt in ihre Arme zu fliegen. Die leichte Abweichung der Bomber nach Norden im nicht erkannten Wind hatte genügt, um sie nicht durch die Lücke, sondern nördlich davon und auf Kollisionskurs mit den Jägern zu bringen.

Die deutschen Jäger waren zum Kampf bereit.

Für die Bomberbesatzungen war es ein gewaltiger Schock, die deutschen Jäger in solcher Stärke so früh auf der Strecke zu finden; offensichtlich hatten sie genau an der richtigen Stelle gewartet. Bei manchen Leuten erwachte der schreckliche Verdacht, der Gegner habe irgendwie den Flugweg erfahren und einen Hinterhalt vorbereitet. Die Bomberbesatzungen hätten sich in keiner verzweifelteren Lage befinden können. Alle in dieser Nacht herrschenden Bedingungen sprachen zugunsten des Gegners. Die deutschen Jäger waren in großer Zahl versammelt, mit ungestörtem Radar und der vom Gegner nicht vermuteten »schrägen Musik«, mit Treibstoff für zwei Stunden Flugzeit in den Tanks und den besten Wetterbedingungen unter dem strahlenden Halbmond. Zu all dem kam nun noch eine weitere Gefahr. Eine ungewöhnliche und unvorhersehbare Laune des Wetters ließ Kondensstreifen, die normalerweise nicht unter 8000 Metern Höhe auftraten, hinter jedem Bomber erscheinen. Die schnurgeraden reinweißen Streifen mußten den Weg, den die Bomber nahmen, unübersehbar verraten.

Bis zu diesem Augenblick hatte fast jede Besatzung versucht, getreu dem geplanten Anmarschweg zu folgen, und Abweichungen waren ohne Absicht geschehen. Aber nun begann die strikte Disziplin zu wanken, und der Strom löste sich auf. Die ersten, die ihn verließen, waren die erfahrenen Leute, die sofort erkannten, daß jetzt der Bomberstrom nicht länger Sicherheit gewährte. Wing Commander Pat Daniels, ein Staffelkapitän der Pfadfinder, flog mit einer seiner neuen Besatzungen. »Wenn man Erfahrung besaß und bereits so viel Ärger erlebt hatte, dann zog man sein Flugzeug nach oben und nutzte jeden Zoll Himmel, den man finden konnte. Die Besatzung, mit der ich flog, sah so viele abstürzen, daß ich ihnen sagte, dies seien vielleicht die neuen ›Vogelscheuchen‹, von denen wir so viel gehört hatten. (Nach immer wiederkehrenden, aber nie bestätigten Gerüchten waren dies britische Flugzeuge, welche die Deutschen abgeschossen hatten und dann, wieder instandgesetzt, ihrerseits einsetzten.) Aber ich wußte, daß es nicht stimmte. Ich hatte nie so viele zuvor gesehen und ich hatte vor diesem immerhin schon 76 Einsätze mitgeflogen. Ich dachte, nun werde es etwas gefährlich, und es sei Zeit, daß ich mich aus dem Staube machte.«

Viele Flugzeugführer zogen ihr Flugzeug auf diese Weise hoch. Eine Besatzung der Squadron 76, die eine fabrikneue Halifax flog, war erleichtert, als sie entdeckte, daß ihre Maschine 8800 Meter hoch flog, weil sie dort oben in völliger Sicherheit war. Diese Besatzungen gewannen noch einen zusätzlichen Vorteil dadurch, daß ihre Kondensstreifen verschwanden, während sie stiegen.

»Wir zogen in der uns befohlenen Flughöhe, 6400 Meter, Kondensstreifen hinter uns her. Wir waren eine erfahrene Besatzung, und ich beschloß, Befehl Befehl sein zu lassen und so hoch wie möglich zu klettern. Wir kamen auf etwa 7400 Meter, das Höchste, was wir vollbeladen schaffen konnten. Von hier aus konnte ich eine Menge Kondensstreifen unter uns erkennen. Sie sahen aus wie eine Formation amerikanischer Tagbomber.

Ich beobachtete eine Lancaster, etwa 700 Meter unter uns, drei Kilometer an Steuerbord. Sie hatte einen schmutzigen breiten Kondensstreifen hinter sich. Fasziniert beobachtete ich, wie eine zweimotorige deutsche Maschine aufholte und sich direkt unter dem Kondensstreifen näherte. Der Deutsche setzte sich unter die Lancaster und schoß mit einer nach oben gerichteten Kanone genau in ihren Rumpf. Der Bomber machte überhaupt keine Ausweichbewegung. Es gab eine Explosion, und die Maschine zerbrach in zwei Hälften. Mir drehte sich der Magen um, und wir versuchten, noch höher zu kommen. Jetzt fühlte ich mich richtig verschaukelt von denen, die uns in eine Nacht wie diese hinausgeschickt hatten.« (Flight Lieutenant D. F. Gillam, Squadron 100)

Zweifelsohne entledigten sich nun mehrere Besatzungen teilweise ihrer Bombenladungen, um Höhe zu gewinnen. Eine Halifax, die sich niedriger als die anderen vorwärts mühte, drehte um und flog heim. Ein Pfadfinder-Pilot jedoch, der seine Lancaster nicht höher als 4500 Meter bekommen konnte, flog in bester Pfadfinder-Manier in dieser Höhe weiter. Viele Opfer der Schlacht über ihnen sausten an ihnen vorbei in die Tiefe »wie eine brennende Hölle, einige zu nahe für unseren Geschmack«, erinnert sich der Heckschütze. Sie selber wurden jedoch nicht angegriffen und warfen ihre Markierungen zum befohlenen Zeitpunkt.

Andere Besatzungen suchten dadurch Sicherheit, daß sie von einer Seite des Bomberstroms zur anderen flogen.

»In zwei Einsatzzeiten war dies der einzige Flug bei Mondlicht, von Minenaufträgen abgesehen. Wir flogen südlich von Köln durch und wurden dort von deutschen Jägern, ich würde sagen von Hunderten, empfangen. Es war ein fantastisches Bild im klaren Mondlicht, wie die Flugzeuge in Flammen abstürzten und überall explodierten. Wir wichen nach Norden aus und gerieten ins Flakfeuer, Köln vor Augen. Dort war es viel gesünder.« (Squadron Leader G. D. Graham, Squadron 550)

Die Besatzungen, die absichtlich den Bomberstrom verließen, waren klug beraten. Es gab nichts, was unter diesen Umständen ein Bomber für den anderen tun konnte. Der Strom selbst war zur Todesfalle geworden, in der die Deutschen reiche Ernte hielten. Im Strom blieben nur die gewissenhaften Besatzungen, die bereit waren, Befehle jederzeit auszuführen, und natürlich die neuen Leute ohne jede Erfahrung oder Initiative, die ihnen geholfen hätte, anders zu reagieren. Unerschrocken flogen sie weiter, taten ihr Bestes, um auf der vorschriftsmäßigen Bahn zu bleiben und verströmten verräterische Kondensstreifen hinter sich.

Diese Luftschlacht war ein perfektes Beispiel für die Kampfweise der Verfolgungsnachtjagd, genannt »Zahme Sau«. Die Wahl des Funkfeuers Ida als Sammelpunkt hatte eine beträchtliche Zahl deutscher Nachtjäger in den Bomberstrom geführt. Einige gehörten besonderen Aufklärungseinheiten an, deren Aufgabe darin bestand, den Vormarsch des Bomberstroms an den Divisionsgefechtsstand zu melden. Bordschützen der Bomber mußten oft tatenlos zusehen, wie diese Flugzeuge mit ihnen in der Formation flogen, aber sich gerade außerhalb der Reichweite der Bordwaffen hielten, während sie den Kurs der Bomber, die Geschwindigkeit und die Höhe registrierten.

Eine Gruppe Ju 88 war für Nachtluftschlachten zu besonderen »Beleuchtern« ausgebildet worden. Ihre Maschinen flogen hoch über dem Bomberstrom, und jedesmal, wenn sie ein Zeichen für die Anwesenheit der Bomber entdeckten, warfen sie ein Bündel Leuchtbomben an Fallschirmen ab. In dieser Nacht waren die Bedingungen für diese »Jäger-Leuchtbomben« geradezu ideal. Die »Beleuchter« brauchten nur über den britischen Kondensstreifen zu fliegen, und ihre aus großer Entfernung sichtbaren Leuchtbomben wiesen vielen weiteren Jägern den Weg.

Die britischen Bombenflieger haßten diese hellroten Leuchtbomben, die sie so oft zuvor gesehen hatten. Ihre Wirkung in dieser Nacht wird »wie das Bild einer sechs- oder achtspurigen Autobahn« geschildert oder »als ob man eine sehr lange Rollbahn entlangflog, mit einer Reihe Leuchtkörper auf jeder Seite; sie schienen Minuten und Aberminuten zu brennen«. Ein anderer Mann hatte »den Eindruck, auf einer hellerleuchteten Hauptstraße zu sein und aus dunklen Seitenstraßen heraus beschossen zu werden«.

Waren sie erst einmal im Strom, dann benutzten die Jäger der »Zahmen Sau« ihr SN-2-Radar, um einen Bomber herauszugreifen, und dann ihre Augen für den Sichtkontakt. Die ungestörte Funktion ihrer Radargeräte und die ungewöhnlichen Sichtbedingungen der mondhellen Nacht machten es besonders jenen erfahrenen Deutschen leicht, welche die »schräge Musik« besaßen. Nur wenige fanden keine Ziele. Die folgenden Berichte sind typisch für diese Art des Angriffs, wie er sowohl vom Sieger als auch von seinem Opfer gesehen wurde.

Die »laufende Reportage« hatte eine Me 110 von Parchim, 350 Kilometer im Norden, fast an der Ostseeküste, in den Bomberstrom gebracht: »Normalerweise war unser größtes Problem, den Bomberstrom zu finden, aber in dieser Nacht hatten wir keine Schwierigkeiten. Ich fand den Gegner in einer Höhe von 6000 Metern. Ich sichtete eine Lancaster, setzte mich unter sie und eröffnete das Feuer mit meiner Schrägbewaffnung. Unglücklicherweise hatte sie Ladehemmung, so daß nur einige wenige Schuß den inneren Steuerbordmotor außer Aktion setzten. Der Bomber tauchte scharf weg und drehte nach Norden, aber wegen der guten Sicht konnten wir ihn im Auge behalten. Ich versuchte einen zweiten Angriff, nachdem er wieder auf Kurs gegangen war, aber weil die Lancaster nun sehr langsam war, kamen wir immer wieder zu weit vor ihr heraus. Ich versuchte es erneut mit der ›schrägen Musik‹, und nach einem weiteren Feuerstoß ging der Bomber in Flammen auf. Unser Flugzeug bockte, aber 2000 Meter tiefer bekam ich es wieder in meine Gewalt. Der Aufschlag zeigte, daß wir einen ›Zeremonienmeister‹ erwischt hatten, denn das anschließende Feuerwerk auf der

Erde brannte in roten, grünen und weißen Farben. Ich hatte noch nie so etwas gesehen.« (Oberleutnant Helmut Schulte, II./NJG 5)

Es war nicht ungewöhnlich, daß die Deutschen ein abgeschossenes Flugzeug, das eine große Leuchtkörperladung an Bord gehabt hatte, als »Zeremonienmeister« bezeichneten. In Wirklichkeit war Schultes Opfer ein Blindmarkierungsflugzeug der Squadron 635. Es gab keine Überlebenden, als die Maschine bei Erksdorf, westlich Marburg, aufschlug. Schulte schoß noch weitere drei Bomber ab, und nach der Landung stellte er fest, daß die beiden »Schräge Musik«-Kanonen nur 56 Schuß verbraucht hatten.

Auch Leutnant Wilhelm Seuss hatte den Bomberstrom gefunden, als er von Erfurt im Osten eingeflogen war. Er erledigte kurz nacheinander zwei Lancaster von unten, hatte aber Schwierigkeiten mit einer dritten. Er schoß einmal, und der Bomber drehte sofort einen wilden »Korkenzieher«. Er mußte drei Minuten warten, bis sein Funker ein neues Magazin in die »schräge Musik« eingesetzt hatte. Während dieser Zeit flog Seuss unter der Lancaster und folgte geschickt jeder Bewegung seines Gegners, um nicht gesehen zu werden. Als die Kanonen wieder geladen waren, feuerte er erneut, aber statt zwischen die Triebwerke einer Tragfläche zu treffen, wie dies seine übliche Methode war, bewirkte die Drehbewegung des Bombers, daß sich Seuss' Geschosse auf beide Tragflächen und den Rumpf verteilten. Die Tragflächen gingen in Flammen auf, und auch die Brandbomben im Bombenschacht fingen Feuer. Der kanadische Pilot, Flight Sergeant Clyde Harnish, machte einen letzten verzweifelten Versuch, das Feuer zu löschen, indem er die Maschine 2300 Meter stürzen ließ, aber es war zu spät. Harnish kam um, aber vier Mann einschließlich des Bordmechanikers, dessen Beschreibung des Kampfes sich mit der von Leutnant Seuss in jeder Einzelheit deckt, überlebten. Zu keinem Zeitpunkt hatte die Besatzung der Lancaster die Messerschmitt gesehen.

Acht Minuten später traf Seuss auf seine vierte Lancaster, aber wieder schoß er aus Versehen in den Bombenschacht. Nur durch schlagartiges Abkippen entging Seuss der heftigen Explosion des Bombers in der Luft. Der Bordfunker meldete einen fünften Radarkontakt, aber Seuss war von seinen vier erfolgreichen Luftkämpfen völlig erschöpft, besonders von dem haaresbreiten Entkommen beim Abschuß der letzten Maschine. Er konnte nicht mehr und flog heim nach Erfurt, obwohl er noch Treibstoff und Munition hatte.

Die Squadron 76 aus Holme-on-Spalding-Moor in Yorkshire flog Halifax. Drei von den 14 Bombern, die auf diesen Einsatz geschickt wurden, wurden abgeschossen, alle durch »schräge Musik«. Der erste Abschuß geschah nahe bei dem Funkfeuer Ida. Der Pilot, Flight Lieutenant Henry Coverley, überlebte und konnte das Ende seines Flugzeugs beschreiben: »Ich summte ›Paper Doll‹ vor mich hin, als der Ärger anfing: Feuer aus Bordwaffen vor uns und auf unserer Steuerbordseite. Eine Menge Flugzeuge ging nach unten. Ich dachte, dies müßten die ›Vogelscheuchen‹ sein, die die Deutschen angeblich verwendeten. Der erste Angriff kam ganz plötzlich. Ich glaube, einer der Bordschützen hat das feindliche Flugzeug als eine Ju 88 identifiziert. Aber die Bordschützen verjagten ihn, obgleich er eines unserer Steuerbordtriebwerke zuschanden gemacht und auch noch ein Feuer irgendwo mittschiffs verursacht hatte.

Das nächste, woran ich mich entsinne, waren Geschosse, die durch das Flugzeug schlugen und die Steuerbord-Tragfläche in Brand setzten. Der Heckschütze schrie, er sei getroffen – ich nehme an, er meinte seinen Turm. Die Maschine weigerte sich, auf Höhen- und Seitenruder zu reagieren. Der Jäger, eine Me 110, hatte direkt unter uns eine solche Position eingenommen, daß unser oberer Bordschütze ihn nicht beschießen konnte, und dort blieb er auch und jagte aus kurzer Entfernung Geschosse in uns hinein. Es gab nichts mehr, was ich tun konnte. Ich gab den Befehl zum Aussteigen, während die Maschine trotz meiner Anstrengungen auf ihrem eigenen Weg bestand und mit dem Bug hochging... Meine eigene Maschine war nicht einsatzbereit gewesen, deshalb flog ich eine andere, die sonst vom Staffelkapitän geflogen wurde. Sie war als ›Königsbarke‹ bekannt, und der Chef muß etwas sauer gewesen sein, als ich sie nicht mehr bei ihm ablieferte...«

Coverleys unterkühlter Bericht dieses schrecklichen Erlebnisses sagt nichts darüber aus, daß er noch einige Zeit am Steuer seiner brennenden Halifax geblieben war, während seine gesamte Besatzung ausstieg. Unglücklicherweise fing der Fallschirm des Bordmechanikers Feuer, vielleicht als er die brennende Halifax verließ, und er stürzte zu Tode. Seine Leiche wurde bei Birkenbeul in der Nähe von Altenkirchen aufgefunden.

Fünfzig Kilometer weiter östlich wurde das Flugzeug von Squadron Leader Kenneth Clark angegriffen. Hier die Beschreibung des Angriffs durch den Bordschützen von mitten oben, Flight Sergeant Guy Edwards: »Wir wurden genau von unten angegriffen. Offensichtlich waren wir zum erstenmal auf eine Art Flugzeug getroffen, das mit höchster Genauigkeit senkrecht nach oben schießen konnte. Ich sah von meiner Position oben auf dem Rumpf, wie die Leuchtspurgeschosse senkrecht durch alle vier Triebwerke und die Tragflächen durchgingen. Ich kann mich an die spürbare Hitze erinnern, als das brennende Benzin aus den Triebwerken an meinem Turm vorbeifloß. Die Maschine behielt einige Sekunden lang ihre Flugposition bei, während alle vier Triebwerke hellauf brannten und vier Flammen von brennendem Benzin bis zurück zum Leitwerk loderten. Der Skipper befahl uns, auszusteigen. Als ich den Fallschirm in die Aufhängung einklinkte, stand das Flugzeug kopf und begann fast senkrecht abzuschmieren. Von den ersten Geschossen, die das Flugzeug trafen, bis zu dem Augenblick, als es kopfüber nach unten ging, waren wohl nicht mehr als zehn Sekunden vergangen.«

Einige wenige Augenblicke später explodierte die Maschine, und Edwards wurde, mit den Schultern voran, durch die metallene Seite des Flugzeugs geschleudert. Er war der einzige Überlebende. Unter der Besatzung hatte sich ein kanadischer zweiter Pilot befunden, der erst zwei Tage zuvor zur 76. gekommen war.

Die dritte Halifax dieser Squadron, die verlorenging, wurde von Flying Officer Gordon Greenacre geführt, den seine Freunde als einen »zähen und tapferen Flieger« beschreiben. Greenacres Halifax hatte zuvor einen Angriff durch ein Paar einmotoriger Jäger überstanden, ohne getroffen worden zu sein, aber dann erhielt sie ohne Warnung von unten Treffer in die Backbordtragfläche. Ein Feuer brach aus, das sich rasch zum Rumpf hin ausdehnte. »Um Gottes willen, steigt aus«, befahl der Flugzeugführer, aber nur der Bordfunker schaffte es, bevor die Halifax absackte und explodierte. Der Bordmechaniker überlebte ebenfalls. Der »zähe und tapfere« Greenacre und die anderen Mitglieder der Crew fielen.

Der Abschuß dieser drei Besatzungen der Squadron 76 wurde so ausführlich geschildert, um zu zeigen, daß es keinen Schutz gegen die unerwartete »schräge Musik« von unten gab. Coverley, Clark und Greenacre brachten es zusammen auf 105 erfolgreiche Einsätze, ehe sie nach Nürnberg aufbrachen.

Die Nachtjäger, die nicht den Vorteil der nach oben schießenden Kanonen hatten, mußten ihre Angriffe nach der älteren, herkömmlichen Methode »von unten hinten« durchführen. Diesen Kämpfen fehlte gewöhnlich der kurze Schlag des Henkers der »schrägen Musik«, und die Chancen waren für den Angreifer etwas weniger gut. Manchmal konnte sich der Nachtjäger ungesehen heranschleichen, und ein guter Feuerstoß, besonders wenn er den Heckschützen traf, konnte die Sache entscheiden. Falls der Jäger entdeckt wurde oder es nicht schaffte, bereits mit dem ersten Feuerstoß entscheidend zu treffen, konnte sich ein langes Duell zwischen dem Bomberpiloten, der verzweifelte Ausweichbewegungen flog, und dem Jäger entwickeln, der seinerseits versuchte, wieder in Schußposition zu kommen. Streifen roter und grüner Leuchtspurmunition kreuzten sich, während der deutsche Flugzeugführer und der britische Bordschütze versuchten, den entscheidenden Feuerstoß anzubringen. War der Deutsche noch neu in der Nachtjagd, dann folgte er schwerfällig eine Zeitlang, ehe er seine Beute verlor oder vom Abwehrfeuer getroffen wurde. Der erfahrene Deutsche aber brach oft den Kampf ab und suchte nach einem weniger wachsamen Opfer.

Einer dieser Angriffe von hinten wird von dem deutschen Flugzeugführer Oberleutnant Fritz Lau geschildert, dessen vier Me 110 von der

II./NJG 1 die Bombardierung von Saint-Dizier überstanden hatten und seither von Flughafen zu Flughafen geflogen waren.

»Wider Erwarten wurden wir zum Einsatz befohlen. Ich lief mit meiner Besatzung zu unserem Flugzeug, aber wir entdeckten, daß man vergessen hatte, es aufzutanken. Während meine Kameraden starteten, suchte ich nach dem Tankwagen. Es war so spät, daß ich mich fragte, ob es sich überhaupt noch zu starten lohnte. Aber dann beschloß ich, die Bomber wenigstens beim Rückflug zu schnappen.

Nach einer halben Stunde sah ich, wie die ersten Flugzeuge abgeschossen wurden. Wenn wir brannten, brannten wir strahlend weiß. Wenn unsere Gegner brannten, war das dunkelrot. Ich erinnere mich, daß ich in dieser Nacht nur zwei weiße Feuer, aber viele rote sah. Der Bordfunker meldete einen Kontakt. Ich flog darauf zu und erkannte einen viermotorigen Bomber. Er flog einen defensiven, schlangengleichen Kurs, den wir Webeflug nannten. Ich versuchte mich in Angriffsposition zu setzen, aber wenn ich dachte, ich hätte ihn im Visier, war er wieder verschwunden, und so ging es einige Minuten lang hin und her. Meine Absicht war, bis auf fünfzig Meter heranzukommen und dann zu schießen. Langsam hatte ich jedoch den Eindruck, er werde mir entkommen, wenn nicht rasch etwas geschähe. Ich entschloß mich, bei der nächsten Gelegenheit anzugreifen, auch wenn sie nicht ganz geeignet wäre. Dieser Augenblick kam, als der Bomber, der etwas höher flog als wir, in einer sanften Rechtskurve lag. Die Entfernung war 100 bis 150 Meter. Ich hob die Nase, zielte und schoß. Binnen Sekunden brach der Bomber in Flammen aus, neigte sich nach links und verlor schnell an Höhe. Ich flog über ihn, und wir konnten sehen, wie ein Mann mit dem Fallschirm heraussprang. Der Bomber zerbrach in zwei brennende Teile, die bald auf die Erde aufschlugen.«

Laus Bordfunker markierte eine Peilung vom Funkfeuer Ida zum Ort des Absturzes der Halifax. Auf einer Karte führt diese Linie genau zu der Stelle, an der ein Flugzeug der Squadron 158 herunterkam. Es war von einer hauptsächlich australischen Besatzung auf ihrem ersten Einsatz geflogen worden. Wie Lau sagt, entkam nur ein Mann mit dem Fallschirm. Es war Flying Officer Shanahan, der Bombenschütze.

Die meisten Luftsiege dieser Nacht erzielte nicht die Besatzung eines Jägers mit »schräger Musik«, sondern ein Nachtjäger, der die konventionelle, nach vorn schießende Bewaffnung verwendete. Oberleutnant Martin Bekker von der I./NJG 6 hatte seit dem Jahr 1941 Nachtjäger geflogen. Er war ein außerordentlich begabter Flugzeugführer, dem oft noch dann der Start gegen Bomber freigegeben wurde, wenn die Wetterbedingungen so schlecht waren, daß die anderen Jäger am Boden blieben. Nur acht Tage zuvor, beim Angriff auf Frankfurt, hatte er allein sechs von den 36 Bombern abgeschossen, die das Bomberkommando verloren hatte.

Gegen die Angreifer auf Nürnberg war Becker in seiner Me 110 vom Flugplatz Finthen bei Mainz gestartet und war zum Funkfeuer Ida befohlen worden. Ehe er es jedoch erreichte, geriet er in den Bomberstrom und begann sofort anzugreifen. Beckers Technik bestand darin, sich weit zur Seite hin abzusetzen, sobald er einen Bomber voraus in Sicht hatte, sich dann seinem Ziel zu nähern, wobei er sich immer noch querab von seinem Opfer hielt in der Hoffnung, der Heckschütze werde ihn nicht entdecken. Dann, im letzten Augenblick, glitt Becker hinüber in die »von unten hinten«-Position und versuchte, den Bomber mit einem einzigen genauen Feuerstoß zu erledigen.

Beckers erstes Opfer war eine Halifax von der Squadron 432, und der Angriff erfolgte wahrscheinlich in seiner üblichen Art. Der Bordschütze des Bombers oben mitten war der erste, der einen Jäger von hinten meldete. Sofort gab der Heckschütze über Bordsprechfunk bekannt, er habe ihn schon einige Zeit beobachtet, vermutlich ehe Becker in seine endgültige Angriffsstellung ging. Die hinausgezögerte Meldung des Jägers war tödlich für die kanadische Besatzung. Ein Hagel von Geschossen traf die Halifax, ehe die Bordschützen das Feuer erwidern oder der Pilot eine Ausweichbewegung fliegen konnte. Nur drei Mann im Bug des Bombers – der Navigator, der Funker und der Bombenschütze – überlebten.

In der halben Stunde zwischen 00.20 Uhr und 00.50 Uhr fand Becker zwischen dem Rhein und dem Ende der »langen Strecke« drei Halifax und drei Lancaster und griff sie an. Er behauptete, alle sechs abgeschossen zu haben, und die Organisation der Luftwaffe, welche die Wracks der Bomber mit den Abschußansprüchen der Nachtjäger verglich, sprach ihm alle sechs zu.

Nachdem sich kein Luftangriff auf Aachen, Köln oder das Ruhrgebiet entwickelt hatte, folgten viele der einmotorigen »Wilde Sau«-Jäger den Bombern und versuchten, sich an der Schlacht zu beteiligen. Normalerweise waren sie ohne Bord-Radar nutzlos über offenem Land, wo der Bomberstrom angegriffen wurde, aber die ausgezeichnete Sicht ermutigte sie, diesmal daran teilzunehmen. Es gibt viele Berichte von Bombern, die von diesen Focke-Wulf 190 und Me 109 angegriffen wurden. Ein erfahrener Pfadfinder berichtet, dies sei »einer der beiden einzigen Fälle gewesen, wo ich einmotorige Jäger bei Nacht sah, und das einzige Mal, wo sie zum Angriff hereinkurvten, so, als wäre es heller Tag.« (Flight Lieutenant C. B. Owen, Squadron 97) In mehreren dieser Berichte wird behauptet, die Jäger hätten in Rotten gejagt.

Trotz ihrer Anstrengungen erreichten die Flugzeugführer der »Wilden Sau« jedoch nicht viel. Ihre Ausbildung und ihre Ausrüstung entsprach einfach nicht der anspruchsvollen Aufgabe einer erfolgreichen Nachtjagd weit weg vom Angriffsziel, selbst bei Mondlicht. Die meisten dieser Angriffe bestanden in einem schnellen Anflug auf einen Bomber. Danach sahen Bomber und Jäger sich nicht wieder. Es gibt nur zwei bestätigte Berichte, nach denen Bomber auf dem Anflugweg Opfer einmotoriger Jäger geworden sind. Im gleichen Zeitraum wurden nach Angaben britischer Bomber vier Jäger zerstört.

Manche Bomber erlitten natürlich schwere Schäden, aber entweder wegen der Geschicklichkeit des Piloten und der Bordschützen, der Ungeschicklichkeit oder mangelnden Durchschlagskraft des Nachtjägers oder einfach nur aus Glück entkamen sie einem weiteren Angriff, der sie erledigt hätte. Die Bomber selbst konnten ziemlich viele Beschädigungen aushalten. Es war immer das Feuer, das die schweren Bomben- und Treibstoffladungen erreichte und beim Anflug die meisten Abstürze verursachte. Falls kein Feuer ausbrach oder wenn es rasch gelöscht werden konnte, hatte der Bomber eine gute Chance, in Sicherheit zu gelangen. Ebenso, wenn der Pilot nicht schwer verletzt war und es schaffte, den Jägern auszuweichen. Die Bomben wurden sofort abgeworfen, denn jetzt war man über Deutschland, und Rücksicht war nun nicht mehr nötig. Der Bomber scherte dann aus dem Strom aus und nahm Kurs in Richtung Heimat.

Einige Bomber wurden immer wieder angegriffen und überlebten trotzdem. Die Lancaster von Pilot Officer D. Paul, Squadron 61, stieß nahe beim Funkfeuer Ida auf deutsche Jäger. Der Navigator, Flight Sergeant R. A. F. Griffin, kam aus seinem Verschlag, »schaute hinaus und sah zwei deutsche einmotorige Jäger, die Tragfläche an Tragfläche etwa dreißig Meter über uns flogen. Sie zischten über unsere Köpfe und verschwanden. Dann wurden wir angegriffen. Ich sah, wie diese Maschine über uns wegzog. Es war eine Ju 88. Ich erinnere mich genau, daß ich einen Strom von Leuchtspur, vermutlich von unserem Turm mitten oben, ohne sichtbare Wirkung direkt in ihren Rumpf schlagen sah. Wir hörten, sie habe eine Panzerung und unsere Geschosse könnten sie nicht beschädigen.«

Die Lancaster wehrte sich in den nächsten 15 Minuten gegen zwei weitere Angriffe durch Ausweichen und gute Arbeit der Bordschützen, aber dann befand sie sich mit zwei stillstehenden Triebwerken nur noch in 3000 Metern Höhe. Der Pilot beschloß, die Bomben abzuwerfen und heimzufliegen. Die Bordschützen behaupteten, sie hätten zwei deutsche Jäger sicher und einen wahrscheinlich beschädigt.

Mehrere Piloten blieben im Strom, nachdem sie ihre Bomben im Notwurf losgeworden waren. Sie glaubten, in der Gesellschaft anderer läge mehr Sicherheit als im Versuch, allein nach England zu fliegen. Damit hatten sie vermutlich unrecht. Die Deutschen hatten ihr ganzes Aufgebot auf den Bomberstrom angesetzt. Einzelne Flugzeuge auf eigenem Kurs waren daher ziemlich sicher vor weiteren Angriffen.

Sergeant R. C. Corker, Bordmechaniker einer Halifax der Squadron 578, beschreibt einen anderen Angriff: »Es schien klar, daß wir viel zu tun haben würden; deshalb beschloß ich zu mogeln und mein Logbuch gleich für die nächsten dreißig Minuten zu schreiben. Ich bückte mich und schrieb auf der Bodenplatte, als wir ohne jede Warnung von unten angegriffen wurden. Es gab einen mächtigen Knall, als ein Geschoß im inneren Steuerbord-Motor explodierte. Vier oder fünf Splitter bekam ich in den Hintern. Ich schrie, und der Skipper reagierte auf lobenswerte Weise und drehte einen Korkenzieher. Der Jäger zog an unserer Nase vorbei und griff eine andere Halifax an, die halblinks über uns flog. Sie explodierte. Der Jäger hatte zwei Angriffe innerhalb von zwanzig Sekunden geflogen.«

Die Besatzung kümmerte sich um das brennende Triebwerk und um eine schwelende Ladung Brandbomben, und der Bordfunker versuchte, Corkers Wunde zu verbinden. »Er sagte: Laß die Hose runter, aber ich weigerte mich, weil es zu kalt war. Ich spürte etwas meine Beine hinunterlaufen und meine Füße in den Fliegerstiefeln glucksen. Ich hatte die Vorstellung, ich würde verbluten, nahm eine Taschenlampe und sah in meine Stiefel. Aber es war nur Bremsflüssigkeit. Ich konnte weitermachen, und wir kamen gut heim.«

Sergeant Patfield sind wir zuletzt in seiner Bugkanzel als Bombenschütze begegnet, während Landkarten, Packpapier, Bindfaden und bündelweise »Window« um ihn herumlagen. Sein Flugzeug flog unbehelligt durch die Luftschlacht, bis es in der Nähe des Funkfeuers Otto über dem Taunus gleichzeitig von nicht weniger als drei Jägern, zwei Ju 88 und einer Me 110, angegriffen wurde. Patfield berichtet: »Wir hörten die Bordschützen wie verrückt schießen und einen Schrei vom Heckschützen: ›Aufpassen! Drei Stück kommen auf uns zu!‹ Gleichzeitig gab es eine schreckliche Explosion und überall flogen die Sachen herum. Es stank ekelhaft nach Rauch und Kordit. Ich wurde fast auf den Rücken geworfen, denn die Mühle kippte in einen verrückten Winkel ab und ging steil nach unten. Mein erster Eindruck war: Flammen rings um mich herum, und mein Gesicht feucht und klebrig, von Blut! Aber ich spürte keine Schmerzen und schien noch ganz zu sein. Die klebrige Schweinerei entpuppte sich als Hydrauliköl vom Maschinengewehrturm gerade über mir. Ein beträchtlicher Teil des Turms war verschwunden, und die zerfetzten Leitungen gossen ihren Inhalt über mich aus.«

Patfields Schilderungen allein würden ein kleines Buch füllen. Ein Triebwerk war getroffen, im Cockpit und im Bug brannte es. Die Glaskuppel und das Fenster des Piloten waren zerschlagen, die Hauptluke verschwunden. Vier Mann – der Navigator, Bordingenieur, der Funker und ein Bordschütze – waren verwundet, die ersten drei schwer. Also erst einmal die Verwundeten versorgen, und dann beschäftigte sich Patfield mit der Navigation. Auf dem Kartentisch herrschte heilloses Durcheinander, zerfetzte Karten und ziemlich viel Blut, aber kein Winkelmesser oder andere Navigationsgeräte waren zu finden. »Dies hatte überhaupt nichts mehr mit den Navigationsübungen während der Ausbildung zu tun; aber die Besatzung hoffte, ich würde sie heimbringen!« Bombenschütze Patfield arbeitete einen ungefähren Kurs für den Piloten aus, aber dann fiel es ihm schwer, sich zu konzentrieren. Er rutschte vom Sitz und verbrachte den Rest des Fluges unter dem Navigationstisch. Durch den Angriff war auch noch seine Sauerstoffmaske beschädigt worden.

Und so kam diese Lancaster heim, mit zwei Verwundeten unter Morphium, mit zwei weiteren Verwundeten, die auf ihren Posten blieben, einem durch Sauerstoffmangel ausgefallenen Mann, und lediglich Flugzeugführer und Heckschütze noch im Vollbesitz ihrer Kräfte. Es war erst sein dritter Einsatz, aber der hinter zerschlagenen Scheiben im pfeifenden, eisigen Wind sitzende Flugzeugführer, Pilot Officer D. C. Freeman, schaffte es, England zu erreichen und die Maschine mit einer Bruchlandung in Foulsham hinzuschmeißen.

Zwei Besatzungsmitglieder wurden für ihre Haltung in dieser Nacht ausgezeichnet. Pilot Officer Freeman erhielt das Distinguished Flying Cross und der Bordfunker, Sergeant L. Chapman, die selten verliehene Medaille für hervorragende Tapferkeit, weil er, obwohl schwer verwundet, auf seinem Platz ausgehalten hatte. Die Besatzung flog nicht mehr zusammen. Freeman, Chapman und die beiden Bordschützen fielen bei späteren Angriffen.

Zwei Flugzeuge kehrten mit unvollständigen Besatzungen heim. Wenn ein Bomber in Brand geschossen wird und vielleicht nur noch zehn Sekunden durchhält, ist es verständlich, daß einige Männer erst einmal springen und erst hinterher überlegen. Tatsächlich verdanken viele Überlebende abgestürzter Flugzeuge ihr Leben solch schneller Reaktion. In Fällen jedoch, in denen der beschädigte Bomber flugfähig blieb und nach England zurückkehrte, konnten solche voreiligen Fallschirmeskapaden ziemlich peinlich für die Betreffenden werden.

Eine Lancaster der Squadron 166, mit einer Besatzung aus drei Kanadiern, drei Engländern und einem Nordiren, wurde von einer Me 110 angegriffen, die so nahe kam, daß der Heckschütze »nicht die gesamte Spannweite auf einmal sehen konnte«. Es gab gleichzeitig zwei kurze Feuerstöße, einen des Deutschen, der die Lancaster in Brand setzte, und das Abwehrfeuer des Heckschützen, das die Messerschmitt explodieren ließ. Der Kampf hatte vielleicht drei Sekunden gedauert.

Der Bomber war schwer beschädigt und brannte stark, besonders im Heck. Deshalb befahl der kanadische Pilot der Besatzung auszusteigen. Zuerst aber versuchte er, das Feuer auszublasen, und setzte zu einem steilen Abschwung an. Sergeant Ben Wilkinson sagt: »Ich stieg aus meinem mittleren oberen Turm heraus, zog meinen Fallschirm an und ging zur hinteren Luke. Wir brannten bis zum Heckturm. Ich traf auch den Heckschützen, der sein Bordsprechgerät dort eingestöpselt hatte. Er gab mir mit dem Daumen nach unten ein Zeichen, was ich als Signal zum Aussteigen betrachtete. Der Mittlere-Obere sollte normalerweise zuerst aussteigen, deshalb sprang ich.«

Tatsächlich hatte der Flugzeugführer inzwischen beschlossen, mit dem Ausstieg zu warten und die Lancaster zu retten. Der Heckschütze, Sergeant »Paddy« Manuel, löschte das Feuer, wobei er sich schwere Brandwunden im Gesicht zuzog, und nahm dann den Platz des ausgestiegenen Bordschützen ein, bis er zusammenbrach. Nach weiteren Zwischenfällen landete die Lancaster sicher in Kirmington.

Der Bordschütze, der mit dem Fallschirm abgesprungen war, wurde gefangengenommen. Weil er keinen Kameraden aus seiner Besatzung traf, nahm er an, sein Flugzeug sei explodiert, und alle seien ums Leben gekommen.

Haarscharf der Vernichtung entging eine Halifax der Squadron 578; und sie hatte auch den abenteuerlichsten Rückflug. Von ihrem Flugzeugführer, Pilot Officer Cyril Barton, wird noch zu berichten sein. Er war nur 22 Jahre alt und hatte ein Kindergesicht, war aber mit seiner Besatzung bereits 17 Einsätze, darunter fünf nach Berlin, geflogen. Barton war ganz untypisch für den durchschnittlichen Bomberpiloten, ein ruhig lebender, sehr gläubiger Christ, der seine Besatzung zum Kirchgang in die Ortskirche von Burn bei Selby anhielt. Er gab zu, seinen ganzen Mut zusammennehmen zu müssen, um jeden Abend in Gegenwart von zwei anderen Offizieren, mit denen er sein Zimmer teilte, niederzuknien und zu beten.

Die Halifax von Barton war schon ziemlich weit nach Deutschland eingedrungen, ehe sie angegriffen wurde. Binnen weniger Sekunden wurde das Flugzeug verheerend zugerichtet. Alle MG-Stände fielen aus, ein Triebwerk stand still, das Funkgerät und das Bordsprechsystem waren beschädigt und zwei Treibstofftanks leckten. Glücklicherweise gab es kein Feuer.

Die Bomber waren mit einem Notsignalsystem ausgerüstet, mit dem sich die Besatzungsmitglieder durch Blinklichtlampen untereinander verständigen konnten. Barton hatte sich mit seinen Bordschützen abgesprochen, daß sie bei Ausfall des Bordsprechsystems dieses Notsystem benutzen würden, falls Ausweichaktionen notwendig sein sollten, und dies taten sie dann auch. Die drei Männer im Bug des Flugzeugs verstanden das aber als Signal, die Maschine zu verlassen. Der Jäger wurde abgeschüttelt, aber Barton war jetzt mit dem lahmgeschossenen Flugzeug allein, ohne Bombenschütze, ohne Navigator und ohne Funker. Die entscheidenden Männer in seinem Bombenwurf- und Navigationsteam waren abgesprungen.

Bomberbesatzungen war immer gesagt worden, zwei Dinge würden von ihnen erwartet: ihr Ziel zu finden und zu bombardieren, wenn dies nur irgend möglich war, und ihr Äußerstes zu tun, um die wertvollen Bomber wieder heimzubringen. Aber selbst unter diesem Gesichtspunkt hätte niemand Barton einen Vorwurf machen können, wenn er aufgegeben hätte und mit dem Rest seiner Besatzung ausgestiegen wäre, oder wenn er zumindest die Brandbomben abgeworfen hätte und heimgeflogen wäre. Aber beide Möglichkeiten nahm er nicht wahr. Sie waren nicht mehr weit vom Ziel entfernt. Deshalb beschloß er, weiterzufliegen und zu versuchen, seine Brandbomben über Nürnberg abzuwerfen. Es gibt kaum ein besseres Beispiel des »Ohne Rücksicht – drauf!«, also des Geistes, wie ihn das Bomberkommando wünschte.

Die meisten Bombereinsätze wurden in völliger Dunkelheit durchgeführt. Die Besatzungen sahen sonst nur selten etwas von anderen Flugzeugen, eigenen oder gegnerischen, nur gelegentlich einen Feuerstoß, eine Leuchtspur und die Explosion, wenn eine ihrer Mit-Besatzungen nach unten ging. Die Luftschlacht auf der »langen Strecke« war jedoch so intensiv und konzentriert, und die Sicht war so gut, daß vielen hundert Bombenfliegern deutlich das schreckliche Bild vor Augen stand, wie ihre Kameraden einen jähen Tod fanden. Ihre eigenen Worte beschreiben am besten, was sie sahen und was sie empfanden:

»Plötzlich stellte unser Pilot den Drachen fast auf den Schwanz, und unter uns zog ein schwarzer Schatten vorbei. Er war zu nahe, um ihn zu identifizieren, außer daß es einer von ihnen war. Wir versuchten, wieder in eine normale Lage und auf Kurs zu kommen, aber das dauerte einige Zeit. Das Bild hinter uns, wo ein Flugzeug brannte und sich Fallschirme öffneten, war wirklich schrecklich. Wir wurden besonders wachsam. Der Bombenschütze auf seinem Platz im Bug, der Funker kletterte in den vorderen Turm, die beiden Bordschützen auf ihren Posten, und ich als Bordmechaniker ging in die Seitenkanzel an Steuerbord. Zum erstenmal an diesem Tag nahm ich die für lange Flüge verschriebenen Aufputschpillen.« (Flight Sergeant H. Suthcliffe, Squadron 15)

»Ich war im Bug unserer Halifax und egal, wohin ich auch blickte, sah ich Leuchtspuren und stürzende Feuerbälle, und das konnten nur abstürzende Flugzeuge sein. Wir waren inmitten des ganzen Betriebs, und ich schnallte den Fallschirm an, weil ich mir jetzt nur noch eine kurze Laufbahn im Bomberkommando vorstellen konnte.« (Flying Officer C. E. Willis, Squadron 640)

»Zuerst trafen wir auf eine Ju 88, die wir erfolgreich durch schnelle, fortgesetzte Ausweichbewegungen abschüttelten. Der gleiche Jäger griff dann eine Halifax dicht an unserer Steuerbordseite, in der üblichen Weise von hinten unten, an. Die Halifax machte überhaupt keine Ausweichbewegung und wurde offensichtlich im Bombenschacht getroffen, was einen erstaunlichen Feuerball auslöste.« (Flight Lieutenant G. A. Berry, Squadron 61)

»Der Heckschütze gab fortwährend über Bordfunk durch, daß Flugzeuge in Flammen abstürzten. Dies war seine Pflicht, aber der Pilot hatte das Gefühl, daß es besonders denjenigen von uns, die nicht hinaussehen konnten, an die Nieren ging. Deshalb befahl er ihm, den Mund zu halten. Nur etwa 200 Meter an Backbord explodierte ein Bomber. Der Luftdruck warf uns fast auf den Rücken, und ich dachte, jetzt würden wir auch abstürzen. Kurze Zeit später meldete dann der Heckschütze, gerade über uns stehe eine Ju 88. Sie schoß aber nicht, und plötzlich wurde sie von unserem Propellerluftstrom weggefegt, und wir sahen sie nicht wieder.« (Flight Sergeant S. Welch, Squadron 427)

»Einer der eigenartigsten Angriffe, den ich beobachtete, richtete sich gegen eine Lancaster, die etwa eineinhalb Kilometer von uns entfernt ruhig geradeaus flog. Sie wurde mehrmals direkt von hinten angegriffen, aber sie wich nicht aus und aus ihren Maschinengewehren kam kein Abwehrfeuer. Ich schloß daraus, daß alle an Bord entweder tot oder verwundet waren und sah zu, bis sie außer Sicht kam, immer noch auf ihrem geraden Kurs.« (Sergeant F. V. Shaw, Squadron 12)

»Ich entsinne mich besonders eines zweimotorigen Jägers, der die Positionslichter anhatte und etwa 900 Meter zurück über unserem Flugzeug hing. Er jagte zahlreiche Feuerstöße auf verschiedene Bomber, ohne daß er meines Wissens ernsthaften Schaden anrichtete. Der Heckschütze eines Bombers, der in einiger Entfernung hinter uns flog, schoß mit seinen Brownings auf diesen speziellen Jäger, aber die Entfernung war zu groß, und ich konnte erkennen, wie die Leuchtspur wegsackte.« (Sergeant R. S. Cripps, Squadron 158)

»Ich erinnere mich an einen Angriff auf eine Lancaster etwa 360 Meter an unserer Backbordseite. Sie wurde von einem Jäger getroffen. Ein Strom brennenden Treibstoffs kam aus dem inneren Steuerbordtriebwerk, gerade dort, wo ein Mann durch die Tür an Steuerbord abzuspringen versuchte. Er wurde von der Lohe getroffen, zog seine Reißleine, und der Fallschirm ging in Flammen auf. Er stürzte etwa 7000 Meter tief.« (Sergeant E. Wilkins, Squadron 626)

»Unser Navigator gab es auf, die abgeschossenen Flugzeuge zu zählen. Wenn es nur Lockvögel waren, dann war es Zeitverschwendung. Waren es aber tatsächlich Abschüsse, dann war es Zeit, daß wir aufpaßten und nach Nürnberg und dann rasch heimkamen. Zum erstenmal begriff ich mit meinem 19jährigen Verstand, daß diese Einsätze kein Vergnügen waren.« (Sergeant W. J. Blackburn, Squadron 12)

»Als wir so richtig in das Gebiet kamen, in dem viele Maschinen abstürzten, sah ich aus der Kanzel hinaus, dorthin, wo England, wo Plymouth lag, wo meine Freundin Elsie lebte. Ich sagte laut – das Bordsprechsystem war abgeschaltet – leb wohl, Elsie, leb wohl. Ich machte mich mit dem Gedanken vertraut, daß ich sterben würde, und danach fühlte ich eine große Ruhe.« (Sergeant H. W. Hudson, Squadron 106)

»Bei keinem Feindflug, den ich erlebte – und es waren immerhin 48 – hatte ich so sehr Angst wie diesmal. Ich näherte mich dem Ende meiner zweiten Einsatzzeit, und dies trug natürlich zu meiner Besorgnis bei. Es war zudem auch noch mein zwanzigster Geburtstag und ich glaubte, ich würde einen weiteren nicht mehr erleben.« (Flying Officer J. D. Routledge, Squadron 405)

»Ich war nie sehr gläubig, aber wenn es beim Einsatz gefährliche Situationen gab, stellte ich mir immer vor, daß ich für mich selbst den 23. Psalm ›Der Herr ist mein Hirte‹ zitierte. In dieser Nacht stellte ich es mir nicht vor, sondern sprach den Psalm stundenlang laut vor mich hin, so viel Angst hatte ich. Ich hatte noch nie zuvor bei Nacht Fallschirme herunterschweben sehen, aber in dieser Nacht sah ich sie.« (Flight Sergeant F. A. Taylor, Squadron 626)

»Diese Art von Belastung spürten wir in der Regel einige Minuten lang, aber diesmal dauerte es Stunden und Stunden. Ich denke, es gab nicht viele Augenblicke, in denen Flugzeuge nicht irgendwo angegriffen wurden. Mag sein, Sie können es in Worte fassen: diese Erinnerung an die Leuchtspuren der Jäger wie vergossenes helles Licht über uns und die brennenden Flugzeuge als Beleuchtung von unten; dieser Anblick kurzer Feuerstöße, roter und grüner Leuchtbälle, und fast immer hinterher die Explosion des angegriffenen Bombers; diese müden Augen auf der Suche nach dem unsichtbaren Feind, verzweifelt, vom Terror geprägt; dieser Schock jedesmal, wenn eine andere Maschine und sieben Mann unten aufschlagen oder in der Luft in Stücke zerrissen werden. Von einem Logenplatz aus das Ende der Welt anzuschauen, eine Lancaster etwa, die vom einen zum anderen Ende brennt und doch stur geradeaus weiterfliegt, scheinbar für immer. Diese Nacht, die so leer erschien und es doch gar nicht war, und aus der jede Sekunde das Ende aller Dinge erwachsen konnte.« (Flight Sergeant R. Rhodes, Squadron 35)

Die Lage um 0.45 Uhr

Um 00.45 Uhr erreichten die ersten Bomber das Ende der »langen Strekke« und drehten nach Süden ab, auf Nürnberg zu. Die Spitze des Bomberstroms – die führenden Pfadfinder, ihre Unterstützungsflugzeuge und die erste Welle der Hauptflotte – hatte es geschafft, fast unbemerkt durch die Einflugschneise südlich von Bonn zu schlüpfen. Vielleicht hatte ihr überdurchschnittliches navigatorisches Können dazu geführt, daß sie den Flugweg genau einhielten und so an den Deutschen vorbeikamen, die beim Funkfeuer Ida warteten. Erst als die Flugzeuge hinter den Führungsmaschinen zwischen Bonn und Köln nach Norden abkamen und in die Arme der deutschen Jäger gerieten, kam es zum großen Zusammenstoß.

Eine Analyse der Verluste der verschiedenen Gruppen, aus denen sich der Bomberstrom zusammensetzte, die Berichte der zurückgekehrten Besatzungen und die Erinnerungen der Teilnehmer zeigen deutlich, welche Teile des Stroms zu leiden hatten. Der Hauptschlag bei Ida fiel gegen die Mitte und den hinteren Teil des Bomberstroms, gegen die dritte und vierte Welle. Dann arbeiteten sich die Jäger langsam nach vorne, um die zweite und teilweise auch die erste Welle zu treffen. Die führenden Pfadfinder und ihre Unterstützungsflugzeuge bewahrten ihre sprichwörtliche Immunität an der Spitze des Stroms und wurden die ganze Zeit über nicht ein einziges Mal von Jägern angegriffen. Auch am Schluß des Stroms, der gewöhnlich als der gefährlichste Platz galt, litten die Bomber nicht besonders schwer.

Von einzelnen Wellen in dem Sinne zu reden, als sei der Bomberstrom noch ein zusammenhängendes Ganzes gewesen, wäre jedoch falsch. Der Strom war auseinandergerissen, als die Jäger bei Ida zuschlugen, aber auch die Winde waren für ein zusätzliches Auseinandertreiben verantwortlich. Trotz der Tatsache, daß die »Windfinder«-Flugzeuge an der Spitze des Stroms nie ernsthaft angegriffen wurden, funktionierte das Radiowind-System schlechter als üblich. Die Berichte der Pfadfinder, in denen darüber geklagt wird, daß sie statt der erwarteten 36 zu Anfang des Fluges nur 13 brauchbare Windzustandsberichte erhielten, zeigen auch, daß auf der »langen Strecke« nur noch neun Windmeldungen empfangen worden sind. Die von England um 00.33 Uhr gesendeten Windberichte der Bombergroups enthielten Geschwindigkeitsunterschiede bis zu 35 km/h. Noch dazu war die geschätzte Windrichtung 290 Grad, die in allen Berichten erschien, nicht zutreffend. Der Wind wehte wahrscheinlich genau von Westen nach

Osten, das heißt aus 270 Grad, und dies auf der gesamten »langen Strecke«. Diese Abweichungen in Windgeschwindigkeit und -richtung führten dazu, daß der Bomberstrom immer länger wurde und sich nördlich des vorgeschriebenen Flugweges ausdehnte.

Die Schlacht zog sich in sechs Kilometer Höhe am Nachthimmel über dem Rheintal und dem Westerwald hin, an Wetzlar und Gießen vorbei und über die Hügel des Vogelberges hinweg bis nach Fulda. Bald nach der Überquerung des Rheins erschien eine dünnne Wolkendecke einige tausend Meter unterhalb des Bomberstroms. Aber dies brachte mehr Gefahr als Hilfe für die Bomber; der Flugzeugführer eines Pfadfinders sagte: »Die unter uns fliegenden Maschinen saßen wie Fliegen auf einem Tischtuch. Das mußte der Wirklichkeit gewordene Wunschtraum eines Nachtjägers sein.«

Die verräterischen Kondensstreifen hielten sich in bestimmten Höhen, und es gab auf dem ganzen Anflug keine einzige hohe Wolke, die den Bombern hätte Zuflucht gewähren können.

Nicht alle abgeschossenen Bomber fielen den Nachtjägern zum Opfer. Drei für Nürnberg bestimmte Flugzeuge kamen von der Strecke ab und wurden von der Flak in Lüttich, Bonn und Koblenz heruntergeholt. Andere sollten später auf die gleiche Weise enden.

Die kleine Stadt Westerburg liegt im Herzen des dünn besiedelten Westerwaldes, der sich bis zu sechzig Kilometer östlich des Rheins erstreckt. Ein Landstädtchen wie viele in Deutschland, ohne Industrie, mit nichts wichtigerem als einer Eisenbahnbrücke, durch die, wäre sie von Bomben zerstört worden, lediglich der örtliche Verkehr unterbrochen worden wäre. Es gab jedoch Gerüchte um eine geheime Fabrik im nahen Wald, in der angeblich Teile der V-Waffen hergestellt wurden. Ein britischer Flieger, der in dieser Nacht bei Westerburg abgeschossen wurde, sah zum erstenmal den Start eines Düsenflugzeugs von einem kleinen Flugplatz, ehe er gefangengenommen wurde. Westerburg lag nur fünf Kilometer nördlich der Bomberstraße nach Nürnberg und war auf der Flak-Karte der Besatzungen nicht als verteidigter Ort angegeben.

Flight Officer Guy Johnston, der so früh von Elsham Wolds gestartet war, hatte nach kurzer Flugerprobung erklärt, seine Lancaster sei in hinreichend gutem Zustand, um am Angriff teilzunehmen, und sich früh in Richtung Deutschland in Marsch gesetzt. Als er sich Westerburg näherte, muß er immer noch vor dem Bomberstrom geflogen sein, weil die Besatzung überhaupt nichts von der Luftschlacht merkte, die sich in der Mitte des Stroms entwickelte. Bordschütze Sergeant Fealy beschreibt, was dann geschah: »Ich war in meinem Turm und sah nach hinten, als eine Salve Flakgranaten steuerbords explodierte. Es war das erste, was ich überhaupt seit dem Start zu sehen bekam. Es war weit genug entfernt, um hübsch, aber

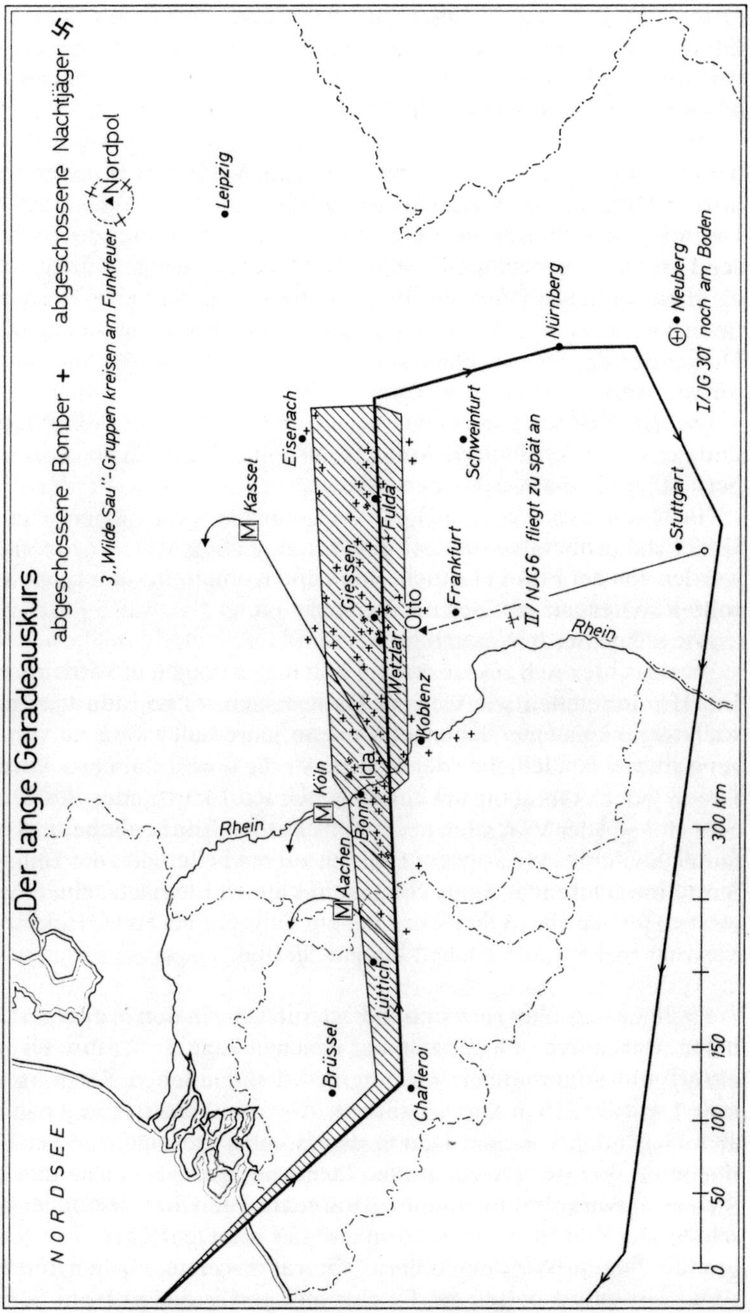
Der lange Geradeauskurs
abgeschossene Bomber +
abgeschossene Nachtjäger
3. „Wilde Sau"-Gruppen kreisen am Funkfeuer
Nordpol
NORDSEE
Leipzig
Kassel
Eisenach
Giessen
Fulda
Wetzlar
Otto
Frankfurt
Schweinfurt
Nürnberg
Neuberg
I/JG 301 noch am Boden
II/NJG 6 fliegt zu spät an
Stuttgart
Rhein
Koblenz
Ida
Bonn
Köln
Aachen
Lüttich
Brüssel
Charleroi
0
50
100
150
300 km

nicht gefährlich auszusehen. Deshalb meldete ich es auch nicht. Innerhalb weniger Sekunden lag eine weitere Salve fünfzig Prozent näher. Jetzt bekam ich Angst und wollte dem Flugzeugführer sagen, er solle in Schlangenlinien fliegen. Ich hatte gerade die Hand am Mikrophon, da wurden wir getroffen.«

Es war radargeleitete Flak; für die an der Spitze des Bomberstroms fliegenden Maschinen immer besonders gefährlich, weil die von allen Bombern abgeworfenen »Window« sich erst später zu einer Wolke entwickelten, die den Hauptteil des Stroms schützte. Die Lancaster erhielt direkte Treffer in die Unterseite des Rumpfes und brannte sofort. Sergeant Fealy hatte das Glück, mit schweren Verwundungen an beiden Beinen davonzukommen. Er war der einzige Überlebende.

Zwei weitere Bomber wurden von der Flak an der gleichen Stelle erwischt: Ein Blindmarkierer der Squadron 635 und die Halifax eines Flight Commanders von der Squadron 158. In beiden Flugzeugen wurden jeweils zwei Männer getötet. Beide Flugzeuge müssen sich vor der Spitze des Stroms befunden haben. Überlebende beider Besatzungen glauben, daß bereits die erste Salve, die auf ihr Flugzeug abgefeuert wurde, die Treffer erzielte. Im Zeitraum von etwa fünf Minuten hatte diese höchst wirkungsvolle Flakbatterie mit vermutlich nicht mehr als zwanzig Granaten drei schwere Bomber heruntergeholt.

Was machte die Batterie dort? Trotz vieler Fragen in Westerburg gibt es darauf keine eindeutige Antwort. Den deutschen Zivilisten wurde während des Krieges kaum gestattet, viel von dem zu wissen, was sich in ihrer Umgebung abspielte. Vielleicht war es eine ständig dort stationierte Batterie zum Schutz der Eisenbahnbrücke, der geheimen Fabrik oder des Düsenflugplatzes. Vielleicht war es eine der beweglichen Eisenbahnbatterien, die der Zufall oder eine gute Lagebeurteilung auf ein Seitengleis des Bahnhofs von Westerburg gebracht hatte. Sergeant Fealy wurde nach seiner Gefangennahme von den Deutschen erzählt, sein Flugzeug sei von Geschützen abgeschossen worden, die Frauen bedient hätten.

Nur wenige der mehreren tausend Männer, die in den britischen Bombern flogen, waren sich bewußt, daß zur gleichen Zeit, in der ihre eigenen Maschinen mit so gewaltiger Wirkung von den deutschen Nachtjägern angegriffen wurden, auch eine beträchtliche Anzahl eigener Jäger in der gleichen Gegend ihre Kameraden in den Bombern zu schützen versuchte. 55 Mosquitos und vier amerikanische Jäger waren als »Eindringlinge« oder zu »Serrate«-Aufgaben im Einsatz. Besonders die »Serrate«-Jäger befanden sich zu der Zeit im Bomberstrom, in der die Deutschen ihre schwersten Angriffe flogen. Was haben diese »Serrate«-Besatzungen erreicht?

Die Mosquitos hatten zwei elektronische Geräte an Bord. Einmal das

23. und 24. Eine entscheidende Hilfe für die alliierten Bomber bildete der Einsatz von Radar. Jetzt waren die deutschen Städte auch bei Nacht und trotz Verdunkelung zu erkennen. Ab 1942 wurden Radargeräte zuerst in die »Pfadfinder«-Flugzeuge eingebaut, später auch in die Bomber des Hauptstroms.

25. Eine britische Zielmarkierungsbombe explodiert: Die »Pfadfinder« warfen Dutzende dieser Zielmarkierungen ab, um den Bombern das Orten des Zielgebiets zu erleichtern und die Präzision des Bombenwurfs zu erhöhen.

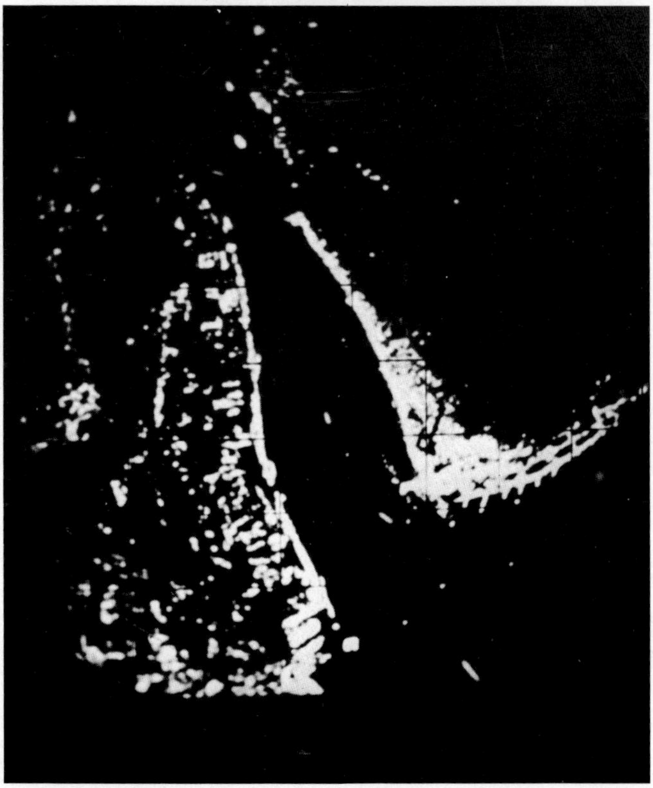

26. Eine »Lancaster« der Squadron 101 wirft ihre Stabbrandbomben ab.

Die Antennen auf dem Rumpf gehören zu dem Störsender »Fliegende Zigarre« (A. B. C.).

28. Das Ziel des Angriffs – die Stadt der Reichsparteitage.

27. Deutsche Löschmannschaften bemühen sich, das Feuer einzudämmen.

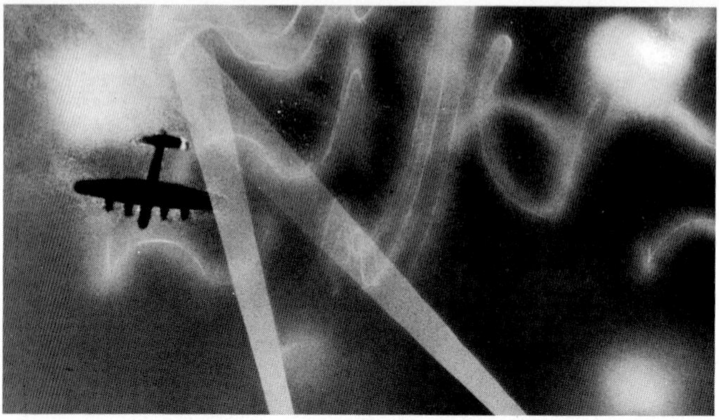

29. Flakscheinwerfer tauchen die anfliegenden Bomber in grelles Licht und zeigen den Flakkanonieren ihr Ziel.

30. Das Horchgerät konnte das Motorengeräusch der angreifenden Bomber schon in weiter Entfernung wahrnehmen.

»Serrate«-Gerät, das die Impulse des älteren Lichtenstein-Bordradars auffangen konnte, mit dem die deutschen Nachtjäger im Jahr 1943 ausgerüstet waren. Unter bestimmten Bedingungen konnte »Serrate« diese Signale bis zu einhundert Kilometer Entfernung aufspüren und verfolgen, aber auf nähere Entfernungen taugte es nichts. Beim letzten Teil der Jagd mußte sich die Mosquito auf das zweite Gerät, ein aktives, A.I. (= Air Interception) genanntes Radar, verlassen. Es ortete weitgehend nach dem gleichen Prinzip wie das von den Deutschen benutzte Gerät. Selbst in normalen Zeiten war die Aufgabe der »Serrate«-Männer weitaus schwieriger als die einer deutschen Nachtjäger-Besatzung, aber nachdem nun die Deutschen das neue SN-2-Radar benutzten – wovon die RAF nichts wußte – konnte »Serrate« die gegnerischen Radarimpulse nicht mehr aufspüren.

Die 100. Bombergroup hatte von ihren »Serrate«-Maschinen maximalen Einsatz gefordert. Sie verfügte jedoch über wenige Besatzungen, die diese schwierige Kunst beherrschten, so daß nur 19 Mosquitos von den Flugplätzen Little Snoring und West Raynham gestartet waren. Zwei kehrten wegen technischen Schwierigkeiten um, die anderen flogen weiter, um an der ungleichen Schlacht teilzunehmen. Sie sollten dort patrouillieren, wo man den Einsatz der deutschen Radargeräte vermutete: Über den Funkfeuern der Jäger und rund um den Bomberstrom. Im Bomberstrom selbst konnten sie nicht effektiv eingesetzt werden, denn ihre A.I.-Radargeräte besaßen keine Freund-Feind-Unterscheidung. Die Mosquitos schwebten daher im Bomberstrom in großer Gefahr durch die Bordschützen der Bomber. Die Bomberbesatzungen jedenfalls betrachteten jede zweimotorige Maschine als feindlich.

Trotz aller Entschlossenheit und Einsatzfreude ihrer Besatzungen konnten die »Serrate«-Flugzeuge nur wenig zur Unterstützung der Bomber tun. Es überrascht nicht, daß die »Serrate« nur wenige wirkliche Kontakte herstellten, und viele Mosquito-Besatzungen sich damit begnügten, nur mit dem A.I.-Radar nach dem Feind zu suchen. Aber nachdem sich der Bomberstrom so weit zerstreut hatte, entpuppten sich nur wenige der vielen Radarkontakte tatsächlich als Deutsche.

Eine Mosquito der Squadron 239, die weit vor dem Bomberstrom flog, bekam einen A.I.-Kontakt und fing einen deutschen Jäger ab. Daraus entwickelte sich zwischen den beiden Jägern ein Luftkampf alten Stils im hellen Mondlicht. Zwölf Minuten lang versuchten beide, sich hinter den anderen zu setzen, um zum tödlichen Schuß zu kommen, bis sie einander im Dunst nahe der Erde verloren.

Eine andere Mosquito mit einer nur aus Unteroffizieren bestehenden Besatzung – Flight Sergeant Campbell und Flight Sergeant Phillips – entdeckte mit A.I., nicht mit »Serrate«, nahe beim Funkfeuer Ida eine Ju 88. Sie griffen an, verfehlten aber und verloren den Kontakt. Wenige Minuten später fanden sie erneut eine Ju 88 und griffen sie an. Vielleicht war es dieselbe Maschine, denn der Bordschütze war sehr wachsam, jagte sieben Schuß in die Mosquito und setzte ein Triebwerk in Brand. Aber diesmal hatten auch Campbell und Phillips den Gegner nicht verfehlt. Ein Triebwerk der Deutschen explodierte, und die Mosquito-Besatzung konnte sehen, wie die deutsche Maschine zur Erde stürzte und dort, nur eine kurze Strecke von Ida entfernt, explodierte. Das Feuer im Triebwerk der Mosquito wurde gelöscht, und der Jäger hinkte mit einem Motor vorsichtig heim.

Flight Lieutenant Woodman, der auf dem Gefechtsstand der 100. Bombergroup darauf hingewiesen hatte, der Flugweg verlaufe zu nahe an den Funkfeuern der deutschen Jäger, ärgerte sich so, daß er direkt in den Bomberstrom hineinflog, um dort einen deutschen Jäger stellen zu können. Sein Radarfunker, Flying Officer Kemmis, bekam auch sofort Kontakte. Woodman beschreibt das Ergebnis:

»Zweimal versuchten wir, ›Serrate‹-Kontakte in A.I.-Kontakte umzuwandeln, aber mit all den vielen Bombern war die Chance eins zu zwanzig, daß es ein Deutscher sein würde. Zweimal stieß ich auf eigene Bomber zu, aber ich drehte ab, ehe der Heckschütze mich sehen konnte. Für die Bomberjungen sahen unsere Mosquitos so aus wie der Feind. Das drittemal sah mich ein Heckschütze und schoß auf mich, warnte aber gleichzeitig seinen Piloten. Der Bomber kippte nach Backbord ab, und die Geschosse gingen über meinen Kopf hinweg. Kemmis, der trotz meiner grausigen Schilderung, was sich draußen abspielte, direkt am Radargerät klebte, versuchte, zwei nahe beieinander liegende Kontakte zu orten. Vielleicht ein Deutscher, der einem Bomber im Nacken saß. Wir wären auf diese Weise sehr nahe an einen Gegner herangekommen. Aber plötzlich verwandelte sich der Bomber, etwa eineinhalb Kilometer vor uns, in eine einzige große Feuerwand, die sich durch den Nachthimmel zog. Der Deutsche hatte sich schon an einen anderen Bomber angehängt und war nur noch einer von zwanzig oder mehr Punkten auf unserem A.I.«

Trotz weiterer Bemühungen gab es für Woodman und seinen Radar-Funker in dieser Nacht keinen Abschuß. Eine andere »Serrate«-Besatzung, die südlich des Ruhrgebiets patrouillierte, empfing auf ihrem Gerät immer wieder Kontakte, die sie zu dem gleichen Punkt in der Nähe von Köln führten. Hier wurde jeder Anflug zu einem engen Kreis, wobei das Ziel direkt unter ihnen lag. Die Deutschen scheinen versuchsweise Impulse gesendet zu haben, um die Mosquitos herunterzulocken, damit sie von der Flak abgeschossen werden konnten. Bei diesem Flugzeug, das ohne Schaden entkam, wirkte der Trick nicht. Eine andere »Serrate«-Besatzung jedoch, die mehrere vergebliche Anflüge in dieses Gebiet unternommen hatte und dabei dreimal im Strahl der Scheinwerfer gefangen worden war, fiel vermutlich der gleichen Falle zum Opfer: »Das erstemal war es plötzlich beängstigend, denn eben war noch dunkle Nacht, und dann wurde es auf einmal hell wie im Mittagssonnenschein. Man fühlte sich sehr nackt und bloß, um so mehr, weil man ja wußte, daß Geschützrohre auf einen gerichtet waren. Urplötzlich fällt einem alles ein, was man über Ausweichmanöver weiß. Als wir es geschafft hatten, den Lichtstrahlen zu entkommen, mußten wir unsere Position feststellen, um erneut einsatzbereit zu sein. Auf die zweite ›Beleuchtung‹ war ich besser vorbereitet, nachdem ich den Schreck der ersten überstanden hatte. Ich muß sagen, die Deutschen waren ausgezeichnete Scheinwerfer-Leute. Ihre dritte und letzte Beleuchtung hatte dann einigen Schaden durch Flak zur Folge. Ich spürte den Einschlag und sah ein Loch in der Tragfläche. Und da die Flugzeit über Feindgebiet fast zu Ende war, beschloß ich heimzukehren. Ich hoffte, daß kein wichtiger Teil beschädigt war. Mit einigen Gebeten, einer Menge Glück und einem Umweg um das von Flak wimmelnde Hoek van Holland kehrten wir sicher heim.« (Pilot Officer Rolfe, Squadron 141)

Die ganzen Anstrengungen der 100. Group hatten nur bewirkt, daß 17 Flugzeuge das entscheidende Gebiet der Nachtluftschlacht erreichten. Die Umstellung der Deutschen vom alten Lichtenstein-Gerät auf das SN-2 aber ließ überhaupt nur zwei Mosquitos zum Schuß kommen. Ein deutscher Nachtjäger wurde auf Kosten von zwei beschädigten Mosquitos abgeschossen.

Ein anderer Versuch der Mosquitos, den schweren Bombern zu helfen – der Ablenkungsangriff auf Kassel – brachte ebenfalls nichts ein. Dies war der letzte und größte von drei derartigen Angriffen, die von Maschinen der 8. Bombergroup geflogen wurden. Zwanzig Mosquitos hatten anfangs den gleichen Flugweg wie die für Nürnberg bestimmten Viermotorigen. Sie flogen ziemlich hoch über den Bombern, und so hatten ihre Besatzungen in der Luftschlacht einen Logenplatz. Sie verließen die Bomberstraße dort, wo sie bei Bonn den Rhein überquerte, und flogen nach Nordosten. Sie warfen Jäger-Leuchtbomben deutscher Art, um die feindlichen Jäger anzulocken, und auch große Mengen »Window«, um wie eine starke Gruppe schwerer Bomber zu wirken. Der Flugweg, den sie einschlugen, konnte auf das 180 Kilometer entfernt liegende Kassel zielen oder das noch weiter entfernte Berlin bedrohen.

Dieser gut geplante Einsatz wurde perfekt durchgeführt; jedes Flugzeug erfüllte die ihm übertragene Aufgabe. Viele »Window« und eine lange Reihe Leuchtbomben wurden auf dem ganzen Weg bis Kassel geworfen. Dort wurden zwei Ladungen grüner und gelber Zielanzeiger genau per H_2S plaziert und sechsunddreißig 500-Pfund-Bomben um die herum geworfen. Zwei Zivilpersonen wurden getötet und 26 verletzt, aber wenig materieller Schaden angerichtet in einer Stadt, von der das Bomberkommando schon im Jahr 1943 behauptet hatte, sie sei »praktisch zerstört«. Die Mosquitos drehten nach Westen ab und flogen ohne Verluste heim. Bei ihrer Rückkehr berichteten sie, die Flak von Kassel könne als »armselig« bezeichnet werden.

In ihren Gefechtsständen notierten die Deutschen den Flug der Mosquitos nach Kassel, aber sonst ignorierten sie ihn völlig. Ihre Aufklärungsflugzeuge waren ohne große Mühe in Sichtkontakt mit dem wirklichen Bomberstrom geblieben.

Die hochentwickelten Gefechtsstände der deutschen Jagddivisionen arbeiteten unter Hochdruck. Die entscheidenden Beschlüsse, wann die Nachtjagdgruppen starten und zu welchem Funkfeuer sie fliegen sollten, waren schon früher getroffen worden. Die Jäger waren in den Bomberstrom eingeschleust worden und kämpften. Jetzt galt die Hauptanstrengung dem Fortgang der Schlacht, wie er auf den großen Leuchttafeln in den Gefechtsständen angezeigt wurde, und der Voraussage, welche große oder kleinere Stadt das Ziel der Bomber werden würde. In jedem Raum saßen ganze Reihen von Luftwaffenhelferinnen, von denen jede durch Telefonkopfhörer mit einer speziellen Informationsquelle verbunden war. Jeder Radar- oder Funkbericht, jede Sichtmeldung vom Boden aus oder von einem Flugzeug, das tatsächlich in Kontakt mit den Bombern war, erreichte sofort eines dieser Mädchen. Sie hatte eine Taschenlampe, mit der sie einen dünnen, aber starken Strahl auf die Leuchttafel warf. Sobald ihr Informant neue Meldungen gab, bewegte sie ihr besonderes Symbol etwas weiter auf der Tafel. Diese Mädchen hießen »Lichtspucker«. Alle Berichte wurden gleichzeitig an alle fünf Gefechtsstände gegeben, so daß jeder Divisionskommandeur und sein Stab »mit einer Minute Verzögerung«, wie General Galland später schrieb, genau sagen konnte, was geschah. Alle fünf Minuten wurde die Leuchttafel für das Kriegstagebuch der Division fotografiert, aber auch für die folgende Manöverkritik über die gefällten Entscheidungen und angewandten Taktiken.

Die Deutschen hatten offensichtlich bei diesem Mondlicht erwartet, der Bomberstrom werde nicht tief in deutsches Gebiet eindringen. Als die Bomber aber am Ruhrgebiet und dann auch an Frankfurt vorbeiflogen, begannen sie erneut Überlegungen über das mögliche Ziel anzustellen. Die Verfolgungsnachtjagd war bereits im erfolgreichen Kontakt mit den Bombern, aber es blieben vier »Wilde Sau«-Gruppen, die noch nicht gestartet waren. Sie konnten über dem Ziel zum Einsatz gebracht werden, wenn dieses rechtzeitig erraten wurde, so daß die einmotorigen Jäger Zeit hatten, zu starten und das Ziel zu erreichen. Also mußte jetzt eine Voraussage darüber gemacht werden, welchen Weg die Bomber an ihrem nächsten Wendepunkt einschlagen würden. Ging es nach Norden oder nach Süden?

Obgleich kein Dokument etwas darüber ausagt, welche Wahl getroffen wurde, zeigt das Studium des Einsatzes der »Wilde Sau«-Gruppen, und auch das gute Gedächtnis eines deutschen Flugzeugführers, der sich an die »laufende Reportage« zu diesem Zeitpunkt erinnert, daß hier einmal ein Fehler gemacht wurde. Drei Gruppen von einmotorigen Jägern bei Berlin wurde der Startbefehl gegeben, aber nicht zu einem Flug südwärts, sondern zum Sammeln über dem Funkfeuer Nordpol südwestlich von Berlin, das für »Wilde Sau«-Einsätze über Berlin oder anderen Städten in diesem Gebiet geeignet war. Der Jagdflieger erinnert sich noch, daß bei der »laufenden Reportage« gesagt wurde, man erwarte, die Bomber würden nach Norden drehen, und Berlin oder Leipzig kämen als Ziele in Frage.

Trotz dieses Irrtums hatten die Deutschen bereits ihre größte Konzentration von Nachtjägern zur rechten Zeit am rechten Ort. Zwischen 200 und 250 Nachtjägern hatten das Gebiet der Schlacht erreicht.

Angesichts dieser eindrucksvollen Zahl deutscher Jäger konnten sich die Bomberbesatzungen dennoch glücklich preisen, weil verschiedene Faktoren zu ihrem Vorteil ausschlugen. Ihre Gegner flogen zwar geeignete Flugzeuge, besaßen das richtige Radargerät und waren zum bestgelegenen Funkfeuer geschickt worden; dennoch stellten viele deutsche Flugzeugführer wegen des niedrigen durchschnittlichen Ausbildungsstandes, unter dem die Nachtjagdwaffe litt, nie eine wirkliche Gefahr dar. Etwa die Hälfte geisterte nur am Nachthimmel herum, ohne je hinter einen feindlichen Bomber zu kommen. Zumindest ein Drittel aller Bomber, die in dieser Nacht von Jägern abgeschossen wurden, gehen auf das Konto von nur acht erfolgreichen deutschen Besatzungen. Eine davon, die drei Bomber abgeschossen hatte, entdeckte am nächsten Morgen, daß sie die einzige Besatzung in ihrer Gruppe war, die Erfolg gehabt hatte. Viele andere Nachtjäger hatten noch lange um das Funkfeuer Ida gekreist, obwohl die Schlacht längst weitergezogen war. Entweder waren sie unfähig, die »laufende Reportage« zu nutzen, oder sie wollten sich nicht zu weit von ihrem heimatlichen Flughafen entfernen. Andere erfolglose Besatzungen kamen von weither und trafen nicht rechtzeitig ein; sie konnten nur noch hinter der Schlacht herfliegen, ohne sie jedoch zu erreichen.

Und dann gab es auch noch die Besatzungen, die einfach kein Glück hatten, die zwar unter den Bombern waren, aber vom Pech verfolgt wurden. Major Wilhelm Herget, Kommandeur der I./NJG 4, der zu diesem Zeitpunkt bereits 49 bestätigte Nachtluftsiege hatte, war von Florennes in Belgien zu Ida geflogen: »Ich ging in den Bomberstrom hinein und ich konnte Bomber zu meiner Linken abstürzen sehen, aber es gelang mir nicht, selber einen Bomber zu finden. Mein Navigator versuchte es die ganze Zeit an seinem Radargerät. Ich flog im Schlangenflug von rechts nach links und hoch und runter, um den Propellerstrom eines schweren Bombers zu finden. Aber in dieser Nacht sah ich nichts. Ich hätte mich ohrfeigen können, denn es war offensichtlich, daß die anderen Jäger erfolgreich waren. Dann wurde uns befohlen, zu Otto zu fliegen. Bald schon sah ich vier Auspuffflämmchen und den Umriß eines Flugzeugs. Deshalb versuchte ich, mit der Höchstgeschwindigkeit meiner Me 110 heranzukommen. Nach zwanzig Minuten hatte ich ihn, weil er wendete und ich die Kurve schnitt. Ich setzte mich dreißig oder vierzig Meter unter ihn und bereitete mich darauf vor, ihn mit der ›schrägen Musik‹ anzugreifen. Zuerst dachte ich, es sei eine Short Stirling, weil sie nur eine Seitenflosse hatte. Ich hätte sie leicht abschießen können, aber dann erkannte ich, daß es eine Ju 88 war. Verdammte Scheiße! Ich war wütend. Fast hätte ich ihr einige Schuß vor die Nase gesetzt, um sie aufzuwecken.«

Herget mußte weitere vier Wochen warten, ehe er seinen fünfzigsten Luftsieg errang.

Die RAF hatte eine Funkhorchanlage in Kingsdown in Kent, die immer dann den deutschen Funkverkehr überwachte, wenn ihre Bomber über Deutschland flogen. Nach jedem Angriff wurde ein Bericht über die Ereignisse der Nacht an das Bomberkommando geschickt. Der Bericht über diese Nacht enthält interessante Einzelheiten, wie die Deutschen ihre Befehle an die Jäger weitergaben, und die Ergebnisse britischer Versuche, diese Befehlsübermittlung zu stören.

Sendungen von allen fünf Jagddivisionen wurden abgehört. Nicht immer waren es »laufende Reportagen«. Manchmal wurde einfach befohlen, zu einem Funkfeuer zu fliegen. Insgesamt benutzten die Deutschen neun Kanäle für Sprechfunk und zwei Morsekanäle, wobei sie häufig schnell vom einen zum anderen überwechselten. Zur Zeit der Hauptschlacht wurde die »laufende Reportage« auf fünf Kanälen gesendet. Die A.B.C-Flugzeuge der Squadron 101, die im Bomberstrom flogen, entdeckten und störten alle diese Kanäle, aber die deutschen Sender waren so stark geworden und die Verwendung der vielen Kanäle verzettelte die Störung so sehr, daß die Reportage die ganze Zeit über klar und deutlich zu hören war.

Zusätzlich wandten die Deutschen eine neue Methode an, um die Störung ihrer Wellen zu erschweren. Sie hatten entdeckt, daß die A.B.C.-Funker ihr Gerät jede halbe Stunde eine kurze Zeit abschalteten, um nicht die regelmäßigen Sendungen mit den Windvoraussagen aus England zu stören. Die Deutschen nutzten diese störungsfreien Zeiten, um alle ihre Frequenzen zu wechseln. Wenn die A.B.C.-Funker ihre Geräte wieder anschalteten, mußten sie erst wieder die Frequenzen finden, die gestört werden sollten. Diese neue Entwicklung im fortwährenden Ätherkrieg gab den Deutschen jede halbe Stunde einige Minuten völlig ungestörter Sendezeit.

Die Funkhorcher in Kingsdown konnten auch hören, wie die deutschen Jagdflieger ihre Abschüsse meldeten. Sobald sie einen Bomber abgeschossen hatte, gab die erfolgreiche Besatzung eine kurze Mitteilung: »Sieg Heil«, gefolgt vom Rufzeichen des Flugzeugs. Dies ergab wertvolle Anhaltspunkte für die Ortung des Bomberstroms, die von den »Lichtspukkern« auf die Wandtafeln in den Gefechtsständen projiziert wurden, und diente ferner als Grundlage für die Abschußmeldungen der Besatzung, die später von einer Bodenorganisation überprüft wurden. Diese wies jeden abgestürzten Bomber einem Jäger zu, falls die Flak nicht ihrerseits einen Anspruch stellte. In dieser Nacht deutete die Flut der Abschußmeldungen den Horchern in England schon an, daß sich die Bomber in ernsten Schwierigkeiten befanden.

Der Weg der Bomber über die 350 Kilometer von Lüttich bis zum Ende der »langen Strecke« war deutlich durch die rauchenden Trümmer von 59 Bombern gekennzeichnet. Diese Viermotorigen – 41 Lancaster und 18 Halifax – wurden im Laufe einer Stunde nach Mitternacht abgeschossen. Es ist unwahrscheinlich, daß es irgendwann vorher oder nachher in einer einzigen Stunde ein größeres Ausmaß an Vernichtung in der Luft gegeben hat.

Schon von Anfang an standen die Chancen gegen die Bomberbesatzungen. Niemand trug ständig einen Fallschirm, mit Ausnahme der wenigen glücklichen Piloten, die eine Kissenausführung hatten, auf der sie saßen. Die meisten Flieger hatten nur Brustfallschirme, die so schwer waren, daß sie sie bei der Arbeit hinderten. Die Fallschirme wurden deshalb erst dann per Bauch- und Schultergurt angeschnallt, wenn der Pilot entschied, die Besatzung solle sich zum Verlassen des Flugzeugs fertigmachen. Es gab ein sorgfältig geplantes und oft durchexerziertes Verhalten für das Verlassen eines Bombers. Wenn die schwer mit Bomben und Treibstoff beladene Maschine jedoch von Explosivgeschossen getroffen wurde, gab es einen verzweifelten Wettlauf, um eine Explosion zu verhindern, um das Abtrudeln oder gar den senkrechten Sturz zur Erde sechs Kilometer tief aufzuhalten. Und dabei waren die Männer durch die Zentrifugalkraft oder durch klemmende Ausstiegluken in der Maschine gefangen. Von allen beim Anflug abgeschossenen Flugzeugen kam nur in einem einzigen Fall die ganze Besatzung mit dem Leben davon.

Feuer war die größte Gefahr und wurde zu Recht von den Besatzungen am meisten gefürchtet. Die Lancaster von Sergeant Luffmann, Bordmechaniker in der Squadron 101, wurde im Bombenschacht getroffen, und die Brandbomben fingen Feuer: »Wir hatten etwa fünfzig Bündel ›Window‹ auf dem Fußboden gestapelt, und auch sie fingen an zu brennen. Wir gingen auf etwa 2100 Meter herunter, ehe der Pilot die Maschine abfing. Die ganze Besatzung hatte über Bordfunk geschrieen, nur der Pilot hatte kein Wort gesagt. Der Navigator holte seinen Fallschirm und war im Handumdrehen verschwunden. Ich konnte meinen nicht finden. Überall waren diese brennenden ›Window‹-Bündel, und auch der Fußboden selbst brannte. Ich gab einfach auf. Ich dachte: Nun ist es so weit! Ich ging in die Knie, und da lag der Fallschirm über meinem Fuß. Ich weiß nicht, wie er dahin gekommen war. Ich versuchte ihn anzuschnallen, aber er paßte nicht. Die Leitung zu meinem Helm war in den Verschluß hineingeschmolzen. Ich riß den Helm herunter und warf ihn in das Feuer. Dann ging ich und setzte mich auf den Tragflächenholm und schnallte den Fallschirm an.

Ich blickte zurück und sah unseren Piloten aus seinem Sitz herausklettern, aber er rutschte aus und stürzte durch den weggebrannten Fußboden. Seine Gurte verfingen sich in der Armlehne seines Sitzes, und er war in den Flammen über dem Bombenschacht gefangen.

Ich erreichte die Tür. Dort lehnte schon der Funker. ›Was machen wir jetzt, Kleiner? Steigen wir aus?‹ Ich setzte mich auf die Schwelle, zog die Reißleine und ließ mich, alles in einer einzigen Bewegung, nach vorne fallen. Ich zählte überhaupt nicht, und dies rettete mein Leben. Ich habe mir seither oft Gedanken gemacht, daß ich nicht umgekehrt bin und versucht habe, den Piloten zu retten, aber ich bin sicher, ich hätte nichts tun können. Alles geschah zu schnell.«

Luffmann war nur wenige Sekunden in der Luft. Er war gerade noch rechtzeitig gesprungen. Der Funker, der ihm folgte, wurde schwer verletzt, weil er mit nur halbgeöffnetem Fallschirm auf der Erde aufschlug; er starb später.

Viele Bombenflieger verdankten ihr Leben der Hingabe ihrer Piloten, die bis zum Ende am Steuer blieben, um damit der Besatzung eine Chance zu geben, sich durch Absprung zu retten. Zwei Männer in einer Lancaster der Squadron 166 taten noch mehr. Dieses Flugzeug war nach langem Kampf in der Nähe des Rheins schwer beschädigt worden und drückte jetzt im Gleitflug nach unten. Pilot Officer Walter Burnett befahl seiner Besatzung, auszusteigen und hielt die Maschine möglichst ruhig, während fünf Mann sprangen, darunter der verwundete Bordmechaniker, der vom Navigator hinausgeworfen wurde. Alle kamen sicher unten an. Der Heckschütze aber hatte gemeldet, er sei in seinem Turm eingeschlossen. Der Pilot und der obere Bordschütze, Sergeant Peter Brown, wurden noch mit angeschnallten Fallschirmen gesehen, beide hatten hinreichend Zeit zum Absprung. Dennoch sprangen sie nicht. Es ist anzunehmen, daß sie nach hinten liefen, um dem eingeschlossenen Heckschützen zu helfen, denn später wurden die Leichen aller drei Männer im Wrack des Flugzeugs gefunden.

Es gibt viele Geschichten von Fliegern, die nur knapp dem Tod entkamen. Sergeant Fealy war der einzige Überlebende aus der Maschine von Flying Officer Guy Johnston, die von der Flak bei Westerburg getroffen wurde: »Im Boden war ein großes Loch, und rings um meinen Turm brannte es. Ich ließ mich fallen und fand kaum Halt oder etwas, worauf ich stehen konnte. Ich hatte Todesangst. Ich konnte das Flugzeug nicht in der üblichen Weise verlassen, weil zwischen mir und der Tür eine Feuerwand stand. Aber das H_2S-Gerät war verschwunden, und so zwängte ich mich durch das Loch, das es auf dem Boden hinterlassen hatte. Sobald ich meine Füße durchbekam, wurden im Flugwind meine Beine zurückgeweht und meine Fliegerstiefel fortgerissen. Dann klemmte der Fallschirm an einer Verstrebung, und ich wurde eingekeilt. Ich wehrte mich und kämpfte, kam aber nicht frei. Das also ist nun das Ende, dachte ich und gab auf. Ich weiß nicht, wie lange es dauerte, aber das Flugzeug sackte nun sehr steil weg. Ich versuchte es noch einmal – und diesmal schaffte ich es.«

Flight Sergeant Nugent von der Squadron 78 war ebenfalls der einzige Überlebende seiner Crew. Seine Halifax, geführt von Flight Lieutenant Harry Hudson, einem amerikanischen Flugzeugführer, wurde vom einen Ende zum anderen von 2-cm-Feuer durchlöchert. »Ich wußte, das Flugzeug war erledigt, und wahrscheinlich war der Rest der Besatzung tot. Ich lag auf den Knien und wurde ohne Sauerstoff immer schwächer. Ich begann, nach dem Ausstiegschacht zu tasten, in der Mitte zwischen meinem Turm und dem Heckturm. Plötzlich war ich direkt am Heckturm. Ich hatte keine Kontrolle über das, was ich tat, aber jemand leitete mich, und unwillkürlich spürte meine Hand die Türklinke. Eine Drehung, und ich war draußen und wirbelte wie ein Kreisel durch die Luft. Ich mußte nicht springen – der Windstrom riß mich heraus, wie ein riesiger Staubsauger ein Stäubchen aufnimmt.«

Sechs Nächte zuvor waren Flight Sergeant Tom Hall von der Squadron 106 und seine Besatzung beim ersten Flug ihrer Einsatzzeit nach Berlin geflogen. Es war jene Nacht, in der unerwartet heftige Winde dem Bomberkommando viel Sorge gemacht hatten und 73 Bomber verlorengegangen waren. Hall war wie so viele andere zu früh über Berlin angekommen, aber während die anderen ihre Bomben abwarfen und sich dann auf den Heimweg machten, kreiste Hall über der heftig verteidigten Stadt, ehe er die Bomben ausklinkte. Auf dem Rückweg trieben, wie so viele andere, die Winde auch seine Lancaster über das Ruhrgebiet, wo sie von der Flak getroffen wurde und zwei Triebwerke Feuer fingen. Hall brachte seine Besatzung nach einem verzweifelten Flug heim – eine Lancaster, die schon abgeschrieben worden war.

Jetzt war Hall auf seinem zweiten Feindflug. Auf der »langen Strecke« wurde sein Flugzeug im Bombenschacht und in den Treibstofftanks getroffen. Der Bordfunker, Sergeant Dack, beschreibt, was geschah: »Der Skipper sagte: ›Zeit zum Aussteigen. Alle raus.‹ Ich war ziemlich gewissenhaft und bewahrte deshalb meinen Fallschirm immer unter meinem Sitz auf. Ich schnallte ihn an, aber dann fielen alle vier Triebwerke aus, und der Vogel ging steil nach unten. Mir schoß eine Szene aus einem jener amerikanischen Filme durch den Kopf, wenn das Flugzeug unter Geheule außer Kontrolle gerät. Als es so weit war, wußte ich, wir würden nicht herauskommen. Ich wurde auf den Navigator geworfen und wir flogen zusammen herum. Mein Gesicht wurde gegen zwei Meßgeräte gedrückt, von denen ich wußte, daß sie sich im Dach befanden. Daran erkannte ich, daß wir auf dem Rükken flogen. Ich versuchte, den Navigator nach vorne zu drängen, damit wir durch den vorderen Ausstieg herauskommen konnten. Die ganze Zeit hatte ich den scheußlichen Gedanken, daß wir eine Luftmine an Bord hatten, die beim Aufschlag explodieren würde. Ich vergaß dabei völlig, daß wir den Aufschlag selbst schon nicht überleben würden.

Plötzlich gab es eine mächtige Explosion, und ich drehte mich um mich selbst. Erst dachte ich, wir seien auf die Erde aufgeschlagen, aber dann dämmerte mir, daß ich mich noch in der Luft befand. Dann rauschte plötzlich etwas an meinem Gesicht vorbei, und ich befand mich hübsch und friedlich im Himmel unter meinem Fallschirm. Ich erinnere mich, daß ich nach meiner Frau rief und mich entschuldigte, weil ich versprochen hatte, am Samstag zu Hause zu sein.«

Nur Dack und der Bordmechaniker überlebten diese Explosion. Die Leiche des Piloten wurde in der Nähe des Wracks gefunden. Die Einsatzzeit dieses jungen tapferen Mannes war nach weniger als einer Woche zu Ende. Er erfuhr nie, daß ihm für seine herausragende Leistung beim Angriff auf Berlin die Distinguished Flying Medal verliehen worden war.

Im Gegensatz dazu befand sich Squadron Leader Philip Goodwin, Pilot einer Pfadfinder-Maschine, auf seinem 47. Einsatz. Seine Lancaster war vielleicht das sechste Opfer des erfolgreichen Oberleutnants Martin Bekker. Nach einem langen Feuerstoß, der wohl den Heckschützen tötete, begann das Flugzeug zu brennen. Im Bug warf Flying Officer Isted, der Bombenschütze für Sicht-Zielmarkierungen, auf Befehl von Goodwin die Bomben, nicht aber die Zielanzeiger ab, um dadurch nicht die nachfolgenden Bomber zu verwirren. »Das Flugzeug brannte weiter hinten und begann wegzutauchen. Ich wurde in die Plastiknase am Bug geschleudert und schlug mit dem Kopf gegen das Bombenzielgerät. Dort wurde ich festgehalten und konnte nicht zurück zur Ausstiegklappe kommen. Ich entsinne mich, wie ich durch die Plastikkanzel sah. Die Welt drehte sich dauernd im Kreise, und ich dachte, wenn ich so sterben müsse, sei das ein leichter Tod. In wenigen Sekunden würde es vorüber sein. Dann platzte die Plastikkanzel, vielleicht war einer der Zielanzeiger explodiert. Ich zog mich durch die geborstene Nase nach draußen.«

Drei weitere Männer überlebten, als das Flugzeug auseinanderbrach, auch Squadron Leader Goodwin; flach gegen das Dach seines Cockpits gepreßt, sah er, wie unten Schnee und Bäume Karussell zu fahren schienen, weil die Maschine sich immerzu um sich selbst drehte. Wie Isted dachte auch er, er müsse sterben, und war traurig wegen seiner Frau, mit der er erst sechs Wochen verheiratet war. Goodwin verdankte sein Leben dem Sitzkissen-Fallschirm, den er trotz seiner vielen Feindflüge zum erstenmal trug.

Ein anderer, der dachte, sein Ende sei gekommen, war Pilot Officer Tony Monk, Bordmechaniker in einer Halifax der Squadron 76: »Ich hatte die Ausstiegluke erreicht, aber der Winddruck war schrecklich und drückte den gesamten Körper herunter. Ich konnte mich nicht bewegen. Ich dachte: Das ist nun das Ende. Ich war in einer sehr gläubigen Familie aufgewachsen und faltete meine Hände und betete. Ich schien mein ganzes Leben in wenigen Sekunden noch einmal zu erleben. Dann war plötzlich ein schreckliches Brausen in meinen Ohren, und als nächstes kann ich mich nur daran erinnern, daß ich dauernd Purzelbäume in der Luft schlug.«

Diese Geschichten von Tod, Schrecken und verzweifeltem Mut stammen von Bomberbesatzungen, bei denen zumindest ein Mann überlebte. Aber unter drei Bomber-Crews, die auf diesem Anflug abgeschossen wurden, hatte immer eine überhaupt keine Überlebenden. Ihre Geschichten können nie erzählt werden.

Angriff auf Nürnberg

Gegen 00.45 Uhr erreichte eine Lancaster an der Spitze des Bomberstroms das Ende der »langen Strecke«. Ihr Pilot schwenkte auf einen neuen Kurs in Richtung Nürnberg ein, das jetzt nur noch 120 Kilometer entfernt war. Der Wind schob nun nicht länger mit, und so sollte es zwanzig Minuten dauern, bis diese Strecke zurückgelegt war.

Theoretisch hatte dieser unbekannte Lancaster-Pilot auf 50 Grad 32 Minuten nördlicher Breite und 10 Grad 38 Minuten östlicher Länge gewendet, und weil er vermutlich ein Pfadfinder mit einem guten Navigator war, sollte der Wendepunkt wohl genau gewesen sein. Für die weniger geschickten nachfolgenden Besatzungen jedoch war die Wendemarke ziemlich schwierig zu finden. Der ausgewählte Punkt befand sich über einem entlegenen Teil des Thüringer Waldes, ohne leicht erkennbare Landmarken oder eine größere Stadt in der Nähe. Streckenmarkierungen hatten bei früheren Einsätzen deutsche Jäger angelockt, worauf das Bomberkommando ihre Benutzung an Wendepunkten aufgegeben hatte. Dementsprechend ging kein Zielanzeiger hinunter, um diesen wichtigen Punkt zu markieren. Für viele Navigatoren lag die letzte exakte Positionsangabe, die Überquerung des Rheins, 200 Kilometer zurück, und die »Radiowinde«, die sie seither von England bekommen hatten, waren ungenau gewesen. Die meisten Bomber wendeten daher nördlich des korrekten Punktes und kurz davor.

Der Mond stand jetzt niedriger am Himmel, es sollte nur noch eine gute Stunde dauern, bis er unterging. Dennoch war die Sicht für die deutschen Jäger im Strom gut genug, um die Wendung mitzumachen. Meldungen über den neuen Kurs gingen zum Gefechtsstand der 1. Jagddivision von Hajo Hermann, die jetzt die Jäger führte. Schon sieben Minuten, nachdem die erste Lancaster gewendet hatte, wies die »laufende Reportage« die deutschen Jäger auf den neuen Weg der Bomber hin. Zum erstenmal wurde Nürnberg erwähnt, aber nur »das Gebiet von Nürnberg«, auf das die Bomber nun zuflogen.

Die Wendung vermochte die Briten der Aufmerksamkeit der deutschen Jäger nicht zu entziehen. Auf der ersten Hälfte der kurzen Strecke nach Nürnberg wurden zehn weitere Bomber abgeschossen: neun Lancaster und eine Halifax. Zwei Lancaster waren Pfadfinder-Unterstützungsflugzeuge, eine andere eine A.B.C.-Maschine, der fünfte Verlust der Squadron 101. Eine der abgeschossenen Pfadfinder wurde von Flight Lieutenant Desmond

Rowlands von der Squadron 97 geflogen. Seine Besatzung bestand zum großen Teil aus Männern in der zweiten Einsatzzeit, die eben erst mit den Pfadfindern zu fliegen begonnen hatten. Ihr Flugzeug wurde in der Nähe von Coburg von der Me 110 des Oberleutnants Martin Drewes entdeckt. Der Deutsche setzte sich unter die Lancaster und feuerte einen langen Feuerstoß in die Steuerbord-Tragfläche. Es gab keine Gegenwehr; der Bomber ging gerade herunter und explodierte mit einer leuchtend roten Explosion seiner Bomben und der vier roten Zielanzeiger.'

Sechs Leichen wurden neben dem Rumpf am Rand eines Waldes gefunden. Das Heck war in einiger Entfernung heruntergekommen, und die Leiche des Heckschützen lag im Turm. Dies war Flight Lieutenant Richard Trevor-Roper, Inhaber des Distinguished Flying Cross und der Distinguished Flying Medal, der als Heckschütze in der Lancaster von Guy Gibson bei dem berühmten Talsperrenangriff mitgeflogen war. Dieser erfahrene Bordschütze und seine Besatzung waren nun schließlich auch der unerwarteten »schrägen Musik« zum Opfer gefallen.

Die Bomber erreichten Bamberg, nur 65 Kilometer vor Nürnberg. Sie wurden von dreißig Scheinwerfern und viel Flak begrüßt, aber die Granaten erreichten nicht die Flughöhe der Bomber, wo den Jägern der Vorrang eingeräumt worden war. Der tödliche Anflug war nun fast vorüber, und die Bomberbesatzungen bereiteten sich auf die zusätzlichen Gefahren des Angriffs auf eine der wichtigsten Städte Hitlers vor. Die letzte Meldung aus England besagte, an der Stunde Null, der Angriffszeit, habe sich nichts geändert, und die Bordfunker holten ihre Schleppantennen ein. Die Bombenschützen schalteten die Automatik der Zielgeräte und die Heizung für die im Bombenschacht eingebaute Kamera ein. Die Wurffolge für »Window« wurde auf zwei Bündel pro Minute erhöht. Sie sollte erneut verdoppelt werden, sobald Nürnberg erreicht war.

Trotz aller wegen technischer Schwierigkeiten umgekehrten Maschinen und ungeachtet der heftigen Angriffe der deutschen Jäger waren immer noch 643 Bomber, je vier von fünfen, die gestartet waren, im Anflug auf Nürnberg. Falls die Pfadfinder das Ziel fanden und markierten, falls die Bomber der Flak und den Jägern bei ihren Zielanflügen widerstanden, dann konnte der Stadt der Reichsparteitage noch immer ein schwerer Schlag versetzt werden.

Etwa zur gleichen Zeit, als das Ende des Bomberstroms ausgangs der »langen Strecke« wendete, erreichten die ersten Bomber Nürnberg. Diese führenden Flugzeuge, meist Pfadfinder und gewöhnlich die besten der 8. Bombergroup, waren die erste Markierungsgruppe und wurden die »Öffner« genannt. Ihre Aufgabe war es, dafür zu sorgen, daß Nürnberg hinreichend für die Hauptflotte markiert war. Auf den letzten 160 Kilometern hatten die Navigatoren die voraussichtliche Ankunftszeit über Nürnberg, noch genauer: über dem Kleinen Güterbahnhof berechnet, der in dieser Nacht zum Zielpunkt bestimmt war.

Ihr Plan war kompliziert, aber er war das Ergebnis einer in zwei Jahren gewonnenen Einsatzerfahrung. Von diesem Plan und von der Geschicklichkeit der Pfadfinder hing nun der Erfolg des Angriffs ab.

ZEITPLAN FÜR DIE ERSTE MARKIERUNGSGRUPPE

Markierungsmethode: »Newhaven« im Notfall »Wanganui«.

01.00 Uhr:	Neun Mosquitos werfen große Mengen »Window«.
01.05 Uhr:	24 Blindmarkierer werfen Leuchtbomben und Markierungen mit Hilfe von H_2S.
	62 Unterstützungsmaschinen fliegen mit den Pfadfindern ein und lenken die radargesteuerte Flak ab.
01.07 Uhr:	Sechs Sichtmarkierer versuchen, den Zielpunkt sichtbar zu kennzeichnen.
01.10 Uhr:	Stunde Null für die Hauptflotte.
Flugzeuge:	92 Lancaster und neun Mosquitos.
Leuchtkörper:	120 Bündel Leuchtbomben, 156 Zielmarkierungsbomben – 126 grün, 30 rot.
	24 Auslösepunkt-Leuchtbomben – rot mit gelben Sternen (»Himmelsmarkierungen«).
Bomben:	383 Tonnen Sprengbomben. Vor der Nullzeit ist Abwurf von Brandbomben nicht gestattet, um Verwechslungen zwischen Feuern und Erstmarkierungen zu vermeiden. Alle Pfadfinder führten Bomben mit, die zusammen mit den Markierungen abgeworfen wurden.

Während diese von den deutschen Jägern kaum angetastete Einheit die Scheinwerfer von Bamberg hinter sich ließ und nur noch 45 Kilometer von Nürnberg entfernt war, erlitt sie einen empfindlichen Rückschlag, nicht durch die Deutschen, sondern durch den alten Feind der Bomber, das Wetter. Unter den Flugzeugen erschien die deutlich sich abzeichnende Kante einer dicken Wolkendecke. Die Wetteraufklärungs-Mosquito hatte Wolken in Richtung Nürnberg gesehen und gemeldet, und Chefmeteorologe Spence hatte dies in seiner Wettervorhersage am späten Nachmittag auch erwähnt, die Harris gezeigt worden war. Die Wolke war als »Strato-Kumulus mit Spitzen bis zu etwa 2700 Metern« angegeben worden. Sie wurde offensichtlich für Ausläufer der Kaltwetterfront gehalten, die nach Süden zog, aber an Nürnberg noch vorbeikommen mußte. In Wirklichkeit waren die Wolken Nimbo-Stratus, die sich in Richtung Norden bewegten. Ein deutscher Bericht besagt, ihre Basis habe bei 500 Meter Höhe gelegen, und sie habe sich bis zu 3500 Metern ausgedehnt.

Tatsächlich war zwar die Kältefront aus der früheren Route der Bomber nach Süden gezogen, aber hier war die vor der Kältefront hergeschobene warme Luft zusammengedrängt worden, war über und hinter die Kältefront geraten und hatte dabei große Wolken gebildet. Solch eine Wetterentwicklung läßt sich nicht vorhersagen, und es war der Gipfel des Mißgeschicks für die Bomber und hier besonders für die Pfadfinder, daß bei einer Kältefront, die sich von der Bretagne bis nach Moskau hinzog, die Warmluft ausgerechnet das Gebiet von Nürnberg als Ort ihres Aufsteigens ausgesucht hatte. Nicht nur überzog der Tiefdruck Nürnberg mit Wolken, sondern auch der Wind, der immer noch von Westen kam, nahm in seiner Geschwindigkeit plötzlich zu.

Einige tausend Meter hoch über den Wolken flogen die führenden Bomber in einem verräterisch klaren Himmel. Sie hatten schon häufig ein von Wolken bedecktes Ziel markiert, aber diesmal sahen sich die Pfadfinder der denkbar übelsten Verkettung von Umständen gegenüber: Ihre Leuchtbomben waren für die Newhaven-Methode ausgewählt, deren Voraussetzung gute Bodensicht war; die Zielanzeigebomben, die sie mitführten, würden knapp über dem Ziel explodieren und durch die fast drei Kilometer dicken Wolken nicht erkennbar sein!

Gewiß, einige Flugzeuge führten »Himmelsmarkierungen« für eine Wanganui-Markierung im Notfall mit, aber Himmelsmarkierung war außerhalb der Reichweite von »Oboe« selten zuverlässig, besonders bei starken Winden.

Als die Pfadfinder die Kante der Wolkendecke überquerten, hatten sie nur noch acht Minuten Zeit, um die veränderten Umstände einzuschätzen, die neue Windstärke festzustellen und ihre Pläne von Newhaven auf Wanganui umzustellen, um das Ziel deutlich zu markieren. Viele schafften diese Anpassung nicht.

Genau um 00.58 Uhr eröffnete Flight Sergeant Jim Marshallsay, Pilot der Mosquito-N-Nan der Squadron 627, den Angriff auf Nürnberg. Drei seiner vier 500-Pfund-Bomben würden beim Aufschlag 8000 Meter weiter unten explodieren. Die vierte hatte einen Zeitzünder. Wo diese Bomben fielen, kann nicht mit Genauigkeit gesagt werden, weil Marshallsays Navigator, Flight Sergeant Ranshaw, seit Überquerung der belgischen Küste auf Koppelkurs flog.

Sieben weitere Mosquitos warfen bald danach ihre Bomben, aber die vier Bündel »Window«, die jedes Flugzeug pro Minute abwarf, waren von weit größerer Bedeutung als die 500-Pfund-Bomben. Diese »Window« sollten die einhundert radargesteuerten Flakgeschütze, die Nürnberg verteidigten, verwirren, ehe die ersten Lancaster-Bomber fünf Minuten später eintrafen.

Tatsächlich trugen diese Mosquitos den seltsamen Namen »Window Opener« (Fensteröffner). Zwei mit H_2S ausgerüstete Mosquitos sollten einen grünen »Gleiter« abwerfen, einen Zielanzeiger, der schon hoch über der Erde zu sprühen begann. Das H_2S-Gerät des einen Flugzeugs war jedoch ausgefallen, und die andere H_2S-Mosquito war anderweitig beschäftigt.

Um 01.05 Uhr, fünf Minuten vor der Nullzeit für die Hauptflotte, sollten Markierung und Bombardement eröffnet werden: 24 Blindmarkierer und 62 Unterstützungsmaschinen sollten alle gleichzeitig ihre Bomben werfen. Diese Blindmarkierer-Beleuchter hatten eine doppelte Aufgabe. Bei einem Angriff nach System Newhaven hatte jeder seine Bomben, vier grüne Zielanzeiger und fünf Bündel Leuchtbomben, abzuwerfen. Diese Leuchtbomben sollten die ganze Gegend in helles Licht tauchen für die Sichtmarkierungen, die dann folgten. In dieser Nacht hatten die Flugzeuge jedoch nur eine einzige wirkungsvolle Kennzeichnung greifbar, nämlich je eine Himmelsmarkierung für das Notfallsystem Wanganui.

Die Blindmarkierer warfen ihre Last nicht auf Sicht, sondern nach dem H_2S-Gerät ab. Sie hatten nicht die üblichen Bombenschützen, sondern zwei nebeneinander sitzende Navigatoren, von denen einer die normale Positionsberechnung besorgte und der andere am H_2S-Gerät arbeitete. Diese beiden, »Nav 1« und »Nav 2«, arbeiteten als Team. Das H_2S-Gerät, das zu dieser Zeit in Gebrauch war, hatte ständig einen »Brei« von Erdreflexen in der Mitte des Bildschirms, so daß die genaue Fixierung der jeweiligen Position schwierig war. Der Flugzeugkurs über dem Erdboden war leichter festzustellen, wenn man mit den klarer erkennbaren Echos an den Kanten des Bildschirms arbeitete. Die Blindmarkierer sollten von Bamberg aus einen genau ausgerechneten Zielanflug machen und ihre letzte Positionsangabe über Erlangen erhalten, weshalb man auch den Bomberstrom über diese beiden Städte führte.

Von den 24 Pfadfinder-Besatzungen, die als Blindmarkierer eingeteilt waren, wurden drei während des Anflugs abgeschossen. Zwei weitere hatten sich verirrt, eine Besatzung hatte ein ausgefallenes H_2S-Gerät an Bord und drei kamen zu spät. Die restlichen 15 markierten alle vor der Nullzeit, und sie hätten genügen müssen, um die Erstkennzeichnung durchzuführen.

Aber einige Pfadfinder hatten die erhöhte Windgeschwindigkeit nicht mitbekommen und waren selber nach Osten abgedriftet. Statt über Erlangen und von dort weiter nach Nürnberg zu fliegen, kamen sie über Forchheim und waren am Ende in der Nähe von Lauf, das zwar viel kleiner als Nürnberg ist, aber mit seiner Lage an der Pegnitz und seiner Umgebung durch Wälder ein ähnliches Echo im H_2S-Gerät erzeugt. Ein paar H_2S-Navigatoren erkannten ihren Fehler und lösten die Markierungen nicht aus, aber zumindest vier Mosquitos taten es doch.

Bei der Lage der Wolken waren nur die kleinen Himmelsmarkierungen sinnvoll; die meisten Pfadfinder warfen jedoch ihre ganze Ladung ab. Die grünen Zielmarkierungen brannten nutzlos unter der Wolkendecke ab. Die Fallschirme der Himmelsmarkierungen öffneten sich dagegen bald, nachdem sie das Flugzeug verlassen hatten, und die hübschen roten Leuchtbomben mit ihren gelben Sternen drifteten im Wind noch weiter nach Osten ab.

Ein weiterer wichtiger Faktor in der Eröffnungsphase des Angriffs waren die Unterstützungsmaschinen, die den Befehl hatten, genau um 01.05 Uhr ihre Bomben zu werfen. Ihr Hauptauftrag lautete, den Blindmarkierern bei ihren Zielanflügen Schutz zu geben, indem sie es der radargesteuerten Flak schwer machten, einzelne Flugzeuge während dieser kritischen Angriffsphase anzuvisieren und zu beschießen, bis die zunehmenden »Window«-Wolken die nach Funkmeß schießende Flak völlig ausgeschaltet hatten.

62 Lancaster waren als Unterstützungsflugzeuge eingeteilt worden. Alle mußten blind und ohne Hilfe von H_2S-Geräten bombardieren. Die Unterstützungsgruppe war auch durch umkehrende und abgeschossene Maschinen sowie Flugzeuge, deren H_2S-Geräte nicht funktionierten, geschwächt worden. Nur neun der 62 Maschinen bombardierten genau um 01.05 Uhr. Von den 32 Besatzungen der 8. Group schafften es 24, irgendwo im Gebiet von Nürnberg vor der Stunde Null ihre Bomben zu werfen, aber nur elf der 30 Unterstützungsflugzeuge der 5. Group waren vor dieser Zeit über dem Zielgebiet.

Die letzten »Öffner« waren die sechs Sichtmarkierer, die ihre großen Ladungen gemischter roter und grüner Zielanzeiger drei Minuten vor der Stunde Null beim Schein der Leuchtbomben der Beleuchter auf den Zielpunkt werfen sollten. Zwar waren alle rechtzeitig über dem Ziel, aber ihre Aufgabe war dennoch hoffnungslos. Obgleich sie in nur 5000 Meter Höhe durch das Flakfeuer hindurchflogen, konnten ihre Bombenschützen durch die dichte Wolkendecke nichts erkennen. Diese Flugzeuge hatten keine Himmelsmarkierungen für das Notsystem Wanganui dabei, und ihre sechzig Zielanzeiger, die für die Bombenschützen des Hauptangriffsverbandes ein klares und deutliches Ziel hätten abgeben sollen, explodierten entweder nutzlos unter den Wolken oder wurden gar nach England zurückgebracht.

Die»Öffner« hatten ihr Bestes gegeben. Alles, was jedoch von ihren Markierungsaktionen übrig blieb, waren einige Himmelsmarkierungen über Nürnberg und eine weitere kleinere Gruppe 16 Kilometer nordöstlich der Stadt, in der Nähe von Lauf. Beide wurden nach Osten abgetrieben und fielen nutzlos in die Wolken.

Nur ein Umstand konnte die Briten ermutigen. Die »Öffner« erlitten normalerweise höhere Verluste als die Hauptflotte, aber diesmal war kein deutscher Jäger über dem Ziel zu sehen. Die Scheinwerfer hatten die Wolken nicht durchdringen können, und die Flak war schon bald durch »Window« ausgeschaltet und schoß nur noch blind. Kein einziges der 65 Flugzeuge, die das Zielgebiet überflogen hatten, war heruntergeholt worden.

Die Szene knapp vor der Stunde Null war ganz anders als die der meisten anderen Angriffe. Sergeant H. Maxwell, Bordmechaniker in einem der Pfadfinder-Flugzeuge, hat sie so beschrieben: »Gewöhnlich boten die Markierungen, die Flak, die Scheinwerfer und Nachtjäger ein in gewissem Sinn großartiges Bild. Obwohl immer Tod und Zerstörung im Spiel waren, es war doch stets ein Schauspiel! Aber bei diesem Angriff auf Nürnberg wirkte alles richtig unheimlich. Es war, als ob wir kein Recht hätten, hier zu sein. Ich vermute, wir hatten es tatsächlich nicht«.

Die Stunde Null war gekommen. 559 Bomber des Hauptverbandes hätten zum Angriff bereit sein sollen.

Die entscheidende Zeitmarke, 01.10 Uhr, rückte heran, aber sie brachte nicht den erwarteten Höhepunkt des ganzen Unternehmens. Selbst wenn man die Verluste in Betracht zieht, die der Bomberstrom erlitten hatte, so hätten auf Nürnberg jetzt wenigstens 47 Flugzeugladungen Sprengstoff oder 160 Tonnen Bomben pro Minute regnen müssen. In der ersten Minute warfen statt dessen nur drei Flugzeuge ihre Bomben ab, und in den ersten fünf Minuten waren es ganze 33. Wo blieb der Hauptstrom?

Für seine Verspätung gab es zwei Gründe. Der erste war ganz simpel! Die erfahrenen Besatzungen der »Öffner«, die nicht von Nachtjägern angegriffen worden waren und selbst navigiert hatten, waren größtenteils pünktlich über dem Gebiet von Nürnberg erschienen. Aber die meisten Bomber, die nach Radiopeilungen manövriert hatten, waren ziemlich weit von ihrer vorgeschriebenen Flugroute abgekommen. Am letzten Wendepunkt vor Nürnberg waren sie drei Minuten hinter dem Zeitplan zurück. Deshalb klaffte eine deutliche Lücke zwischen den »Öffnern« und dem Hauptstrom.

Wenn die Besatzungen der Bomber es schafften, zum Zielgebiet vorzudringen, dann hörten ihre Navigationsprobleme im allgemeinen auf, sobald sie die Markierungen der Pfadfinder sahen. Die Besatzungen mußten also nicht erst den Zielpunkt im Zentrum Nürnbergs finden. Sie hatten vielmehr ganz einfache Befehle: Mit einer Geschwindigkeit von 265 Kilometern in der Stunde sollten sie einen Kurs von 175 Grad nach dem Magnetkompaß fliegen und ihre Bomben mitten in die größte Gruppe roter Zielmarkierungen hineinwerfen. Sollten diese Zielmarkierungen wegen Wolken jedoch nicht sichtbar sein, so sollte statt dessen der Mittelpunkt aller roten und gelben Himmelsmarkierungen bombardiert werden. Die Pfadfinder hatten die Aufgabe, diese Markierungen so zu plazieren, daß die Luftminen und Brandbomben des Bomberstroms mit Sicherheit Nürnberg treffen mußten. Wenn die Pfadfinder genau arbeiteten, fielen auch die Bomben genau. Arbeiteten die Pfadfinder dagegen nicht exakt oder konfus, dann würde auch der sorgfältig geplante Angriff platzen. Das war das Kernstück der Nachtbombertaktik im März 1944.

Wegen der Wolken hatten die 33 Bomber, die rechtzeitig Nürnberg erreichten, keine Zielanzeiger, sondern nur die zwei mehrere Kilometer voneinander entfernten Lichttrauben der Himmelsmarkierungen sehen können. Einige zogen es vor, ihre Bomben mitten in die Leuchtbomben hinein zu werfen, während der Rest sich zu einem Kompromiß entschloß und das dunkle Loch zwischen beiden Lichtquellen bombardierte. Und jetzt dröhnte der Bomberstrom heran!

Die Aufgabe, die entscheidenden Himmelsmarkierungen zu erneuern, war Sache der Besatzungen der Blind-Unterstützer. 22 dieser Besatzungen flogen mit der Hauptflotte. Jede Besatzung sollte das Ziel erneut mit je vier Himmelsmarkierungen kennzeichnen. Nur eine dieser Blindunterstützungs-Besatzungen war auf dem Anflug abgeschossen worden. Eine weitere hatte sich wahrscheinlich verflogen. Aber der Rest war vollzählig über Nürnberg angekommen.

Als die Besatzungen des Bomberverbandes die ersten Himmelsmarkierungen mehrere Kilometer vor sich sahen, waren sie völlig verwirrt. Denn es gab nicht eine, sondern gleich zwei solcher deutlich erkennbaren Gruppen von Leuchtbomben. Vier Blindunterstützungs-Maschinen waren gerade vor der Stunde Null eingetroffen. Eine hatte wahrscheinlich präzise die Gruppe der Himmelsmarkierungen über Nürnberg neu markiert. Die zweite hatte einen H_2S-Defekt und daher zwar Bomben, jedoch keine Leuchtbomben abgeworfen. Die anderen beiden Flugzeuge hatten, wie einige der früheren Pfadfinder, den aufkommenden starken Wind nicht richtig eingeschätzt und befanden sich plötzlich in der Nähe von Lauf. Dort erneuerten sie die falsch plazierten Himmelsmarkierungen.

Ein guter »Zeremonienmeister« wäre jetzt Gold wert gewesen. Wenn er fähig gewesen wäre, seine eigene Position durch H_2S präzis festzustellen, hätte er die Bombenschützen des Hauptstroms über Funk anweisen können, die Markierungen bei Lauf zu ignorieren. Er hätte die Unterstützungsmaschinen auffordern können, die korrekten Kennzeichnungen über Nürnberg zu erneuern. Statt dessen traf jedoch jede Besatzung jetzt ihre eigene Entscheidung: Die Mehrheit flog zu den konzentrierteren Markierungen im Osten und ignorierte die Leuchtbomben über Nürnberg.

Jede Bomberbesatzung hatte ihren eigenen Stil, den gefährlichen, zwei Minuten dauernden Zielanflug hinter sich zu bringen. Viele gingen vor Erreichen des Ziels so hoch wie möglich und griffen an, während sie so schnell wie möglich nach unten wegdrückten. In ihren Logbüchern erschien dann zwar die vorschriftsmäßige Angriffsgeschwindigkeit von 265 Kilometer pro Stunde, aber diese Eintragung war ganz einfach falsch.

Der Flugzeugführer selbst konnte nicht einmal das Ziel unter der Nase des Bombers sehen. Es war der flach auf dem Bauch liegende Bombenschütze, der beim Zielanflug die Führung des Flugzeuges übernahm. Er versuchte dabei, seinen Flugzeugführer so einzuweisen, daß die Himmelsmarkierungen, die sich selbst im Wind bewegten, durch das Zentrum des Bombenvisiers hindurchlaufen mußten. Für eine Bomberbesatzung war diese Phase des Feindflugs die spannendste und gefährlichste.

Die Bomben wurden normalerweise innerhalb von zehn Sekunden abgeworfen. Der Schwerpunkt des Bombers durfte sich dabei nicht übermäßig verlagern. Immerhin schoß der Bomber, wenn er plötzlich um bis zu fünf Tonnen Bombenlast erleichtert wurde, förmlich in die Höhe.

Im gleichen Moment, in dem die Bomben fielen, warf das Flugzeug eine Blitzlichtbombe ab. Der Flugzeugführer hatte dann seine Maschine weitere dreißig Sekunden lang auf Kurs zu halten, ehe das Blitzlicht automatisch über dem Punkt aufflammte, wo die Bomben einschlugen. Am Ende des Anflugs schoß eine Kamera, die im Bombenschacht untergebracht war, rasch nacheinander acht Fotos. Theoretisch mußte wenigstens eines von ihnen das Blitzlicht und die Umgebung des Aufschlagpunktes zeigen. Dies war das wichtige »Bombardierungsfoto«, das bewies, wo das Flugzeug wirklich seine Bomben hatte fallen lassen. Und obwohl Nürnberg von Wolken bedeckt war, mußten die verhaßten Fotos auch diesmal gemacht werden. Dabei stand fest, daß keine der mehreren hundert Aufnahmen später etwas anderes als Wolken und Himmelsmarkierungen zeigen konnte.

Beim Zielanflug bestand immer die große Gefahr, von Bomben höher fliegender Maschinen getroffen zu werden. Warrant Officer Jack Broadley von der Squadron 420 (»Schneeule«) beispielsweise war entsetzt, als er plötzlich in den gähnenden Bombenschacht einer Lancaster blickte, die sich nur wenige Meter über ihm befand: »Es erübrigt sich zu sagen, daß ich sofort das Notwendige tat«.

Die nagelneue Lancaster von Pilot Officer Lunn, Squadron 622, wurde dagegen schwer an einer Tragfläche getroffen – wahrscheinlich von einer 30-Pfund-Brandbombe. Obwohl der Hauptspant angeknackt war, kam Lunn sicher nach Hause. Es war also nicht ungewöhnlich, daß Bomber durch »freundliche Bomben« zerstört wurden.

Als der Hauptstrom begann, die Leuchtsignale, in der Nähe von Lauf zu bombardieren, hätte promptes und genaues Neumarkieren über Nürnberg durch die verbliebenen Blindunterstützer die Fehler noch korrigieren können. Aber in den nächsten drei Minuten, zwischen 01.11 Uhr und 01.14 Uhr, wurden überhaupt keine Leuchtbomben geworfen. Und die Mehrheit des Bomberverbandes war zufrieden, in der Nähe von Lauf zu bombardieren, so lange dort die Himmelsmarkierungen brannten – und auch noch, nachdem die Leuchtsignale bereits in den Wolken verschwunden waren.

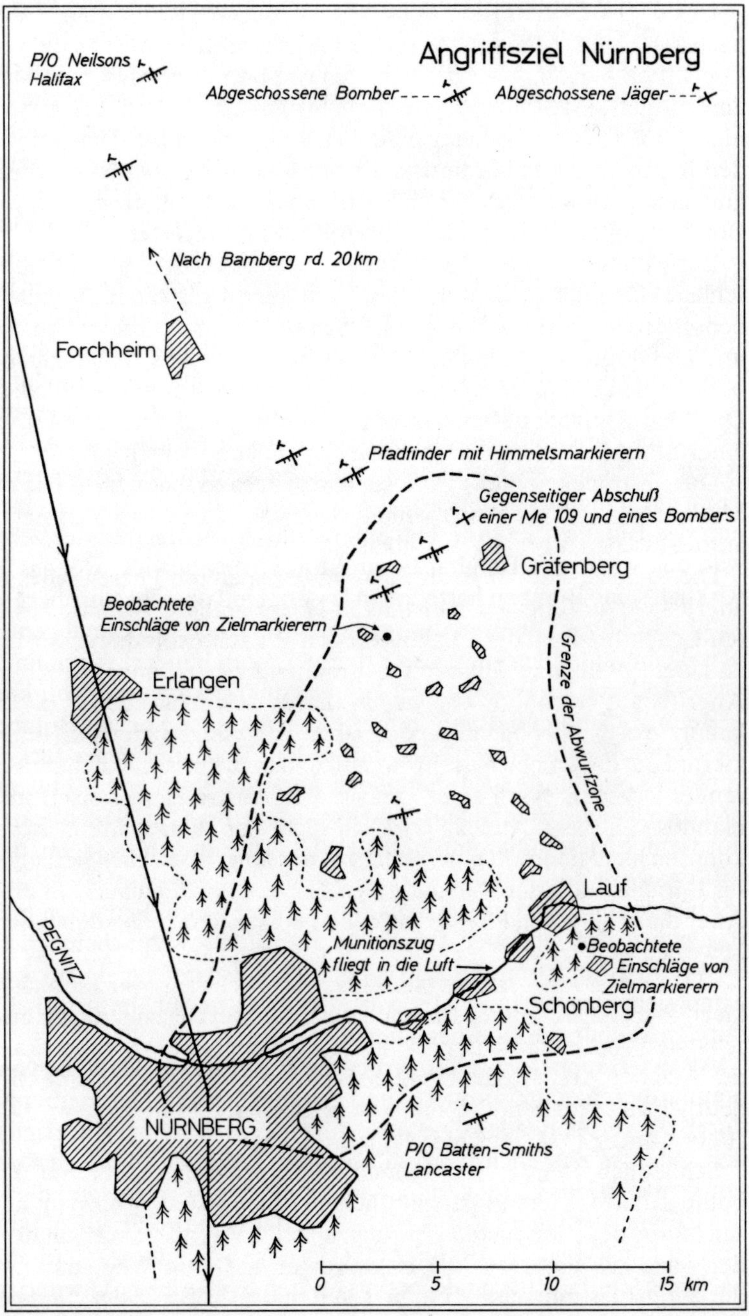
Angriffsziel Nürnberg
P/O Neilsons
Halifax
Abgeschossene Bomber
Abgeschossene Jäger
Nach Bamberg rd. 20 km
Forchheim
Pfadfinder mit Himmelsmarkierern
Gegenseitiger Abschuß
einer Me 109 und eines Bombers
Gräfenberg
Beobachtete
Einschläge von Zielmarkierern
Erlangen
Grenze der Abwurfzone
Lauf
PEGNITZ
Munitionszug
fliegt in die Luft
Beobachtete
Einschläge von
Zielmarkierern
Schönberg
NÜRNBERG
P/O Batten-Smiths
Lancaster
0
5
10
15 km

Um 01.14 Uhr wurden neue Markierungen gesetzt, und während der nächsten zehn Minuten brannten regelmäßig weitere rote und gelbe Leuchtbomben ab. Aber der Schaden war bereits geschehen: Bald zog sich eine ausgefranste Girlande von Leuchtsignalen über 15 Kilometer hin. Einige der Bomber-Besatzungen, die H_2S-Geräte an Bord hatten, erkannten den Irrtum und bombardierten die Markierungen über Nürnberg. Aber es gibt genug Beweise dafür, daß die meisten Besatzungen weiterhin ihre Bomben weit östlich der korrekten Position abwarfen.

Ein weiterer Fehler, das bekannte »Zurückkriechen« der Bombeneinschläge, kam hinzu. Es war menschlich nur zu verständlich, daß ein Bombenschütze den Abwurfknopf eine Sekunde zu früh drückte, um Spannung und Gefahren des Zielanflugs abzukürzen. Alle Anstrengungen des Bomberkommandos, diese Schwäche auszuschalten, waren vergeblich gewesen. Die Angriffsplaner hatten daraufhin den Zielpunkt immer hinter jenen Teil einer Stadt gelegt, den sie bombardiert haben wollten.

Das »Zurückkriechen« in dieser Nacht begann schon früh! Die zerstreute Markierung und die Anwesenheit deutscher Jäger beschleunigten diesen automatischen Vorgang nur noch.

Die Szenerie auf der Erde während der späteren Phasen eines Bombenangriffs entwickelte sich meistens zu einem grellen Gemälde aus den bunten Leuchtbomben der Pfadfinder, den Blitzen explodierender Luftminen und den glühenden Silhouetten brennender Straßenzüge. Während des Angriffs auf Nürnberg war wegen der dicken schwarzen Wolken jedoch kaum etwas zu beobachten, abgesehen von einigen kleinen Himmelsmarkierungen, die schnell verschwanden, und dem kurzen Aufglühen explodierender Bomben. Nach einer »maximalen Anstrengung« des Bomberkommandos sah diese Attacke wirklich nicht aus. Unerfahrene Besatzungen konnten nicht beurteilen, wie schlecht der Angriff wirklich lief, und viele ihrer Berichte nach der Rückkehr beschrieben ihn denn auch als erfolgreich. Aber die erfahrenen Flieger wußten es besser. Die folgenden Kommentare beweisen es:

»Das Ziel selbst – falls es tatsächlich das Ziel war – war gar nicht gut markiert. Wir warfen unsere Bomben auf eine Markierung, die zu unserer geschätzten Ankunftszeit über dem Ziel erschien, aber wir sahen kaum Brände. Aus der Art, wie die Bomben weit verstreut im Zielgebiet fielen, war deutlich zu erkennen, daß nur wenige Kameraden wußten, wo sie waren». (Pilot Officer O. V. Brooks, Squadron 15).

Schließlich meinte ein Pfadfinder-Flugzeugführer, der um 01.19 Uhr bombardierte: »Um es ganz höflich zu sagen: Bombardierung und Kennzeichnung des Ziels waren ein einziger Mist, was allerdings kaum ein Wunder war nach dem, was die Besatzungen auf dem Weg zum Ziel hatten durchmachen müssen!« (Flight Lieutenant C. B. Owen, Squadron 97).

»Wir kamen zu spät über dem Ziel an. Ich glaube nicht, daß wir ein Zielfoto bekamen, weil wir von einem Jäger gehetzt wurden, und weil ein aufgeregter Bordschütze einer Lancaster sich sehr bemühte, uns abzuschießen«. (Flight Lieutenant W. D. Marshall, Squadron 467).

»Ich konnte die schwarzen Umrisse anderer Bomber sehen, die vor uns und – in etwas geringerer Höhe als wir – neben uns flogen. Über uns, etwa 600 Meter höher, sah ich eine Halifax, deren Bombenschächte offen waren. Ich erinnere mich, daß ich überlegte, welcher Teil ihrer verdammten Ladung uns treffen würde. Ich leierte die Anflugsmelodie herunter: ›Bombenschächte offen – links – links – rechts – gerade – links – gerade – Bomben los – Bombenschächte geschlossen – nichts wie weg!‹ Als ich kontrollierte, ob wir auch alle Bomben geworfen hatten, sah ich weniger als einhundert Meter unter uns eine deutsche Ju 88, die in unserer Richtung flog und unter unserer Backbordtragfläche hervorkam. Sie war so nahe, daß ich die beleuchteten Instrumente in ihrem Cockpit sehen konnte. Eine Sekunde lang hatte ich die heroische Idee, ich könnte sie mit den zwei MGs unseres vorderen Turms vom Himmel blasen, aber dann entsann ich mich, daß die Maschinengewehre versagt hatten, als ich sie über dem Meer ausprobierte. Vorsicht wurde zum besseren Teil der Tapferkeit, und wir schlüpften aus dem Zielgebiet in die schützende Dunkelheit». (Sergeant A. W. Brickenden, Squadron 625).

Ein anderer Bombenschütze, der einem deutschen Jäger über dem Ziel begegnete, war Flight Sergeant Hill-Smith von der Squadron 101: »Ich schaute durch die Verglasung am Bombenvisier und dort – nicht mehr als dreißig Meter entfernt und langsam steigend – war eine Ju 88! Als ich endlich in den vorderen MG-Turm gelangt war, war sie nur noch etwa drei Meter unter und fünfzig Meter vor uns. Der Heckschütze gab mir den Rat: ›Laß den Bastard in Ruhe. Er tut uns nichts‹. Der Skipper sagte dagegen. ›Drauf!‹ Ungeachtet dessen, was beide sagten, war ich entschlossen, ihn zu erwischen. Wir waren so nahe, daß mein Ringvisier etwa dreißig Zentimeter der rechten Seite seines Steuerbordtriebwerks und sein ganzes Cockpit umgab. Ich zog den Abzug durch – nichts geschah! Die Maschinengewehre waren eingefroren.«

Um 01.22 Uhr, als der Angriff sich eigentlich bereits seinem Ende hätte zuneigen sollen, war der Raid immer noch in vollem Gang. Zu diesem Zeitpunkt hörten die Blind-Unterstützer wahrscheinlich auf, Markierungen im Osten der Stadt zu setzen, und warfen statt dessen eine dichte Traube Himmelsmarkierungen genau über Nürnberg ab. Diese Aktion kam jedoch zu spät, um das Ergebnis des Angriffs noch stark zu verbessern. Der Bomberstrom fuhr fort, die Landschaft weit östlich von Nürnberg zu bombardieren, und die Bombeneinschläge waren schon 25 Kilometer »zurückgekrochen«. Die frischen Himmelsmarkierungen über Nürnberg lagen 13 Kilometer westlich der normalen Anfluglinie, und es erforderte schon eine beachtliche Anstrengung einer Bomberbesatzung, ihren Anflug abzubrechen und neu anzusetzen.

Viele betrachteten diese frischen und präzisen Himmelsmarkierungen sogar als deutsche Ablenkungsmanöver. Eine genaue Übersicht der Ereignisse in Nürnberg erwähnt jedenfalls nicht, daß nach 01.21 Uhr überhaupt noch Bomben auf das Stadtgebiet gefallen sind, obwohl tatsächlich 186 Flugzeuge nach diesem Zeitpunkt im Großraum Nürnberg noch Bomben geworfen haben.

Um 01.28 Uhr erloschen die letzten Himmelsmarkierungen, und die Bomber, die immer noch eintrafen, mußten jetzt ohne Beleuchter-Hilfe auskommen. Ein kanadischer Flugzeugführer, Pilot Officer Greenwood von der Squadron 514, traf zwei Minuten nach dem Erlöschen der Markierungen ein. Er beförderte einen der seltenen 8000-Pfund-»Wohnblockknacker«. Unter den Wolken konnte sein Bombenschütze das Aufglühen zweier großer Brände sehen, die schätzungsweise 32 Kilometer voneinander entfernt waren. Er wählte das Feuer im Osten und ließ seine riesige Bombe darauf los.

Hinterdreinhinkende Bomber kamen weiterhin noch einige Minuten lang. Letzter Bomber über dem Ziel war eine Lancaster der Squadron 467, die durch einen langwierigen Luftkampf aufgehalten worden war. Flight Sergeant McDade, ihr australischer Bombenschütze, klinkte eine 4000-Pfund-Bombe und 984 Brandbomben aus. Dann verdrückte sich die Lancaster.

Eine Stunde zuvor hatten die Deutschen beim Funkfeuer Ida die perfekte »Zahme Sau«-Abfangposition erreicht gehabt. Ein Nachsetzen durch über Nürnberg versammelte einmotorige Jäger der »Wilden Sau« hätte ihren Erfolg wahrscheinlich noch vergrößert. Aber nichts geschah. Viele Jäger der »Wilden Sau« waren in der Annahme, der Angriff würde sich gegen das Ruhrgebiet richten, zu früh eingesetzt worden. Wären die Deutschen in der Lage gewesen, das Angriffsziel genau vorherzusagen, so hätten noch vier frische Jagdgruppen über Nürnberg zum Einsatz gebracht werden können.

Drei davon, den Me 109 des Jagdgeschwaders 302, war der Start von ihren im Gebiet Berlin liegenden Flugplätzen und Kurs auf das Funkfeuer Nordpol, südwestlich der Hauptstadt, befohlen worden. Die unerwartete Wendung des Bomberstroms nach Süden am Ende der »langen Strecke« hatte die Jäger jedoch zu weit im Norden zurückgelassen. Sie landeten, ohne zum Einsatz gekommen zu sein.

Auch die verbleibende I./JG 301 mit etwa zwanzig Me 109, die in Neuburg/Donau (nur achtzig Kilometer südlich Nürnberg) stationiert waren, hätte vielleicht großen Schaden anrichten können. Aber die Gruppe startete überhaupt nicht. Die Gründe dafür sind nicht bekannt: Vielleicht lag

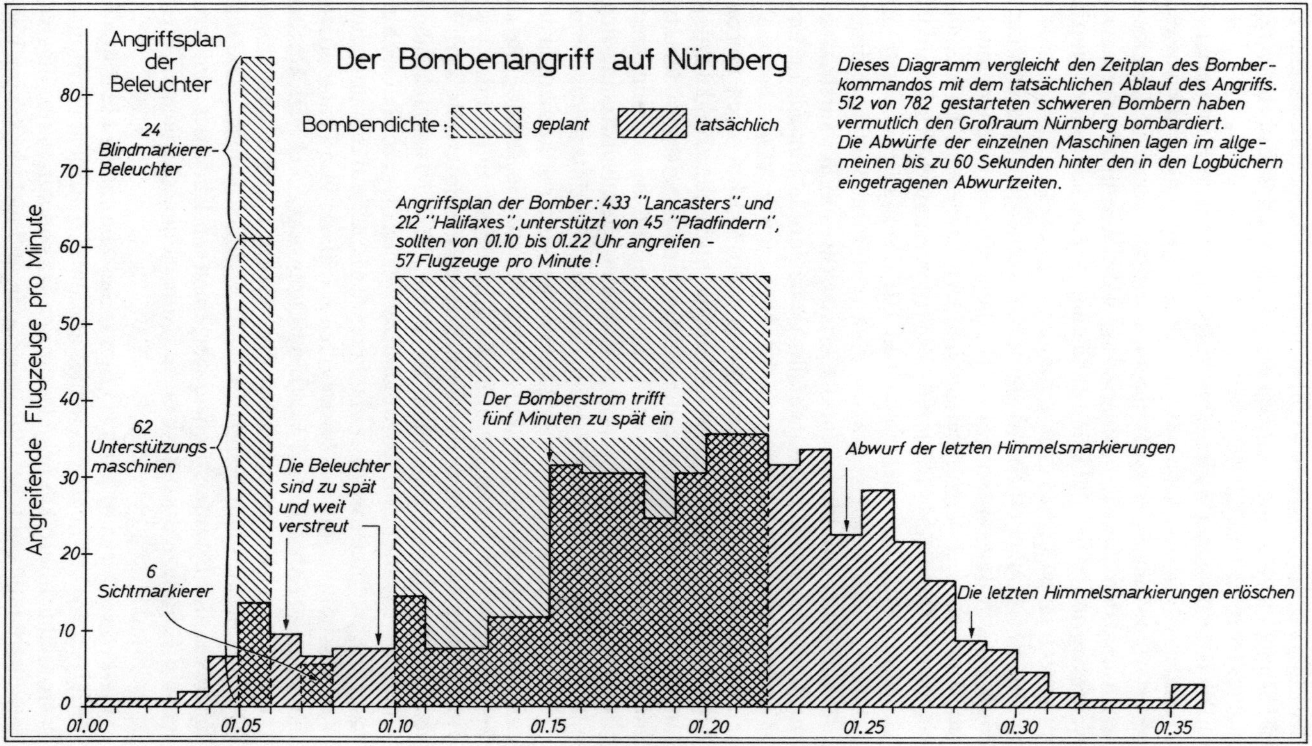
Der Bombenangriff auf Nürnberg
Bombendichte : geplant tatsächlich
Dieses Diagramm vergleicht den Zeitplan des Bomberkommandos mit dem tatsächlichen Ablauf des Angriffs. 512 von 782 gestarteten schweren Bombern haben vermutlich den Großraum Nürnberg bombardiert. Die Abwürfe der einzelnen Maschinen lagen im allgemeinen bis zu 60 Sekunden hinter den in den Logbüchern eingetragenen Abwurfzeiten.
Angriffsplan der Beleuchter
24 Blindmarkierer-Beleuchter
62 Unterstützungsmaschinen
6 Sichtmarkierer
Angriffsplan der Bomber: 433 "Lancasters" und 212 "Halifaxes", unterstützt von 45 "Pfadfindern", sollten von 01.10 bis 01.22 Uhr angreifen - 57 Flugzeuge pro Minute!
Die Beleuchter sind zu spät und weit verstreut
Der Bomberstrom trifft fünf Minuten zu spät ein
Abwurf der letzten Himmelsmarkierungen
Die letzten Himmelsmarkierungen erlöschen
Angreifende Flugzeuge pro Minute
0
10
20
30
40
50
60
70
80
01.00
01.05
01.10
01.15
01.20
01.25
01.30
01.35

der Flugplatz unter Nebel. Vielleicht war die 7. Jagddivision in Schleissheim bei München auch nicht auf den überraschenden Kurswechsel der Bomber nach Süden vorbereitet gewesen.

Die RAF-Bomber waren über Nürnberg vor radargesteuerter Flak durch »Window«, vor den Scheinwerfern durch die Wolken und vor einem konzentrierten Angriff der Jäger der »Wilden Sau« durch den Fehler der Deutschen, die Wendung der Bomber auf Nürnberg nicht vorauszusehen, bewahrt worden. Aber die Bomber blieben immer noch einer vierten Gefahr ausgesetzt: Den Jägern der »Zahmen Sau«, die sich über eine Stunde lang im Bomberstrom befunden hatten. Zwar waren viele Deutsche durch Treibstoff- oder Munitionsmangel ausgefallen, aber es blieben genug, um den Bombern weitere Verluste zuzufügen. Die »laufende Reportage« hatte zunächst nicht eindeutig Nürnberg als Ziel genannt, bis dann um 01.13 Uhr die Abhörspezialisten der Squadron 101 den deutschen Leitoffizier deutlich seine Jäger drängen hörten: »Nach Nürnberg! Nach Nürnberg!«

Die Halifax von Pilot Officer Chris Neilson, dem »verrückten Dänen«, wurde südlich von Bamberg gefaßt, als sie gerade zum Zielanflug ansetzte. Man weiß nur, daß das Flugzeug durch einen Angriff von unten abgeschossen wurde. Wieder einmal hatte die »schräge Musik« zugeschlagen. Neilson landete mit seinem Fallschirm auf einem Dorffriedhof und wurde sofort gefangengenommen. Zwei weitere Besatzungsmitglieder, der Bordfunker und der Heckschütze, wurden ebenfalls gefaßt; die anderen, einschließlich eines neuen Flugzeugführers, der seinen zweiten Einweisungsflug machte, und Flight Sergeant Chris Panton, der junge Bordmechaniker aus Lincolnshire, der gehofft hatte, eines Tages selbst einmal Flugzeugführer zu werden, waren tot. Nach Nürnberg hätte Neilsons Besatzung nur noch zwei weitere Einsätze gebraucht, um ihre Einsatzzeit zu beenden.

Aber nicht alle deutschen Angriffe waren so erfolgreich: »Wir hatten unseren Anflug gerade begonnen, als ich eine Me 110 sah. Ich gab dem Flugzeugführer Anweisung, Ausweichmanöver zu fliegen. Gerade als wir wegtauchten, eröffnete der deutsche Jäger das Feuer auf uns, aber durch unsere Aktion schoß er über uns hinweg. Ich erwiderte sein Feuer, aber gerade in diesem Augenblick zog der Flugzeugführer zum ›Korkenzieher‹ hoch. Mein Magen sank auf den Boden des Turms. Meine Maschinengewehre schwenkten hoch und verfehlten ihn. Er hatte uns nicht getroffen, und wir sahen ihn nicht wieder. Es war der einzige Nachtjäger, den ich während meiner Einsatzzeit zu Gesicht bekam.« (Flight Sergeant D. R. Chiner, Squadron 61).

Ein besonders trauriger Verlust war der Abschuß der sechsten Lancaster der Squadron 101. Wir erinnern uns an die Luftwaffenhelferin Patricia Bourne in Ludford Magna, die ihr Freund gebeten hatte: »Denk' an mich heute nacht um ein Uhr!« Sie war von ihrer Weckuhr wachgeklingelt worden und hatte, wie er es gewünscht hatte, einige Minuten fest an ihn gedacht, bevor sie wieder eingeschlafen war. Um 01.25 Uhr manövrierte Oberleutnant Schulte seine Me 110 unter die Lancaster, als sie gerade aus dem Zielgebiet herausflog, und vernichtete zum viertenmal in dieser Nacht einen Bomber mit seiner »schrägen Musik«. Pilot Officer Jimmy Batten-Smith, Patricias Freund, starb mit seiner gesamten Besatzung. Das Wrack stürzte neben das kleeblattförmige Autobahnkreuz, zehn Kilometer östlich von Nürnberg.

Insgesamt waren 39 Bomber beim Anflug auf das und über dem Zielgebiet abgeschossen worden – wahrscheinlich alle von Jägern. Der Bomberverband hatte bis jetzt 79 Flugzeuge verloren; der Rekordverlust von 78 Bombern während des Angriffs auf Leipzig vor sechs Wochen war damit schon übertroffen. Die Zusammenstöße über dem Zielgebiet waren jedoch nicht völlig einseitig gewesen: Drei deutsche Jäger waren als abgeschossen gemeldet, einer als vermutlich abgeschossen und drei als beschädigt.

Es war der sechste größere Luftangriff, den die Bevölkerung von Nürnberg erdulden mußte. Die früheren Angriffe waren ebenfalls nachts erfolgt, einer im Jahr 1942, vier im Jahr 1943. Bei den beiden letzten Angriffen im August 1943 hatte es unerwartet hohe Verluste unter der Zivilbevölkerung gegeben, als 656 Menschen umkamen. Seither hatte zwar sieben Monate lang Ruhe geherrscht, aber als noch weitgehend intakte große Industriestadt wußte Nürnberg, daß es wieder an die Reihe kommen würde. Die Flak und die Einheiten des Zivilschutzes waren verstärkt worden. Jetzt gab es auch für jeden Bürger in einem richtigen Luftschutzkeller Platz. Nürnberg war so gut wie möglich auf den nächsten RAF-Besuch vorbereitet.

Deutschlands Verdunkelungsvorschriften während des Krieges waren nicht ganz so streng wie die in Großbritannien. Eisenbahnverschiebebahnhöfe, Fabriken und andere für den Kriegseinsatz wichtige Anlagen durften so lange weiterarbeiten, bis feindliche Flugzeuge in der Nähe auftauchten. Als erste Warnung traf in dieser Nacht in Nürnberg, knapp vor Mitternacht, der Befehl ein, alle Verdunkelungserleichterungen aufzuheben. Zu diesem Zeitpunkt waren die Bomber immer noch 330 Kilometer entfernt. Bald danach heulten die Sirenen das Signal »öffentliche Luftwarnung«. Um 00.38 Uhr jedoch, kurz bevor die Bomber am Ende der »langen Strecke« wendeten, kam der Fliegeralarm.

Jeder Zivilist der keine bestimmte Aufgabe hatte, mußte jetzt eine Dekkung aufsuchen. Die älteren Häuser hatten durchweg Luftschutzkeller mit Notausgängen zur Straße oder in die benachbarten Keller. Die vier großen Türme an den Ecken der Altstadt mit ihren zwei Meter dicken Mauern boten zusätzlich Unterschlupf für viele Menschen. Die Bewohner der moderneren Häuser in den äußeren Wohnbezirken machten sich zu ihren Gemeinschaftsluftschutzunterkünften auf. Polizisten, Feuerwehrleute,

Rettungspersonal und die Fahrer der Krankenwagen eilten zu ihren Sammelstellen.

Hätte dieser Angriff einer englischen Stadt gegolten, dann wären diese Einheiten durch weibliche Freiwillige ergänzt worden. Aber in Deutschland war vieles anders: Die weibliche Bevölkerung wurde nicht aktiv im Luftschutzwesen oder Rettungsdienst eingesetzt. Statt dessen stellten die Jungen der Hitlerjugend das zusätzliche Personal für diese Einheiten.

Als die Briten wendeten und mit Südkurs auf die Stadt zuflogen, erhielten die für die Verteidigung Nürnbergs Verantwortlichen fast jede Minute einen neuen Bericht über den Anmarsch der Bomber. Um 01.00 Uhr konnte man das Dröhnen vieler Flugzeuge im Norden und Osten hören. Zwei Minuten später eröffnete die örtliche Flak das Feuer.

Obwohl die Mosquito des Flight Sergeant Marshallsay ihre Bomben bereits um 00.58 Uhr geworfen hatte, fielen die ersten Sprengkörper erst fünf Minuten später auf Nürnberg: In die und um die Altstadt herum. Es waren zumeist Sprengbomben, von Pfadfindern oder Unterstützungsflugzeugen abgeworfen.

Diese Taktik – hochexplosive Bomben auf verschiedene Punkte im Zentrum einer Stadt – war das normale Vorspiel eines Flächenbombardements. Ihr Ziel war es, Hausdächer abzudecken, Straßen zu blockieren und die deutsche Feuerwehr zu zwingen, in Deckung zu bleiben, während die Pfadfinder den Zielpunkt markierten. Danach sollten die Bomber die Stadt mit einer Kombination von Luftminen und Brandbomben in Brand setzen. Wie bereits gesagt, lief das Vernichtungsprogramm in dieser Nacht jedoch schief.

Als die ersten Sprengbomben fielen, standen grüne und rote Leuchtbomben vorschriftsmäßig über der Stadt. Sie wurden zwar von den wenigen Deutschen gesehen, die sich in Ausübung ihres Dienstes über der Erde befanden, gewiß jedoch nicht von den Bomberbesatzungen, die über den dikken Wolken flogen.

Die Bomben, die in die Altstadt fielen, verursachten weder schweren Schaden noch große Brände. In der Burg waren einhundert Hitlerjungen unter dem Kommando eines Feldwebels der Wehrmacht stationiert. Sechs Jungen hatten Beobachtungsdienst auf dem Turm, während der Rest sich in der Sicherheit der tiefen Keller befand. Sobald Treffer in Gebäuden der Altstadt entdeckt wurden, wurden Gruppen von HJ-Angehörigen losgeschickt: Sie sollten die Feuer entweder löschen oder sie so lange eindämmen, bis die Feuerwehr eintraf. Einige Brände brachen in der Nähe der Burg aus, einige in der Nähe der berühmten Lorenzkirche, aber sie wurden bald unter Kontrolle gebracht. Das Hauptereignis in der Altstadt war die Zerstörung der Norishalle, eines beliebten Tanzlokals. Obgleich viele

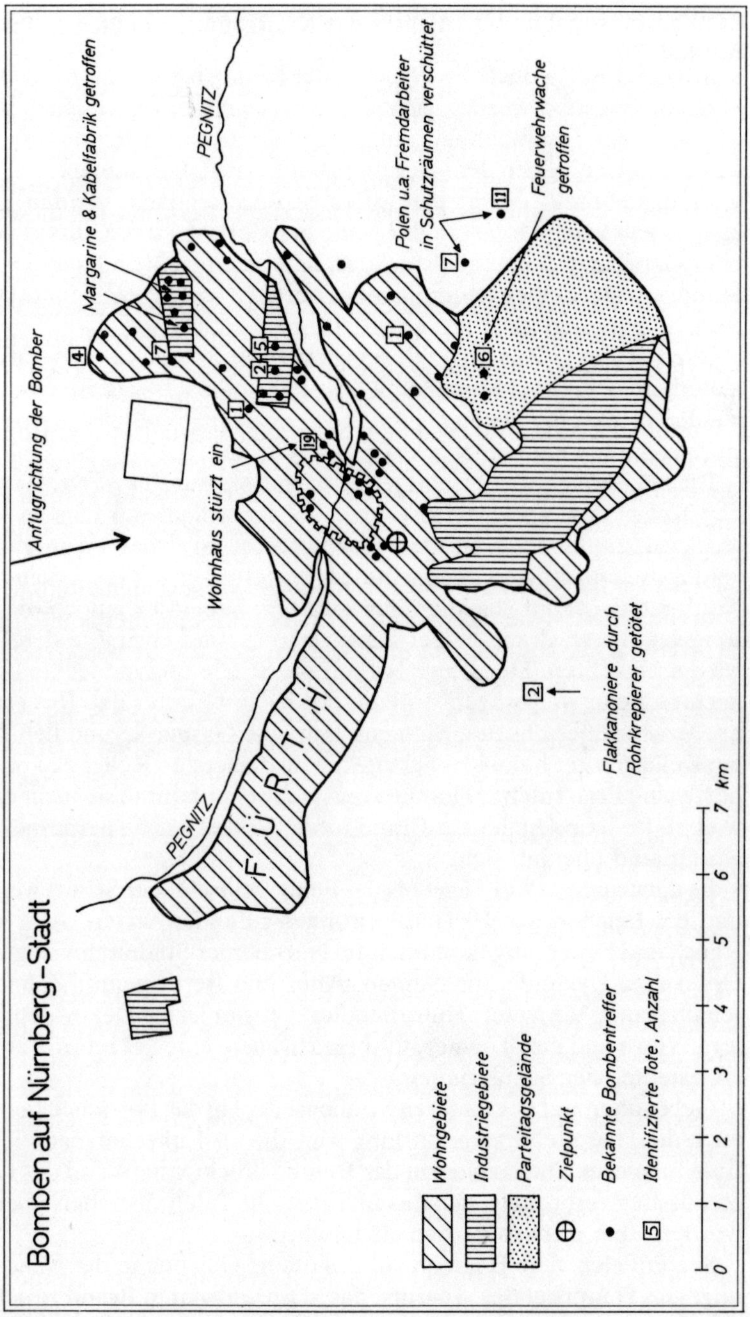
Bomben auf Nürnberg-Stadt
Wohngebiete
Industriegebiete
Parteitagsgelände
Zielpunkt
Bekannte Bombentreffer
Identifizierte Tote, Anzahl
0 1 2 3 4 5 6 7 km
Anflugrichtung der Bomber
Margarine & Kabelfabrik getroffen
PEGNITZ
FÜRTH
Wohnhaus stürzt ein
Polen u.a. Fremdarbeiter in Schutzräumen verschüttet
Feuerwehrwache getroffen
Flakkanoniere durch Rohrkrepierer getötet
4
7
1
2
5
19
11
6

Menschen im alten Stadtzentrum lebten, wurde dort keine einzige Person getötet.

Schwerer war jedoch die Wirkung der Bomben, die knapp außerhalb der Altstadt geworfen wurden. Schaden wurde an den Eisenbahngebäuden in der Nähe des Hauptbahnhofs angerichtet, und drei Haupteisenbahnlinien wurden unterbrochen. Das Hauptpostamt, das Arbeitsamt und die Maximilian-Augenklinik, ein kleines privates Krankenhaus, wurden getroffen, aber es gab keine Opfer. In der Nähe der Christuskirche, direkt neben der Hauptfabrik von Siemens-Schuckert, brach ein Großfeuer aus, das mehrere Stunden wütete, aber weder Siemens noch die wichtige Rüstungsfabrik von M.A.N. erhielten auch nur einen einzigen Treffer.

Der schwerste Zwischenfall ereignete sich in der Kesslerstraße, knapp außerhalb der Altstadtmauern, wo eine einzelne schwere Bombe entweder auf der Straße oder in einem großen Mietshaus explodierte, das zusammenstürzte. In den Ruinen brach sofort Feuer aus.

Johann Völkel, ein 15jähriger Hitlerjunge, war zuerst da. Er rannte in den Keller des Nachbarhauses, um zu versuchen, auf diesem Weg den Luftschutzraum des zerstörten Gebäudes zu erreichen. Während ihn die verängstigten Insassen beobachteten, entfernte er die Backsteine, die den Notdurchgang zum Nachbarhaus sperrten. Sobald er jedoch die Öffnung freigelegt hatte, drang heißer Rauch heraus, und er mußte den Durchlaß wieder abdichten. Der Junge lief auf die Straße und entdeckte dort einen leichten Feuerwehrwagen. Völkel, der Kleinste unter den Rettern, wurde mit Wasser überschüttet. Man gab ihm eine Gasmaske und ließ ihn durch ein Kellerfenster hinab. Es gelang ihm, in den ersten Keller zu kommen. Er hörte eine Frau rufen: »Holt uns raus!« Aber er konnte sie nicht erreichen, weil hinter dem Qualm ein Brand tobte. Völkel wurde herausgezogen. Er würgte und übergab sich.

Es dauerte fast zwei Tage, bis das Feuer gelöscht, der Schutt weggeräumt und die Leichen der 19 Hausbewohner gefunden waren. Alle waren im Rauch und Feuer umgekommen. Im Nürnberger Stadtarchiv liegt für jedes Opfer eine Urkunde, die Namen, Alter und Beruf nennt: Zahnarzt, Geschäftsmann, Vertreter, Kunsthändler, pensionierter Dekorateur, eine ältere Witwe und ihre Tochter, fünf Hausfrauen, eine Sekretärin, zwei Hausangestellte, vier Schülerinnen.

Gegenüber, auf der anderen Straßenseite, lag das Postscheckamt, in dem auch die Haupttelefonvermittlung war, die als Luftschutznachrichtenzentrale fungierte. Die Explosion der Bombe drückte die Wand des Gebäudes ein. Später verbreitete sich das Gerücht, 30 Telefonistinnen seien getötet worden, aber das erwies sich als falsch.

Später fielen viele Bomben auf das offene Gelände in der Nähe der Pegnitz. Das Hauptziel des Angriffs, das Stadtzentrum in Brand zu setzen, war nicht erreicht worden, und keine der verstreuten Bomben traf das Industriegebiet südlich des Stadtzentrums. Das Abdriften der Bomben nach Osten führte jedoch zu einem Zufallserfolg: Zwei kleinere Industriegebiete innerhalb der Wohnbezirke der Vororte, eines am Nordufer der Pegnitz und ein anderes weiter nördlich im Vorort Herrnhütte, litten schwer unter der Bombardierung. Großfeuer brachen in einer Motorradfabrik und in einer Eisengießerei aus. In einer Margarinefabrik wurde das Verwaltungsgebäude verwüstet. Vorräte im Wert von 1,5 Millionen Reichsmark verbrannten. Der schwerste Schaden wurde bei Neumeyer angerichtet, einer großen Fabrik, in der 6000 Arbeiter Elektrokabel herstellten.

Viele Häuser wurden auch in diesem nordöstlichen Teil der Stadt getroffen, und hier gab es mehr Verluste.

Die Wirkung der Bombardierung in den südöstlichen Vorstädten war völlig anders: Hier lagen inmitten großer Flächen die von Albert Speer entworfenen und für die Partei errichteten Gebäude. Einige Bomben fielen in der Nähe der SS-Kasernen und der nicht fertiggestellten Kongreßhalle, aber es ist unwahrscheinlich, daß diese massiven Bauwerke schweren Schaden erlitten, obgleich die SS wahrscheinlich die meisten Fensterscheiben einbüßte.

Die Bomben fielen auf ein Gebiet, das die Form eines schrägen Dreiecks hatte. Nürnberg lag am westlichen Ende des Fußes des Dreiecks und war das Ziel der ersten Bombenabwürfe. Aber es waren die Himmelsmarkierungen, die bei Lauf – am Ostende der Basis des Dreiecks – gesetzt wurden, welche die meisten Bomben des Hauptstroms anzogen.

Lauf, eine kleine, hübsche, alte Stadt, wurde schwer getroffen. Der Luftdruck von zwei »Wohnblockknackern« zerschlug Fenster und riß Dachziegel von den alten Häusern. Viele Brände wurden durch die folgenden Brandbomben ausgelöst. Zehn Gebäude in der Nähe des Marktplatzes – zwei kleine Brauereien, zwei Gasthäuser und sechs Wohnhäuser – brannten völlig nieder; viele andere wurden beschädigt. Eine Fabrik, die Isolatoren und andere Keramikprodukte für die Rüstung herstellte, wurde ebenfalls beschädigt, einer der größten Rundfunksender Deutschlands, der knapp außerhalb des Ortes lag, überstand den Angriff jedoch ohne Schaden.

In den Wäldern südlich von Lauf liegt das kleine Dorf Schönberg. Zu Beginn des Angriffs war eine Ladung grell bunter Zielmarkierungen über den Wäldern zwischen dem Dorf und Lauf niedergegangen. Obwohl sie für die Bombenschützen des Hauptstroms unsichtbar waren, konnten die von einem unbekannten Pfadfinder 18 Kilometer vom korrekten Zielpunkt ebenfalls abgeworfenen Himmelsmarkierungen gesehen werden. Später schrieb Frau Hilde Gregori diesen Augenzeugenbericht: »Die ›Christbäume‹, welche die zu bombardierende Gegend bezeichneten, standen bedrohlich nahe bei unserem Dorf. Aber selbst dann glaubten viele nicht ernsthaft, daß wir dran wären. Welches militärische Ziel sollte Schönberg schon bieten und welchen Nutzen würde die Zerstörung eines Dorfes für den Feind haben? Das sagten die Optimisten. Wer jedoch noch die Straße überqueren mußte, um seinen Luftschutzkeller zu erreichen, konnte andere Erfahrungen machen: Es regnete im wahrsten Sinn des Wortes Brandbomben. In den Wiesen rings um Schönberg tauchten überall Lichter auf, die wie große Fackeln aussahen. Überall krochen schon Flammen über die Dächer. Die Hölle war los. Die Brände knatterten, während sie sich weiterfraßen, Dachziegel zerbarsten in der Hitze. Das ganze Dorf war ein Flammenmeer. Ein Beobachter, der zehn Kilometer von Schönberg entfernt lebte, sagte später, er hätte angenommen, in Schönberg sei kein Haus stehengeblieben. Als der Angriff vorbei war, bemühte sich jeder fieberhaft, das Feuer zu löschen. Die Dorffeuerwehr konnte das Feuer nicht, wie geübt, bekämpfen, weil jeder Mann sich zuerst um sein Eigentum kümmerte. Es verdient erwähnt zu werden, daß Kinder und Frauen tapfer mithalfen und Taten vollbrachten, die einem heute fast unmöglich erscheinen.«

Gegen Ende des Angriffs gab es eine »ohrenbetäubende Explosion«, als eine besonders schwere Bombe außerhalb von Schönberg niederging. Einer der dort eingesetzten Feuerwehrmänner erinnert sich, daß »der Druck ein in der Nähe gelegenes Bauernhaus buchstäblich vom Boden wegfegte«. Dies war vielleicht die 8000-Pfund-Bombe, die von einem Bombenschützen der Squadron 514 in die riesige Glut geworfen worden war, die er durch die Wolken gesehen hatte.

65 Häuser und Scheunen brannten in Schönberg aus, und 95 Menschen wurden obdachlos, aber wegen des hohen Anteils von Brandbomben in der Bombenlast gab es weder in Lauf noch in Schönberg Todesopfer.

Während des Angriffs wurden die Bomben über ein immer größeres Gebiet verstreut. Bald fielen sie überall entlang der Basis des Dreiecks, dann krochen sie schnell nordwärts bis über Gräfenberg hinaus, das 35 Kilometer von Nürnberg entfernt liegt. Innerhalb dieses Gebiets lagen zahlreiche kleine Dörfer, offenes Ackerland und dichte Wälder. Dokumente zeigen, daß 21 Dörfer Bombenschäden erlitten.

Eine Bombe traf einen Militärzug in Behringersdorf, knapp östlich von Nürnberg, und setzte ihn in Brand. Es gab eine schwere Explosion, als ein mit Munition beladener Waggon in die Luft flog.

In Nürnberg selbst hatten die Angehörigen des Luftschutzes verhältnismäßig wenig zu tun. Tatsächlich war der Angriff so leicht gewesen, daß viele Einheiten der Feuerwehr und des Rettungsdienstes überhaupt nicht eingesetzt worden waren. Die Flak-Batterien hatten während des Angriffs dauernd gefeuert, aber es ist unwahrscheinlich, daß sie einen Bomber abgeschossen hatten. Im Rohr eines 10,5-Zentimeter-Geschützes steckte ein

Blindgänger. Die Geschützbedienung wartete so lange wie möglich ab. Schließlich bekam sie jedoch den Befehl, das Geschütz zu entladen, so daß es wieder eingesetzt werden konnte. Da explodierte das Geschoß und tötete vier Männer: einen Soldaten, einen Flakhelfer und zwei Russen.

Gegen 02.52 Uhr, gut eine Stunde, nachdem die letzte Bombe geworfen worden war, wurde Entwarnung gegeben. Flächenangriffe waren immer ein direkter Kampf zwischen den Bomberbesatzungen, die die Verteidigung einer Stadt zu überwältigen versuchten, und den Einwohnern dieser Stadt, die versuchten, die Feuer zu löschen, bevor sie sich ausbreiten konnten. In dieser Nacht rettete die mangelnde Konzentration der Bombenabwürfe und die Arbeit der Nürnberger Feuerwehr die Stadt vor der Zerstörung. Die gute Arbeit der Feuerwehrleute kann der sorgfältigen Organisation und Ausbildung zugeschrieben werden. Aber es waren die unerwartete Verlagerung einer Zone feuchter Warmluft, starke Winde und dicke Wolken, die in Wirklichkeit die historische Stadt und ihre Einwohner vor Feuer und Tod gerettet hatten.

Die falschen Ziele

Nur 512 Flugzeuge bombardierten das Gebiet von Nürnberg, obwohl 631 es hätten tun können. Wo war die Hauptflotte zur Stunde Null? Wo waren die fehlenden 119 Bomber hingeflogen?

Um 01.00 Uhr hatte sich Flying Officer Ted Jackman verirrt. Seine Pfadfinder-Mosquito sollte zu dieser Zeit bereits über Nürnberg sein, um »Window«, einen grünen Zielmarkierer und drei 500-Pfund-Bomben zu werfen. Wie bei allen anderen war schon bald nach dem Start sein Gee-Gerät von den Deutschen gestört worden, später hatte wegen technischer Schwierigkeiten dann auch noch sein H_2S-Gerät ausgesetzt. Flying Officer Button, Jackmans Navigator, war gezwungen gewesen, nach Koppelkurs zu fliegen.

Zu dem Zeitpunkt, zu dem die Mosquito Nürnberg hätte erreichen müssen, gab es direkt voraus viele Scheinwerfer und Flak. Sie verteidigten ein bebautes Gebiet, das von Dunst bedeckt zu sein schien. Jackman, ein erfahrener Flugzeugführer, der seinen vierzigsten Einsatz flog, nahm an, daß er nun über Nürnberg sei, überflog das Ziel in 8500 Metern Höhe und warf seine Ladung ab. Sein leuchtend grüner Zielanzeiger blieb einige Minuten lang sichtbar.

Flying Officer Jackman war nicht der einzige, der bemüht war, seine Bomben rechtzeitig los zu werden. Die Unterstützungsflugzeuge der 5. Group hatten Befehl, ihre Ladungen um 01.05 Uhr, fünf Minuten vor der Stunde Null also, zu werfen. Um 01.03 Uhr bombardierte Pilot Officer O'Leary, vielleicht durch Jackmans Zielanzeiger angelockt, das gleiche Ziel, innerhalb von sechs Minuten sechs weitere Lancaster.

Diese beiden Ereignisse – der zufällige grüne Zielanzeiger und die Bombenladungen der sieben Lancaster – waren nicht unbedingt für sich allein hinreichend, um weitere Angriffe auszulösen. Tatsächlich gab es auch eine kleine Pause. Aber diese Vorgänge hatten doch Bomber des Hauptverbandes angelockt, von denen nur wenige wußten, wo sie genau waren, als die Stunde Null schlug.

Hauptmann Gustav Tham war mit seiner Me 110 in Erfurt gestartet und hatte auf der »langen Strecke« bereits eine Lancaster abgeschossen. Dann aber hatte sein SN-2-Gerät den Geist aufgegeben. Nachdem er eine halbe Stunde lang nur mit den Augen gesucht hatte, sah Tham plötzlich die vier glühenden Auspufftöpfe einer weiteren Lancaster. Sie war nur 150 Meter entfernt, und Tham schoß sofort. Rumpf und Backbordtragfläche brannten, und in weiten Kreisen, verfolgt von Flak-Scheinwerfern, ging der Bomber herunter. Es waren keine Fallschirme zu sehen.

Flight Sergeant Hawkins, Bombenschütze in einer Lancaster des Hauptstroms, beobachtete den Absturz: »Als wir dachten, wir müßten jetzt eigentlich in der Nähe von Nürnberg sein, wurde vor uns eine Lancaster abgeschossen und trudelte in einem leuchtenden orangefarbenen Licht, das die ganze Landschaft erleuchtete, nach unten. In diesem Licht sahen wir eine Industriestadt vor uns und nahmen an, es sei Nürnberg, obgleich wir das Ziel nicht positiv identifizieren konnten. Wir hielten weiterhin Kurs auf das angenommene Ziel und bombardierten im Feuerschein der brennenden Lancaster.«

Der von Hauptmann Tham abgeschossene Bomber war der von Pilot Officer Jack Thornton, jenes kanadischen Flugzeugführers, dessen Freundin, die Luftwaffenhelferin in Spilsby, vor dem Start in die Lancaster gekommen war und ihn gebeten hatte, »diese kleine Ladung« in Erinnerung an ihren in Dünkirchen gefallenen Bruder abzuwerfen. Seine brennende Lancaster und die explodierende 4000-Pfund-Bombe galt auch vielen anderen Bombenschützen als Beweis, daß sie über dem richtigen Ziel angekommen sein mußten.

Das Fehlen dichter Wolken hatte zur Folge, daß viele dieser Besatzungen klare Zielfotos mitbrachten. Sie enthüllten Schweinfurt, das Zentrum der deutschen Kugellagerindustrie, 90 Kilometer nordwestlich von Nürnberg. Es ist eine Ironie, daß dieser nicht geplante Angriff ausgerechnet jenes Ziel treffen sollte, von dem Sir Arthur Harris so oft erklärt hatte, es würde nicht in die Zielplanung der Bomberoffensive passen, und es übersteige die Fähigkeiten seines Kommandos, dieses Punktziel zu finden und mit Erfolg zu bombardieren.

Es gibt eine einfache Erklärung dafür, daß so viele Bomber über Schweinfurt gerieten und diese Stadt für Nürnberg hielten. Die ungenauen Radiopeilungen, welche die Besatzungen auf der »langen Strecke« empfingen, hatten viele zu einem falschen Wendepunkt geführt. Peilung und Länge des Anflugs von dieser falschen Position aus nach Schweinfurt waren aber die gleichen wie die vom korrekten Wendepunkt aus nach Nürnberg.

Jackmans grüner Zielanzeiger hatte etwa vier Minuten lang gebrannt. Nachdem er erloschen war, konnten die Schweinfurt bombardierenden Flugzeuge den Zielpunkt nur vermuten, weil weitere Markierungen fehlten. Die zu diesem Zeitpunkt abgeworfenen Bomben lagen dementsprechend weit verstreut. Nach den Strapazen, die die Besatzungen bereits hinter sich hatten, war es kein Wunder, daß sie ihre Bomben über dem nicht markierten Gelände ohne große Gedanken darüber ausklinkten, wo sie sich

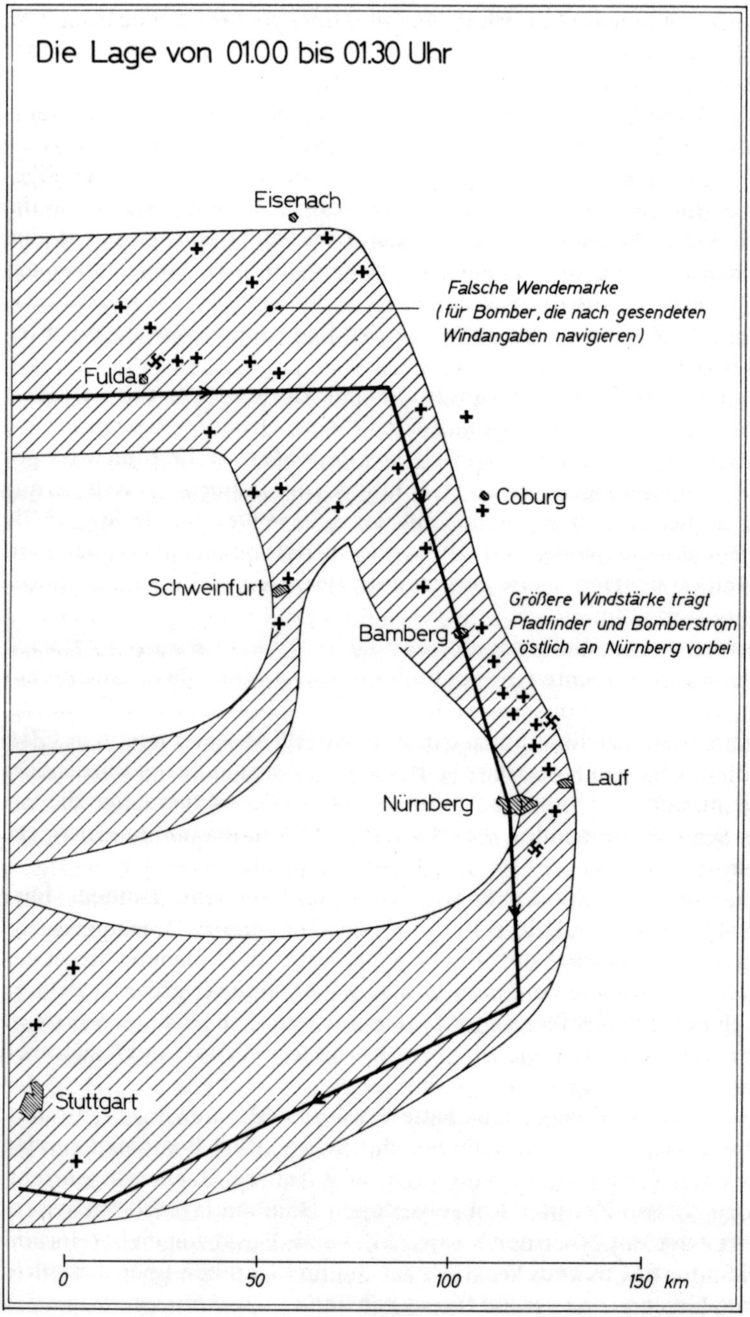
Die Lage von 01.00 bis 01.30 Uhr
Eisenach
Falsche Wendemarke
(für Bomber, die nach gesendeten
Windangaben navigieren)
Fulda
Coburg
Schweinfurt
Größere Windstärke trägt
Pfadfinder und Bomberstrom
östlich an Nürnberg vorbei
Bamberg
Lauf
Nürnberg
Stuttgart
0
50
100
150 km

nun wirklich befanden. Man konnte später immer noch den Pfadfindern die Schuld für die Verspätung geben.

Der Bericht von Warrant Officer Claud Notman, einem australischen Bombenschützen der Squadron 550, ist typisch: »Max, der Navigator, sagte, wir müßten in fünf Minuten dort sein. Ein Brand zur Rechten. Ich bin sicher, daß dies ein Angriff ist. Mehr große Brandbomben. Hier ist es! ›Max, rechts von uns ist ein mächtiger Bombenangriff. Könnte das Nürnberg sein?‹ ›Ja, das könnte sein‹, sagte der Navigator mit unbewegtem Gesicht. Immer noch gab es keine Leuchtsignale der Pfadfinder, aber dies mußte Nürnberg sein. Wir flogen mit den anderen an, hielten die Maschine gerade, und die alte R-Roger machte eine sehr wichtige Blitzlichtaufnahme. Eine Zeitlang flogen wir auf neuem Kurs nach Süden, und dann sahen wir Abwürfe über Nürnberg. Es schien nur ein sehr bescheidener Luftangriff zu sein, während hinter uns unser eigenes Ziel immer heller wurde. Gott, was werden ›Butch‹ und seine Männer sagen? Ausgerechnet wir mußten auf unserem 25. Feindflug das falsche Ziel bombardieren! Auf dem Rückflug herrschte Schweigen. Wir waren durch unseren Fehler gedemütigt.«

Viele Besatzungen weigerten sich, sofort ihre Bomben zu werfen, nachdem sie Schweinfurt erreicht hatten. Sie zogen Kreise und warteten auf die Markierungen der Pfadfinder. Ihre Geduld wurde belohnt, als um 01.16 Uhr oder 01.17 Uhr neue Zielanzeiger niedergingen. Diese grellen Kaskaden waren sieben Minuten lang am wolkenlosen Himmel über Schweinfurt zu sehen.

Wer hatte diese Zielmarkierungen abgeworfen? Mangels Beweises ist es schwer, diese Frage zu beantworten. Ein Teil der vorhandenen Unterlagen widerspricht sich. Es gibt keine Urkunde über einen Pfadfinder, der ein Foto von Schweinfurt mitbrachte. Waren die Markierungen deutsche Ablenkungsmanöver gewesen? Es ist jedoch unwahrscheinlich, daß die Deutschen einen »Lockvogel« so nahe bei einem entscheidenden Ziel aufgebaut hatten. Soldaten, die zu diesem Zeitpunkt in Schweinfurt Dienst taten, bestätigen diese Annahme.

Die Zielanzeiger scheinen grüne gewesen zu sein, denen rote folgten. In anderen Berichten werden rote und gelbe erwähnt. Ein australischer Flugzeugführer des Hauptverbandes, Squadron Leader »Bluey« Graham, der seinen vierzigsten Einsatz flog, schreibt jedenfalls: »Ich bin mir sicher, daß zumindest einige Pfadfinder bei uns waren und Schweinfurt markierten«.

Der Bombenangriff auf Schweinfurt wurde keineswegs nur von unerfahrenen Besatzungen geflogen. Eine Lancaster der Squadron 101 hatte als Navigator Squadron Leader Rosevear, vermutlich einer der erfahrensten Navigatoren der Hauptflotte. Als er nach der Bombardierung von Schweinfurt nach Süden flog, beobachtete er zu seinem Ärger den Angriff auf Nürnberg, 45 Kilometer entfernt an Backbord.

Unter den Bombern, die über Schweinfurt gerieten, gab es viel Verwirrung. Einige der glücklicheren Besatzungen, die H_2S-Geräte hatten, erkannten, daß sie nicht über Nürnberg waren und flogen weiter südwärts. Zumindest zwei Besatzungen jedoch, die an Schweinfurt vorbeigeflogen waren, fanden den Angriff auf Nürnberg so schwach, daß sie umkehrten und wieder nach Schweinfurt flogen. Sie hatten nicht erkannt, daß die dichten Wolken über Nürnberg den größten Teil des Angriffs verhüllten. Andere flogen Kreise über Schweinfurt, während Bombenschütze und Navigator miteinander stritten. Der Bombenschütze hatte ein gutes Ziel im Visier, das markiert war und auf das bereits viele Bomben gefallen waren. Der Navigator war jedoch davon überzeugt, daß sie dennoch nicht über dem richtigen Ziel sein konnten.

Das Fehlen von Wolken über Schweinfurt ermöglichte es den Scheinwerfern, die Höhe der Bomber zu erreichen, und der starken Flak-Verteidigung dieses wichtigen industriellen Ziels wurde während des größten Teils des Angriffs Vorrang vor den Nachtjägern eingeräumt. Es war deshalb die Bodenverteidigung und nicht die Nachtjäger, die für die Bomberbesatzungen die größte Gefahr darstellte. Obgleich im offiziellen Bericht des Bomberkommandos über den Angriff die Schweinfurter Verteidigung als »nicht genau« bezeichnet wird, forderte die Flak zwei Opfer. Alfred Popp, heute ein Zahnarzt in der Gegend, war damals Flakhelfer in einer Flakstellung am östlichen Ortsrand, der später der Abschuß von zwei Halifax anerkannt wurde. Popp ist sich sicher, daß eine davon eine Lancaster war, und vielleicht hat er recht. Ihre Vernichtung wurde von verschiedenen Männern beobachtet, einschließlich Sergeant Rowlinson, einem Funker, dessen eigenes Flugzeug fast das gleiche Schicksal erlitt: »Wir konnten jetzt andere Lancaster als Schatten gegen den Himmel sehen. Einer der armen Teufel wurde von Scheinwerfern eingekreist. Er wandte sich und machte Korkenzieher und versuchte, die Scheinwerfer abzuschütteln, aber wir konnten Flak in der Nähe explodieren sehen. Dann erschien das Flackern einer Flamme auf einer der Tragflächen. Dann waren wir im Scheinwerferkegel. Welch' ein Erlebnis! Chas (Flying Officer Startin, der australische Flugzeugführer) tauchte sofort wie ein Jäger weg. Wir verloren mehrere hundert Meter Höhe in wenigen Sekunden. Wegen des plötzlichen Schwerkraftverlusts flogen Thermosflaschen, Bleistifte, Landkarten und verschiedene andere Gegenstände in der Kabine herum. Ich griff meine Flasche, weil ich nicht mein heißes Getränk verlieren wollte. Dann zogen wir aus dem Tiefflug hoch und drehten nach Backbord, dann plötzlich nach Steuerbord, dann ging auf einmal das Licht aus, und wir hatten sie verloren«.

Als die Markierungen der Pfadfinder gegen 01.24 Uhr ausgingen, lockte der Angriff immer noch Flugzeuge vom Ende einer sehr verwirrten Bomberflotte an, und weitere 27 Flugzeuge warfen um diese Zeit ihre Ladung ab.

Wing Commander McKay, der Kommodore der Squadron 432, kreiste 19 Minuten über Schweinfurt, um die verfahrene Situation zu klären und hoffte auf einige weitere Markierungen, bis er sich um 01.34 Uhr zum Abwurf der Bomben entschloß. Seine Ladung Brandbomben war die letzte, die auf Schweinfurt fiel.

Mit einer Bevölkerung von etwa 40 000 Einwohnern im Jahre 1944 entsprach Schweinfurt in seiner Größe etwa den englischen Städten Guildford oder Mansfield. Die Stadt liegt am Nordufer des Mains und würde den Eindruck eines hübschen Marktfleckens machen, wären im Ostteil der Stadt nicht jene drei großen Fabriken. Eine schwedische Firma hatte zwei davon errichtet, die Produktionsstätten der Vereinigten Kugellager-Fabriken (als VKF Nummer 1 und VKF Nummer 2 bekannt). Die dritte war ein deutscher Konzern, Kugelfischer AG. Das Ministerium für wirtschaftliche Kriegführung in London schätzte sehr exakt, daß diese Fabriken etwa die Hälfte der Rollenlager und Kugellager Deutschlands herstellten. Deshalb spielte Schweinfurt in den Anweisungen, die dem Bomberkommando und der 8. USAAF gegeben wurden, eine so wichtige Rolle.

Den Deutschen war die wichtige Funktion der Lagerindustrie bewußt. Als die amerikanischen Luftangriffe im Jahr 1943 einsetzten, begannen sie, die Industrie in kleinere Städte zu verlagern. Die Verteidigung Schweinfurts wurde verstärkt und die Bevölkerung gut ausgebildet.

Schon um Mitternacht, als die Bomberverbände noch 300 Kilometer entfernt in der Gegend von Aachen standen, hatten Spezialgeräte begonnen, den üblichen Nebel- und Qualmschleier über die Stadt zu legen. Eine halbe Stunde später wies das Luftwarnsystem des Bezirks darauf hin, daß Schweinfurt angegriffen werden könnte. Die Zivilbevölkerung ging in ihre Keller oder wurde mit Autobussen und Lastkraftwagen zu Unterständen in der näheren Umgebung gebracht. Den Fabrikarbeitern war es jedoch bis zum letzten Augenblick nicht gestattet, ihren Arbeitsplatz zu verlassen. Dies galt besonders für die vielen ausländischen Arbeiter, die aus den besetzten Ländern nach Deutschland deportiert worden waren.

Wenn Schweinfurt eine Stadt wie viele andere gewesen wäre, hätten sich Flak und Scheinwerfer vermutlich ruhig verhalten, während die Bomber am Himmel waren. Die Mosquito von Flying Officer Jackman und die Unterstützungsflugzeuge hätten dann vielleicht auch keine Bomben geworfen. Aber Schweinfurt war eben ein Rüstungszentrum, und die Flak schoß daher aus allen Rohren, als die ersten Bomber in der Nähe auftauchten.

Die Unterlagen besagen, daß zehn Luftminen, 300 andere hochexplosive Bomben, 1500 der 30-Pfund-Brandbomben und 15 000 Stabbrandbomben auf die Stadt geworfen wurden. Diese Bomben fielen auf alle Teile der

Stadt, aber der schwerste Schaden wurde im alten Stadtzentrum in der Nähe des Mains angerichtet. Die Gebäude im Fischerrain, einer alten Straße beim Fluß, und der in der Nähe gelegene städtische Schlachthof wurden durch hochexplosive Bomben fast völlig zerstört. Von Brandbomben eingeäschert wurde auch die Kirche St. Salvator.

In allen drei Kugellagerfabriken entstand zumindest Sachschaden. Ein großes Feuer brach in der Veredelungsabteilung des VKF Nummer 2 aus. Die Brandbomben richteten allerdings nur an den Gebäuden, nicht aber am wichtigen Maschinenpark Schaden an. Die Kugellagerfirmen verlangten später einen Schadensersatz in Höhe von 406 602 Reichsmark. In einem von seinem Sonderbeauftragten in Schweinfurt direkt an Albert Speer geschickten Bericht heißt es, daß im Gegensatz zu dem schweren Schaden, der durch die Angriffe vom 24./25. Februar verursacht wurde (einem Angriff der USAAF am 24. Februar folgte ein Angriff des Bomberkommandos in der Nacht), die Wirkung auf die Produktion nicht so groß sei und daß nicht damit gerechnet werden müsse, daß es irgendwelche schädigenden Auswirkungen auf die Lieferungen geben werde.*

Die ersten vier Luftangriffe auf Schweinfurt – dies war der fünfte – hatten das Leben von 841 Menschen gefordert. Das neuerliche Bombardement forderte nur ein Todesopfer, ein Kind. 16 Menschen wurden verwundet, die meisten davon Männer, die an ihren Arbeitsstätten in den Kugellagerfabriken bleiben mußten.

Einige Besatzungen jedoch bombardierten weder Nürnberg noch Schweinfurt. Ein Bombenschütze einer kanadischen Besatzung beschreibt ein typisches Erlebnis: »Unser H_2S-Gerät versagte, kurz nachdem wir die feindliche Küste erreicht hatten, und uns war bewußt, daß wir vom Kurs abtrieben. Der Navigator hatte überhaupt keine navigatorischen Hilfen, und als wir unsere geschätzte Einsatzzeit im Zielgebiet durch Koppelkurs erreicht hatten, konnte ich weder die Erde sehen noch die Markierungen der Pfadfinder ausmachen. Ich meldete dies meinem Kapitän, und er befahl mir, die Bomben abzuwerfen, damit wir ›auf Teufel komm raus abhauen‹ konnten. Später sprachen wir von diesem Angriff als dem vergeblichsten und frustrierendsten unserer gesamten Einsatzzeit«. (Flying Officer M. H. Albers, Squadron 427).

Zumindest 13 Flugzeuge warfen blind. Wo die meisten ihrer Bomben fielen, wird man nie erfahren, aber der Abwurfpunkt einer der wenigen 8000-Pfund-Bomben, die bei diesem Angriff mitgeführt wurden, ist sicherer. Der Bombenschütze berichtete: »Während der Jägerangriffe waren wir zumindest eine Stunde lang ›Korkenzieher‹ geflogen. Wir umflogen etwas, von dem wir glaubten, daß es das Zielgebiet sein müßte, und ich bombar-

* Bundesarchiv Koblenz, R 3/1586.

dierte etwas, was vielleicht ein Stapel im Notwurf abgeworfener Brandbomben war. Es war unser erster 8000-Pfünder, und es war das erstemal, daß ich meine eigene Bombe explodieren sah. Sie ging mit einem strahlenden orangefarbenen Blitz los, umgeben von weißen Schockwellen, und das Ganze sah ungefähr wie ein riesiges Spiegelei aus. Zwei Minuten nach der Bombardierung erblickten wir das richtige Ziel etwa 35 Kilometer vor uns. Es war sinnlos, es noch zu überfliegen, deshalb machten wir kehrt.« (Flying Officer F. J. Parker, Squadron 514).

Das Stadtarchiv Bamberg erwähnte tatsächlich den Abwurf einiger Brandbomben und einer schweren Bombe, die den Hof eines Bauunternehmers traf und viel Schaden anrichtete, aber keine Menschenverluste verursachte.

Der zweifelsohne tragischste Zwischenfall als Ergebnis der Bomberangriffe dieser Nacht ereignete sich jedoch fast 640 Kilometer von Nürnberg entfernt. Den Besatzungen war ein »letztes Ausweich-Ziel« für den Fall mitgegeben worden, daß sie umkehren mußten, ohne Deutschland erreicht zu haben. In dieser Nacht waren die Docks von Ostende an der belgischen Küste ausgewählt worden. Zwei Lancaster-Besatzungen griffen dieses Ausweichziel an, ein Pfadfinder der Squadron 7, der technische Schwierigkeiten hatte, und ein Flugzeug der Squadron 50, dessen Navigator schwer luftkrank war. Der Stadthistoriker von Ostende schreibt: »Die Bombenschützen verfehlten ihr Ziel, denn ihre Bomben fielen in ein dichtbevölkertes Gebiet der Stadt, in dem es keine Kasernen oder militärischen Einrichtungen gab. Unter den Deutschen gab es keine Toten«.

Der Bericht besagt, daß 18 Häuser völlig zerstört und weitere 391 beschädigt wurden in einem Viertel, das eineinhalb Kilometer von den Docks entfernt lag. 36 belgische Zivilisten wurden getötet, von einer 68 Jahre alten Frau bis zu einem kleinen Mädchen im Alter von sechs Monaten.

Die »Eindringlinge«

Während die Bomber Kurs Richtung England nehmen, wenden wir uns einer Reihe anderer Einsätze zu, die sich am Rande der großen Bomberschlacht abspielten. Es handelt sich dabei um die Aktionen jener Spezialflugzeuge, die in der RAF »Intruders« genannt wurden. Wörtlich übersetzt heißt das »Eindringlinge«, von den Deutschen wurden diese pfeilschnellen Mosquitos jedoch Störflugzeuge genannt.

Die »Intruder«-Mosquitos waren in den meisten Nächten im Einsatz. Flog jedoch das Bomberkommando einen größeren Angriff, dann wurden sie weitgehend zur Unterstützung der Bomber verwendet. Die Anwesenheit auch nur eines einzigen »Eindringlings« über einem Flugplatz konnte den Start einer vollständigen Gruppe Nachtjäger verzögern und die deutschen Pläne zum Abfangen des Bomberstroms völlig durcheinanderbringen.

37 Mosquitos waren in dieser Märznacht gestartet, und keine war wegen technischer Schwierigkeiten umgekehrt. Die größten Anstrengungen wurden von den Squadrons 418 und 605 gemacht, den beiden regulären »Intruder«-Staffeln des Jägerkommandos. Ihnen war die Aufgabe zugefallen, über den wichtigsten deutschen Nachtjäger-Flugplätzen, die teilweise tief in feindlichem Gebiet lagen, zu patrouillieren. »Bud« Miller, ein in der Squadron 605 dienender Amerikaner, legte im Tiefflug die ganze Strecke bis zum Flugplatz Stendal westlich von Berlin zurück, während eine der kanadischen Besatzungen der 418. den Auftrag bekam, bis in die Tschechoslowakei zu fliegen. Der Amerikaner fand keine »Arbeit« in Stendal, und die Kanadier erreichten nie die Tschechoslowakei – entweder wegen schlechten Wetters oder weil sie andere Flugplätze angriffen.

Der Einsatz von »Eindringlingen« war in den letzten Wochen durch drei Jagdbomber-Squadrons vom Typ Mosquito der 2. Tactical Air Force unterstützt worden. Nach der Landung in der Normandie sollten sie bei Nacht hinter den feindlichen Linien eingesetzt werden. Teilweise um dafür Erfahrungen zu sammeln, teilweise zur Unterstützung des Bomberkommandos wurden die besten Besatzungen dieser Staffeln als »Eindringlinge« losgeschickt.

Die Verbände, die eingesetzt wurden, stellten eine interessante Auswahl: Squadron 21 hatte vor sechs Wochen einen berühmten Tiefangriff gegen die Mauern des Zuchthauses von Amiens geflogen, um die dort einsitzenden, zum Tode verurteilten Angehörigen der französischen Widerstandsbewegung zu befreien. Squadron 487 rekrutierte sich aus Neuseeländern, Squadron 613 (City of Manchester) war eine der vor dem Krieg aufgestellten Reservestaffeln. Ihren Besatzungen wurden die nähergelegenen deutschen Flugplätze zugewiesen.

Die »Intruder«-Besatzungen waren sich der Bedeutung ihrer Arbeit bewußt. Ihre Berichte illustrieren sowohl die Schwierigkeiten ihrer Aufgabe als auch die Hingabe, mit der sich die »Eindringlinge« einsetzten:

Flight Lieutenant Jim Connell, einem der kanadischen Flugzeugführer, war befohlen worden, sich über einem Flugplatz bei Bonn in der Nähe der »langen Strecke« des Anmarschwegs der Bomber aufzuhalten. Er war gerade angekommen, als einige tausend Meter über ihm die Bomberschlacht begonnen hatte: »Wir patrouillierten über eine Stunde, aber wir sahen kein einziges Licht auf dem Flugplatz. Wir versuchten, so unauffällig wie möglich zu bleiben und probierten den alten Trick, durch eine Störung der Synchronisierung unserer Triebwerke den Ton der deutschen Motoren nachzuahmen. An jedem Ende unserer Postenlinie lag das brennende Wrack eines Bombers, was die Sache für meinen Navigator erleichterte. Um eines der Wracks standen Leute, und wir berieten, ob wir angreifen sollten, aber wir entschieden uns, das nicht zu tun, weil vielleicht die Besatzung darunter sein könnte«.

Flight Lieutenant John Pengellys Kontrollgebiet schloß den Flugplatz von Nürnberg ein, und er konnte den Angriff »wie von einem niedrig gelegenen Platz am Boxring« beobachten. Auf dem Nürnberger Flugplatz war nichts los, aber bald darauf konnten in Ansbach, dreißig Kilometer südwestlich, Jäger bei der Landung beobachtet werden. Pengelly setzte ihnen nach, aber es gelang ihm nicht, in Angriffsposition zu kommen, ehe auf dem Flugplatz die Lichter ausgingen.

Flight Lieutenant Peter Garner von der Squadron 605 war über eine Stunde lang über Erfurt geflogen, ehe er deutsche Jäger sah, die zur Landung ansetzten. Er schaffte es, sich hinter einen von ihnen zu setzen, aber dessen Flugzeugführer muß vor Garners Anwesenheit gewarnt worden sein, denn der Deutsche schaltete seine Positionslichter ab und startete durch. Garner und sein Navigator, Flying Officer Duncan, konnten auf dem Flugplatz einen Hangar mit geöffneten Türen und brennender Innenbeleuchtung erkennen.

»Wir hatten uns in diesem Gebiet so lange aufgehalten, und weil wir so enttäuscht waren, flogen wir praktisch in den Hangar hinein, um ihnen ein Andenken zu hinterlassen!«

Der Bericht der Besatzung zeigt, daß 89 Schuß Kanonenmunition und 54 Schuß MG-Munition verschossen und Treffer auf den beiden Jägern im Hangar beobachtet wurden. Als ich im Jahr 1972 Deutschland besuchte und den früheren Leutnant Wilhelm Seuss in Frankfurt befragte, erinnerte er sich: Als er nach dem Abschuß von vier Lancasters zu seinem Heimatflugplatz Erfurt zurückgekehrt war, hätte ihm eine Mosquito ein Loch in den Propeller seiner im Hangar stehenden Me 110 geschossen.

Insgesamt suchten die »Eindringlinge« 44 deutsche Flugplätze auf, aber nur drei Flugzeuge und zwei Lokomotiven konnten als beschädigt gemeldet werden. Die »Eindringlinge« erzielten nur selten aufsehenerregende Erfolge. Sie führten einen Krieg der Zermürbung und Störung des Feindes. Aber in dieser Nacht hatte der frühe Start der deutschen Nachtjäger offensichtlich die Pläne der »Eindringlinge« vereitelt.

Eine andere alliierte Operation hatte mit dem Angriff auf Nürnberg überhaupt nichts zu tun. Sie war das, was offiziell »Geheimeinsätze« genannt wurde: Der Fallschirmabwurf von Nachschub und der Absprung von Agenten für die verschiedenen Widerstandsgruppen, die zehn Wochen später – nach der Invasion – aus ihren Verstecken herauskommen und hinter den deutschen Linien kämpfen würden. Diese Aufgabe wurde von einzelnen Flugzeugen ausgeführt, die in niedriger Höhe flogen. Dabei war Mondlicht notwendig, weil die Navigation über einen großen Teil der Strecke vom genauen Lesen der Landkarte abhängig war.

Genaue Einzelheiten dieser Einsätze stehen nicht zur Verfügung, weil sie vom Verteidigungsministerium auch heute noch als geheim eingestuft werden. Es ist jedoch bekannt, daß in dieser Nacht zumindest 41 Flugzeuge für diese Aufträge eingesetzt wurden. Sie kamen von drei verschiedenen Gruppen von Einheiten. Die Spezialisten-Staffeln in Tempsford flogen die wirklich schwierigen Einsätze. Der Rest wurde von den »Stirling« der 3. Group übernommen, die nicht mehr für Angriffe des Bomberkommandos verwendet wurden, und von den im Westen der Insel stationierten Transportstaffeln des Geschwaders 38, die am Invasionstag die Luftlandedivisionen in die Normandie bringen sollten.

Die meisten der Flüge zum Abwurf von Nachschub scheinen für Gruppen der französischen Widerstandsbewegung im Gebiet von Hochsavoyen, zwischen der Rhone und der Schweizer Grenze, bestimmt gewesen zu sein. Zumindest sechs Flüge wurden jedoch wegen ungünstiger Wettervorhersagen im vorgesehenen Abwurfgebiet abgesagt. Viele, die starteten, stießen auf Wolken, die eine Navigation in niedriger Höhe unmöglich machten, und kehrten um. Andere machten zwar weiter, konnten jedoch die Fackelsignale der »Empfangskomitees« nicht finden.

Der folgende Bericht stammt von Flight Sergeant A. M. Miller, einem Neuseeländer, der als zweiter Flugzeugführer in einer Stirling der Squadron 149 flog. Die Besatzung der Stirling versuchte, eine Abwurfstelle am Fuße der Alpen zu finden:

»Wir kamen in niedrige Wolken und einige Zeit suchten wir ohne Erfolg nach den Lichtern, welche den Abwurfpunkt markieren sollten. Der Flugzeugführer sagte, er würde es noch einmal versuchen. Wir flogen plötzlich auf einen Höhenrücken zu, der höher war als unsere Flughöhe. Ich wollte Tommy eine Warnung zurufen, aber dann erkannte ich, daß ein Mißverständnis ihn dazu veranlassen könnte, gerade in den Hügel hineinzufliegen. Ich hielt den Atem an und wartete auf den Aufprall. Die Spitzen der Tragflächen und Propeller müssen die Baumspitzen gestreift haben. Der Bombenschütze hatte eine bessere Aussicht als ich und meinte, wir seien tatsächlich durch die Bäume hindurchgefegt. Heute lebt Tommy, unser Pilot, vielleicht immer noch in Unkenntnis dessen, wie nahe wir damals der Unendlichkeit waren. Wir brachten unsere Ladung wieder heim.«

Das deutsche Luftverteidigungssystem scheint seine Aufmerksamkeit ausschließlich auf die Bomber konzentriert zu haben, die Nürnberg angriffen. Diese einzelnen Flugzeuge wurden von Jägern nicht belästigt. Schlechtes Wetter hatte jedoch zur Absage von über der Hälfte dieser »Geheimeinsätze« geführt.

Die Lufttätigkeit war in dieser Nacht jedoch nicht auf den Himmel über Deutschland und den besetzten Gebieten beschränkt. Die Luftwaffe schickte drei Verbände gegen England. Am frühen Abend hatte das britische Radar zwölf »Feindliche« festgestellt, die über Südostengland hereinkamen. Nur drei von ihnen erreichten London, wo einige wenige Bomben Sachschaden, aber keine Verluste verursachten. Dieser schwache Angriff war ein Teil des sogenannten »Baby-Blitz« – Hitlers Antwort auf die Zerstörung Hamburgs acht Monate zuvor.

In den frühen Morgenstunden des 31. März, als die britischen Bomber von Nürnberg und Schweinfurt zurückflogen, erschienen zwei weitere deutsche Verbände auf den britischen Radarschirmen, diesmal vor den Küsten von Lincolnshire und Norfolk. Die erste Gruppe, die auf 25 Flugzeuge geschätzt wurde, überquerte wahrscheinlich noch nicht einmal die Küste. Einige Bomber vom Typ Ju 88 drangen jedoch weiter vor – in der Hoffnung, müde Besatzungen des Bomberkommandos über ihren Flugplätzen zu treffen. Aber die Deutschen waren noch zu früh; die RAF-Bomber kamen noch nicht zurück.

Eine Junkers warf zwei Bomben auf die Rollbahn von Metheringham, andere warfen Bomben in der Nähe zweier US-Feldflugplätze. Auf dem Jägerflugplatz in Coltishall war eine Mosquito, die von zwei Offizieren der Marineluftwaffe geflogen wurde, nach einem Patrouillenflug gelandet und rollte im Scheinwerferlicht eines Lastwagens von der Piste. Das Licht zog einen Deutschen an, der angriff, die Mosquito traf und beide Triebwerke beschädigte. Die beiden Marineflieger blieben unverletzt.

Diese Ereignisse illustrieren sehr deutlich die Situation des Luftkriegs. Schon vor 1939 waren die Männer der RAF dafür gewesen, daß ihre Flugzeuge hauptsächlich als Angriffswaffen und nicht für die Verteidigung eingesetzt werden sollten. Und obwohl die Bomber, die Nürnberg angriffen, gerade in dieser Nacht schreckliche Verluste erlitten, war doch ein anderes Ziel der RAF bereits erreicht: Der Luftkrieg war zuerst vom Bomberkommando und dann von den Amerikanern mitten in Feindesland getragen, die Luftwaffe in die Verteidigung gedrängt worden. Die Deutschen konnten nur noch diese schwachen Aktionen über England durchführen, während gleichzeitig über eintausend britische Flugzeuge gestartet waren, um über Hitlers Reich zu fliegen. Es waren die deutschen Zivilisten, die jetzt in Keller und Bunker krochen, während die Engländer sicher in ihren Betten schliefen.

Der Rückflug

Als die Bomber von Nürnberg abdrehten, wurden sie noch eine kurze Strecke weit von den deutschen Jägern verfolgt. Aber jetzt standen die Chancen der deutschen Nachtjäger nicht mehr so gut. Die Besatzungen wurden müde und ihr Treibstoff ging zu Ende, während die Bomber ohne ihre Last jetzt viel beweglicher waren. Mindestens fünf Bomber wurden direkt südlich des Ziels angegriffen. Aber das einzige Flugzeug, das abstürzte, war eine von Bordschützen einer Lancaster der Squadron 58 abgeschossene deutsche Ju 88.

Zwei dieser Ereignisse sind besonders interessant. Wir erinnern uns daran, wie vor wenigen Wochen die kanadische Squadron 433 (Stachelschwein) aus fünf Besatzungen gebildet worden war, die alle schon in ihren früheren Staffeln viele Schwierigkeiten gehabt hatten. Drei dieser Besatzungen waren bald gefallen. Von den beiden übrigen wurde die Crew des Amerikaners Chris Neilson beim Zielanflug kurz vor Nürnberg abgeschossen. Die letzte der fünf Besatzungen führte Pilot Officer Ronald Reinelt, ein englischer Flugzeugführer, dessen »Verbrechen« bei seiner früheren Staffel darin bestanden hatte, daß er sich einen Tag freinahm, als er auf einen Flugplatz in der Nähe seines Heimatortes ausweichen mußte. Das Ergebnis: Eine Strafe wegen »unberechtigter Aneignung eines Flugzeugs vom Typ Halifax während des aktiven Dienstes«.

Kurz nach Verlassen des Zielgebietes hatte Reinelts Besatzung in dieser Nacht eine Begegnung mit einem deutschen Jäger. Ein einzelnes Geschoß traf das äußere Steuerbordtriebwerk und setzte die Treibstofftanks in Brand. Reinelt erzählte später, daß sein »Mitte oben«-Bordschütze »es für einen tollen Spaß hielt, als ein großes Stück Tragfläche an seinem Turm vorbeigesegelt kam«. Nach dem Angriff war eine Luftschraube ausgefallen und die Halifax schleppte einen langen Feuerschweif aus den brennenden Tanks hinter sich her. Die Besatzung bereitete sich zum Aussteigen vor, beschloß dann aber, noch so lange wie möglich in ihrem Bomber zu bleiben.

Ohne Wissen der Besatzung wachten jedoch Freunde über sie. Die »Serrate«-Mosquito von Flight Lieutenant Woodman befand sich im gleichen Gebiet: »Ich sah, wie ein eigenartiges orangefarbenes Licht den Himmel durchquerte. Wir fingen es ab, dann flogen wir in Formation mit 400 Metern Abstand nebenher, wobei wir auf dem Radar nach deutschen Jägern Ausschau hielten. Es war eine brennende Halifax. Das Feuer ging schließlich aus, und sie flog in der Dunkelheit, von unseren besten Wünschen für eine sichere Heimkehr begleitet, nach England weiter. ›Viel Glück, Jungen!‹, rief ich laut, obgleich sie gar nicht wußten, daß wir da waren.«

Auch der zweite Luftkampf nahm einen für die Alliierten glücklichen Ausgang: Oberleutnant Helmuth Schulte hatte bereits vier Lancaster abgeschossen, aber dann hatte seine »schräge Musik« Ladehemmung. Als er eine weitere Lancaster südlich von Nürnberg entdeckte, mußte er sie mit seinen nach vorn gerichteten Waffen angreifen. Schulte hatte wenig Erfahrung im Angriff von hinten, und auch etwas Angst vor dem britischen Heckschützen. Sein erster Angriff führte zu nichts, weil er vergessen hatte, seine Bugkanonen durchzuladen. Als er sich wieder in Angriffsposition gebracht hatte, flog der Bomber einen »Korkenzieher«. Schulte folgte ihm fünf Minuten lang. Als die Lancaster endlich wieder ruhig lag, setzte er sich erneut hinter sie:

»Zuerst schien er gegen diesen Formationsflug gar nichts einzuwenden zu haben. Er mußte mich beobachtet haben, wie ich mich wieder hinter ihn setzte. Als ich zu schießen begann, tauchte er jedoch, und meine Geschosse gingen über ihn hinweg. Ich dachte, dieser Bursche muß Nerven wie Drahtseile haben. Er hatte genau so viel durchgemacht wie ich – wir waren beide in dieser Nacht über Nürnberg gewesen! Deshalb entschied ich, daß es jetzt genug sei. Ich würde diesen Flugzeugführer gern wissen lassen, daß ich ihn damals absichtlich habe entkommen lassen.«

Dieses Duell stimmt mit den Erlebnissen einer von Warrant Officer Howard Hemming geführten Besatzung der Squadron 115 überein. Der für die Anweisung »Korkenzieher!« verantwortliche Heckschütze war Sergeant John Carter, der allerdings glaubte, der Angriff sei »in einer halbherzigen Weise durchgeführt worden, möglicherweise durch einen Jäger, der von einem Flugzeugführer aus einer Ausbildungseinheit geflogen wurde«. Die Bordschützen der Lancaster hatten bewußt nicht geschossen und sich auf die Ausweichmanöver verlassen.

Die einzige Gruppe der gesamten deutschen Nachtjagd, die bisher noch nicht eingesetzt worden war, war die II./Nachtjagdgeschwader 6 mit ihren Me 110 in Echterdingen bei Stuttgart. Der Rückflug der Bomber von Nürnberg führte in nur knapp zwanzig Kilometer Entfernung an diesem Flugplatz vorbei. Major Rolf Leuchs, der Gruppenkommandeur, berichtet, wie zuerst Nebel seine Flugzeuge auf dem Boden festgehalten hatte: »Dann, nach vielem Hin und Her bekamen wir von der 7. Jägerdivision endlich den Startbefehl. Wir flogen nach Norden zum Funkfeuer Otto, dann folgten wir den Bombern auf dem ganzen Weg nach Nürnberg. Wir konnten vor uns in der Luft viele Brände sehen, aber wir holten nie auf, und so weit ich mich erinnern kann, schoß in dieser Nacht keine meiner Besatzungen einen Bomber ab.«

Diese Gruppe war also nach Norden geschickt und einer sinnlosen und anstrengenden Jagd ausgesetzt worden. Nachdem die Briten Nürnberg verlassen hatten, flogen sie direkt an dem verlassenen Flugplatz von Major Leuchs vorbei.

Von einem »Strom« allerdings konnte jetzt keine Rede mehr sein; denn die Bomber hatten sich über ein weites Gebiet verstreut. Viele Flugzeuge hatten den Rückflug von Schweinfurt aus begonnen, statt von Nürnberg. Dementsprechend hatten sie navigiert. Viele Flugzeugführer waren der geplanten Rückflugstrecke erst gar nicht gefolgt, weil ihre Flugzeuge schwer beschädigt waren oder weil sie den Weg abzukürzen versuchten. In dieser Hinsicht waren wahrscheinlich die Pfadfinder die größten Sünder. Ihre Erfahrung machte es ihnen möglich, gefährliche Gebiete zu vermeiden und für eine Stunde zusätzlichen Schlafs früher zu Hause zu sein.

Der freundliche Wind, der die Bomber in wenig mehr als 100 Minuten von der belgischen Küste nach Nürnberg getragen hatte, war nun ein Gegenwind. Der Flug zurück zur französischen Küste in der Nähe von Dieppe würde also eine lange, langweilige, drei Stunden währende Quälerei sein. Die meisten Flugzeugführer hatten an Höhe verloren und flogen nun in der dichten Wolkendecke, die sich bis Dieppe erstreckte – jene schützende Wolkendecke, auf die sie beim Anflug so sehr gehofft hatten. Andere zogen es vor, über der Wolkendecke zu bleiben und den Vorteil der Sicht zu behalten. Sie zogen zwar immer noch dicke Kondensstreifen hinter sich, aber der Mond war um 01.48 Uhr untergegangen, und die größte Gefahr daher vorüber.

Die Bomberflotte verlor noch drei weitere Flugzeuge, ehe sie Deutschland verließ, alle in der Nähe von Stuttgart, einem stark verteidigten Gebiet. Die Stuttgarter Flak war wahrscheinlich für einen dieser Verluste verantwortlich. Ein zweites Flugzeug wurde vermutlich von einem herumstreunenden Jäger abgeschossen. Als dritte Maschine ging eine Lancaster nieder, deren Kapitän ein Unteroffizier der Squadron 115 war: Tom Fogaty, Inhaber der Distinguished Flying Medal (DFM). Fogatys Lancaster war schon früher von einem Jäger und dann auch noch von der Flak getroffen worden. Während der letzten 230 Kilometer hatte sie ständig an Höhe verloren. In der Nähe von Stuttgart schmierte sie dann flach nach Steuerbord ab, ohne daß der Flugzeugführer gegensteuern konnte. Unter der Besatzung gab es einen Wortwechsel, ob man eine Landung versuchen oder aussteigen sollte. Schließlich entschied man sich fürs Aussteigen. Der Bordmechaniker konnte seinen Fallschirm nicht finden, und Fogaty drängte ihm den seinen auf. Sechs Mann sprangen sicher ab. Der Flugzeugführer jedoch war allein, um seine Notlandung zu versuchen – mit einem lädierten Flugzeug, bei Nacht und über Feindesland!

Die sechs, die ausgestiegen waren, wurden bald darauf gefangengenommen und zur Polizei gebracht. Sie waren äußerst erstaunt, als ihr Flugzeugführer später wieder zu ihnen stieß. In 150 Metern Höhe hatte er die Landeklappen ausgefahren, die Scheinwerfer eingeschaltet, ein geeignetes Feld gefunden und eine Bauchlandung gemacht. Fogaty war bewußtlos geworden. Als er wieder zu sich kam, lag er im Schnee, um ihn herum standen Bauern aus der Nähe. Er hatte eine Beule am Kopf, ein aufgeschürftes Bein und war – was nicht überrascht – »sehr benommen«.

Die Besatzung von Squadron Leader H. W. Trilsbach, der aus Brasilien gekommen war, um in der RAF zu fliegen, und nun Kettenführer in der kanadischen Pfadfinder-Squadron war, hatte mehr Glück: »Sie warteten, bis wir direkt über ihnen waren, und dann fingen sie mit Scheinwerfern und wirklich guter Flak an. Es war über Stuttgart. Unser äußeres Steuerbordtriebwerk wurde getroffen und fing Feuer. Mein Bordmechaniker, ein Ersatzmann, war neu und ziemlich durcheinander. Als ihm befohlen wurde, auf den Feuerlöscher zu drücken, schaltete er den für das *innere* Steuerbordtriebwerk an. Schließlich drückte er doch auf den richtigen Knopf, aber ohne Wirkung. Schließlich jagte ich die Lancaster in einen etwa 1800 Meter tiefen Sturzflug. Der löschte das Feuer.

Wir flogen mit zwei Backbordtriebwerken nach Hause. Bei der Befragung nach der Rückkehr erwähnte ich die Sache mit dem Feuerlöscher nicht. Weil auch das Bodenpersonal den Mund hielt, kam der Bordmechaniker nicht in Schwierigkeiten. Der arme Kerl – bald darauf wurde er vermißt...«

Für die meisten Besatzungen bestand der Flug jetzt nur noch aus Abspannung, Langeweile, zunehmender Müdigkeit. Die Bombenschützen fuhren fort, mit noch geringerer Begeisterung »Window« hinauszuschieben, die Funker hörten mit noch weniger Begeisterung die halbstündigen Windmeldungen ab. Viele Bordschützen konnten noch einige Zeitlang hinter sich das Glühen der Brände sehen – zum Teil sogar noch von der französischen Küste aus.

Die Navigatoren waren wie immer schwer beschäftigt, und einer irritierte seine Besatzung: »Während meiner Einsatzzeit empfand ich nur einmal deutlich, wie die Zeit schlich: Das war auf der sehr langen Strecke von Nürnberg nach Hause. Wir hatten einen schrecklichen Gegenwind, und selbst ich dachte, er würde nie aufhören. Ich erinnere mich, daß ich auf halbem Weg gefragt wurde, wie weit es noch zur Küste sei. Diese Fragen wurden immer dann gestellt, wenn man gerade mit einer schwierigen Berechnung beschäftigt war. Deshalb antwortete ich, ganz in Gedanken, es sei noch eine Stunde. Eineinhalb Stunden später kam die gleiche Frage. Diesmal gab ich die richtige Antwort: Noch etwa eine Stunde. Selbst über das Bordsprechsystem konnte ich die eiskalte Aufnahme meiner Auskunft spüren. Ich bin sicher, daß die Besatzung mir diesen Fehler nie vergeben hat.« (Flying Officer H. B. Mackinnon, Squadron 57)

Der Flugzeugführer wiederum stand immer vor dem Problem, sich erleichtern zu müssen, ohne seinen Platz verlassen zu können. Ihm wurde dann eine leere Konservendose gereicht. Der Bordmechaniker reichte sie dann sorgfältig dem Bombenschützen hinunter, der sie loswerden sollte: »Genau in diesem Augenblick schrie jedoch unser Heckschütze: ›Sofort Korkenzieher nach Steuerbord!‹ Ich warf das Flugzeug in eine Tauchbewegung nach Steuerbord und hatte etwa siebzig Meter Höhe verloren, als der Bombenschütze sagte: ›Es tut mir leid, Skipper, es ist einer der unsrigen‹, gefolgt von lautem Gelächter der anderen. Der Bombenschütze schob seinen Kopf ins Cockpit, und ich sah, daß der Urin in vollem Schwung über sein Gesicht geschwappt war. Wegen des Gestanks weigerten wir uns, ihn noch in unsere Nähe kommen zu lassen! Andere mögen das allerdings nicht so lustig finden wie ich.« (Sergeant S. Fisher, Squadron 15)

Aber die Bomber waren noch längst nicht in Sicherheit. Beschädigte Flugzeuge litten unter wachsenden Problemen, weil ein System nach dem anderen zu versagen begann. Eine kanadische Besatzung hatte zuerst einen Triebwerkausfall, dann einen zweiten, beide backbords. Dadurch konnte ihre Halifax weder manövrieren noch Höhe gewinnen: »Ich befragte meine Besatzung: Die Schweiz oder nach Hause? Sie sagten, sie würden das mir überlassen. Ich nannte dann einen Kurs für die kürzeste Strecke heim und auch einen Abstiegwinkel, um die Geschwindigkeit beizubehalten. Kaum war das geschehen, als ein deutscher Jäger, möglicherweise eine Ju 88, auf unserer Steuerbordseite praktisch an der Tragflächenspitze erschien. Ich befahl dem Bordschützen, sie in Ruhe zu lassen. Die Ju 88 flog etwa drei Viertelstunden mit uns, dann ging sie nach unten und tauchte auf der Backbordseite auf. Auf diese Weise flog sie mit uns bis beinahe zur französischen Küste, wo sie uns dann verließ.« (Flying Officer N. Dubeski, Squadron 427)

Dubeski ist sicher, daß sein Beschatter keine Mosquito war. Es könnte ein deutscher Jäger gewesen sein, der seine Munition verschossen hatte und zu seinem Flugplatz zurückflog.

Der erste in einer neuen Reihe von Luftkämpfen betraf Oberleutnant Martin Becker, der sechs Bomber abgeschossen hatte, bevor er in der Nähe von Mainz gelandet war: »Hier war eine große Anzahl Jäger aus verschiedenen Einheiten. Ich konnte auftanken und Munition fassen. Uns wurde gesagt, die Bomber gingen zwischen Stuttgart und Mannheim zurück. Ich startete wieder und der Leitoffizier auf der Erde sagte: ›Ich habe ein Ziel für Sie‹ und wies mich etappenweise ein. ›Jetzt sollten Sie ihn sehen. Pauke machen! Pauke machen!‹ Dann sah ich ihn, er flog ziemlich schnell...«

Der Bomber war eine Halifax der Squadron 429 (Bison); Flying Officer J. Dougall, der schottische Bombenschütze, beschreibt die Wirkung des Angriffs von Becker: »Wir waren über Saarbrücken geflogen und von der

Flak beschossen worden, aber plötzlich hörte sie auf, und wir hätten daher merken müssen, daß ein Jäger in der Gegend war. Die Bordschützen hatten ihn nicht gesehen. Aber ich schaute hinaus, und da war der zweimotorige Jäger, der gerade unter der Spitze unserer Tragfläche flog. Er war so nahe, daß ich hinausgreifen und die Hand des Flugzeugführers hätte schütteln können.«

Ein Triebwerk der Halifax brannte, und der fast leere Zusatztank im Bombenschacht war explodiert. Aber das Flugzeug flog noch einige Zeit, und die Besatzung schaffte es, auszusteigen. Die Halifax stürzte in Luxemburg ab, und die Luftwaffe erkannte den Abschuß für Becker an.

Es war Beckers letzter Sieg in dieser Nacht. Falls meine Erhebungen stimmen, hatte er zwei Lancaster der Pfadfinder, eine Lancaster und vier Halifax des Hauptverbandes zerstört. 34 der 50 Männer in diesen Flugzeugen starben.

Der nächste Bomber, der von einem Jäger gefaßt wurde, fiel einer anderen Abfangmethode zum Opfer:

Nachtjagdgruppe 10, die Versuchseinheit der Nachtjäger, war von ihrem Stützpunkt Hangelar bei Bonn mit Flugzeugen gestartet, die neue Geräte erprobten. Ihr Kommandeur, Major Rudolf Schönert, war einer der letzten, die abhoben. Er flog eine mit »Naxos« ausgerüstete Ju 88. Dieses Gerät sprach auf die H_2S-Ausstrahlungen eines Bombers an: »Ich folgte den Bombern den ganzen Weg nach Nürnberg und empfing dauernd Signale auf meinem Naxos-Gerät, aber ich war sehr enttäuscht, daß sie jedesmal aufhörten, wenn ich den Bomber zu finden versuchte. Schließlich pickte ich eine Lancaster auf, die auf dem Heimflug war. Ich traf sie mit meinen schrägen Kanonen in die rechte Tragfläche und schoß sie in Brand. Der Bomber flog noch lange Zeit weiter. Sie hatten viel Zeit auszusteigen, aber sie taten es nicht, und schließlich stürzte die Maschine ab.«

Die Navigatoren der RAF waren darauf hingewiesen worden, ihre H_2S-Geräte über feindlichem Gebiet nicht längere Zeit angeschaltet zu lassen, damit nicht ein Gerät von der Art des »Naxos« ihre Signale anpeilen konnte. Darum waren Schönerts Kontakte immer wieder verschwunden. Der Navigator der Lancaster-Besatzung jedoch hatte sein Gerät etwas zu lange eingesetzt. Die Lancaster stürzte in der Nähe von Namur in Belgien ab, 130 Kilometer nördlich von ihrem vorgeschriebenen Kurs. Es gab keine Überlebenden.

Nur noch ein tragisches Ereignis bleibt zu beschreiben: Squadron Leader »Turkey« Laird, Inhaber des Distinguished Flying Cross (DFC), ein erfahrener kanadischer Pilot der Squadron 427 (Löwe), war von seinem Navigator darauf hingewiesen worden, daß er sich zu weit nördlich des Kurses befand, und hatte eine leichte Kursänderung nach Backbord gemacht: »Der Flugzeugführer war der einzige, der das andere Flugzeug sah, und schrie:

›Was zum Teufel soll das?‹ Dann erfolgte ein schrecklicher Knall, als wir zusammenstießen. Das andere Flugzeug streifte das Oberteil unserer Maschine, und das einzige, was mich rettete, war der Umstand, daß mein Rücken der Stoßrichtung zugewandt und der Rückenteil meines Turms gepolstert war. Ich sah die Lancaster zu unserer Linken: Sie schien abzustürzen. Es gab kein Feuer. Ich glaube, die meisten Jungen unserer Besatzung wurden sofort getötet.« Pilot Officer John Moffat, weit hinten im Heckturm, gelang es, mit Hilfe seines Fallschirms zu entkommen. Er war der einzige Angehörige beider Besatzungen, der den Zusammenstoß überlebte. Die beiden Bomber stürzten in der Südwestecke von Belgien ab, nahe den Grenzen zu Frankreich und Luxemburg.

Kurz vor 04.00 Uhr erreichte das erste Flugzeug der zerstreuten Bomberflotte die Küste und flog hinaus über den Kanal. Deutsche Radarstationen stellten ausfliegende Bomber zwischen Saint-Valery-en-Caux, westlich von Dieppe, und der Scheldemündung in den Niederlanden fest – auf einer Front von 160 Kilometern. Es sollte noch fast zwei Stunden dauern, bis die letzten Nachzügler den Himmel über dem von den Deutschen besetzten Gebiet hinter sich gelassen hatten.

94 Bomber und ihre Besatzungen wurden vermißt.

Das Überfliegen der Küste war ein psychologischer Markstein während des Flugs, und die Besatzungen derjenigen Flugzeuge, die nicht in Schwierigkeiten waren, entspannten sich. Einige waren unter Sauerstoffhöhe heruntergegangen und konnten jetzt Kaffee aus ihren Thermosflaschen trinken, etwas essen oder die verbotene Zigarette rauchen, auf die sie bei dieser Gelegenheit ein Recht zu haben glaubten. Von Bordschützen wurde erwartet, daß sie ihre Wachsamkeit nie aufgaben, aber nach fünfstündigem Spähen in die Dunkelheit erlahmten viele. Die Gee-Geräte waren jetzt nicht mehr gestört, und zum erstenmal nach Hunderten Kilometern konnten die Navigatoren wieder ihre Position zuverlässig feststellen. Einige, besonders diejenigen, die Schweinfurt bombardiert hatten, waren höchst überrascht, daß sie sich bis zu 160 Kilometer nördlich ihrer geschätzten Position befanden. Die verschiedenen Geräte zur Störung deutscher Radar- und Funkgeräte wurden abgedreht. Die A.B.C.-Sonderfunker stellten ihre Wache ein. Das Identifikationssignal wurde angeschaltet, damit die englischen Nachtjäger und die Radarstationen die herannahenden Flugzeuge als Freunde erkennen konnten. Das Schlimmste war vorüber.

Für die Besatzungen mit beschädigten Flugzeugen, verwundeten Besatzungsmitgliedern oder technischen Schwierigkeiten bedeutete die Überquerung des Meeres neue Sorgen. Die See hatte während des Kriegs schon viele Bomberbesatzungen verschlungen.

Eine Halifax der Squadron 429 (Bison) mit einer Besatzung von vier Kanadiern und drei Engländern war bei Stuttgart angegriffen und schwer be-

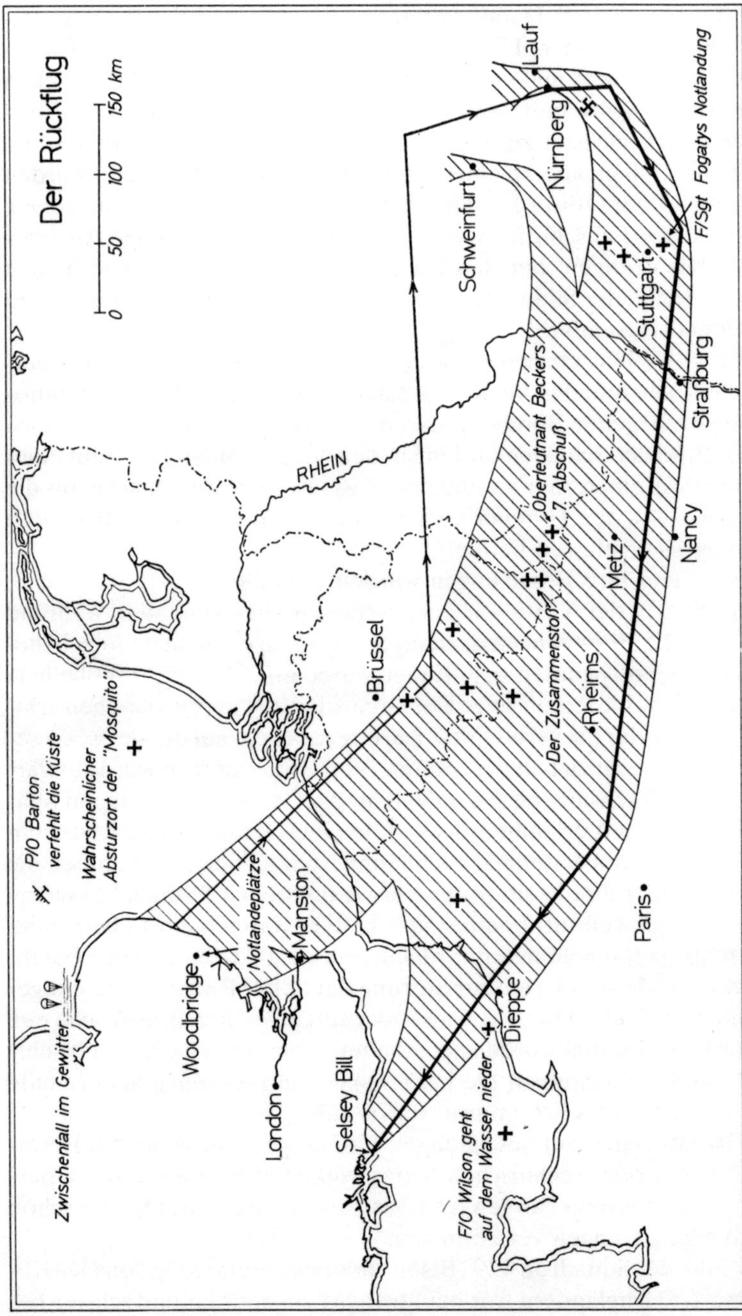
Der Rückflug
0 50 100 150 km
P/O Barton verfehlt die Küste
Wahrscheinlicher Absturzort der "Mosquito"
Zwischenfall im Gewitter
RHEIN
Brüssel
Schweinfurt
Nürnberg
Lauf
F/Sgt Fogatys Notlandung
Stuttgart
Straßburg
Oberleutnant Beckers 7. Abschuß
Der Zusammenstoß
Nancy
Metz
Rheims
Paris
Notlandeplätze
Manston
Woodbridge
London
Selsey Bill
Dieppe
F/O Wilson geht auf dem Wasser nieder

schädigt worden. Ein wilder Tiefflug hatte zwar den deutschen Nachtjäger abgeschüttelt, aber wegen des beschädigten Hydrauliksystems waren die Räder ausgefahren und die Landeklappen unten geblieben. Der kanadische Bordmechaniker hatte ein Feuer gelöscht, indem er ein Loch in die Seite des Rumpfes geschlagen und die beiden brennenden Magnesiumfackeln hinausgetreten hatte, die dort für den Fall einer Landung auf See aufbewahrt wurden. Die Halifax flog mit beträchtlich verringerter Geschwindigkeit. Als später die Küste nicht wie erwartet auftauchte, befahl der Flugzeugführer eine Funkpeilung. Zum Entsetzen aller befanden sie sich ziemlich weit südlich von Paris. Der wilde Sturzflug hatte wahrscheinlich den Kreiselkompaß durcheinander gebracht. Es war nicht mehr genug Treibstoff vorhanden, um England zu erreichen, aber die Besatzung war dafür, so weit wie möglich über den Kanal hinauszufliegen in der Hoffnung, von einem Boot des Seenotrettungsdienstes aufgefischt zu werden.

Schließlich wurde das Meer bei Le Havre erreicht, aber nun war nur noch sehr wenig Treibstoff vorhanden. Der Funker schickte das Notrufsignal ab und klemmte dann die Morsetaste fest, damit das Signal bis zum allerletzten Augenblick hinausging. Im Cockpit flammte das rote Licht auf, das anzeigte, daß nun auch der letzte Treibstoffbehälter beinahe leer war.

Der Flugzeugführer drehte seine Maschine für eine Landung parallel zu den Wellen, aber ohne Warnung setzten plötzlich beide Steuerbordtriebwerke aus. Die Halifax schwang mitten in die Flanke einer Welle hinein. Das ganze Vorderteil brach ab und verschwand, aber die sechs Männer hinter dem Hauptspant waren noch in der Lage, auf die Tragfläche hinaus- und in ihr Gummiboot zu steigen. Flying Officer Jimmy Wilson aus Moose Jaw, Saskatchewan, aber hatte das Opfer gebracht, von dem jeder Flugzeugführer wußte, daß er es vielleicht eines Tages für seine Besatzung bringen mußte. Seine Leiche wurde nie gefunden.

Nach einer komplizierten Rettungsaktion, an der Flugzeuge vom Typ Spitfire, Tempest, Sea Otter und Walrus beteiligt waren, wurden die sechs Männer nur vierzig Kilometer vor der normanischen Küste von zwei RAF-Seerettungsbooten aus Newhaven aufgenommen.

Der einzige andere schwere Zwischenfall in Zusammenhang mit dem Rückflug über das Meer ereignete sich viele Kilometer weiter nördlich. Eine Lancaster der Squadron 61, die Coningsby anflog, war nahe oder über der Küste von Norfolk, als sie in den Wolken in einen Sturm geriet. Der australische Pilot Officer J. A. Forrest drehte nach Südosten ab, um der Turbulenz auszuweichen. Doch das Flugzeug wurde von einem Blitz im vorderen Turm getroffen. Der Schlag ging durch die Lancaster. Forrest verlor die Kontrolle. Weil er dachte, er befinde sich über Land, befahl er der Besatzung, aus dem absackenden Bomber auszusteigen. Aber nur zwei Männer, ein Bordschütze und der Funker, hatten sich von dem elektrischen Schlag schon hinreichend erholt, daß sie reagieren konnten. Sie stiegen aus.

Nur 300 Meter über dem Land, oder genauer: über dem Meer, denn er hatte noch nicht die Küste erreicht, gelang es dem Flugzeugführer, die Maschine wieder unter Kontrolle zu bekommen. Er landete so schnell wie möglich auf einem in der Nähe liegenden Flugplatz und meldete den Vorfall. So bald es hell war, wurde durch Flugzeuge und Schiffe die Suche aufgenommen, aber von beiden Männern wurde nie mehr eine Spur gefunden.

Unter den Staffeln gab es immer einen Wettstreit, welche Besatzung nach einem Angriff zuerst landen würde. Die Gewinner waren gewöhnlich die »alten Männer«, erfahrener im Fliegen und Navigieren. In dieser Nacht kehrte als erster schwerer Bomber die Lancaster von Flight Lieutenant C. R. Snell zurück, ein Pfadfinder, der um 01.07 Uhr über Nürnberg gewesen war. Die Unterlagen der Squadron 635 und Snells Logbuch zeigen, daß er auf seinem Heimatflughafen Downham Market um 04.10 Uhr landete. Der Kanadier muß auf fast direktem Weg von Nürnberg zurückgeflogen sein. Dieser schnelle Rückflug mit Gegenwind in kaum mehr als drei Stunden zeigt zweierlei: Die Geschicklichkeit einer erfahrenen Pfadfinder-Besatzung auf ihrem 36. Einsatz, die ihren Weg durch die verteidigten Gebiete Deutschlands finden und England in dieser unglaublich kurzen Zeit erreichen konnte, aber auch die unabhängige Haltung der Kanadier gegenüber dem, was sie als unnötige Flugstreckendisziplin betrachteten. Interessant ist auch, daß Snell erstaunt war, als er später von den schweren Verlusten hörte. Die einzigen Kampfhandlungen, die er gesehen hatte, hatten über Nürnberg selbst stattgefunden. Es dauerte 25 Minuten, ehe das nächste Flugzeug landete, wieder ein Pfadfinder aus Downham Market.

Unter den ersten Maschinen waren hauptsächlich jene Bomber, die irrtümlich Schweinfurt bombardiert hatten und jetzt überraschend früh zurückkehrten: »Als wir über Lincolnshire und Süd-Yorkshire flogen, begannen wir zu befürchten, daß nicht alles in Ordnung war. Wenn sonst die Bomber von einem Angriff zurückkamen, erhellten die Leuchtfackeln der Bomberflugplätze die Landschaft. In dieser Nacht aber schien alles dunkel zu sein. Als wir nach Leconsfield kamen, war die Flugplatzbeleuchtung gelöscht; sie schienen uns nicht so früh erwartet zu haben. Jetzt wußten wir, daß wir das falsche Ziel bombardiert hatten!« (Pilot Officer J. Cotter, Squadron 640.)

Bald nach 05.00 Uhr strömten viele weitere Flugzeuge ihren Heimathäfen zu. Das Wetter in Südengland war gut. Die Flugzeugführer riefen, sobald sie ihren Heimatflugplatz erreicht hatten, den Kontrollturm an, und bekamen einen Platz unter den wartenden Flugzeugen zugewiesen. Ein guter Flugplatz konnte alle zwei oder drei Minuten eine Maschine landen lassen, aber selbst dann bedeutete es eine lange Wartezeit, wenn viele Flug-

31., 32. und 33. Nach der Schlacht: Entlang der Route des Bomberstroms durchsuchen deutsche Spezialisten die Wracks der abgeschossenen Bomber und die ums Leben gekommenen Besatzungsmitglieder.

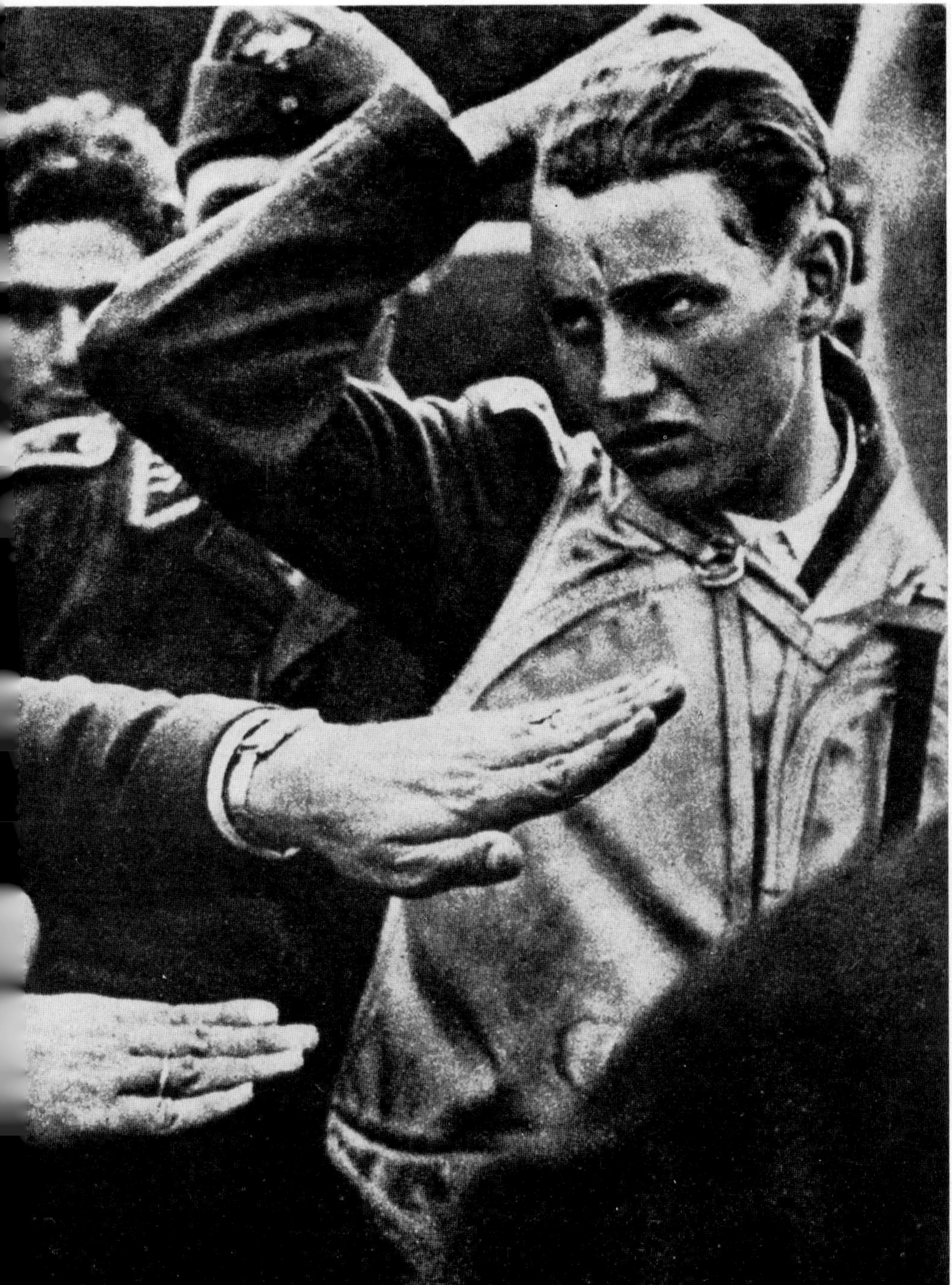

34. Von der Härte der Luftschlacht gezeichnet: ein deutscher Jäger berichtet von seinem Kampf mit dem Gegner. (Die Aufnahme stammt nicht vom Angriff auf Nürnberg.)

35. Nach der Rückkehr werden die Bomberbesatzungen über den Verlauf des Angriffs und die Stärke der deutschen Abwehr befragt. Diese Informationen dienen hauptsächlich der Planung neuer Operationen.

36. Ein Telegramm teilt den Eltern auf der britischen Insel mit, daß ihr Sohn nach dem Angriff auf Nürnberg als vermißt gilt. »No information should be given to the press« wird gefordert.

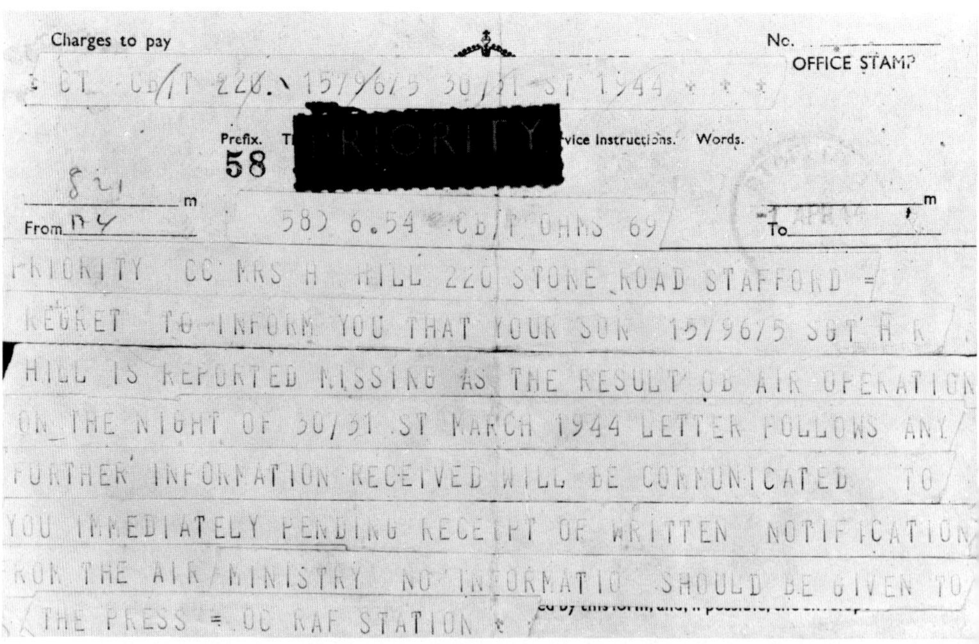

Charges to pay

No.

OFFICE STAMP

CT CB/T 220. 1579675 30/31 ST 1944 * * *

Prefix. T[redacted]rvice Instructions. Words.

58

From

58) 6.54 CB/T OHMS 69

To

PRIORITY CC MRS H HILL 220 STONE ROAD STAFFORD =
REGRET TO INFORM YOU THAT YOUR SON 1579675 SGT H R
HILL IS REPORTED MISSING AS THE RESULT OB AIR OPERATION
ON THE NIGHT OF 30/31 ST MARCH 1944 LETTER FOLLOWS ANY
FURTHER INFORMATION RECEIVED WILL BE COMMUNICATED TO
YOU IMMEDIATELY PENDING RECEIPT OF WRITTEN NOTIFICATION
FROM THE AIR MINISTRY NO INFORMATIO SHOULD BE GIVEN TO
THE PRESS = OC RAF STATION

zeuge zusammen eingetroffen waren. Einige gerissene Flugzeugführer meldeten sich zurück, noch ehe sie den Flugplatz erreicht hatten, um auf diese Weise einen besseren Platz in der Warteschlange zu ergattern.

Die guten Wetterbedingungen hielten noch einige Zeit an. Aber das Unglück, das diesen Einsatz verfolgt hatte, ließ noch nicht locker: Schlechtes Wetter brach über East Anglia herein. Bald wurden die Flugplätze der Groups 3, 8 und 100 von Schauern und niedrigen Wolken, die in nur 120 bis 180 Meter Höhe über die Rollbahnen trieben, überzogen. Gleichzeitig meldeten viele weiter nördlich gelegene Flugplätze Industriedunst oder Morgennebel, so daß bald mehr als die Hälfte der Bomberflugplätze nicht mehr einsatzfähig war. Immer mehr Flugzeuge, von denen viele nur noch wenig Treibstoff hatten oder beschädigt waren, suchten Ausweichplätze im südlichen England. Es war ein Wettlauf gegen die Uhr!

Die zwei Notflugplätze Woodbridge in Suffolk und Manston in Kent kümmerten sich um die am schwersten angeschlagenen Flugzeuge. Eine Lancaster der Squadron 61 war durch Jägerangriffe schwer getroffen worden. Ihr Navigator, Flight Sergeant Griffin, berichtet von seiner Rückkehr: »Gegen einen starken Gegenwind machten wir mit zwei ausgefallenen Triebwerken nur achtzig Knoten über dem Boden. Deshalb nahmen wir Kurs auf Woodbridge. Wir öffneten die rückwärtige Tür und warfen alles hinaus: Maschinengewehre, Munition, Fallschirme. Trotzdem verloren wir weiterhin an Höhe, und ich dachte, wir müßten notlanden. Dann sahen wir auf der Backbordseite die Lichter von Manston. Der Flugzeugführer sagte einfach: ›Wir fliegen direkt ein‹ und landete die Maschine auch gleich das erstemal. Wir waren etwas geschockt und nahmen einige steife Brandies, ehe wir ins Bett gingen. Am nächsten Morgen wachte ich auf und blickte aus dem Fenster. Es war wie ein Friedhof. Überall auf dem Platz standen Flugzeuge herum: einige waren zertrümmert, andere ausgebrannt.«

Trotz der Wirksamkeit des Ausweichsystems waren nicht alle Landungen erfolgreich: Es gab eben keine schlüssige Antwort auf die Frage, wie man lädierte Flugzeuge herunterbekam oder solche, deren Flugzeugführer verwundet oder sogar tot waren. Der erste Absturz geschah um 05.03 Uhr: Eine Lancaster der Squadron 101 bohrte sich in die Erde, als sie auf einem amerikanischen Flugplatz in Newbury zu landen versuchte. Ein paar Minuten später stürzte eine Halifax der 51. in einen Wald bei Stokenchurch in Oxfordshire. Dieser Absturz mag die Fenster des nur acht Kilometer entfernten Hauptquartiers des Bomber Command zum Klirren gebracht haben. Die Ursache beider Abstürze ist nicht bekannt, weil es keine Überlebenden gab.

Wir hatten Pilot Officer Cyril Barton verlassen, nachdem er sich entschlossen hatte, mit seiner schwer beschädigten Halifax und ohne drei Besatzungsmitglieder, die vorzeitig ausgestiegen waren, weiterzufliegen.

Offiziell erreichte Barton Nürnberg und warf dort seine Brandbombenladung ab, aber nach den Aussagen des Bordmechanikers Sergeant Trousdale ist es wahrscheinlicher, daß die Bomben auf Schweinfurt fielen. Barton stand jetzt vor dem Problem des langen Rückflugs mit nur drei Triebwerken, einem Verlust von 1500 Litern Treibstoff, ohne Navigator und Funker und ohne Bordsprechsystem. Bartons Route wird nie bekannt werden, aber seine Rückkehr nach England muß als ein heldenhafter Flug gelten.

Barton berechnete seinen Kurs selbst, vor allem mit Hilfe des Nordsterns. Über Deutschland gab es keine großen Schwierigkeiten, aber als sich der Flug über die Nordsee immer mehr hinzog, tauchten schwere Zweifel auf, ob der Treibstoff ausreichen würde. Alle entbehrlichen Ausrüstungsgegenstände gingen über Bord.

Barton versuchte wahrscheinlich, East Anglia zu erreichen, aber er erreichte Land tatsächlich fast 320 Kilometer weiter nördlich, inmitten der Fesselballons von Sunderland in Durham. Er war vermutlich parallel zur Ostküste Englands gen Norden geflogen.

Ryhope ist eine von hügeligem Gelände umgebene kleine Bergarbeiterstadt an der Küste von Durham. Als die Halifax in 500 Meter Höhe diesen Ort überflog, versagte plötzlich die Treibstoffzufuhr. Die beiden Bordschützen und der Bordmechaniker nahmen blitzschnell die vorgeschriebene Haltung für eine Bruchlandung ein, während Barton niederging.

Vier Reihen Bergarbeiterhäuser standen der Halifax im Weg, und Barton zog das Flugzeug hoch. Aber dieses Manöver kostete ihn das letzte Quentchen Fahrt. Der Bomber klatschte schwer gegen einen Hügel, rollte über eine Eisenbahnlinie weg und schmetterte direkt in den Hof der örtlichen Kohlengrube hinein.

Die Halifax wurde in Stücke gerissen, aber die drei Männer im Rumpf überlebten, sogar ohne schwere Verletzungen. Zwei Kumpel, die auf dem Weg zur Morgenschicht waren, wurden jedoch erfaßt, einer von ihnen starb. Im Cockpit der Halifax wurde Pilot Officer Barton gefunden. Er lebte nicht mehr.

Diese traurige Geschichte hat zwei Nachsätze. Der Brief, den Barton seiner Mutter für den Fall seines Todes hinterlassen hatte, ein beachtliches Zeugnis des christlichen Glaubens dieses jungen Fliegers, wurde veröffentlicht und weit verbreitet. In ihm hieß es: »Ich bin darauf vorbereitet zu sterben. Der Tod hat keine Schrecken für mich. Ich weiß, daß ich das Gericht überleben werde, weil ich auf Christus als meinen Erretter vertraut habe... Jetzt hoffe ich nur noch, daß auch Du und der Rest der Familie ihn kennenlernen werdet. Ich empfehle Euch meinem Erlöser.«

Drei Monate später wurde bekanntgegeben, daß diesem Flugzeugführer posthum das Victoria Cross, die höchste britische Tapferkeitsauszeichnung, wegen »heldenhafter Vollendung seines letzten Einsatzes im Angesicht fast unüberwindlicher Schwierigkeiten« verliehen worden war. Cyril Bartons Victoria Cross war das einzige, das während des Krieges einem Besatzungsmitglied einer Halifax verliehen wurde.

In England stürzten 14 Bomber ab oder machten Bruchlandungen. Es gab viele kleinere Unfälle und zahlreiche knappe Rettungen, als Flugzeugführer ihre Maschinen mit dem letzten Tropfen Treibstoff herunterbrachten. Ein Zwischenfall war jedoch höchst ungewöhnlich für das Jahr 1944:

Flight Sergeant A. F. T. L'Estrange hatte den Abkürzungsweg über die Nordsee genommen und flog über Norfolk. Er hatte seine Positionslichter eingeschaltet, und die Besatzung bereitete sich auf die Landung auf ihrem Heimatflugplatz in Lincolnshire vor. Sergeant A. Davenport, der Heckschütze, hatte die Innenbeleuchtung seines Turms angeschaltet und ruhte sich nach dem langen Flug aus.

Ohne Warnung trafen plötzlich zwei lange Salven die Lancaster direkt von hinten. Der zweite Feuerstoß verletzte Davenport und richtete schweren Schaden in der Lancaster an. Das Feuer war von einer der Ju 88 eröffnet worden, die früher am Morgen eingeflogen waren. Während die anderen zurückkehrten, war diese entschlossene Besatzung über der Insel geblieben, um ein unachtsames Opfer wie diese Lancaster zu erwischen. Es wurde nicht zurückgeschossen, und die Junkers konnte sicher entkommen. L'Estrange schaffte es, sein Flugzeug nach Wickenby heimzubringen.

Ein Buch dieser Art behandelt naturgemäß besonders die Erfahrungen jener Flugzeugbesatzungen, die angeschossen, angegriffen oder in andere gefährliche Ereignisse verwickelt worden waren. Um die Dinge richtig zu sehen, muß man aber wissen, daß von 782 schweren Bombern, die gestartet waren, über 500 Nürnberg oder Schweinfurt erreicht und bombardiert hatten, ohne Jägern zu begegnen oder von Flak getroffen zu werden.

Die Operation war jetzt fast vorüber. Um 07.15 Uhr waren nur noch zwei Flugzeuge in der Luft. Für Sergeant Handley und seine unerfahrene Besatzung von der Squadron 50 war es eine höchst schwierige Nacht während des zweiten Feindfluges gewesen. Handley suchte einige Zeit im schlechten Wetter nach einem Landeplatz. Schließlich fand er ihn in Winthorpe, in der Nähe von Newark. Der müde Flugzeugführer machte allerdings eine schlechte Landung und rollte über das Ende der Rollbahn hinaus. Die Lancaster stellte sich auf die Nase, die Luftschrauben der beiden Innenmotoren wurden verbogen, aber niemand erlitt Verletzungen.*

* Der Navigator in Handleys Crew war Flying Officer Theodore Archard, ein naher Freund meiner Familie und häufiger Besucher unseres Hauses in meiner Jugend. Ich bewunderte ihn sehr. Durch seinen Tod zusammen mit der restlichen Besatzung von Sergeant Handley während eines verheerenden Angriffs auf Mailly-le-Camp fünf Wochen nach Nürnberg ist später mein Interesse am Bomberkommando geweckt worden. Das Ergebnis ist dieses Buch, gewidmet meinem Freund ›Theo‹ Archard.

Ein schottischer Flugzeugführer, Guy Johnston, war als erster nach Nürnberg gestartet. Ein anderer Schotte, Warrant Officer Bill McGown aus Glasgow, steuerte auch das letzte zurückkehrende Flugzeug. Seine Lancaster war von Waterbeach, ihrem Heimatflugplatz, nach Stradishall geschickt worden, aber auch dieser Flugplatz lag unter Nebel und trotz mehrerer Anflüge konnte McGown dort nicht landen.

Zeit und Treibstoff gingen jetzt aber zu Ende. McGown wagte nicht mehr länger zu kreisen und befahl seiner Besatzung auszusteigen. Zwei Mann sprangen ab, eine nervenaufreibende Sache bei weniger als 300 Meter Höhe und starkem Nebel! Aber beide überlebten. Ehe noch weitere Flieger springen konnten, lichtete sich jedoch der Nebel, und der Flugzeugführer brachte sein Flugzeug auf einem Acker in Hertfordshire herunter. Zwar erlitt die Lancaster Totalschaden, aber McGowns Landung war dennoch geglückt, denn es hatte keine Verluste gegeben.

Es war 07.25 Uhr. Der Angriff auf Nürnberg war endgültig vorbei.

Der nächste Morgen

Die müden Flieger wurden mit Autobussen von ihren Flugzeugen abgeholt und zu den Besatzungsräumen gebracht. Nachdem sie Fallschirme, Fliegerkombinationen und die übrige Ausrüstung abgegeben hatten, ging es sofort zur Einsatzbesprechung oder zum »Verhör«, wie es im Jahr 1944 hieß. Begrüßungszigaretten und heiße Getränke, denen Rum beigemischt war, in den Händen, saß jede Besatzung an einem Tisch und berichtete einem Nachrichtenoffizier. Diese Berichte wurden zusammengefaßt und dann ins Hauptquartier nach High Wycombe geschickt. Das »Verhör« war ein wesentlicher Teil jedes Einsatzes.

Wenn sie nicht in Schwierigkeiten geraten waren, hatten die Besatzungen während des gesamten Angriffs Funkstille gehalten. Die rangälteren Offiziere, die nicht mitgeflogen waren, trieben sich daher um die Verhörtische herum, um zu erfahren, wie der Angriff überhaupt verlaufen war. Es waren die ersten Neuigkeiten, die sie über die dramatischen Ereignisse zu hören bekamen, die sich über dem Funkfeuer Ida sechs Stunden zuvor angebahnt hatten.

Zuerst wurde die Luftschlacht kaum erwähnt, und die Befragungen nahmen ihren normalen Gang. Die Besatzungen der ersten Welle hatten von den Luftkämpfen nicht viel gesehen, und weil sie gewöhnlich die zynischen »alten Männer« einer Staffel waren, formulierten sie ihre Antworten bewußt so knapp wie möglich, um schnell abhauen zu können. Diese Besatzungen aber waren für jene Berichte von einer »ruhigen Reise« verantwortlich, die sich in so vielen Kriegstagebüchern niederschlugen. Man tat eben alles, um möglichst schnell ins Bett zu kommen.

Als aber Besatzungen begannen, von massiven Jägerangriffen zu sprechen und von dem Anblick vieler abstürzender Bomber, wurde nur zu bald deutlich, daß dies nicht ein normaler Einsatz gewesen sein konnte, sondern daß ein schreckliches Desaster geschehen sein mußte.

Nach dem ruhigen Beginn des »Verhörs« wurden diese Berichte zunächst mit Vorsicht und manchmal sogar mit offenem Unglauben zur Kenntnis genommen. Ein Neuseeländer, der bereits seine zweite Einsatztour flog, hatte einen Zusammenstoß mit einem Nachrichtenoffizier: »Er fragte mich, wie viele Bomber-Abschüsse ich gesehen hätte, und ich sagte: ›Schätzungsweise dreißig‹. Er sagte, ich müßte mich irren. Niemand habe so viele gesehen. Er würde mir acht aufschreiben. Das machte mich ziemlich sauer. Ich widersprach nicht, aber ich sagte, er werde bald feststellen, daß dies die schlimmste Nacht des Bomberkommandos gewesen sei. Unglücklicherweise zeigte es sich, daß ich recht hatte.« (Pilot Officer J. C. Palmer, Squadron 78)

Männer, die voraussagten, die Verluste könnten achtzig oder neunzig Bomber betragen, wurden von ihren Kommandeuren angepfiffen, sie sollten sich gefälligst zusammenreißen. Vor dem Start war den Besatzungen in Kirmington mitgeteilt worden, es würden 795 Flugzeuge eingesetzt werden. Nach der Rückkehr sagte ein Kanadier seinem Nachrichtenoffizier unverblümt, das Bomberkommando könne 95 davon abschreiben – eine verblüffend genaue Vorhersage!

Nachdem immer mehr Besatzungen durch die Befragung gegangen waren, wurde schließlich akzeptiert, daß die Verluste außergewöhnlich hoch gewesen sein mußten. Aber nun tauchte ein anderes Problem auf: Wie waren die Verhältnisse über dem Ziel wirklich gewesen? Viele Flieger berichteten von dichten Wolken und daß sie auf Himmelsmarkierungen der Pfadfinder ihre Bomben geworfen hätten. Andere wiederum hatten ein deutlich sichtbares Ziel bombardiert, das – wie sie sich bitter beschwerten – die Pfadfinder jedoch zu markieren versäumt hatten. Es wurde bald klar, daß mehr als ein Ziel bombardiert worden war. Einigen Besatzungen in Ludford Magna wurde vorgeworfen, sie hätten versäumt, Nürnberg zu bombardieren. Es gab heftige Szenen. Eine kanadische Besatzung in Linton-on-Ouse, die schon lange zuvor erkannt hatte, daß ihre Bomben auf Schweinfurt niedergegangen waren, hielt sich absichtlich bei der Befragung zurück, um erst einmal zu hören, was die anderen Besatzungen berichteten. Als sie schließlich dem Nachrichtenoffizier gegenübersaßen, erklärte der Flugzeugführer sofort, daß sie Schweinfurt bombardiert hätten. Daraufhin gaben verschiedene andere Besatzungen den gleichen Irrtum zu.

Nachdem die Bombenfotos entwickelt worden waren, wurde bald bestätigt, daß tatsächlich Schweinfurt der »Irrtum« gewesen war. Viele Besatzungen entdeckten dabei zum erstenmal, daß sie sich um neunzig Kilometer geirrt hatten. Aber das wurde kaum als tragisch empfunden: Zwar war ein Fehler unterlaufen, aber dafür ein wichtiges Ziel getroffen worden. Die meisten der betroffenen Besatzungen waren schließlich auf ihre Leistung sogar sehr stolz. Das einzige Murren ertönte in der »Gewerkschaft« der Navigatoren, und hier gab es während der nächsten Tage auch eine intensive Überprüfung der Logbücher.

Air Vice-Marshal Bennett, der sein kleines Flugzeug persönlich steuerte, besuchte zwei Pfadfinder-Stationen. In Graveley tadelte er einen Staffelkommandeur, weil dieser andeutete, eine Rekordzahl Bomber sei verloren gegangen. In Bourn machte er einen Flugzeugführer herunter, der einen Verlust von einhundert Flugzeugen vorhersagte: »Unsinn! Sie müssen übermüdet sein!« Als jedoch die gesamten Verluste bekanntgegeben wurden, wurde Bennett sehr zornig; denn er hatte ja gegen die Wahl des Angriffskurses hart protestiert.

Squadron 101 in Ludford Magna hatte die schwersten Verluste der Nacht erlitten: Sieben Flugzeuge und 56 Männer wurden vermißt. Ein australischer Pilot Officer, »Dutch« Holland, erinnert sich: »Wir warteten und warteten und warteten. Wir waren eine erfahrene Besatzung und daran gewöhnt, daß ein oder zwei Flugzeuge verlorengingen. Aber als jetzt fast ein Drittel unserer Staffel vermißt blieb, war dies wie ein Schlag in die Magengrube. Wir warteten fast bis zum frühen Mittag, ehe wir in unsere Räume gingen: Niedergeschmettert, erschüttert und schweigend, jedes Besatzungsmitglied in seinen eigenen Schmerz eingehüllt...«

Am Abend zuvor hatten Journalisten und Pressefotografen den Start von 17 Halifax in Snaith beobachtet. Sergeant Philip Baileys Besatzung war fotografiert worden, als sie ihre Aussagen machte. Jetzt hatte er die Geegenheit, die Zeitungsleute zu beobachten. »Sie beobachteten und warteten so rücksichtsvoll, während die Jungen hereinkamen, aber während die Zeit voranschritt, wurde auch ihnen bewußt, daß es einige Verluste gegeben hatte. Ich werde nie die Gesichter von zweien von ihnen vergessen, beides Männer mittleren Alters, als ihnen ruhig mitgeteilt wurde, sechs Besatzungen seien vermißt, 42 Jungen von den 119, die sie in den Nachthimmel hatten starten sehen. Die Notizbücher und Kameras wurden eingepackt, und ihre Besitzer gingen schweigend weg. Offensichtlich wollten sie nicht in unsere Gefühle eindringen.«

Nicht alle Flugplätze waren Orte der Niedergeschlagenheit. Die Staffel 100 hatte 18 Lancaster hinausgeschickt. Keine war verloren gegangen oder umgeleitet worden. Innerhalb von wenig mehr als einer Stunde waren alle sicher auf ihrem Heimatflugplatz in der Nähe von Grimsby gelandet. Die Besatzungen konnten in froher Stimmung gemeinsam zum Frühstück gehen und dankbar dafür sein, daß sie verschont geblieben waren.

Erfrischt durch einige Stunden Schlaf, kamen später Offiziere und Unteroffiziere in ihren Messen zu einem Drink vor dem Mittagessen zusammen und warteten auf die Ein-Uhr-Nachrichten von BBC, die gewöhnlich die ersten zuverlässigen Verlustzahlen nannten. Auf den Flugplätzen des Bomberkommandos – und zweifelsohne im ganzen Land – herrschte tiefe Niedergeschlagenheit, als gemeldet wurde: »In der vergangenen Nacht griffen unsere Bomber Nürnberg an. 96 unserer Flugzeuge kehrten nicht zurück.«

»Ich erinnere mich, daß ich dachte: Immer werden diese verdammten Flugzeuge vermißt, nie die Besatzungen! Was zum Teufel sind wir denn überhaupt, wenn Maschinen mehr Bedeutung haben als Menschenleben? Verdammt noch mal, waren sie sich denn nicht bewußt, daß fast 700 Besatzungsangehörige vermißt wurden?« (Sergeant W. J. Blackburn, Squadron 12)

Es waren die schwersten Verluste des Krieges, und sie übertrafen um fast zwanzig Bomber sogar noch den jüngsten Rekordverlust beim Angriff gegen Leipzig.

Diese Rundfunksendung bestätigte nur die schlimmsten Befürchtungen der Männer, die nach Nürnberg geflogen waren. Sie wußten jetzt, daß sie viele Freunde aus den Ausbildungseinheiten und Einsatzstaffeln niemals wiedersehen würden. Sie wußten, daß ihre eigene, bereits sehr magere Überlebenschance zu einem Nichts zusammenschrumpfen würde, falls Taktik und Ziele nicht geändert würden. Ein bei den Pfadfindern dienender Neuseeländer erinnert sich, daß in Oakington »ein niedergeschlagenes Schweigen herrschte, daß dreißig Sekunden lang niemand etwas sagte und keiner sich bewegte. Ich denke immer noch an dieses tödliche Schweigen in der Messe, wenn ich heute über meine Farm gehe.«

Die Nachricht kam durch, daß die Staffeln vom Einsatz zurückgezogen worden waren. Viele Männer gingen auf Urlaub. Die »Mondperiode« hatte nun begonnen, und zumindest eine Woche lang würde es keine tief nach Deutschland hineinführenden Angriffe mehr geben. An die Angehörigen der Vermißten mußten Telegramme geschickt werden. Persönliches Eigentum wurde aus den Zimmern geholt. Binnen weniger Stunden nahmen die eifrigen Gesichter der Ersatzbesatzungen, die in den Einsatz kommen wollten, die Plätze derer ein, die verschwunden waren.

Flugzeuge, die man hatte umleiten müssen, kehrten heim, nachdem ihre Besatzungen auf einem fremden Flugplatz geschlafen hatten. Der Kapitän einer kanadischen Besatzung, die nach einem schwierigen Flug auf einem Flugplatz einer Ausbildungseinheit gelandet war, mußte zwei seiner Leute ohrfeigen, weil sie beim Wecken hysterisch wurden.

Die Besatzung von Lieutenant Max Dowden, der mit seiner Lancaster eine Bruchlandung auf freiem Feld gemacht hatte, mußte auf der Bahnstation King's Cross auf ihren Zug warten – bepackt mit dem Bombenvisier, acht Maschinengewehren und Munitionsgurten aus ihrem Flugzeug. Dowden und zwei andere fanden ein Lokal, wo es Fisch und Pommes Frites gab, während der Rest der Besatzung die Bar des Bahnhofs betrat, als in den Nachrichten von BBC gerade die schweren Verluste gemeldet wurden. Die Flieger wurden mit Getränken traktiert und erreichten ihren Zug nur »schwer angeschlagen« und im letzten Augenblick.

Die tiefe Niedergeschlagenheit der Bomberbesatzungen hielt zwar einige Zeit an, und es gab einiges Geschimpfe auf die Meteorologen, auf »Butch« Harris und auf die Vorgesetzten. Die Moral dieser widerstandsfähigen jungen Männer brach jedoch nicht zusammen. Sie wußten, daß der Bombenkrieg unvermeidliche Verluste, manchmal sogar schwere Verluste, mit sich bringen mußte. Die Hauptsache war, daß wenigstens sie noch lebten.

»Obgleich wir von den Verlusten erschüttert waren, kann ich mich nicht erinnern, daß irgend jemand aufgab, noch kann ich mich entsinnen, daß jemand ›Butch‹ oder – wie wir ihn nannten – ›Chopper‹ Harris beschimpfte. Tatsächlich hatten wir eher ein Gefühl des Mitleids für ihn und für die Last seiner Verantwortung. Unsere Besatzungen taten das, was sie bei diesen Anlässen immer taten: Wir betranken uns.« (Flying Officer F. J. Parker, Squadron 514)

Während der Nacht machte in High Wycombe nur ein kleiner Stab Dienst. Im Einsatzraum beschäftigten sich der Group Captain vom Dienst, ein Offizier vom meteorologischen Dienst und ein Navigationsoffizier mit den Berichten der Leitflugzeuge.

Kurz vor neun Uhr morgens, am 31. März, ging Sir Arthur Harris in den Einsatzraum hinunter und begann seine tägliche Konferenz. Es wurde ihm ein Bericht übergeben, aus dem hervorging, daß 96 schwere Bomber nicht von Nürnberg zurückgekehrt waren und daß der Bombenangriff auf die deutsche Stadt vermutlich keine entscheidende Wirkung erzielt hätte.

Ein weiterer Tag im Krieg des Bomberkommandos war vorüber.

In Deutschland

Wie üblich waren nur wenige deutsche Nachtjägerbesatzungen auf ihren Heimatflughäfen gelandet. Die meisten hatten ihren Einsatz etwa zur gleichen Zeit aufgeben müssen, als die Bomber Nürnberg verlassen hatten. Wegen des schlechten Wetters landeten zahlreiche Maschinen im Gebiet von Frankfurt. Auch in Mainz, Wiesbaden und Hanau gingen Nachtjäger nieder.

Mehr als vierzig aufgeregte Besatzungen, die auf dem Flugplatz Hanau eingefallen waren, weckten die Köche auf und bestellten ein großes Essen, um ihren Sieg zu feiern. Ein Pilot, der schon vor dem Krieg Flugzeugführer bei der Luftwaffe gewesen war, betrachtete den Triumph allerdings etwas kühler: »Ein Leutnant war mit seinen beiden Abschüssen sehr zufrieden: ›Ich könnte vor mir selbst Männchen bauen‹, sagte er. Natürlich war auch ich zufrieden, daß ich zumindest einen abgeschossen hatte. Wegen des Altersunterschieds – ich war 32, ungefähr zehn Jahre älter als die meisten anderen – sah ich die Dinge jedoch nüchterner. Ich hatte Nürnberg brennen sehen, und obwohl ich auch gesehen hatte, daß viele Bomber abgeschossen worden waren und bereits ahnte, daß wir einen ungewöhnlich großen Erfolg errungen hatten, schien es mir – an der Zerstörung unserer Städte gemessen – doch nicht genug zu sein. (Oberleutnant Fritz Lau, II./Nachtjagdgeschwader 1)

In Hanau war auch ein großes Nachtjagd-As, Hauptmann Schnaufer, heruntergekommen. Die Besatzungen seiner Gruppe waren von St. Trond aus am Funkfeuer Ida in den Bomberstrom eingedrungen und hatten viele Abschüsse erzielt. Schnaufer hatte sogar versucht, die Bomber noch früher abzufangen, indem er zur Küste geflogen war. Er hatte jedoch den Bomberstrom verpaßt. In Hanau traf er seine Flugzeugführer, die erfolgreicher gewesen waren: »Zu wie vielen Abschüssen darf man Herrn Hauptmann gratulieren?« Schnaufer mußte gestehen, daß er keinen einzigen Erfolg erzielt hatte.

Nachdem sie in fremden Betten geschlafen hatten, flogen die Jäger am nächsten Morgen zu ihren Heimatflugplätzen zurück, genau so wie in England die umgeleiteten Bomberbesatzungen zu ihren Stützpunkten zurückkehrten. Und wie sich um die Mittagszeit die Bomberbesatzungen um die Radiogeräte versammelten, taten es auch ihre Gegner: »Letzte Meldungen über den Angriff auf das Reichsgebiet in der letzten Nacht zeigen, daß er eine einmalige Katastrophe für die Briten war. Unsere Luftverteidigungskräfte melden, daß zumindest 132 viermotorige britische Bomber zerstört wurden.« In der Radiomeldung wurde angedeutet, die Briten seien an der Durchführung ihres Angriffs auf Nürnberg gehindert worden. Man gab jedoch zu, daß »im Gebiet von Nürnberg und in anderen süddeutschen Orten Schaden angerichtet wurde und die Bevölkerung Verluste erlitt«.

Nun kamen die Glückwünsche. Das I. Jagdkorps erhielt zwei Telegramme. Das erste war von General Martini, dem Chef des Nachrichtenwesens der Luftwaffe. Es sprach von der »größten Freude und höchsten Bewunderung des ganzen deutschen Volkes, der Offiziere des Oberkommandos und der übrigen Luftwaffe«.

Das Telegramm von Reichsmarschall Göring bezog sich auf »die bewunderungswürdige Tapferkeit der Nachtjägerbesatzungen, die erneut einen Triumph über die britischen Terrorflieger erzielt haben... Der Feind hat seine bisher größte Niederlage bei Nacht während seiner verbrecherischen Angriffe auf unser geliebtes Vaterland erlitten, das deutsche Volk hat durch den mitleidslosen Angriffsgeist der Nachtjäger seine erste Rache bekommen. Weiter so!«

Auch für die Besatzungen gab es Glückwünsche, Urlaub und Auszeichnungen. Einige Flugzeugführer hatten ihren ersten Bomber abgeschossen. Sie erhielten automatisch das Eiserne Kreuz. Seine sieben Abschüsse in einer Nacht brachten Oberleutnant Martin Becker ein Telegramm ein. Mit ihm wurde er ins Führerhauptquartier nach Ostpreußen befohlen, wo er aus der Hand Hitlers das begehrte Ritterkreuz erhielt.

Das Licht des Tages gab den Einwohnern von Nürnberg die Möglichkeit, den durch die Bombardierung verursachten Schaden einzuschätzen. Bald erkannten die Nürnberger, daß sie bei diesem offensichtlichen Versuch der RAF, ihre Stadt zu zerstören, glimpflich davongekommen waren. Das wurde besonders deutlich, als sie entdeckten, daß die meisten Bomben außerhalb der Stadt niedergegangen waren. Sie waren aber auch überrascht und etwas bestürzt, weil sie zum erstenmal während des Krieges durch dicke Wolken hindurch angegriffen worden waren. Wolken waren bisher immer als ein gewisser Schutz vor den Bombern betrachtet worden.

In den Schuttbergen der zerstörten Häuser gingen die Rettungsarbeiten weiter. Die letzten Brände wurden gelöscht. Als die Leichen geborgen waren, wurden die endgültigen Verlustziffern zusammengestellt. Im Vergleich zu den erfolgreichen RAF-Angriffen auf Hamburg, Dresden und andere Städte waren sie unerheblich: 75 Zivilisten hatten ihr Leben verloren. Die deutschen Archive teilen sie sorgfältig ein: Sechzig Deutsche waren getötet worden (28 Männer, 24 Frauen und acht Kinder), aber auch 15 ausländische Arbeiter (14 Männer und eine Frau). Aus den Unterlagen geht hervor, daß von den Toten 37 in bombardierten Häusern und Schutzräumen begraben und 19 von herabstürzenden Trümmern erschlagen worden waren. 19 weitere Menschen hatten den Tod in den Flammen gefunden. Die Zahl der Verletzten ist nicht genau bekannt, man schätzt sie auf einhundert bis zweihundert. 256 Gebäude waren völlig zerstört worden.*

Die Toten wurden später in einer Massenbeerdigung auf dem Südfriedhof beigesetzt. Sie wurden neben den Opfern früherer Angriffe begraben. Dabei soll es einige Unmutsäußerungen leidgeprüfter Hinterbliebener gegen die Nazis gegeben haben, aber glücklicherweise wurde dies nicht weitergemeldet.

Den größten Schock erlitten die Bewohner der ländlichen Gebiete im Osten und Norden von Nürnberg. Sie hatten nie damit gerechnet, daß ihre kleinen Gemeinden das Ziel der Bomber werden könnten. Am schlimmsten betroffen war Schönberg bei Lauf. Frau Gregori beschreibt die Szene am Morgen nach dem Angriff: »Das Dorf bot ein Bild schrecklicher Zerstörung. Ganze Straßenzüge lagen in Trümmern und Asche. Man sah eingestürzte Mauern, verkohlte Balken und Glasscherben. Auf den Wiesen lief das Vieh herum. In den Höfen der Bauernhäuser lagen die verbrannten Kadaver von Schweinen. Vom Geflügel war nichts zu sehen. Die Menschen standen mit verzerrten Gesichtern herum. Die Frauen weinten und standen hilflos vor den Resten ihres Eigentums.«

Wegen der Zielmarkierer, die in der Nähe von Schönberg von einem unbekannten Pfadfinder gesetzt worden waren, nahmen die Dorfbewohner an, die RAF habe ihr unbekanntes Dorf absichtlich als Ziel gewählt. Ein unglücklicher Mann wurde später noch durch einen schweren Balken getötet, als er beim Aufräumen einer beschädigten Scheune half. In Bullach, einem anderen Dorf bei Lauf, wurde am darauffolgenden Tag ein junger Mann getötet, als eine Zeitzünderbombe explodierte.

Schweinfurt, die so oft bombardierte Stadt, erholte sich rasch von dem Angriff. Die Einwohner waren erleichtert, daß sie so günstig bei einer Aktion davongekommen waren, bei der es sich ihrer Meinung nach um einen Großangriff der RAF gehandelt hatte. Aus erbeuteten Navigationslogbüchern, Verhören gefangener Flugzeugbesatzungen und aus der Rundfunkmeldung von BBC erkannte das deutsche Oberkommando jedoch schon bald, daß der Angriff auf Schweinfurt nicht geplant gewesen war. Der Presse wurde jede Erwähnung verboten, selbst der Ortspresse. Ludwig Wiener, der nach dem Krieg über diesen Angriff schrieb, stellt fest: »Wenn jemand am nächsten Tag in unseren Zeitungen etwas über den Angriff erfahren wollte, konnte er lediglich lesen, daß der Frühling komme und daß es

* Diese Einzelheiten stammen aus einem Bericht des Polizeipräsidiums, der jetzt im Nürnberger Stadtarchiv unter dem Zeichen C18 aufbewahrt wird. Der Bericht enthält nur Zahlen über Verluste der Zivilbevölkerung, aber es ist nicht anzunehmen, daß beim Militär Verluste aufgetreten sind, außer denen bei der Explosion einer Bombe in einer Flakstellung.

Zeit sei, ›unsere bunten Freunde, die Blumen, aus dem Keller zu holen‹.«

Auf Schweinfurt sollten noch viele Angriffe zukommen, und so verblaßte die Erinnerung an diesen einen Angriff bald. Es ist unwahrscheinlich, daß die Einwohner bis zum heutigen Tag erfahren haben, daß Sir Arthur Harris nie die Absicht gehabt hatte, seine Bomber in jener Nacht ihre Stadt angreifen zu lassen.

Die meisten abgeschossenen Bomber waren auf freiem Gelände abgestürzt und hatten keinen Schaden verursacht. Einige wenige waren allerdings über nichtsahnenden Dörfern explodiert oder in sie hineingestürzt. Als eine Lancaster der Squadron 12 in einen Hügel in der Nähe einer Gemeinde raste, hatte die Explosion ein Haus völlig zerstört. Später wurde einer Vermißtensucheinheit der RAF gesagt, die gesamte dort lebende Familie sei getötet worden. Das war jedoch eine Übertreibung: Eine Frau war verletzt worden und hatte ein Auge verloren. Eine Lancaster der 101. stürzte in ein Dorf, und die Explosion ihrer 4000-Pfund-Bombe verursachte beträchtlichen Schaden. Ein Besatzungsangehöriger kam nur Sekunden später am Fallschirm herunter und wurde von den aufgebrachten Dorfbewohnern verprügelt. Bordschütze Sergeant Mike McGeer, Sohn eines kanadischen Parlamentsabgeordneten, versteckte sich klugerweise in einem Hühnerstall in der Nähe und kam erst heraus, als die Wut der Dorfbewohner verraucht war.

Das Dorf Rodenbach bei Neuwied am Rhein hatte mehr Glück: Eine Lancaster der Squadron 460 war genau über den Häusern explodiert. Am nächsten Morgen entdeckte ein Dorfbewohner ein Merlin-Triebwerk direkt vor seiner Haustür. Ein anderer fand das ganze Leitwerk der Lancaster – an die Mauer seines Hauses gelehnt. Weitere Suchaktionen führten zu drei toten Besatzungsmitgliedern in verschiedenen Teilen des Dorfs. Die Leiche eines vierten entdeckte der Ortspolizist: Sie hing an den Fallschirmleinen in einem Baum.

Auf der anderen Seite des Rheins stürzten drei Bomber in der Gemeinde Sinzig ab. Einwohner von Westum, einem benachbarten Weiler, hatten die Luftkämpfe über ihren Köpfen beobachtet. Heinz Schmalz, der Historiker des Ortes, berichtet: »Aber plötzlich konnten sie im Osten ein brennendes Flugzeug sehen, das offensichtlich abstürzte. Es kam mit zunehmender Geschwindigkeit zwischen Sinzig und Westum herunter, ging dann etwas hoch und flog eine kleine Strecke weiter. Dann wieder sah es so aus, als ob es in das Zentrum von Westum hineinstürzen und unser kleines Dorf zerstören würde. Brennende Trümmer und Treibstoff fielen aus dem Flugzeug, als es über uns hinwegflog, und drei Scheunen wurden in Brand gesetzt. Das Flugzeug zog einen ganzen Kreis nach Süden, näherte sich noch einmal dem Dorf und stürzte bei einer Kapelle ab.«

Die Identität dieses Flugzeugs ist bekannt. Ein Besatzungsmitglied war mit Erfolg ausgestiegen. Drei Leichen, einschließlich der des Flugzeugführers, wurden gefunden, aber die restlichen drei hat man nie entdeckt. Das Wrack brannte zwei Wochen lang, aber wegen des Gestanks und der Gefahr explodierender Munition wagte sich niemand zu nahe heran.

In Westum arbeiteten einige französische Kriegsgefangene auf Bauernhöfen. Schmalz beklagt sich darüber, daß sie untätig herumstanden, anstatt zu helfen, als die Scheuern brannten. Die Franzosen ihrerseits erzählten später der RAF, sie seien verprügelt worden, als sie Blumen auf das Gemeinschaftsgrab legten, in dem die elf Flieger aus den drei in der Gegend abgestürzten Flugzeugen beerdigt worden waren.

Am nächsten Morgen gingen die Einwohner von Sinzig in Scharen hinaus, um die abgestürzten Flugzeuge zu besichtigen. Rosemarie Bongart, damals 13 Jahre alt, beschreibt, was sie sah: »Ich schloß mich den Gruppen neugieriger Leute an, aber die Hitlerjugend hielt uns in einer gewissen Entfernung. Zwei Maschinen waren völlig zerstört und ausgebrannt. Von der dritten war noch der Schwanz intakt, und durch das geschmolzene Glas konnten wir die Maschinengewehre sehen. Ich konnte zwei Stellen erkennen, wo die Erde in Form eines menschlichen Körpers eingedrückt war. Sie waren mit Blut bespritzt. Die Fallschirme der Männer hatten gebrannt, und sie waren wohl getötet worden, als sie auf die Erde aufschlugen.

Daheim in Sinzig sah ich einen Flieger, der zum Büro des Bürgermeisters geführt wurde. Er hatte seine Fliegerkombination über dem Arm und trug einen weißen Pullover. Es war ein großer, freundlich aussehender Mann, und ich wunderte mich darüber, daß er mir leid tat, obwohl er doch ein Feind war. Er öffnete sogar die Tür zum Bürgermeisterbüro, damit eine Dame zuerst eintreten konnte. Das überraschte mich völlig!

Bei unserem Haus war eine Kaserne, und Bauern brachten auf Wagen elf Tote dorthin und ließen sie in einem leeren Zimmer. Durch ein offenes Fenster sah ich die Leichen in einer Reihe liegen. Sie hatten kaum äußerliche Verletzungen, aber ihre Gliedmaßen waren so schrecklich verzerrt! Einer hatte rotes Haar. Einige sagten, die meisten seien Kanadier. Für meine Neugierde wurde ich jedoch bestraft. Lange Zeit noch konnte ich nachts nicht schlafen: Ich sah immer noch diese Toten.«

In Wirklichkeit befand sich kein Kanadier unter den elf toten Fliegern, aber vier waren Australier. Der rothaarige Mann war ein englischer Navigator. Den höflichen Gefangenen jedoch, der die Tür für eine Dame öffnete, konnte ich nicht identifizieren.

In Deutschland drohte angeblich die Todesstrafe für das Plündern abgestürzter Flugzeuge oder das Fleddern toter Flieger. Aber aus abgestürzten Bombern verschwanden gewöhnlich sofort die Lebensmittel, ebenso wie die Fallschirme und die weißen Socken und Pullover der toten RAF-Männer. Man konnte sogar noch nach dem Krieg Deutsche sehen, die diese

Kleidungsstücke trugen. Die Fallschirme wurden von den Frauen in Unterröcke und Blusen verwandelt.

Die Leichen der Flieger wurden normalerweise auf den zivilen Friedhöfen am Ort begraben, obgleich manche von der Luftwaffe abgeholt und in der Nähe der Flugplätze beigesetzt wurden. In Frankreich und Belgien wurden die RAF-Flieger oft auf Soldatenfriedhöfen neben ihren toten Landsleuten von 1914–1918 bestattet. In einem deutschen Dorf entwikkelte sich ein makabres Tauziehen zwischen einem Nazi-Bürgermeister, abergläubischen Bauern und der Luftwaffe um die Beerdigung einer Besatzung. Der Bürgermeister verbot eine Beerdigung auf dem Friedhof. Deshalb begruben Männer aus dem Dorf die Besatzung bei einem Kruzifix an der Straße nahe der Absturzstelle. Ohne Wissen des Bürgermeisters hielt der katholische Ortsgeistliche einen kurzen Gottesdienst für die Toten ab.

Sechs Wochen später rief jedoch die Luftwaffe an und bestand darauf, daß die Toten auf dem Friedhof begraben werden müßten. Der Bürgermeister gab die notwendigen Anordnungen, und in der Nähe der Kirche wurden sieben Gräber ausgehoben. Die Männer aber, denen der Auftrag gegeben wurde, die Toten umzubetten, waren sehr unglücklich. Sie wollten nicht die Ruhe der Gefallenen stören. Nachdem sie viel Schnaps getrunken hatten, begannen sie beim Kruzifix zu graben, aber sie brachten die Arbeit nicht zu Ende. Sie schütteten die Erde wieder über die Toten, füllten auch die neuen Gräber auf dem Friedhof mit Erde auf und sagten dem Bürgermeister, seine Befehle seien ausgeführt worden. Gegen Kriegsende fürchteten die Bauern aber, die Briten würden sich rächen, falls sie die leeren Gräber auf dem Friedhof finden sollten. Der RAF-Gruppe, die schließlich eintraf, wurden sich widersprechende Geschichten erzählt. Man mußte erst beide Grabstellen öffnen, ehe man die Wahrheit entdeckte.

Hier sind die Erlebnisse einiger der glücklichen Flieger, die den Abschuß ihrer Flugzeuge überlebt haben:

Flight Sergeant Robert Hughes, ein kanadischer zweiter Flugzeugführer, hatte versehentlich seinen Fallschirm schon im Flugzeug geöffnet und die sich aufblähende Seide in seinen Armen zusammengehalten: »Ich sprang und ließ fast gleichzeitig den Fallschirm los, ohne daran zu denken, daß ich einige Sekunden hätte warten müssen, bis meine Fallgeschwindigkeit reduziert war. Die Fallschirmgurte rissen mich heftig hoch, die Seidenbahnen streiften über mein Gesicht und schürften meine Wangen auf. Ich dachte, der Fallschirm sei am Flugzeug festgehakt. Ich sah ängstlich nach oben und erblickte dann die schönste Blume, die ich je gesehen hatte: Eine weiße Blüte mit orangefarbenen Blütenblättern.«

Hughes war nördlich von Nürnberg abgesprungen und schätzt, daß er sich etwa fünfzehn Minuten in der Luft befand. In den turbulenten Wolken des Tiefs, das sich dort gebildet hatte, war er lange herumgeworfen worden.

Flight Sergeant Donald Gray hatte die gewaltige Explosion der Luftmine in seiner Lancaster überlebt: »Sofort war alles schwarz und still, und ich stellte mit Erstaunen fest, daß ich mich nicht mehr im Flugzeug befand. Meine Erleichterung verwandelte sich jedoch in Panik, als ich erkannte, daß ich mit dem Kopf nach unten hing, und daß die Anschnallgurte des Fallschirms um meine Fußgelenke hingen. Ich strengte mich an, keine Bewegung zu machen, damit meine Füße nicht aus meinen Fliegerstiefeln herausrutschten. Ich drückte meine Fußgelenke fest übereinander und sagte die wenigen Gebete auf, die ich kannte.«

Gray überlebte die darauffolgende Kopflandung ohne schwere Verletzung. Später entdeckte er, daß er nur wenige Meter neben einer Autobahn gelandet war.

Es gab schmerzhafte Verletzungen und sogar Todesfälle, als die Männer am Fallschirm landeten. Das war unvermeidlich, weil es sich um den ersten Absprung dieser Flieger handelte, und weil die Männer nachts und über unbekanntem Gelände herunterkamen.

Pilot Officer Albert Lander schaffte es gerade noch, aus seiner brennenden Lancaster herauszukommen und den Fallschirm zu öffnen, ehe er einige Sekunden später in einen kleinen Fluß bei Dillenburg fiel: »Um ein Uhr morgens in einem Fluß, der durch schmelzenden Schnee angeschwollen war. Junge, Junge, war das kalt nach dem Feuer. Das Wasser ging mir etwas über dem Kopf, aber ich konnte mich jedesmal, wenn ich unterging, wieder zur Oberfläche hochschubsen. Schließlich trieb ich in flacheres Wasser, wo ich den Funker fand, der mir aus dem Fluß heraushalf. Ihm fehlte ein Ohr und ein Augenlid. Ich hatte kaum Kleidung an und ein übel verbranntes Handgelenk. Wegen der Brandwunden fühlte sich mein Gesicht an, als ob es nicht zu mir gehören würde.«

Sergeant Dobbs, Bordfunker in einer Halifax, fand sich auf Stroh liegend auf einem Lastwagen wieder, umgeben von deutschen Soldaten. Er war schwer verletzt. Er hat nie erfahren, ob er mit dem Fallschirm heruntergekommen war oder den Aufschlag seines Flugzeugs überlebt hatte. Er war jedenfalls der einzige Überlebende seiner ganzen Besatzung.

Für diejenigen Männer, die sicher landeten, war es ein gefühlsbeladener Augenblick. Einige wenige Sekunden oder Minuten zuvor hatten sie noch dem Tod ins Antlitz gesehen – jetzt waren ihre Überlebenschancen vielleicht sogar größer als die Chancen der Männer, die nach England zurückflogen. »Mich überkam sofort ein Gefühl tiefster Erlösung, daß ich nie wieder durch diese Spießrutengasse würde laufen müssen. Ich erlebte ein warmes Gefühl, fast wie Begeisterung. Ich hatte meine Pflicht getan! Wenn ich jetzt nur noch ein winziges bißchen Glück haben würde, dann würde ich überleben und steinalt werden. Ich schwor einen heiligen Eid, daß ich nie mehr fliegen würde.« (Flying Officer H. G. Darby, Squadron 514)

»Ich setzte mich unter den Baum, von dem ich gerade heruntergekommen war, und suchte nach meiner Pfeife und Tabak, den ich vor dem Einsatz in der Messe gekauft hatte. Meine Stiefel und Socken waren verschwunden, aber meine Pfeife und mein Tabak waren noch da. So saß ich da, rauchte zumindest zwei Pfeifen und versuchte zu überlegen, was ich jetzt als Nächstes tun würde.« (Sergeant R. D. Dack, Squadron 106)

»Ich konnte das Rauschen des Bomberstroms über mir wie das Geräusch von weit entferntem Großstadtverkehr hören. Es war ein Gefühl großer Einsamkeit, aber dann hatte ich das Gefühl riesiger Freiheit: Gesetze und Vorschriften gingen mich nichts mehr an. Als erstes zog ich mir die Mae West, die Schwimmweste aus Gummi, vom Leib. Das verdammte Ding war durchgebrochen. Es funktionierte nicht mehr.« (Sergeant A. R. Luffman, Squadron 101)

Flight Sergeant Gray aber, der auf dem Kopf gelandet war, hatte andere Ansichten: »Ich war immer aufs Fliegen versessen gewesen. Ich erinnere mich, daß ich ganz naiv dachte: was für ein Ärger ist das alles! Ich würde zwei bis drei Monate brauchen, um wieder nach England zu kommen. Ich würde die ganze Flugzeit verlieren und vielleicht sogar die Eröffnung der Zweiten Front [die Invasion Frankreichs] versäumen.«

Gray machte sich auf, um seine Besatzung zu suchen, aber er fand sie nicht. Zwei Mann hatten überlebt und waren in einiger Entfernung heruntergekommen, die übrigen waren tot. Unter den Toten war auch der Bordschütze, der am Abend zuvor bei der Einweisung in Skellingthorpe nicht fähig gewesen war, die wichtigsten Instruktionen des vortragenden Offiziers zu wiederholen.

Als die Lancaster von Squadron Leader Utz über einem dünn besiedelten Gebiet explodierte, war der an einem Bein schwer verletzte Navigator, Pilot Officer McCleery, der einzige Überlebende. Er wäre zweifelsohne gestorben, wäre er nicht in einem nur 500 Meter von einem Dorf entfernten Baum gelandet. Seine Rufe brachten die Einwohner herbei, die ihn auf einem Schlitten zu einem Gasthof brachten. Der Dorfarzt rettete ihn davor, daß ihn zornige Menschen vollends erledigten, die im Ruhrgebiet ausgebombt und in dieses Dorf evakuiert worden waren. Das Bein von McCleery mußte jedoch amputiert werden. Am Tag darauf wurden die Leichen von Squadron Leader Utz und den fünf anderen aus dem Schnee geborgen.

Was mit einem anderen Schwerverwundeten aus einem Flugzeug geschah, das von der Flak bei Westerburg abgeschossen worden war, beschreibt Willi Zimmermann, damals 16 Jahre alt: »Wir Jungen gingen mit den alten Männern der Landwacht, einer Vorläuferin des Volkssturms, hinaus, um das Flugzeug zu suchen. Wir fanden es an einer Eisenbahnlinie. Es brannte und die Munition explodierte. Kurz darauf detonierten auch die Leuchtbomben, die den Wald in ein Feuerwerk in gelb und rot verwandelten. Damals war ich besonders an Flugzeugen aller Art interessiert und entschied, daß dies eine Handley Page Halifax, vielleicht ein Pfadfinder, sei. [Zimmermann hatte nur teilweise recht. Das Flugzeug war eine Halifax der 4. Group, seine »Leuchtbomben« waren vermutlich jedoch 30-Pfund-Brandbomben.]

Ich kam zu einer Gruppe Männer, die sich stritten. Sie hatten einen verwundeten britischen Flieger in einem Bach gefunden. Ein Polizeibeamter sagte: ›Laßt diesen Verbrecher sterben. Er hat Bomben auf Frauen und Kinder geworfen.‹ Aber ein Soldat in einer schwarzen Panzeruniform, der auf Urlaub aus Rußland war, widersprach ihm und sagte, ein Kriegsgefangener habe ein Recht auf menschliche Behandlung.

Schließlich holten sie ihn aus dem Wasser heraus und legten ihn auf seinen Fallschirm. Ein alter Bauer, ein Angehöriger der Landwacht, wurde als Wache zurückgelassen. Auch ich blieb bei ihm. Der Gefangene sagte, sein Name sei Harvey. Zuerst konnten wir in der Dunkelheit seine Verletzung nicht sehen, aber er hatte große Schmerzen. Er fror stark, seine Zähne klapperten. Deshalb holten wir etwas Holz und machten ein Feuer. Ich konnte hören, wie er murmelnd nach seiner Frau und seinem Kind fragte.«

Der alte Mann und der Junge hielten bei dem verwundeten Flieger bis zum Morgengrauen Wache. Zimmermann hörte später, er sei im Lazarett gestorben, aber das traf nicht zu. Der Mann war Flying Officer R. G. A. Harvey, Inhaber der Distinguished Flying Medal, von der Squadron 158. Er kehrte zu seiner Frau und zu seinem Sohn nach England zurück. Unglücklicherweise erholten sich sowohl McCleery als auch Harvey nie mehr ganz von ihren Verletzungen und starben einige Jahre nach dem Krieg. Zimmermann geriet 1945 in Kriegsgefangenschaft. Er wurde von amerikanischen Soldaten gefangengenommen, nachdem er nur zwei Wochen in einer Flakeinheit gedient hatte.

Die RAF hatte ihren fliegenden Besatzungen immer wieder eingeschärft, daß ein Abschuß für sie nicht das Ende des Krieges bedeute. Sie müßten jeden Versuch unternehmen, der Gefangennahme zu entgehen. Falls dies nicht gelänge, so wurde ihnen gesagt, sei es ihre Pflicht, aus ihrem Kriegsgefangenenlager zu entfliehen. Hinter dieser Haltung standen zwei Motive: Man wollte dem Gegner ein Höchstmaß an Unannehmlichkeiten bereiten und zudem sicherstellen, daß diese gründlich ausgebildeten Leute möglichst für weitere Einsätze verwendet werden konnten. Jeder Mann hatte eine gewisse Fluchtausbildung bekommen und Landkarten, einen Kompaß, Lebensmittel und Geld bei sich. Es gab eine von der Widerstandsbewegung in den besetzten Ländern organisierte und gut eingefahrene »Fluchtstrekke«, die abgeschossene Flieger über weite Entfernungen in die Schweiz und nach Spanien brachte.

Die RAF hatte sich durch ihre Fluchttätigkeit während des Krieges einen großen Namen gemacht. Und durch einen Zufall lag der Höhepunkt dieser Aktivität nur sechs Tage vor dem Angriff auf Nürnberg: Durch einen Tunnel waren 76 alliierte Fliegeroffiziere aus dem Stalag Luft III in Sagan, südlich von Berlin, entkommen. Drei der Flüchtenden erreichten England, der Rest wurde wieder gefaßt. Diese Massenflucht machte Hitler so wütend, daß er die Erschießung von fünfzig der wieder eingefangenen RAF-Offiziere befahl. Göring protestierte, doch ohne Erfolg.

Am Nachmittag des 30. März, als die zum Einsatz gegen Nürnberg bestimmten Besatzungen noch ausruhten, wurden sechs Offiziere an einem Straßenrand in Deutschland erschossen. Am nächsten Tag, als viele der Männer, die auf dem Weg nach Nürnberg abgeschossen worden waren, sich selbst auf der Flucht befanden, wurden elf weitere aus Sagan entkommene Kriegsgefangene hingerichtet. Diese Erschießungen wurden nicht durch die normalerweise für Gefangene aus der RAF verantwortliche Luftwaffe durchgeführt, sondern durch die SS. Göring hatte nämlich befohlen, daß kein Angehöriger der RAF unfair behandelt werden dürfe, solange er sich in den Händen der Luftwaffe befinde. Tausende ehemaliger Gefangener können bezeugen, daß diese Befehle korrekt ausgeführt worden sind.

Für die meisten Männer, die beim Angriff auf Nürnberg abgeschossen worden waren, konnte der Versuch, der Gefangenschaft zu entgehen, nur ein Willensakt sein. Sie waren tief in Deutschland gelandet und entweder verwundet oder schwer erschüttert. Mutig verbargen sie jedoch ihre Fliegerkombinationen, schnitten die Oberteile ihrer Fliegerstiefel ab, entfernten ihre Rangabzeichen und begannen, entweder nach Westen in Richtung Belgien oder gen Süden in Richtung Schweiz zu marschieren.

Sergeant Wilkinson von der Squadron 166 kam in der Nähe von Coburg herunter. Er fand eine Eisenbahnlinie und marschierte in Richtung auf die 320 Kilometer entfernte Schweiz an den Schienen entlang, wobei er alle Weichen umstellte, an denen er vorbeikam. Er wurde nach wenigen Kilometern gefaßt. Flight Sergeant Keigwin von der gleichen Staffel hatte überhaupt keine Chance. Sein Flugzeug war in Flammen auf den Flugplatz von Gießen abgestürzt. Keigwin kam nur wenige Meter neben seiner Lancaster herunter, als sie gerade explodierte, Trümmer über Keigwins Kopf schleuderte und noch eine in der Nähe stehende Ju 88 beschädigte. Als Keigwin nach einigen Sekunden aufstand, sah er vor sich zwei Deutsche mit der Waffe im Anschlag.

Der seinen ersten Einsatz fliegende Sergeant McAvoy war in einer Lancaster der 49. brennend abgestürzt. Er erlitt schreckliche Verbrennungen im Gesicht und an seinen Füßen. »Ich konnte nichts sehen und berührte mein Gesicht und meinen Kopf. Dort war eine harte Kruste. Ich kroch im Schnee herum, stieß mich an Bäumen, und es dauerte zwei Stunden, bis ich von Zivilisten gefunden und in ein Dorf gebracht wurde. Sie steckten mich in einen Kohlenkeller. Ich hatte den Eindruck, daß sie mich dort zum Sterben zurückgelassen hatten, denn niemand kümmerte sich um mich.«

McAvoy lag zwölf Stunden lang, frierend und unter großen Schmerzen, in dem Keller. Dann wurde er herausgeholt und zu einem anderen verwundeten Flieger, dem Navigator seiner eigenen Besatzung, auf einen Karren gelegt. Dieser Mann konnte seinen verbrannten Kameraden nicht erkennen. Er nannte nacheinander die Namen der Besatzungsangehörigen, bis McAvoy seinen Arm hob. Beide Männer wurden in ein Krankenhaus gebracht, wo zumindest McAvoy die beste Pflege bekam. Der Navigator verschwand später, und erst nach dem Krieg erfuhr McAvoy, daß er gestorben war. McAvoy selbst wurde wegen seiner Brandverletzungen dreißigmal operiert.

Einige Männer marschierten mehrere Nächte lang, wobei sie sich tagsüber versteckten. Flight Lieutenant Coverley, der daran gedacht hatte, wie er den Staffelkapitän durch den Verlust seiner Lieblings-Halifax verärgert hatte, fiel in die Einfahrt eines Eisenbahntunnels. Deshalb beschloß er, bei Tag zu reisen. Er empfand die Wälder »als einen festlichen Anblick, geschmückt mit unseren ›Window‹; durch unsere Flugblätter hatte ich auch hinreichend Lesestoff.« Coverley wurde vier Tage später auf einer Rheinbrücke gefaßt. Er nimmt an, es sei in Bonn gewesen, knapp fünfzig Kilometer von seinem Ausgangspunkt entfernt.

Pilot Officer Bowly, der in Luxemburg heruntergekommen war, versteckte sich einige Zeit lang am Rande eines Flugplatzes, auf dem viele Stukas vom Typ Ju 87 standen. Er überlegte, wie man ein fremdes Flugzeug starten könnte, und spekulierte dann über die Möglichkeit, von der RAF abgeschossen zu werden, falls er je England erreichen sollte. Zögernd gab er den Gedanken auf, ein Flugzeug zu stehlen. Ohne Abzeichen ähnelte Bowlys dunkelblaue australische Uniform etwa der, die von manchen deutschen Einheiten getragen wurde. Er ging durch Metz hindurch und wurde von einem Mädchen in Uniform angeschrien, vermutlich weil er die Hände in den Taschen hatte und keine Kopfbedeckung trug. Bowly wurde später auf der Straße nach Verdun gefangengenommen.

Ein kanadischer Bordschütze, Sergeant Sjöquist, erlitt beim Abschuß leichtere Verletzungen. Er marschierte einige Tage, ohne daß er große Fortschritte machte. Einsam und erschöpft erreichte er während eines Schneesturms die Außenbezirke einer großen Stadt und beschloß, sich zu ergeben. Er hatte jedoch große Schwierigkeiten, überhaupt jemand zu finden, der ihn gefangennehmen wollte. Erst nach einiger Zeit nahm ihn ein verwundeter Soldat, der auf Urlaub war, wunschgemäß fest.

Achtung, welche sie für die RAF hatten. Ich vermute, daß wir ihre einzigen Verbündeten waren, welche sichtbar den gemeinsamen Feind angriffen, daß wir für sie eine gewisse Hoffnung auf ihre Befreiung darstellten.« (Sergeant G. E. Watts, Squadron 630)

Alle nicht verletzten Gefangenen wurden zum Verhörzentrum der Luftwaffe nach Oberursel bei Frankfurt geschickt, ehe sie in die Kriegsgefangenenlager gingen. Hier wurde jeder Gefangene einer feststehenden Routineprozedur unterworfen: Zuerst wurde er etwa drei Tage lang in einer fensterlosen Ein-Mann-Zelle untergebracht. Von außen wurde die Zelle abwechslungsweise erhitzt oder unterkühlt. Der Gefangene erhielt nur ein Minimum an Lebensmitteln und Beachtung. Während dieser »Abkühlperiode« wurde der Gefangene von einem falschen »Vertreter des Roten Kreuzes« aufgesucht, der ihn aufforderte, ein Formular mit vielen Fragen auszufüllen. Weigerte sich der RAF-Mann mit dem Hinweis auf die Genfer Konvention, die nur Fragen nach »Dienstgrad, Name und Erkennungsmarkennummer« zuließ, so wurde angedeutet, dies könne zu einer langen Verzögerung der Benachrichtigung der Verwandten des Gefangenen führen. Nützte auch diese Drohung nichts, dann kündigte der »Vertreter des Roten Kreuzes« an, der Gefangene werde der Gestapo übergeben werden.

Alle diese Methoden waren in der Ausbildung der fliegenden Besatzungen bereits behandelt worden. Vielen Männern flößte dieses bekannte Ritual denn auch eine gewisse Zuversicht ein. Sie glaubten nun, sie müßten sich nur an die ihnen während der Ausbildung gegebenen Ratschläge halten, und alles werde gut werden.

Anschließend kamen die formelleren Verhöre durch Offiziere der Luftwaffe. Der erste wirkliche Schock traf den Gefangenen, wenn ihm ein Album gezeigt wurde, das Fotos, Presseausschnitte und viele persönliche Informationen über seine eigene Squadron enthielt – das heißt, falls es den Deutschen gelungen war, den Gefangenen mit seinem abgeschossenen Flugzeug in Verbindung zu bringen. Die Staffelabkürzungen an jedem Bomber waren den Deutschen jedenfalls gut bekannt.

Der deutsche Wissensstand war bemerkenswert aktuell. Die Männer waren verblüfft, wenn ihnen die Namen ihrer Vorgesetzten, ihrer Lieblingskneipen und selbst die Identität von Besatzungen genannt wurden, die erst in jüngster Zeit der Staffel zugeteilt worden waren. Einem kanadischen Bordschützen wurden die Namen seiner Frau und seines Sohnes genannt, jeder Schule, die er in Vancouver besucht hatte, und sogar seine Heimatanschrift. Sergeant Wilkinson, dessen Lancaster sicher nach England zurückgekehrt war, nachdem er abgesprungen war, entdeckte, daß die Deutschen den Namen seines eigenen und fast aller anderen Flugzeugführer seiner Squadron kannten.

Wilkinson war über das Ausmaß der deutschen Kenntnisse so verärgert, daß er sich bereit erklärte, seinen Fragebogen auszufüllen. »Ich gab auf jede Frage eine falsche Antwort. Ich vermute, daß dem Deutschen aber klar wurde, daß er nun einen weiteren Lügner vor sich hatte.«

In einer Hinsicht wich das Verhör der Gefangenen des Angriffs auf Nürnberg von der üblichen Routine ab. Sie entdeckten, daß auf einer Landkarte an der Wand ihr An- und Abflugkurs aufgezeichnet war. Die Deutschen behaupteten zuversichtlich, sie hätten die Strecken bereits um vier Uhr nachmittags am 30. März gekannt – über fünf Stunden, ehe die Bomber gestartet waren. Dies, so behaupteten sie, sei die Ursache ihres Erfolgs gewesen. Die Gefangenen nahmen natürlich an, daß diese erstaunliche Behauptung falsch war. Aber zumindest einige hatten aufgrund der Leistungen der deutschen Nachtjäger das widerliche Gefühl, es könnte doch etwas dran sein – hatte es Verrat gegeben?

Körperliche Gewalt wurde in Oberursel nie angewandt. Wenn sich der Gefangene an die Regel »Dienstgrad, Name und Erkennungsmarkennummer« hielt, gaben die Deutschen bald auf. Besonders Offiziere wurden kaum befragt. Vielleicht erwarteten die Deutschen gerade von ihnen keine Zusammenarbeit. Am längsten wurden jene Männer in Oberursel behalten, welche die Deutschen nicht in Verbindung zu einem bestimmten Flugzeug oder einer bestimmten Einheit bringen konnten oder Männer wie Sergeant Fealy von der Squadron 103, der unter seiner Fliegerkombination einen vollständigen Zivilanzug trug und nichts bei sich hatte, um seine Zugehörigkeit zur RAF zu beweisen. Die Deutschen waren jedoch zufrieden, als er die Namen von drei toten Männern seiner eigenen Besatzung nennen konnte.

Die Kosten

Der Historiker Alfred Price hat den Angriff auf Nürnberg »die größte Luftschlacht aller Zeiten« genannt. Es steht fest, daß die Intensität dieses »Blutbads in der Luft«, als achtzig schwere Bomber und möglicherweise zehn Nachtjäger in den eineinhalb Stunden nach Mitternacht zerstört wurden, nie wieder übertroffen worden ist.

Zu den Einsätzen dieser Nacht waren 999 britische und zehn amerikanische Maschinen gestartet. Von diesen waren achtzig frühzeitig umgekehrt. 832 hatten ihre Aufgabe ausgeführt und waren nach England zurückgeflogen, obgleich einige von ihnen beschädigt worden waren. 97 Flugzeuge gingen jenseits der englischen Küste verloren. Weil bekannt ist, daß 15 der vermißten Flugzeuge ihre Bomben geworfen hatten, ehe sie abgeschossen wurden, kann behauptet werden, daß 84 Prozent der eingesetzten Maschinen ein Ziel bombardiert, feindliche Jäger in der Nähe des Bomberstroms oder über feindlichen Flugplätzen gesucht, mit Fallschirmen Agenten oder Nachschub für die Widerstandsbewegung abgesetzt, Minen in feindliche Gewässer geworfen, Flugblätter über französische Städte verstreut oder Funkstöroperationen durchgeführt haben. Was immer auch über die Verluste gesagt werden mag: Die alliierten Flieger hatten einen Beitrag für den Krieg gegen Deutschland geleistet.

Betrachtet man jedoch die Bilanz im Hinblick auf die schweren Bomber, die nach Nürnberg geschickt worden waren, dann sieht das Bild längst nicht so gut aus: 95 Flugzeuge wurden vermißt, zehn weitere mußten nach Abstürzen in England als Totalverluste abgebucht, ein weiteres wegen schwerer Schäden abgeschrieben werden. Siebzig weitere Maschinen hatten leichte bis mittlere Beschädigungen. Nicht weniger als 13,6 Prozent der nach Nürnberg geschickten Lancaster und Halifax zählten als Totalverluste.*

Im Vergleich dazu war der durch die abgeworfenen Bomben verursachte Schaden geringfügig. In Nürnberg wurde eine Fabrik halb zerstört, drei weitere erlitten leichtere Schäden. Die Wirkung auf die deutsche Rüstung läßt sich nicht eindeutig berechnen, aber gewiß war es nicht mehr als ein Nadelstich. Auch die zufällige Bombardierung von Schweinfurt hatte kaum

* Ein schwerer Bomber kostete etwa £ 40000 und die Ausbildung eines Fliegers £ 10000. Wenn diese Zahlen stimmen, so waren über £ 4 Millionen für Flugzeuge und £ 7 Millionen für Ausbildung ausgegeben worden, die Kosten für Bomben, Treibstoff, Munition und Ausrüstung nicht eingerechnet.

die Herstellung der entscheidenden Kugellager beeinträchtigt. Dies und die unbestätigten Abschüsse von zehn deutschen Jägern waren ein armseliger Erfolg.

Nimmt man eine bei einem Sondereinsatz abgeschossene Halifax und die als »Eindringling« eingesetzte und heruntergeholte Mosquito hinzu, so beträgt der Gesamtverlust an Flugzeugen 108. Es läßt sich nicht mit absoluter Sicherheit sagen, wie jede einzelne Maschine ihr Ende fand, aber die nachfolgende Aufstellung ist einigermaßen zuverlässig:

Beim Start abgestürzt	1
Durch Nachtjäger abgeschossen	79
Durch Flak abgeschossen	13
Von Flak und Nachtjägern getroffen	2
Zusammenstoß	2
Durch eigenen Bomber abgeschossen	1
Abgestürzt oder Bruchlandung in England	9
Wegen Beschädigungen abgeschrieben	1

Es ist sogar möglich, einige dieser Verluste noch weiter zu unterteilen: Flugzeuge der »Wilden Sau« waren wahrscheinlich nur für fünf Abschüsse verantwortlich. Mit möglicherweise fünfzig oder mehr Abschüssen können die Me 110 den Löwenanteil der von zweimotorigen Jägern erzielten Luftsiege für sich beanspruchen. Die Ju 88 haben fast den gesamten Rest abgeschossen, zumindest ein Bomber wurde allerdings von einer Dornier Do 217 heruntergeholt. Auch die deutsche schwere Flak hatte im Verlauf des Einsatzes einen stetigen Tribut gefordert. Die erfolgreichen Batterien lagen in folgenden Gebieten: Lüttich, südlich von Bonn, Koblenz, Westerburg (je drei Abschüsse), Schweinfurt (zwei), Stuttgart und Metz; dazu kamen die Geschütze von Dieppe oder eines direkt vor der französischen Küste liegenden Flakschiffs. Leichte Flak war verantwortlich für den Abschuß der Halifax mit dem Geheimauftrag und vielleicht der Mosquito, die über dem Flugplatz in der Nähe von Münster patrouilliert hatte.

Das Bomberkommando schätzte, daß es im Durchschnitt je eines von 200 eingesetzten Flugzeugen durch Kollision in der Luft verloren hatte. Daß zwei Bomber beim Rückflug von Nürnberg zusammengestoßen waren, galt deshalb nicht als außergewöhnlich. Die Absturzzahl in England jedoch war wegen des schlechten Wetters über allen Flugplätzen überdurchschnittlich hoch.

Das Verlustverhältnis zwischen den verschiedenen Flugzeugtypen, die das Gros der schweren Bomber bildeten, bestätigte die Befürchtungen der Halifax-Männer, daß sie das verwundbarere Flugzeug flogen: 14,6 Prozent der gestarteten Halifax im Vergleich zu 11,2 der gestarteten Lancaster waren nicht zurückgekehrt. Diese Zahlen sind jedoch noch irreführend: Ein

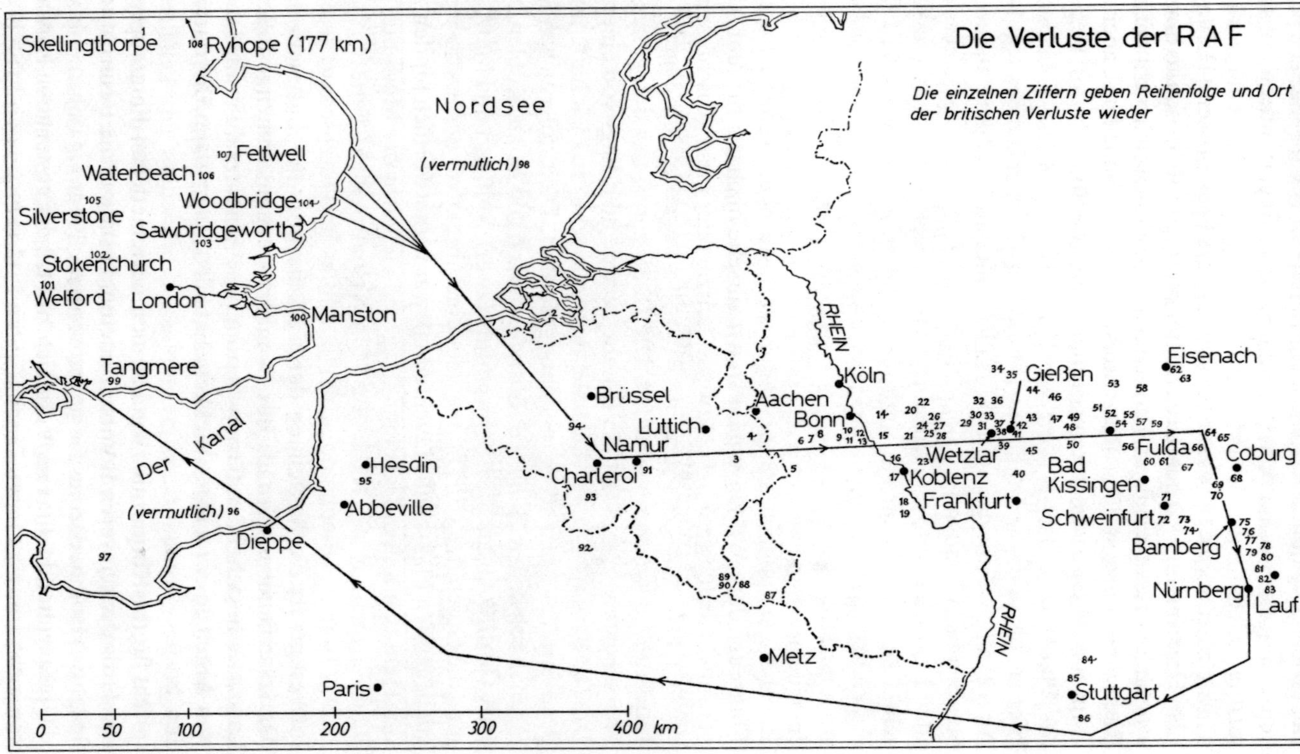
Die Verluste der R A F
Die einzelnen Ziffern geben Reihenfolge und Ort der britischen Verluste wieder
Skellingthorpe
Ryhope (177 km)
Nordsee
Feltwell
Waterbeach
Woodbridge
Silverstone
Sawbridgeworth
Stokenchurch
Welford
London
Manston
Tangmere
Der Kanal
(vermutlich)
(vermutlich)
Dieppe
Hesdin
Abbeville
Paris
Brüssel
Lüttich
Namur
Charleroi
Aachen
Bonn
Köln
RHEIN
Metz
Koblenz
Wetzlar
Frankfurt
Gießen
Bad Kissingen
Schweinfurt
Fulda
Eisenach
Coburg
Bamberg
Nürnberg
Lauf
Stuttgart
RHEIN
0 50 100 200 300 400 km

viel größerer Anteil der Halifax war bereits wegen technischer Schwierigkeiten umgekehrt und daher der deutschen Luftverteidigung nicht ausgesetzt. Werden nur die Verluste jener Flugzeuge berechnet, die weiterflogen, dann gingen sogar 17,3 Prozent der Halifax gegenüber 11,7 Prozent der Lancaster verloren! Anders gesagt: Die Chance, abgeschossen zu werden, war für das Besatzungsmitglied einer Halifax doppelt so groß wie für das Besatzungsmitglied einer Lancaster.

Im Besatzungsraum der australischen Station in Binbrook hing ein großes Plakat: »H-Ö-H-E wird wie S-I-C-H-E-R-H-E-I-T buchstabiert«. Hier lag die einfache Erklärung für die Verwundbarkeit der Halifax. Beim Angriff auf Nürnberg waren die Halifax mit einer leichten, nur aus Brandbomben bestehenden Last beladen. Es wurde ihnen ein gleicher Anteil an allen Flughöhen und den einzelnen Angriffswellen zugeteilt. Dessen ungeachtet versagte die straffe Verbandsdisziplin, als die deutschen Jäger am Funkfeuer Ida zuschlugen und viele Lancaster befehlswidrig Sicherheit in größerer Höhe suchten. Die Halifax konnten dabei nicht folgen und litten dementsprechend.

Die Bilanz der Bomberverbände

Group	Eingesetzt	Vorzeitig zurückgekehrt	Vermißt	Bomben geworfen
1	180 Lancaster	8	21 (12,2 %)	151 (83,9 %)
3	56 Lancaster	6	8 (16,0 %)	42 (75,0 %)
4	119 Halifax	22	20 (20,6 %)	81 (68,1 %)
5	202 Lancaster	10	21 (10,9 %)	168 (83,2 %)
6 (R.C.A.F.)	93 Halifax	8	11 (12,9 %)	76 (81,7 %)
	25 Lancaster	0	3 (12,0 %)	22 (88,0 %)
8 (Pfadfinder)	107 Lancaster	1	11 (10,4 %)	96 (89,7 %)
TOTAL	782 Bomber	55 (7,0 %)	95 (13,1 %)	636 (81,3 %)

Interessant ist die Verteilung der Verluste und die allgemeine Leistung der verschiedenen Groups des Bomberkommandos. Unter den nur aus Lancaster bestehenden Groups hatten die Pfadfinder sich mit dem geringsten Anteil an vorzeitig zurückkehrenden Flugzeugen und Verlusten sowie den besten Bombardierungsergebnissen besonders gut gehalten. Dies spricht für das Können der Squadrons von Bennett. Bei diesem Angriff hatten sie aber auch von dem Vorteil profitiert, in der verhältnismäßig sicheren Spitze des Bomberstroms fliegen zu können. Diese Tatsache hatte auch der 5. Group geholfen, die einige der Unterstützungsflugzeuge gestellt hatte. Es war jedoch eine schlimme Nacht für die 3. Group gewesen. Die Hälfte der acht Maschinen, die sie verlor, stammte allein von der Squadron 514. Die Verluste der 1. Group wiederum waren durch ihren Entschluß vergrößert worden, den ersten Teil des Anmarsches in einer geringeren Flughöhe als der Rest der Hauptflotte zu fliegen.

In der Zahl der vorzeitig zurückgekehrten Flugzeuge sind auch drei Maschinen enthalten, die beim Start abstürzten oder beschädigt wurden. Der Prozentsatz derjenigen Maschinen, die ihre Bomben abwarfen, ist auf der Grundlage aller gestarteten Maschinen errechnet.

Die Leistungen der Halifax-Squadrons der 4. Group waren äußerst enttäuschend gewesen. Sie flogen die gleichen Flugzeuge wie die sieben Halifax-Squadrons der 6. Group (R.C.A.F.), aber dennoch haben sowohl im Anteil der vorzeitig zurückgekehrten Maschinen als auch in der Zahl der abgeschossenen Maschinen die Halifax der 6. Group nicht schlechter abgeschnitten als die Lancaster-Groups. Es gibt drei mögliche Gründe für diese hervorragenden kanadischen Leistungen:

In frühen Kriegsjahren waren viele kanadische Flugzeugführer als Ausbilder für das Empire Air Training Scheme (gemeinsame Fliegerausbildung für die Länder des britischen Commonwealth und Empire) in Kanada zurückgehalten worden. Einigen war jetzt gestattet worden, für die Dauer einer Einsatzzeit nach England zu gehen. Daher hatten die kanadischen Flugzeugführer mehr Erfahrung als der Durchschnittsflugzeugführer der Bomberflotte. Andererseits mag bei der 4. Group die Leistungsebene wegen der fortwährenden hohen Verluste etwas unter dem Gesamtdurchschnitt gelegen haben.

Zum zweiten war jetzt ein Viertel der kanadischen Flugzeuge mit der Bordschützenwanne in der Mitte der Rumpfunterseite ausgestattet, was die Verluste durch Nachtjägerangriffe mit »schräger Musik« verringert haben muß. Schließlich war es dem unlängst eingetroffenen Air Vice-Marshal McEwen irgendwie gelungen, seinen Leuten jene ausgeprägtere Pflichtauffassung beizubringen, die in Teilen der 4. Group einfach fehlte. Eine Untersuchung der Verluste der 6. Group bei anderen Einsätzen zeigt jedoch, daß der Leistungsunterschied zwischen beiden Groups selten so groß gewesen ist wie bei dem Angriff auf Nürnberg.

Verluste auf Staffelebene waren noch mehr zufällig als auf Gruppenebene. Die in Ludford Magna stationierte 101. Squadron erlitt die schwersten Verluste: Sechs Lancaster wurden über Deutschland abgeschossen, eine siebte stürzte über England ab – sieben von 26 eingesetzten Maschinen! Es war wohl ein Zufall, daß diese schweren Verluste ausgerechnet die einzige Staffel heimsuchten, die A.B.C.-Lancaster flog. Es gibt allerdings keinen Beweis dafür, daß die Deutschen etwa die besondere Radioausrüstung dieser Spezialflugzeuge hätten anpeilen können. Ausgerechnet in der unglücklichen 4. Group gab es auch die prozentual höchsten Verluste einer Squadron: die 51. in Snaith hatte 17 Halifax eingesetzt, von denen fünf vermißt blieben und eine sechste über England abstürzte – eine Verlustrate von 35 Prozent! Die 514. in Waterbeach verlor sechs Lancaster. Fünf weitere Squadrons – 50, 106, 156, 158 und 166 – hatten je vier Maschinen verloren, obgleich in einigen Fällen die Besatzungen sich hatten retten können. Andererseits hatten sieben Lancaster-Squadrons und zwei Halifax-Squadrons überhaupt keine Verluste gehabt, sieht man von einigen Flugzeugen ab, die leicht beschädigt heimkehrten.

Falls Angehörige irgendeiner Staffel sich in dieser verheerenden Nacht als besonders glücklich betrachten durften, waren es diejenigen der vier australischen Squadrons. Die australischen Einheiten hatten 75 Lancaster und Halifax eingesetzt und nur fünf verloren – eine Verlustrate, die knapp halb so hoch war wie die einer durchschnittlichen Einsatzstaffel. Aus den Unterlagen der 467. Squadron in Waddington, die zwei Lancaster verlor, wird einige Enttäuschung deutlich: Es waren die ersten Verluste seit dem 25. Februar. Die Australier hatten im März auf einen »sauberen«, verlustfreien Monat gehofft. Es wäre der erste seit der Aufstellung dieser Squadron gewesen.

Schlimmer als die Verluste der wertvollen Bombenflugzeuge waren die ihrer jungen Besatzungen. Die Gesamtliste der Toten und Verwundeten für die Einsätze dieser Nacht nennt 745 Namen. Mit Ausnahme von zweien gehörten sie alle dem Bomberkommando an.

Die 545 Toten stellen in jeder Hinsicht einen Querschnitt der Männer dar, die im Bomberkommando dienten. Die Nationalitäten verteilen sich folgendermaßen:

Großbritannien	369
Kanada	109
Australien	47
Neuseeland	11
Vereinigte Staaten von Amerika	2
Norwegen	2
Eire	2
Indien	1
Nigeria	1
Bahamas	1

Es starben 150 Offiziere, 24 Warrant Officers und 371 Unteroffiziere. Der Jüngste ist nicht bekannt, aber der Älteste: Squadron Leader Colin Wilson, Inhaber des Distinguished Flying Cross, ein 38jähriger Pfadfinder-Flugzeugführer.

Weitere 159 Männer, einige davon schwer verwundet, gerieten in Kriegsgefangenschaft. Dies war die größte Zahl an Fliegern der RAF, die

die Deutschen auf einmal gefangennahmen. Der rangälteste Gefangene war Squadron Leader Philip Goodwin, ein weiterer Pfadfinder-Flugzeugführer. Die Anwesenheit von zwei Angehörigen der USAAF, der Technical Sergeants W. E. Steeper und M. G. Lanthier, trug etwas zur Abwechslung bei. Von den abgeschossenen Männern entgingen 15 der Gefangennahme durch die Deutschen, aber die RAF mußte einige Monate lang auf den erneuten Einsatz dieser Männer verzichten. 26 Männer waren in Flugzeugen verletzt worden, die entweder beschädigt zurückgekehrt oder in England abgestürzt waren.

Es scheint, daß ein Besatzungsmitglied nur eine Überlebenschance von eins zu drei hatte, wenn ein Bomber angeschossen wurde. Die Halifax galt als ein Flugzeug, aus dem man sich leichter retten konnte als aus der Lancaster. Eine Analyse der Verluste beider Flugzeugtypen in dieser Nacht untermauert diese Theorie, obgleich auch die Tatsache, daß die Halifax nur Brandbomben an Bord hatten, ihren Besatzungen eine bessere Chance gab.

Von den jeweils sieben Besatzungsangehörigen in jedem der beiden Flugzeugtypen entkamen 29 Prozent aus den Halifax, aber nur 23 Prozent aus den Lancaster. Bordfunker und Navigatoren hatten in den Halifax eine bessere Chance, weil ihr Platz in der langen Nase des Flugzeugs in der Nähe der vorderen Ausstiegluke war. Die sicherste Position bei jedem Flugzeugtyp war die des Bombenschützen. Sie wurde relativ selten von den Geschossen der deutschen Jäger getroffen. Zudem befand sie sich nahe einer Ausstiegluke, durch die der Bombenschütze laut Ausbildungsvorschrift als erster abspringen sollte. Trotzdem wurden zwei von je drei Bombenschützen der abgeschossenen Maschinen beim Angriff auf Nürnberg getötet. Eine überraschende Anzahl Lancaster-Flugzeugführer überlebte, wenn ihr Flugzeug explodierte; es wurde behauptet, daß dieser Flugzeugtyp gewöhnlich in der Nähe des Flugzeugführersitzes auseinanderbrach. Den Heckbordschützen der Lancaster jedoch erging es schlecht: In den 64 abgeschossenen Lancaster überlebten nur vier!

Reguläre Besatzungen hatten etwas dagegen, unerfahrene Flugzeugführer als Passagiere auf Einsätzen mitzunehmen. Manche betrachteten das sogar als böses Omen. Von den 41 sogenannten »zweiten Notsitzen«, den Fluggästen, wurden beim Angriff auf Nürnberg neun getötet und zwei gefangengenommen – das Doppelte der durchschnittlichen Verlustquote dieser Nacht. Einer der beiden, die in Gefangenschaft gerieten, Pilot Officer Park von der 166. Squadron, äußerte nachher seine große Enttäuschung: Nach mehr als zwei in der Ausbildung verbrachten Jahren und 472 Flugstunden würde er nie mit einer eigenen Besatzung fliegen können (diese kam später übrigens vollzählig mit einem anderen Flugzeugführer ums Leben). Der zweite dagegen schien ganz zufrieden, daß er aus der Sache heil herausgekommen war.

Alle neun Staffelkapitäne, die mitgeflogen waren, kehrten heil zurück, aber zumindest neun Schwarmführer wurden getötet. Die 427. Squadron (Löwe) verlor sowohl den Führer des Schwarms A, Squadron Leader Bissett, Inhaber der Distinguished Flying Medal, als auch den Führer des Schwarms B, Squadron Leader Laird, Inhaber des Distinguished Flying Cross. Beide stammten aus der kanadischen Provinz Manitoba. Bissetts Besatzung hatte bereits zu Beginn ihrer zweiten Einsatzzeit bei der Staffel Besorgnis durch ihre offensichtliche Gleichgültigkeit gegenüber dem vorgeschriebenen Flugweg hervorgerufen. Der Verlust kam deshalb nicht unerwartet. Tatsächlich war die Halifax von Bissett jedoch fast genau auf Kurs südlich von Aachen abgestürzt.

Eine Statistik des Bomberkommandos erwies sich erneut als zuverlässig: Die Statistik über die Verwundbarkeit neuer Besatzungen. Fast die Hälfte der vermißten Besatzungen hatte weniger als zehn abgeschlossene Einsätze hinter sich gebracht. Dreißig Besatzungen (fast ein Drittel der Verluste) befanden sich in der gefährlichen Zone der ersten fünf Einsätze, und neun Besatzungen hatten gerade ihren ersten Einsatz geflogen. Aber es wurden auch neun Besatzungen, die bereits ihre zweite Einsatztour flogen, vermißt: Fünf von der Bomberflotte und vier Pfadfinder.

Zehn deutsche Flugzeuge wurden von Besatzungen des Bomberkommandos als abgeschossen gemeldet: Neun durch schwere Bomber, eines durch eine »Serrate«-Mosquito. Weitere fünf wurden als wahrscheinlich zerstört, 23 als beschädigt gemeldet. Das einzige bekanntgewordene Dokument, das die Verluste der Luftwaffe nennt, ist das Kriegstagebuch des I. Jagdkorps. Es weist nach, daß die 1., 2. und 3. Jagddivision fünf Flugzeuge als »vermißt« gemeldet hatten, daß fünf weitere »über sechzig Prozent beschädigt« und drei Maschinen leichter »beschädigt« wurden. Unglücklicherweise umfaßt das Kriegstagebuch nicht die Operationen der 4. Jagddivision des II. Korps, die ebenfalls in die Luftschlacht verwickelt war.

Die zehn von britischen Besatzungen als abgeschossen gemeldeten deutschen Flugzeuge wurden als vier Ju 88, drei Me 109, zwei FW 190 und als eine Me 110 identifiziert. Wenn diese Angaben stimmen, können zwei Schlüsse daraus gezogen werden: Der Verlust von fünf einmotorigen Jägern zeigt, wie ungeeignet diese »Wilde Sau«-Flugzeuge für eine im Grunde auf die »Zahme Sau«-Taktik zugeschnittene Situation waren. Die Vernichtung von nur einer Me 110 beweist, wie erfolgreich dieser Jägertyp in dieser Nacht war.

Das Kriegstagebuch besagt, daß drei Besatzungsangehörige von Nachtjägern getötet, acht vermißt worden waren und daß einer verwundet worden war. Verglichen mit den riesigen Verlusten der RAF, bedarf diese Verlustliste von nur zwölf Mann keines weiteren Kommentars.

Es läßt sich unmöglich genau sagen, wie viele Menschen in dieser einen

Kriegsnacht umgekommen sind. Die nachfolgende Liste erwähnt nur die Toten, die bekannt geworden sind:

Alliierte:	Zahl der Toten
Royal Air Force	545
Englische Zivilisten (durch den Absturz der Halifax bei Ryhope)	1
Belgische Zivilisten (Ostende)	36
Belgische Widerstandskämpfer (in der Halifax im Sondereinsatz)	2
Arbeiter aus alliierten Ländern in Nürnberg (15) und Köln (5)	20
Insgesamt	604

Deutsche:	Zahl der Toten
Luftwaffe	11
Flak-Einheiten	8
Nürnberg und benachbarte Dörfer	69
Schweinfurt und benachbarte Dörfer	2
Oberhausen (Bombe der »Oboe«-Mosquito)	23
Köln (Täuschungsangriff der Mosquito)	14
Kassel (Täuschungsangriff der Mosquito)	2
Insgesamt	129

Erfahrungen und Lehren

> Versagen schreit nach einer Erklärung, aber der Erfolg deckt, wie die Wohltätigkeit, eine Vielzahl von Irrtümern zu. *Erwin Rommel*

Nur wenige würden abstreiten, daß der Einsatz gegen Nürnberg eine Niederlage des Bomberkommandos war. Die Stadt, die man hatte zerstören wollen, war nur leicht beschädigt worden. Es hatte schwere Verluste an Bombern und Besatzungen gegeben. Es ist jedoch nicht schwierig, eine Erklärung zu finden, warum der Angriff für die Briten zu einer Niederlage wurde, vorausgesetzt, man betrachtet ihn für sich allein und außerhalb des Gesamtzusammenhangs des Bombenkriegs.

Die erste und offensichtliche Erklärung des Desasters ist, daß schon die Entscheidung, die Aktion überhaupt durchzuführen, ein Fehler war. Diese große Bombereinheit tief nach Deutschland hineinzuschicken, wenn der Mond am Himmel stand, war ein zweifaches Glücksspiel: Erstens mußten die Deutschen versäumen, die Bomber abzufangen, zweitens mußten Wolken vorhanden sein, in denen die Maschinen Deckung finden konnten.

Das Hazardspiel mit der deutschen Abwehr bedarf der Untersuchung: Die Amerikaner hatten behauptet, sie hätten bei den jüngst wieder aufgenommenen Tagangriffen ihrer Bomber eine große Anzahl deutscher Jäger zerstört. Seitdem die Deutschen einmotorige Jäger in der »Wilde Sau«-Taktik eingesetzt hatten, glaubte man, daß eine enge Verbindung zwischen den Operationen der deutschen Tag- und Nachtjäger bestehe. Die Amerikaner trafen bei Tag auf zweimotorige Typen, offensichtlich Nachtjäger. Die amerikanischen Abschüsse mußten daher, wie man annahm, die Einsatzstärke der Nachtjägereinheiten beeinträchtigen. Jedoch erwiesen sich die amerikanischen Abschußmeldungen später als übertrieben.

Mit einer einzigen Ausnahme hatte es bei nächtlichen Einsätzen des Bomberkommandos in jüngster Zeit keine schweren Verluste gegeben. Unterlagen des Bomberkommandos zeigen darüber hinaus deutlich, daß man die 73 Verluste beim Angriff auf Berlin, sechs Nächte vor Nürnberg, nicht den deutschen Jägern zugeschrieben hatte, sondern starken Winden, die den zerstreuten Bomberstrom über das Ruhrgebiet getrieben hätten, wo radargesteuerte Flak dann die Bomber abgeschossen hätte. In Wirklichkeit hatten bei diesem Anlaß die deutschen Nachtjäger jedoch ihren bisher erfolgreichsten »Zahme Sau«-Abfangeinsatz durchgeführt.

Die Beschaffung von Informationen ist in einem wechselvollen Krieg immer ein risikoreiches Geschäft. Es ist wahrscheinlich, daß diese beiden falschen Lageeinschätzungen – die der angeblichen Wirkung der amerikanischen Tagangriffe auf die deutschen Nachtjäger, und die Unfähigkeit zu erkennen, daß die »Zahme Sau«-Taktik manchmal große Erfolge erzielen konnte – dem Bomberkommando ein trügerisches Gefühl der Sicherheit gegeben haben dürfte.

Das Glücksspiel mit der Wolkenfront war jedoch völlig anderer Art. Bei der Wettervorhersage am Morgen hatte Spence lediglich gesagt, eine Wolkenbildung sei möglich. Die Berichte der Wetter-Mosquitos und Spences daraus gezogene Vorhersage hatten dann jedoch bewiesen, daß damit nicht zu rechnen war: Auf dem Anmarschweg würde es keine Wolken geben! Zu diesem Zeitpunkt hätte die Aktion abgeblasen werden müssen. General Walter Grabmann, dessen 3. Jagddivision in Deelen die erste Phase der Luftschlacht geleitet hatte, sagt: »Es war ein grober taktischer Fehler, einen Großangriff unter solchen Wetterbedingungen zu starten.«*

Hätte davon abgesehen die Operation aber auch besser geplant und durchgeführt werden können? Die »Offizielle Geschichte des Zweiten Weltkriegs« spricht von »untypisch schlechter und einfallsloser operativer Planung«.** Ist dies ein faires Urteil? Diese Fragen sind schwer zu beantworten, und die Diskussion dreht sich daher hauptsächlich um zwei Faktoren: Die Wahl des Kurses und die Ablenkungsmanöver.

Ein Angriffskurs mußte zweierlei erreichen: Er mußte die Bomber mit einem Minimum an Verlusten zum Ziel und zurück bringen, und er mußte das Ziel so lange wie möglich vor dem Gegner verbergen. Angesichts der Wirksamkeit der deutschen »Zahme Sau«-Taktik war das zweite Ziel leichter zu erreichen als das erste. Von der Möglichkeit einer Wolkendeckung und der Wahrscheinlichkeit eines starken Rückenwinds verführt, hatten die Planer den verhältnismäßig direkten Anmarschweg über Belgien der längeren Strecke über Frankreich vorgezogen. Die Wahl des Flugwegs durch das »Kölner Loch« hatte die Bomber jedoch in die Reichweite aller Nachtjagdgruppen gebracht, die die Deutschen im Westen hatten.

Das Fehlen von Wolken machte diesen Kurs zu einer potentiellen Todesfalle. Die schnelle Reaktion der Deutschen und ihre Wahl der Funkfeuer Ida und Otto als Sammelpunkte für die Jäger machte diese Drohung zur Wirklichkeit.

Die »lange Strecke«, die so oft kritisiert worden ist, war an sich kein Fehler. Die Aufstellung der Bomberverluste zeigt, daß die Kursänderung am

* Brief an den Autor vom 11. Juli 1972.

** Bd. II, S. 209.

Ende der »langen Strecke« die Wirksamkeit der deutschen Jäger kaum beeinträchtigte. Im hellen Mondlicht konnten die Deutschen dem Kurswechsel leicht folgen. Aber auch mehr Wendepunkte, wie dies einige Planer wollten, hätten die sich bereits im Bomberstrom befindenden deutschen Jäger kaum abgeschüttelt. Sie hätten lediglich die Luftschlacht verlängert.

Man sollte nicht vergessen, daß die Spitze des Bomberstroms bereits an den deutschen Jägern vorbeigekommen war, die sich über den Funkfeuern versammelten, und die deutschen Jäger hatten nur einen geringen Geschwindigkeitsvorteil gegenüber den Bombern. Wären die Bomber also etwas früher oder die Jäger etwas später da gewesen, so hätte es keine massierten Abfangaktionen gegeben. Statt dessen wäre eine lange, anstrengende Jagd losgegangen, bei der die Jäger nach den Enden des Bomberstroms gezielt hätten, anstatt ihm das Herz herauszureißen, wie sie es dann wirklich taten. Hätten die Deutschen mit dem Startbefehl für ihre Jäger nur zwanzig Minuten gewartet, dann wäre die Verlustliste der Briten sehr klein ausgefallen. Dann wäre aber auch die Wahl des Flugweges nach Nürnberg als kühn und einfallsreich bejubelt worden.

Die Wahl der Flugstrecke erreichte jedoch das zweite Ziel. Das Kriegstagebuch des deutschen I. Jagdkorps enthält einen Absatz, der das Versagen der »Wilde Sau«-Jäger erklärt. Daraus wird deutlich, daß die Deutschen, auch nachdem die Bomber am Ruhrgebiet und an Frankfurt vorbeigeflogen waren, immer noch keine Ahnung hatten, welchem Ziel sie zustrebten. Der Tagebuchführer macht der Wahl der Flugstrecke durch das Bomberkommando dieses Kompliment: Der häufige Kurswechsel durch die britischen Bomber und die Ablenkungsmanöver unter Verwendung von Mosquitos hätten eine frühe Erkennung des Ziels verhindert.

Diese Aussage hilft auch, die Wirksamkeit der Ablenkungsmanöver zu bewerten. Der erste Versuch einer Täuschung der Deutschen war mit dem Anflug der Halifax-Verminungseinheit über die Nordsee in Richtung Hamburg gemacht worden. Dieser Trick jedoch hatte sich schon überlebt: Während der letzten neun Großangriffe war er fünfmal angewandt worden.

Aufgrund ihrer Erfahrungen aus der Vergangenheit konnten die Deutschen denn auch korrekt beurteilen, welcher der beiden anfliegenden Verbände nur als Köder gedacht war. Und sie hatten ihre Jäger folgerichtig auf der Anflugstrecke des Bomberverbandes versammelt. Zu diesem Stadium der Operationen meint General Grabmann: »Die Analyse der Lage war verhältnismäßig unkompliziert.« Auf der Grundlage des Kriegstagebuchs scheint es jedoch, daß die Ablenkungsangriffe der Mosquitos der 8. Group auf Aachen und Köln die Deutschen etwas verwirrten, und daß auch der Scheinangriff auf Kassel eine Zeitlang ihre Aufmerksamkeit auf den Raum nördlich der »langen Strecke« lenkte. Dies alles bewahrte die Bomber jedoch nicht vor den Attacken der »Zahme Sau«-Jäger, die bereits in Kontakt mit ihnen waren. Die Ablenkungsangriffe trugen jedoch gewiß dazu bei, daß der Himmel über Nürnberg frei von Verbänden der »Wilden Sau« war, die sich dort sonst zweifellos versammelt hätten.

Weil die Deutschen fähig gewesen waren, schon zu einem frühen Zeitpunkt die Lage richtig zu beurteilen, patrouillierten aber auch die ersten Wellen der britischen »Eindringlinge« nur über leeren deutschen Flugplätzen. Das neue deutsche SN-2-Funkmeßgerät hatte die »Serrate«-Mosquitos ausmanövriert, während andererseits die britischen H_2S-Signale von den Deutschen schon von Norwich an verfolgt worden waren. Das britische Gee-Gerät war gestört, was alle Arten von navigatorischen Schwierigkeiten zur Folge hatte, und »Oboe« wirkte nicht über das Ruhrgebiet hinaus. Und die vereinigten Bemühungen von 26 A.B.C.-Lancaster reichten nicht aus, um die Sendung der »laufenden Reportage« zu stören.

Die Elite des Bomberkommandos waren die Pfadfinder. Dennoch hatten Bennetts Männer keine erfolgreiche Nacht: In Nürnberg brachte, eineinhalb Jahre nach der Bildung der Pfadfindereinheit, die fehlerhafte Markierung die meisten Flugzeuge der Hauptflotte dazu, ihre Bomben weitab vom Ziel zu werfen!

Man muß jedoch betonen, daß die genaue Plazierung von Himmelsmarkierungen, besonders außerhalb der Reichweite von »Oboe« und bei starkem Seitenwind, eine äußerst schwierige Aufgabe war. Sie konnte während des ganzen Kriegs nie gelöst werden. Während der Luftschlacht über Berlin waren zu viele gute Pfadfinder-Besatzungen abgeschossen worden. Aber auch die Staffeln der Bomberflotte, die den Nachwuchs für die Pfadfinder stellten, hatten schwer geblutet. Es gab keinen Mangel an bereitwilligen Besatzungen, aber sie hatten einfach zu wenig Erfahrung. Das Bomberkommando war müde, und Teile seiner Taktik waren veraltet.

Läßt man die Taktik dieses Einsatzes beiseite, so kann man sogar fragen, weshalb das Bomberkommando Nürnberg überhaupt angegriffen hat. Anfang März war eine grundsätzliche Anweisung ausgegeben worden, nach der Harris dem Angriff auf sechs deutsche Ziele Vorrang einräumen sollte. Der Monat war jedoch vergangen, ohne daß auch nur eines dieser Ziele bewußt angegriffen worden wäre. Die armseligen Ergebnisse des Angriffs auf Nürnberg und der zufälligen Bombardierung von Schweinfurt zeigen jedoch, daß es eine gewisse Rechtfertigung für das Zögern von Harris gab, diese Anweisung zu befolgen. Fünf der Prioritätsziele waren kleiner als Nürnberg. Die Besatzungen, die Nürnberg bombardiert hatten, hatten jedoch schon das ganze Ausmaß der navigatorischen Schwierigkeiten aufgezeigt. Diese waren so groß, daß sich ein Flugzeug am Ende der Anflugstrecke leicht um neunzig Kilometer »verfranzen« konnte, und daß die Flieger, die Nürnberg erreichten, auch noch wegen mangelnder Markierung diese große Stadt kaum zu treffen vermochten.

Harris sagte, er könne nicht garantieren, daß seine Bomber mit den vorhandenen Mitteln kleine Ziele außerhalb der Reichweite von »Oboe« finden und zerstören könnten. Die Ereignisse dieser Nacht gaben ihm weitgehend recht. Das sechste Ziel auf der Liste war Leipzig, das etwa die Größe von Nürnberg hatte. Dieses Ziel hatte Harris Ende Februar angegriffen und dabei 78 Bomber und ihre Besatzungen verloren.

Das Bomberkommando wurde nicht von einem Komitee oder einem Aufsichtsrat, sondern von einem einzigen Mann geleitet. Sir Arthur Harris hatte entschieden, Nürnberg anzugreifen. Er hatte dem Plan und der Flugstrecke zugestimmt. Er hatte beschlossen, den Einsatz nicht abzublasen, nachdem Saundby ihm die revidierte Wettervorhersage gezeigt hatte. »Erkenntnis im nachhinein« mag uns zu dem Urteil gelangen lassen, Harris sei allein schuld an der Entscheidung, diesen Angriff durchzuführen und dann auch noch auf dieser Entscheidung zu beharren. Sie gibt uns jedoch nicht das Recht, überkritisch zu werten. Ein Admiral erlebt vielleicht eine große Schlacht. Ein General mag deren drei haben. Harris aber setzte seine Verbände schätzungsweise zehnmal im Monat über dreieinviertel Jahre hinweg ein. Viele spätere Angriffe, die erfolgreich verliefen, wären nie durchgeführt worden, wenn Harris auf perfekte Umstände gewartet hätte. Bei dieser Gelegenheit wagte er jedoch zu viel. Diejenigen, die ihn kennen, sagen, er habe die Verluste so tief betrauert wie alle.

Der Angriff auf die Schlachtschiffe in der Deutschen Bucht, Mönchen-Gladbach (die erste Bombardierung einer deutschen Stadt), der Erfolg der ersten Flächenbombardierung in Lübeck, der Tausend-Bomber-Angriff auf Köln, die durch »Oboe« eingeleitete Zerstörung des Ruhrgebiets, der Angriff auf die Talsperren, der Feuersturm von Hamburg, der Versuch der Zerstörung Berlins – dies waren die Wendepunkte im Krieg des Bomberkommandos gewesen. Und jetzt Nürnberg!

Die Rekordmarke der Bomberverluste von Nürnberg, die nie übertroffen wurde, war sicher ein Höhepunkt. Von größerer Bedeutung waren jedoch die Ursachen der Verluste und die taktischen Änderungen, die sie erzwangen. Seit dem Tausend-Bomber-Angriff auf Köln war die Grundlage der Taktik des Bomberkommandos der Angriff auf ein großes Ziel gewesen, den eine in dem sogenannten Bomberstrom fliegende Höchstzahl von Maschinen ausführte. Man hatte versucht, diesen Bomberstrom durch die Einführung einer immer größer werdenden Zahl elektronischer Geräte, durch taktische Scheinmanöver und durch den Gebrauch von mehr »Serrate«- und »Intruder«-Mosquitos zu schützen. Diese Taktiken waren bei nahen Zielen wie dem Ruhrgebiet und Hamburg erfolgreich gewesen. Die langen Flüge zu Zielen, die tiefer in Deutschland lagen, erwiesen sich jedoch als immer kostspieliger.

Die jetzt als dic »Luftschlacht um Berlin« bekannte, fünf Monate dauernde Angriffsperiode hatte das Bomberkommando 1128 über feindlichem Gebiet abgeschossene und eine unbekannte Zahl über England abgestürzter Flugzeuge gekostet. Die »Offizielle Geschichte« weist darauf hin, daß diese Verluste die gesamte Fronteinsatzstärke des Bomberkommandos bei weitem übertrafen. Flak und einmotorige »Wilde Sau«-Jäger hatten einen Teil dieser Einbußen verursacht. Aber die Taktik der »Zahmen Sau«, die Bomber während des Anflugs auf das und beim Abflug vom Ziel abzufangen, war in erster Linie für die Verluste des Bomberkommandos verantwortlich: Je länger die Flugstrecken, desto erfolgreicher die Jäger der »Zahmen Sau«. Bei dem Angriff auf Essen vier Tage vor Nürnberg, an den man sich kaum noch erinnert, waren nur neun Bomber verlorengegangen. Essen war ein stark verteidigtes Ziel – aber es lag nur zehn Minuten Flugzeit von der deutschen Grenze entfernt. Man vergleiche die Verluste von Essen mit dem Ergebnis der Angriffe auf so weit entfernte Ziele wie Leipzig (im Februar) und Berlin (sechs Nächte vor Nürnberg), als 78 bzw. 73 Bomber nicht heimkehrten. Jetzt hatte der Raid gegen Nürnberg mit einem Rekordverlust geendet. Das Bomberkommando steckte in der Klemme. Seine Existenz konnte nicht dadurch gerechtfertigt werden, daß es nur die knapp jenseits der deutschen Grenze liegenden Ziele angriff. Andererseits konnte es aber nicht länger mehr tief nach Deutschland einfliegen und die schweren Verluste von Leipzig, Berlin und Nürnberg durchhalten.

Auf Nürnberg folgte eine gewisse Einsatzpause. Die taktischen Probleme wurden diskutiert. Die wichtigste von verschiedenen Änderungen war, daß das Prinzip des einzelnen Bomberstroms aufgegeben wurde. Auf einer Sitzung des Taktischen Planungsausschusses des Bomberkommandos Anfang April wurde sogar vorgeschlagen, der Bomberstrom solle völlig aufgegeben werden, und jedes einzelne Flugzeug solle sich seinen eigenen Weg zum und vom Ziel suchen, wie zu Beginn des Krieges. Diese drastische Lösung wurde verworfen. Es wurde jedoch entschieden, daß in Zukunft kleinere Bomberströme während einer Nacht mehrere Ziele angreifen sollten. Nürnberg war der letzte Angriff, bei dem das Bomberkommando in einem einzigen riesigen Strom flog.

Eine weitere Änderung war die sofortige Verstärkung der schwachen, jungen 100. Group. Die Mosquito-Nachtjäger, die England verteidigten, waren mit dem Mark X-Radar ausgerüstet. Dieses war allen Geräten überlegen, die die »Serrate«-Mosquitos über Deutschland einsetzen durften. Harris schlug vor, das Verbot des Einsatzes des geheimen Mark X über Deutschland aufzuheben, weil die Notwendigkeit einer wirksamen Verteidigung seiner Bomber nun wichtiger als die Verteidigung der Heimat sei. Er bat darum, zehn der wenig beschäftigten Nachtjäger-Squadrons zur 100. Group abzustellen, aber er bekam nur drei. Es wurde jedoch der Nachschub an Ausrüstung und Flugzeugen für diejenigen Staffeln der 100. Group verstärkt, die sich mit elektronischen Störaktionen befaßten.

Außer den hohen Verlusten gab es im Zusammenhang mit Angriffen auf weit entfernte Ziele noch einen weiteren Gesichtspunkt, der Verdruß bereitete. Nicht nur konnte das Bomberkommando weit entfernte Ziele nicht ohne schwere Einbußen erreichen – auch die dort abgeworfenen Bombenlasten hatten nur selten die erwünschte Wirkung. Der Angriff auf Essen einige Nächte zuvor war hinsichtlich der Präzision beispielsweise sehr erfolgreich gewesen, obwohl das Ziel während des Angriffs von einer Wolkendecke verhüllt gewesen war. Der Grund, weshalb dieser Erfolg in Nürnberg und bei anderen tief in Deutschland liegenden Zielen nicht wiederholt werden konnte, lag selbstverständlich in der begrenzten Reichweite von »Oboe«.

Nach ihrem historischen Angriff auf die deutschen Talsperren war die 617. Squadron in der 5. Group belassen worden. Jetzt wurde ihre Treffgenauigkeit bei Angriffen auf kleine Ziele ständig besser. In den ersten Monaten des Jahres 1944 war ein Flugzeug der 617. manchmal tief über schwach verteidigtes französisches Gebiet geflogen, um Zielmarkierungen für den Rest der Staffel abzuwerfen. Diese Tiefflug-Markierungen waren sehr genau gewesen. Wing Commander Leonard Cheshire, der brillante Chef der Squadron 617, der jetzt seine vierte Einsatzzeit flog, erklärte seinem Kommandeur, diese Technik könnte auch bei Angriffen größerer Verbände sehr wirksam sein. Cochrane zeigte Interesse. Aber zuerst mußte Cheshire die Mosquito fliegen lernen, die als Markierungsflugzeug in geringer Höhe geeigneter als die Lancaster war. Am 30. März, als die Vorbereitungen für den Angriff auf Nürnberg getroffen wurden, hatte Cheshire seinen ersten Soloflug in einer Mosquito von der Jägerstation Coleby Grange bei Lincoln aus gemacht.

Irgendwann war der Vorschlag, Ziele aus niedriger Höhe zu markieren, auch den Pfadfindern unterbreitet worden. Bennett hatte jedoch widersprochen, teils wegen des damit verbundenen Risikos, teils wegen der technischen Schwierigkeiten, die er voraussagte. Cochrane hatte nun vorgeschlagen, der 5. Group solle ein Experiment gestattet werden. Dabei sollte die Squadron 617 die Zielmarkierung durchführen, während der Rest der Group als Bomberflotte en miniature fungierte.

In der Periode taktischen Umdenkens, das sich jetzt vollzog, trafen Cochranes Vorschläge Harris in einer aufnahmebereiten Stimmung. Weniger als eine Woche nach Nürnberg flog Cheshire mit einer Mosquito nach Toulouse und markierte dort eine Flugzeugfabrik aus weniger als 300 Metern Höhe. Er kreiste dann in dieser Höhe über dem Ziel und fungierte als Meister-Bomber, während Lancaster der 617. seine Markierungen aus mittlerer Höhe verstärkten und weitere 140 Lancaster mit vorher nie dagewesener Genauigkeit aus ihrer normalen Höhe das Ziel bombardierten.

Cochrane meldete diesen Erfolg am nächsten Tag seinem Chef und bat um zwei weitere Mosquitos. Zum Erstaunen des Kommodore der 5. Group schickte Harris nicht zwei Mosquitos, sondern die gesamte 627. Squadron von der 8. Group. Zusätzlich wurden die Lancaster-Squadrons 83 und 97, die die 5. Group zur Bildung des Pfadfinder-Verbandes im Jahr 1942 abgegeben hatte, nun zurückgegeben. Cochrane wurde befohlen, besonders ausgesuchte deutsche Ziele zu bombardieren. Dabei sollten die Mosquitos als Erstmarkierer in geringer Flughöhe eingesetzt werden, die Squadrons 83 und 97 als Unterstützungsflugzeuge und die zweihundert oder mehr Lancaster der 5. Group als Angriffsverband. Cochrane und Cheshire waren begeistert, daß sie einer neuen Phase des Bombereinsatzes den Weg bereiten durften. Bennett dagegen war, milde gesagt, enttäuscht, daß sein alter Rivale Cochrane für das Ende der uneingeschränkten Herrschaft der 8. Group in der Pfadfinder-Technik sorgte.

Ehe dieser Monat April vorüber war, hatte die verstärkte 5. Group drei genaue Angriffe auf weit entfernte Ziele durchgeführt: Braunschweig, München und Schweinfurt. Es ist bezeichnend, daß zwei dieser drei Ziele auf der Prioritätsliste standen, Städte, die Harris zuvor nur zögernd angegriffen hatte. Für seinen Mut, mit dem er wenige hundert Meter über diesen stark verteidigten Zielen als Meister-Bomber fungierte, wurde Wing Commander Cheshire das Victoria Cross verliehen.

Diese neue Technik hatte jedoch ihre Grenzen. Sie konnte nicht über einem von Wolken bedeckten Ziel angewandt werden. Sie wäre beispielsweise auch über Nürnberg sinnlos gewesen. Wenn man auf Wolken stieß, mußten die Lancaster-Pfadfinder der 5. Group auf die herkömmlichen Markierungsmethoden zurückgreifen. Die Methode der 5. Group konnte auch nicht für große Verbände benützt werden, deren Bomben die kleine Zahl der abgeworfenen Zielmarkierer ausgelöscht hätten und die auch nicht über dem Ziel hätten warten können, bis der Meister-Bomber die Markierungen erneuert hätte.

Die Tatsache, daß Bennett nicht die Möglichkeiten der Zielmarkierung aus geringer Höhe erfaßt hatte, sollte seinen glänzenden Leistungen bei der Aufstellung der Pfadfinder im Jahr 1942 und bei der Entwicklung der früheren Markierungstechniken keinen Abbruch tun. Kritiker von Harris werden sagen, die verbesserte Zielmarkierung hätte eben früher eingeführt werden sollen. Das mag zutreffen, aber seine entscheidende Aktion eine Woche nach Nürnberg brachte die Dinge schnell wieder in Fluß. Man kann es als eine der großen Leistungen von Harris betrachten, daß er durch die Einführung der neuen Taktik das Beste aus Bennett und

Cochrane, seinen zwei glänzenden, aber so verschiedenen Kommandeuren, herausholte.

Nürnberg war dazu bestimmt, die letzte Operation der »Schlacht um Berlin« zu sein. Die kürzeren Nächte und die Leistungsfähigkeit der deutschen Nachtjäger waren zwei der Gründe dafür. Ein dritter war der Befehl, daß am 1. April eine neue Phase des Bombenkriegs beginnen sollte. Bis dahin hatte das Bomberkommando unter der Kontrolle des Luftfahrtministeriums gestanden. Über zwei Jahre lang war Harris' theoretischer Vorgesetzter Sir Charles Portal gewesen, der Chef des Generalstabs der RAF. Jetzt aber, nur noch einige Wochen vor der Invasion, sollte das Bomberkommando unter den Befehl von S.H.A.E.F. (Supreme Headquarters Allied Expeditionary Forces – Oberstes Hauptquartier der Alliierten Expeditionsstreitkräfte) kommen. Der Einsatz des Bomberkommandos sollte voll mit »Overlord«, der für Anfang Juni geplanten entscheidenden Landung in Frankreich, koordiniert werden. Während der nächsten fünf Monate würde Harris nominell einem Amerikaner, General Dwight D. Eisenhower, unterstehen. Während dieser Zeit konnte Harris seine Offensive gegen Ziele in Deutschland nur dann weiterführen, wenn seine Bomber nicht für Angriffe im Zusammenhang mit »Overlord« gebraucht wurden.

Dieser Wendepunkt zwischen dem Ende der Luftschlacht um Berlin und der Verstärkung der Luftoffensive vor »Overlord« markiert die geschichtliche Bedeutung des Angriffs auf Nürnberg. Vor dem Krieg war es das Prinzip der RAF-Politik gewesen, den Gegner durch eine fortgesetzte Offensive schwerer Bomber gegen seine Industriekapazität zum Zusammenbruch zu bringen und einen Landkrieg wie 1914 unnötig zu machen.

Das war der Bombertraum gewesen: Luftmacht und nicht Armeen oder Flotten würde künftige Kriege entscheiden. Die ersten Enttäuschungen – die Verwundbarkeit der Tagbomber und die Schwierigkeit, bei Nacht präzise zu bombardieren – hatten viele der Bomberenthusiasten jedoch bewogen, ihren Ehrgeiz zu dämpfen: Der Bomber konnte immer noch eine große Rolle spielen, aber er würde für sich allein nicht mehr kriegsentscheidend sein. Die spät im Jahr 1941 getroffene Entscheidung, das Bomberkommando nicht auf eine Stärke von 4000 Flugzeugen zu bringen, schien das Schicksal der Theorie vom allmächtigen strategischen Bomber bereits besiegelt zu haben. Aber einige hatten das nie akzeptiert. In Sir Arthur Harris hatten sie ihren Vorkämpfer gefunden. Die erfolgreichen Luftschlachten über dem Ruhrgebiet und über Hamburg schienen versprochen zu haben, daß ein Bombersieg immer noch errungen werden konnte. Eine Kombination von Umständen – die Erdkrümmung, die den Einsatz der »Oboe-Strahlen« jenseits des Ruhrgebiets stoppte, die Ungenauigkeit der H_2S-Markierung, die deutschen Nachtjäger mit ihren Taktiken »Zahme Sau« und »Wilde Sau« – alle diese Umstände hatten Harris jedoch um den entscheidenden dritten Erfolg gebracht. Er hatte behauptet, Berlin werde »von einem Ende zum anderen« zerstört werden und es werde »ein Zustand der Verwüstung herrschen, der die Kapitulation unvermeidlich macht«. Niemand hatte intensiver als Harris versucht, die Deutschen zu besiegen, ohne einen Landfeldzug unternehmen zu müssen, aber jetzt hatte er seine Bomber diesem Landkrieg unterzuordnen.

Nürnberg war das Ende der »Schlacht um Berlin«. Das Ende der »Schlacht um Berlin« war das Ende des Bombertraums.

Legenden und Mysterien

Es ist nur natürlich, daß man sich im Bomberkommando noch an Nürnberg erinnerte, als andere Einsätze schon längst vergessen waren. Ein Beteiligter sagt: »In Nürnberg gewesen zu sein, war, als ob man ein besonderes Abzeichen tragen würde.« Aber manchmal wurden Tatsachen mit Übertreibungen und Gerüchten ausgeschmückt, und schließlich wurden dem Angriff sogar ungewöhnliche und geheimnisvolle Dinge zugeschrieben. Die nachfolgenden Geschichten wurden alle während der Forschungsarbeiten für dieses Buch angeboten. Viele sind schon anderweitig veröffentlicht worden. Nicht alle dieser Legenden sind jedoch vollkommen unzutreffend. Manche haben einen wahren Kern.

● »Wir waren der Meinung, daß jemand sein Radiofunkgerät angeschaltet gelassen und einige Kurse durchgegeben hatte. Das gab den Jägern Zeit, rechtzeitig da zu sein.« Dieses Gerücht mußte selbstverständlich kommen, nachdem die Mosquito der Squadron 139 von Nürnberg mit dem Funkgerät auf Sendung zurückgeflogen war.

● »Es war die Nacht der gewaltigen Winde. Die ›Windfinder‹ stellten Windgeschwindigkeiten bis zu 190 und 200 Kilometern pro Stunde fest, im Vergleich zu der Vorhersage von 130 Kilometern pro Stunde. Ihre Bordfunker hatten jedoch kein Code-Schlüsselwort für mehr als 160 Kilometer in der Stunde.« Eine andere Version besagt, das Hauptquartier des Bomberkommandos habe den »Windfindern« nicht geglaubt und sich geweigert, ihre Meldung über die starken Winde an den Hauptverband zu geben. Diese Geschichte wird von zwei Gruppen erzählt: Diejenigen, denen nie bewußt geworden war, daß sie Schweinfurt und nicht Nürnberg bombardiert hatten, waren meistens aus Nordosten an ihr Ziel gekommen. Sie nahmen an, daß ein starker Rückenwind sie weit am vorgeschriebenen Wendepunkt am Ende der »langen Strecke« vorbeigeweht hatte. Die zweite Gruppe bildeten diejenigen, die sechs Nächte zuvor nach Berlin geflogen waren, als die Windgeschwindigkeiten mehr als 160 Kilometer pro Stunde betragen hatten. Auf dem Weg nach Nürnberg überschritten die Winde 120 Kilometer pro Stunde jedoch nicht und waren damit schwächer als vorhergesagt. Und die Schweinfurt-Besatzungen hatten tatsächlich schon kurz *vor* dem richtigen Wendepunkt abgedreht.

● »Die Pfadfinder erreichten das Ziel 47 Minuten zu spät, und die Hauptflotte mußte so lange Kreise fliegen, bis sie eintrafen.« Der Ursprung dieser Geschichte läßt sich leicht feststellen. Bei der Markierung von Nürnberg gab es eine Zeitlücke von etwa vier Minuten, und in Schweinfurt gingen die Kennzeichnungen etwa sieben Minuten nach der Stunde Null hinunter. Nachrichtenoffiziere im Hauptquartier der 1. Group hatten später Schwierigkeiten, die widersprüchlichen Aussagen der einzelnen Besatzungen nach ihrer Rückkehr aufeinander abzustimmen. Sie produzierten eine Zusammenfassung, die den Kompromiß enthielt, die Pfadfinder wären »vier bis sieben Minuten zu spät« gekommen. Dieser Bericht wurde vom Verfasser einer offiziellen australischen Kriegsgeschichte verwendet, aber unglücklicherweise kamen durch einen Fehler beim Diktieren oder beim Schreiben die Pfadfinder dann »47 Minuten zu spät«. Dieser unbeabsichtigte Tadel an der Leistung der Pfadfinder wird noch heute in Australien geglaubt und wurde in Veröffentlichungen sowohl in England als auch in Deutschland wiederholt.

● »Selbst nach dem Krieg hat die RAF die wahren Verlustzahlen des Angriffs auf Nürnberg nie veröffentlicht.« Viele Männer, die an dem Einsatz teilnahmen, sind immer noch davon überzeugt, daß besonders unter den ins Meer und über England abgestürzten Flugzeugen die Verluste weitaus größer gewesen seien, als je zugegeben wurde. Sechs Flieger schickten mir zu diesem Thema Berichte. Zu ihnen gehören der Nachrichtenoffizier einer Bomberstation, der Kommandant einer Pfadfinder-Maschine und ein kanadischer Kettenführer – Männer, die als zuverlässige Quellen betrachtet werden können. Allgemein heißt es, daß zumindest fünfzig Flugzeuge mehr (als die seinerzeit zugegebenen 94) verloren gegangen seien, obgleich die nach dem Krieg erschienene »Offizielle Geschichte« als Verlust durch Absturz bei der Rückkehr oder nicht mehr reparaturfähige Beschädigung die Zahl zwölf nennt. Zwei der sechs Briefschreiber behaupteten, sie hätten die »wahren« Verlustziffern in Abwehrberichten in ihren Dienststellen gesehen. Einer dieser Männer, der in der Pfadfinderstation in Upwood gedient hatte, schickte mir sogar die Ablichtung einer handschriftlichen Kopie, die ein Freund von einem Dokument der Abwehr habe machen können. Danach wären in England 53 Flugzeuge mit einem Verlust von 236 Menschenleben abgestürzt. Das fotokopierte Dokument enthielt viele andere Behauptungen, von denen nur eine wenigstens teilweise wahr ist, nämlich daß 96 Flugzeuge (die erste bekanntgegebene Zahl) vermißt wurden. Ich versuchte erfolglos darauf hinzuweisen, daß das Dokument eine Fälschung sei. Unser Briefwechsel endete mit einem Mißton.

Der australische Heckschütze Flight Sergeant James Frith, der den Angriff mitgeflogen hatte, beschreibt, wie er und drei andere Angehörige seiner Besatzung nach dem Angriff die Abwehrabteilung der Station Waddington besucht und mit einem der Abwehroffiziere gesprochen hätten: »Die Information der Eingeweihten erwies die in der britischen Presse genannte

Zahl von 96 als Lüge und nannte 178 tatsächlich verlorene Bomber – und wir glaubten das durchaus.«

Diese Gesamtverlustzahl von 178 wird auch von dem kanadischen Kettenführer Squadron Leader B. D. C. Patterson genannt, der damals in Linton-on-Ouse Dienst machte und selbst an dem Angriff teilgenommen hatte. Er besuchte später die Taktikschule des Bomberkommandos in Worksop, wo der Angriff auf Nürnberg ein Studienthema seines Lehrgangs war. Pattersons Zahl von 178 Verlusten enthält 66 Bomber, die in England abgestürzt sein sollen.

Zumindest zwei Fragen sollten beantwortet werden. Erstens: Wurden die tatsächlichen Verlustziffern verheimlicht? Die Einsatzberichte jeder Staffel, die an dem Angriff teilgenommen hatte, wurden im Jahr 1973 für das Public Record Office (Staatsarchiv) freigegeben. Die Gesamtverluste in ihnen stimmen in jeder Hinsicht mit denen überein, die nach dem Krieg in der »Offiziellen Geschichte« genannt wurden. Es ist unvorstellbar, daß die Dokumente von über sechzig Squadrons hätten gefälscht werden können. Zudem hat keiner meiner 361 Informanten aus dem Kreis der fliegenden Besatzungen von einem einzigen bestimmten Absturz oder einem verlorenen Flugzeug berichtet, das nicht in den Urkunden seiner Staffel erwähnt worden wäre. Ich bin völlig sicher, daß die in der »Offiziellen Geschichte« und in diesem Buch genannten Zahlen zutreffen.

Zweitens: Verwechseln diejenigen, die die Verluste übertreiben, diesen Einsatz etwa mit einem anderen? Hier käme der Angriff auf Berlin am 16./17. Dezember 1943 in Frage, als lediglich der Verlust von 26 Flugzeugen über Deutschland bekanntgegeben wurde, obwohl weitere dreißig Maschinen mit einem Verlust von 139 Besatzungsmitgliedern in schlechtem Wetter über England abgestürzt waren. Diese Verluste waren jedoch nicht so groß wie die, die für den Angriff auf Nürnberg genannt worden sind. Zudem hat der Angriff auf Berlin dreieinhalb Monate früher stattgefunden.

● »Die Deutschen wußten, daß wir kommen würden.« Dies ist die populärste und wohl auch die wichtigste der Nürnberger Legenden. Es war tatsächlich ungewöhnlich, daß die Nachtjäger bereits so früh angriffen – nur vierzig Minuten, nachdem die Bomber die deutsche Grenze nach Überfliegen der belgischen Küste erreicht hatten. Die Leichtigkeit, mit der die Jäger von dort bis Nürnberg im Bomberstrom blieben, ließ in den Gehirnen vieler Männer den Gedanken keimen, die Deutschen hätten die Flugstrecke gekannt und eine Falle gestellt.

Es war nicht das erstemal, daß von den Bomberbesatzungen nach einem verlustreichen Angriff eine solche Theorie diskutiert worden war. In England ließ das Interesse an diesem Thema daher bald nach. In Deutschland jedoch blühte die Diskussion über eine angebliche Vorwarnung geradezu auf. Vielen der beim Angriff auf Nürnberg abgeschossenen Fliegern war von den deutschen Vernehmungsoffizieren in Oberursel gesagt worden, sowohl die Flugstrecke als auch das Ziel seien der Luftwaffe bereits am Nachmittag vor dem Angriff bekannt gewesen, und der Sieg der Nachtjäger sei auf diese Informationen zurückzuführen. Die meisten der nach dem Angriff auf Nürnberg gefangengenommenen RAF-Besatzungen erkannten zwar, daß die Deutschen zwischen ihrem Abschuß und ihrer Ankunft in Oberursel genügend Zeit gehabt hatten, um sowohl diese Story als auch die den Briten vorgeführten Landkarten zu produzieren. Flight Sergeant Tom Fogaty, der seine Lancaster fast unbeschädigt gelandet hatte, wurde sogar die von seinem Navigator erstellte Kursberechnung gezeigt. Andererseits scheinen die Deutschen diesen Trick jedoch nicht oft angewandt zu haben, und die Besatzungen waren auch in der Ausbildung nicht darauf vorbereitet worden. Einige Männer glaubten die Geschichte, und nachdem sie ihre Gefangenenlager erreicht hatten, wurde sie zum Gesprächsthema von hunderten gelangweilten kriegsgefangenen Fliegern.

Langsam tauchte jedoch noch eine andere Geschichte auf: Die Deutschen hätten Gefangenen in Oberursel am Tag *vor* dem Angriff bereits die Identität des Ziels der kommenden Nacht genannt. Als die Gefangenen im Jahr 1945 nach England zurückkehrten, brachten sie diese Legende mit, und das Interesse an der Möglichkeit eines Verrats entfachte sich von neuem.

Unter den Dokumenten des Bomberkommandos im Public Record Office liegt eine Akte mit dem Titel »Angriffsauswertungen«. Sie enthält für jeden Bomberangriff eine Landkarte, auf der die genaue Absturzposition jedes vermißten Flugzeugs eingezeichnet ist. Diese Landkarten sind offensichtlich nach dem Krieg mit Hilfe von Informationen aus erbeuteten deutschen Dokumenten und der Vermißtensuchgruppen der RAF markiert worden. Die Karte des Angriffs auf Nürnberg zeigt eine viel stärkere Konzentration abgeschossener Flugzeuge als irgendeine andere Landkarte. Der Soldat, der an der Landkarte arbeitete – vielleicht hatte er selbst an dem Angriff teilgenommen – hatte in Großbuchstaben geschrieben: »SIE WUSSTEN, DASS WIR KOMMEN WÜRDEN« und »SORGLOSES REDEN KOSTET MENSCHENLEBEN«.* Die erste Feststellung ist zu einem späteren Zeitpunkt teilweise ausgestrichen worden, nicht aber die zweite. Dies wird hier erwähnt, um zu zeigen, wie tief sogar noch einige Jahre nach dem Krieg das Mißtrauen unter den RAF-Männern brodelte.
Die Möglichkeit eines Lecks in der Geheimhaltung war in mehreren Veröffentlichungen der Nachkriegszeit erwähnt worden, aber gewöhnlich ohne einen Beweis dafür zu nennen. Im Jahr 1963 jedoch erschien ein Buch, das ins Detail ging: *Und Deutschlands Städte starben nicht*. Der

* Public Record Office AIR 14/3221.

Verfasser war der englische Historiker David Irving, aber das Buch war in deutscher Sprache bei einem Schweizer Verleger herausgekommen. Irving beschreibt einige Angriffe des Bomberkommandos auf Deutschland. Ein ganzes Kapitel ist dem Angriff auf Nürnberg gewidmet. Die Überschrift lautet: »Luftmarschall Harris verliert eine Schlacht«. Auf den folgenden Seiten werden drei Angehörige des fliegenden Personals des Bomberkommandos erwähnt: Wing Commander Pat Daniels, Kommandeur einer Pfadfinder-Squadron, der beim Angriff mitgeflogen und zurückgekommen war; Squadron Leader Philip Goodwin, ein Pfadfinder-Flugzeugführer, der abgeschossen, gefangengenommen und mehrere Tage später durch Oberursel durchgeschleust worden war; und Sergeant Richard Jefferson.

Der dritte Mann, Jefferson, ist der wichtigste. Er wird als Bordfunker einer Pfadfinder-Maschine einer nicht genannten Squadron beschrieben, die sechs Nächte vor dem Angriff auf Nürnberg abgeschossen worden war. Irving schildert eine Szene während des Nachmittags des 30. März 1944, als Sergeant Jefferson von einem weißhaarigen, fließend Englisch sprechenden Oberst der Luftwaffe verhört wurde. Der übliche Trick mit dem Formular des Roten Kreuzes hatte Jefferson nicht aufregen können, aber das Staffelalbum, das der Oberst ihm zeigte, schaffte es. Der Deutsche spielte dann seinen Trumpf aus und sagte Jefferson, sogar die Identität des Ziels der Bomberkommandos in der kommenden Nacht sei bekannt. Er zeigte auf eine Stadt auf der Landkarte an der Wand: Nürnberg. Er sagte auch voraus, eine große Anzahl Jäger werde die Bomber erwarten. Laut Irving wurde Sergeant Jefferson zwei Tage später eine englische Zeitung gezeigt, die bestätigte, daß Nürnberg angegriffen worden war.

Die Geschichte des Verrats war jetzt noch düsterer geworden und besaß, falls sie stimmte, erschreckendes Gewicht. Alles zur Verfügung stehende Beweismaterial sollte deshalb geprüft werden. Zuerst sollte der Gefechtseinsatz der deutschen Nachtjäger analysiert werden, vor allem die Tätigkeit der »Wilde Sau«-Jäger. Das Kriegstagebuch des I. Jagdkorps nennt die frühe Bereitstellung einiger Einheiten der »Wilden Sau« jedoch eine »Vorsichtsmaßnahme für den Fall eines Angriffs auf Frankfurt«. Zudem: Als die britischen Bomber südwärts auf Nürnberg abdrehten, waren die das Funkfeuer Nordpol bei Berlin umfliegenden »Wilde Sau«-Jäger der 1. Jagddivision nutzlos. Dann waren da die Jäger von Neuburg, nur achtzig Kilometer südlich von Nürnberg, die nicht einmal starteten. Schließlich sollte man auch die Aktion der Me 110-Gruppe auf ihrem Flugplatz bei Stuttgart überdenken. Sie startete nach Norden zum Funkfeuer Otto, aber sie kam zu spät, um noch den Bomberstrom zu erwischen. Wären Kurs und Ziel bekannt gewesen, dann wären diese Jäger direkt nach Nürnberg geschickt oder aber zurückgehalten worden, um die Bomber beim Rückflug abzufangen.

Der Autor des Kriegstagebuches hilft uns weiterhin: »Am 30./31. März erkannte das Kommando des I. Jagdkorps verhältnismäßig spät, daß sich der britische Angriff gegen Nürnberg richtete.« Das Tagebuch nannte dann die Wahl der Funkfeuer Ida und Otto als Sammelpunkte der »Zahme Sau«-Jäger »einen glücklichen Zufall«.

Es gibt tatsächlich keinen Beweis für einen im voraus geplanten Hinterhalt auf einer bereits im voraus bekannten Flugstrecke. Drei Generale der Luftwaffe, verschiedene Geschwaderkommodore und andere Angehörige von Nachtjagdbesatzungen sind von mir gefragt worden, ob sie das Ziel im vorhinein gekannt hätten. Alle verneinten. Auf ähnliche Fragen bekam ich in Nürnberg die gleiche Antwort.

Wie verhält es sich mit den Männern, von denen andere fliegende Besatzungen berichten, sie hätten sich am 30. März 1944 in Oberursel aufgehalten? Die Verfolgung der Spuren führte schließlich zu drei Namen – dem eines englischen Bombenschützen, eines kanadischen Navigators und eines australischen Bordschützen – die an diesem entscheidenden Tag in Oberursel gewesen sein sollen und denen von den Deutschen angeblich Nürnberg als Angriffsziel der kommenden Nacht genannt worden war. Alle drei waren lange vor dem Angriff auf Nürnberg abgeschossen worden. Der Engländer wurde in Barnsley, Yorkshire, aufgespürt, aber es zeigte sich, daß er an dem entscheidenden Tag Oberursel noch nicht erreicht hatte. Briefe an die angeblich zuverlässigen Anschriften in Winnipeg und Neusüdwales erbrachten keine Antwort der beiden anderen Männer.

Es blieben David Irvings weißhaariger Oberst der Luftwaffe und Sergeant Richard Jefferson. Der Oberst war überraschend leicht zu finden. Ein Brief an den Bürgermeister von Oberursel erbrachte die Auskunft, daß seinerzeit der jetzt in der Nähe von Baden-Baden lebende Oberst Erich Killinger Kommandant des Luftwaffe-Verhörzentrums gewesen sei. Ein weiterer Brief an den Oberst selbst mit einer Ablichtung des entscheidenden Teils aus dem Buch von Irving ergab, daß er tatsächlich der »weißhaarige Kommandant« gewesen sei. Sonst aber bestätigte der Brief keine der Behauptungen. Oberst Killinger schrieb: »Wir wußten nie mit irgendeiner Sicherheit noch entdeckten wir, was das nächste Ziel der RAF sein würde.«

Sergeant Richard Jefferson war nicht leicht zu finden, obgleich Irving seinen Dienstgrad und Namen und die Information geliefert hatte, daß der Mann ein englischer Bordfunker in einer mit Lancaster ausgerüsteten Pfadfinder-Squadron gewesen sei, die irgendwo in Huntingdonshire stationiert war. Er sei sechs Nächte vor dem Angriff auf Nürnberg, vermutlich bei dem von schweren Verlusten begleiteten Angriff auf Berlin am 24./25. März, abgeschossen worden. Eine Überprüfung der Einsatzunterlagen aller Pfadfinder-Staffeln ergab, daß kein Sergeant Jefferson bei diesem Angriff abgeschossen worden war oder je in irgendeiner der Staffeln zu dieser Zeit

Dienst getan hatte. Unter der Annahme, Irving könnte den Familiennamen und den Flugzeugtyp geändert haben, wurde deshalb die Suche ausgeweitet. Es ergab sich, daß in dieser Nacht zwölf Unteroffiziersdienstgrade in Pfadfindern abgeschossen worden waren. Zehn waren getötet worden, zwei, Sergeant R. Hyde von der 7. Squadron und Warrant Officer W. Housley von der 87. Staffel, waren in Gefangenschaft geraten. Beide waren Funker gewesen. Hyde wurde in Kanada gefunden, Housley in Sheffield: Keiner entpuppte sich als der schwer faßbare Richard Jefferson.

Das Ende der Suche nach diesem Mann kam in Form zweier Briefe aus der Abteilung des Kriegsministeriums, die sich mit Unteroffizieren befaßt. Der erste stellte fest: »In den hier vorliegenden Unterlagen gibt es keine Spur von einem Sergeant Jefferson, R., Bordfunker«. Der zweite Brief stellte fest: »Der einzige Richard Jefferson, der als Unteroffiziersdienstgrad während des Kriegs in der RAF oder in den Luftstreitkräften des Commonwealth diente, war ein Elektriker. Im Jahre 1944 diente dieser Mann in Nahost...«

Die beiden anderen RAF-Männer in Irvings Kapitel über Nürnberg, Wing Commander Daniels und Squadron Leader Goodwin, sind tatsächlich existierende Menschen, deren Erlebnisse beim Angriff auf Nürnberg von Irving genau beschrieben wurden.

Es bleiben mehrere Möglichkeiten offen: Daß dieser dritte Mann existierte, aber daß Irving mit Erfolg seine Identität verheimlichte, indem er den Namen, seine Funktion an Bord und seine Staffel veränderte. Die zweite Möglichkeit wäre, daß Irving von einem guten Geschichtenerzähler in die Irre geführt worden ist.

Meine Meinung ist, daß die Behauptungen, die Deutschen hätten schon vorher Kenntnis über den Angriff auf Nürnberg gehabt, nicht der Wahrheit entsprechen.

Die folgenden Jahre

Fast sechs Monate lang führte das Bomberkommando nach dem Angriff auf Nürnberg getreulich die ihm in Zusammenhang mit der Invasion Frankreichs übertragenen Aufgaben durch. Während dieser Zeit wurde eine große Zahl von Zielen angegriffen. Das französische Eisenbahnsystem wurde so schwer bombardiert, daß die Normandie vom Rest Frankreichs abgeschnitten war. Dadurch wurde die Ankunft deutscher Verstärkungen so lange verzögert, bis die alliierten Truppen an den Küsten der Normandie festen Fuß gefaßt hatten. Militärische Ziele aller Art wurden vor und nach der Invasion bombardiert. Manchmal wurden sogar deutsche Truppenkonzentrationen, die nur eineinhalb Kilometer von den eigenen Stellungen entfernt waren, schwer mit Bomben belegt. Nach Entdeckung der Abschußrampen der deutschen V-Waffen befaßte sich das Bomberkommando auch mit ihnen.

All das stand in völligem Gegensatz zu den Einsätzen des Bomberkommandos in früheren Jahren. Für die Besatzungen, die den ersten Teil ihrer Einsatzzeit während der »Luftschlacht um Berlin« erlebt hatten, war es eine eher aufmunternde, wenn auch hektische Periode. Zumindest zu Anfang waren sie davon begeistert, zu kürzeren Einsätzen, oft bei Tag und unter dem Schutz von Jägern, eingesetzt zu werden. Gewöhnlich waren es zudem Einsätze gegen Ziele, die weniger stark verteidigt wurden als die, die sie früher angegriffen hatten.

Es gab ihnen auch eine gewisse Befriedigung, daß sie jetzt einen direkteren Beitrag zu den alliierten Kriegsanstrengungen leisten konnten. »Gelegentlich erkannten wir, daß wir Zivilisten trafen, wenn wir deutsche Ziele bombardierten. Wir versuchten, nicht daran zu denken. Es war uns viel lieber, wenn wir Verladebahnhöfe angriffen. Dann hatten wir das Gefühl, daß wir wie die 8. Armee oder die Jungens der Luftschlacht über England kämpften. Es war ein guter, sauberer Kampf.« (Flying Officer J. Chatterton, Squadron 44)

Nicht alle Angriffe standen jedoch mit der Invasion in Zusammenhang. Wann immer er eine Möglichkeit dazu hatte, schickte Harris einen Teil seiner Bomber weiterhin nach Deutschland. Harris fand sogar Zeit, gelegentlich die Flächenbombardierungen deutscher Industriezentren wieder aufleben zu lassen.

In diesen hektischen sechs Monaten flog das Bomberkommando 91368

Bombereinsätze, die Hälfte der Einsätze des ganzen Jahres 1943. Dabei gingen 1392 Flugzeuge verloren, aber die Verlustrate von 1,5 Prozent war mit Abstand die geringste seit dem Jahr 1939. Die sinkenden Verlustziffern verbargen jedoch einige schwere Zwischenfälle. Die deutschen Nachtjäger blieben stark und schlagkräftig, und obgleich es keine Wiederholung des Desasters von Nürnberg gab, wurden manchmal kleinere Bomberverbände unter schrecklichen Verlusten zum Kampf gestellt, besonders im Einsatz über Deutschland. Am 21. Juni griff die Hälfte der 5. Group ein Werk, das synthetischen Treibstoff herstellte, bei Wesseling, nur 65 Kilometer jenseits der deutschen Grenze, an. Dabei wurden 37 Lancaster, 28 Prozent der angreifenden Bomber, abgeschossen!

Die deutschen Jäger reagierten auch bei den Angriffen auf Frankreich. Hier ereignete sich in der Nacht des 3. Mai eine weitere Katastrophe, als die 1. und 5. Group eine Panzerausbildungseinheit in der Nähe des französischen Dorfes Mailly-le-Camp angriffen. Wing Commander Cheshire hatte als Meister-Bomber bei diesem Angriff die schwierige Aufgabe, dafür zu sorgen, daß die Bomben auf das deutsche Lager, nicht aber auf das französische Dorf fielen. Die Lancaster mußten warten, bis Cheshire sah, daß die Markierungen richtig lagen. Dann hatte Cheshires Mosquito jedoch teilweisen Funkausfall. Die daraus resultierende lange Verzögerung des Angriffs gab den deutschen Nachtjägern Gelegenheit heranzukommen. Von 346 Bombern gingen 42 verloren. Die 1. Group hatte die schwereren Verluste erlitten. Von dieser Zeit an zögerte dieser Verband, wieder mit der 5. Group zusammenzuarbeiten.*

Nach Mailly-le-Camp gab es Proteste der Bomberbesatzungen, daß diese Angriffe noch immer nur als Drittel-Einsätze bewertet wurden. Die Regelung wurde sofort geändert, und fortan zählten Angriffe auf französische Ziele wie Angriffe auf Ziele in Deutschland.

Viele der Männer, die von Nürnberg zurückgekommen waren, überlebten diesen Sommer nicht. Sie wurden beim Angriff auf Ziele wie Wesseling und Mailly-le-Camp abgeschossen.

Unter denen, die beim Angriff auf Nürnberg mitgeflogen waren und später abgeschossen wurden, waren zwei Pfadfinder-Flugzeugführer. Flight Lieutenant Ronald Walker von der Squadron 83 kam nach dem Angriff auf Wesseling in den Niederlanden herunter. Er schaffte es, Kontakt zur niederländischen Fluchtorganisation herzustellen. Aber das »sichere« Haus

* Als ich 1967 Mailly-le-Camp besuchte, um nach dem Grab meines Freundes Flying Officer Archard zu suchen, hörte ich, daß Cheshire gute Arbeit geleistet hatte. Der Angriff hatte an den militärischen Einrichtungen schwere Schäden hervorgerufen, Zivilverluste hatte es jedoch nur durch abstürzende Bomber gegeben. Die Deutschen waren so wütend über ihre Verluste, daß sie den Franzosen erst nach drei Tagen erlaubten, die Leichen der Bomberbesatzungen zu bergen.

in Tilburg, in dem er sich versteckte, wurde von den Deutschen überfallen. Walker und zwei andere RAF-Männer, die ebenfalls Zivilkleidung trugen, wurden von Gestapoleuten kaltblütig erschossen. Diese wurden später wegen Kriegsverbrechen zum Tode verurteilt.

Squadron Leader Edward Blenkinsopp von der Squadron 405 (Vancouver) wurde abgeschossen, als er als stellvertretender Meister-Bomber bei einem Angriff mitflog. Blenkinsopp traf mit Angehörigen der belgischen Widerstandsbewegung zusammen. Anscheinend machte er keinen Versuch, nach England zurückzukehren. Im Dezember des Jahres 1944 gehörte er zu einer Gruppe, die ein von Deutschen besetztes Haus in die Luft sprengen wollte, aber dabei selbst in eine Falle gelockt und gefangengenommen wurde. Entweder enthüllte der Kanadier nicht seine wahre Identität oder er konnte die Deuschen nicht überzeugen. Als nächstes wurde von ihm jedenfalls aus dem St. Gilles-Gefängnis in Brüssel berichtet. Ein amerikanischer Flieger in einer benachbarten Zelle hörte, wie Blenkinsopp in einer Morse-Botschaft mitteilte, er sei zum Tode verurteilt worden. Das Urteil wurde jedoch offenbar nicht vollstreckt, denn anschließend wurde er in Hamburg gesehen, wo er als Zwangsarbeiter auf einer Werft arbeitete. Anscheinend entkam er dort während eines Fliegerangriffs. Der letzte Bericht über diesen tapferen Kanadier stammt aus dem Konzentrationslager Belsen, wo er nach deutschen Unterlagen an »Herzversagen« gestorben sein soll. Sein Grab ist nicht bekannt.

Ende September 1944 wurde das Bomberkommando offiziell der Befehlsgewalt von SHAEF entzogen und kam wieder unter das nominelle Kommando des Chefs des RAF-Generalstabs, Sir Charles Portal. Harris sollte jedoch auch in Zukunft dem Heer und der Kriegsmarine durch Angriffe auf taktische Ziele helfen. Oft unterstützten in den folgenden Monaten seine Bomber die anderen Truppenteile, aber auf höchster Ebene begann bereits eine große Debatte darüber, auf welche Weise die immer größer werdende Stärke des Bomberkommandos in den noch verbleibenden Kriegsmonaten eingesetzt werden sollte.

Eine Theorie wurde von Air Marshal Sir Arthur Tedder, Eisenhowers Stellvertreter bei SHAEF, vertreten. Tedder meinte, die britischen und amerikanischen schweren Bomber sollten gemeinsam eingesetzt werden, um das europäische Schlachtfeld vom Rest Deutschlands zu isolieren. Der Kampf zu Lande und damit der Krieg könnte so schneller beendet werden. Das nannte man den »Nachschublinien-Plan«.

Sir Charles Portal, ursprünglich Anhänger der Theorie, mit dem strategischen Einsatz der Bomber die Kriegsentscheidung herbeizuführen, beharrte dagegen auf dem Standpunkt, die Bomber könnten den Zusammenbruch des Gegners herbeiführen, wenn sie gezielt gegen deutsche Schlüsselindustrien eingesetzt würden. Insbesondere sprach sich Portal für einen konzentrierten Angriff auf die deutsche Treibstoffindustrie aus. Dies war der »Öl-Plan«.

Für Sir Harris war dies nichts als eine Wiederholung der alten Idee, die Zerstörung der deutschen Kugellagerindustrie werde alle Probleme lösen. Nach seiner Meinung würde vielmehr die fortschreitende Zerstörung der deutschen Industriestädte unweigerlich den Zusammenbruch der deutschen Moral und des deutschen Widerstandswillens bewirken, wie ihn Harris schon früher angestrebt hatte. Er behauptete, seine Bomber könnten die deutschen Städte, und zwar zweieinhalb je Monat, völlig zerstören. Nur noch zwölf bedeutende Städte stünden jetzt zwischen ihm und dem Sieg. Es ist interessant festzustellen, daß Nürnberg auf dieser Liste an siebter Stelle stand.

So hatten diejenigen, die für den Rest des Krieges über das Schicksal des Bomberkommandos bestimmen sollten, drei Marschrouten zur Auswahl. Die Entscheidung lag bei Portal und schließlich bei Churchill. Würde sie für Tedders »Nachschublinien-Plan«, für Portals eigenen »Öl-Plan« oder für Harris' Taktik der Flächenbombardierung fallen? Schließlich setzte sich die Ansicht des unbeirrbaren Sir Arthur Harris durch. Diese Entscheidung scheint gefällt worden zu sein, als Harris erklärte, man solle ihn seine eigenen Pläne durchführen lassen oder ihn ablösen. Harris stand damals jedoch bei den Bomberbesatzungen und bei der britischen Bevölkerung in so hohem Ansehen, daß seine Abberufung ein schwerer Schlag für die Moral sowohl der Flieger als auch der Zivilisten gewesen wäre. Außerdem bestand die Gefahr, daß die Amerikaner dann versuchen würden, das Bomberkommando einem Vereinigten Alliierten Luftkommando einzuverleiben – mit einem amerikanischen Oberbefehlshaber.

Das Bomberkommando war aber praktisch die letzte unabhängige Teilstreitkraft, die noch unter britischer Kontrolle stand. Die Unterwerfung unter Harris war also der Preis, den Portal für die Erhaltung dieser Unabhängigkeit bezahlen mußte.

Und so begann die letzte Phase. Wie in den früheren Jahren kamen weiterhin Anweisungen von oben nach High Wycombe, die Harris befahlen, besondere Ziele anzugreifen. Gerechterweise muß man sagen, daß Harris sich sehr bemühte, diesen Anweisungen auch zu folgen.

In den sechs Monaten seit Nürnberg hatte sich das Kräfteverhältnis in der Luft drastisch zugunsten der Bomber verändert. Alliierte Truppen hatten jetzt den größten Teil Frankreichs und Belgiens besetzt, und Angriffe auf Deutschland führten jetzt oft über diese befreundeten Gebiete. Die Deutschen hatten auch ihre vorgeschobenen Flugplätze und einen großen Teil ihres Radar-Frühwarnsystems verloren. Ihre Jagdwaffe war in den Schlachten des vergangenen Sommers schwer mitgenommen worden, und die Reste litten unter zunehmender Treibstoffknappheit. Die für elektronische

Störaktionen ausgerüsteten Staffeln der 100. Group erzielten während dieser letzten Monate ihre größten Erfolge. Den Deutschen fiel es immer schwerer, Wirklichkeit und Täuschung zu unterscheiden. Aber auch auf einem anderen entscheidenden, jedoch wenig beachteten Sektor hatte sich die Lage noch mehr zugunsten der Bomber verändert: Als die alliierten Landstreitkräfte durch Frankreich und Belgien vordrangen, waren ihnen fahrbare »Oboe«-Bodenstationen gefolgt. Ziele in Deutschland, die jahrelang fast immun gegen präzise Luftangriffe gewesen waren, gerieten dadurch plötzlich in die Reichweite der »Oboe«-Strahlen, und Bennetts Pfadfinder machten davon vollen Gebrauch.

Es besteht keine Notwendigkeit, sich lange mit diesen letzten sechs Monaten aufzuhalten. Das Bomberkommando flog fast 100000 Einsätze, davon ein Drittel bei Tag. Die Verlustrate sank auf weniger als ein Prozent. Die deutschen Städte litten schrecklich, als immer mehr Bomben mit immer größerer Genauigkeit auf sie herabregneten. Das am 13. Februar 1945 angegriffene Dresden wurde für die Deutschen zum Symbol jener schrecklichen Zeit. Ende März 1945, genau ein Jahr nach Nürnberg, war das Kriegsende deutlich in Sicht. Zumindest die Flächenangriffe wurden eingestellt und die schweren Bomber häufiger eingesetzt, um Lebensmittel über den verhungernden Niederländern abzuwerfen und befreite Kriegsgefangene heimzubringen.

Beim letzten Angriff des Bomberkommandos bombardierten in der Nacht des 2. Mai 125 Mosquito von Bennetts Group Kiel. Vier Tage später kapitulierte Deutschland.

55573 Bombenflieger waren gefallen, als sie dazu beitrugen, dieses Ziel zu erreichen.

Gegen Ende des Krieges in Europa war das Bomberkommando zu einer mächtigen Streitmacht angewachsen, die jederzeit 1600 Bomber auf einmal einsetzen konnte. Unter ihren Besatzungen aber waren nur noch wenige Männer aus den Kampftagen des Frühjahrs 1943. Gegen Kriegsende war die Verlustrate so stark gesunken, daß es sogar einen Überschuß an voll ausgebildeten jungen Besatzungen gab, die nie mehr zum Einsatz kamen.

Die Regierungen der Staaten des Empire, besonders Australien und Neuseeland, hatten schon ab Ende 1944 darauf bestanden, daß ihre Männer nach einer Einsatzzeit heimkehren durften.

Ein Farmer aus Victoria beschreibt die Gefühle, die ihn bewegten, als er damals England verließ: »Über sechs Monate lang hatte ich Deutschland in Brand gesetzt, aber daheim in Australien waren wir selbst abgebrannt – viele Kilometer Zäune, 1700 Schafe waren verloren, und Arbeitskräfte gab es nicht. Für mich war der Krieg vorüber. Jetzt nichts wie heim! Wir hatten unsere Pflicht getan, die Schlacht durchgekämpft und gesehen, wie Hitlers

Deutschland langsam zu Tode gedrückt worden war. Aber in jener Nacht von Nürnberg hatten die Deutschen gewonnen.« (Warrant Officer G. C. Notman, Squadron 550.)

Bei Kriegsende war die 1. Group im nördlichen Lincolnshire der stärkste Verband des Bomberkommandos. Die 100. Squadron in Grimsby, die als eine der wenigen glücklichen ohne Verluste aus Nürnberg zurückgekommen war, hatte weiterhin Glück gehabt. Sie hatte während einer dreimonatigen Periode Ende 1944 rund 800 Einsätze geflogen, ohne eine einzige Besatzung zu verlieren.

Die kleinere 3. Group in East Anglia, die zuletzt nur noch mit Lancaster ausgerüstet war, hatte im letzten Jahr eine entscheidende Aufgabe durchgeführt. Ihre Maschinen waren mit einem sehr genauen Blind-Bombenzielgerät namens G-H ausgerüstet worden. Dies hatte es der Group ermöglicht, andere Verbände bei Präzisionsangriffen am Tage einfach dadurch zu führen, daß je zwei oder mehr »gewöhnliche« Bomber im Verband mit einer Maschine der 3. Group flogen. Wenn die G-H-Besatzungen ihre Bomben ausklinkten, klinkten alle aus. Die Ergebnisse waren ausgezeichnet, und die Fähigkeit, bei Tageslicht zu operieren, gestattete es einem starken Begleitschutz aus Jägern, sich mit den Deutschen zu befassen.

Die 4. Group in Yorkshire konnte ihre Halifax nie loswerden. Sie beendete den Krieg mit zwölf Squadrons, von denen zwei mit französischen Fliegern de Gaulles bemannt waren.

In Lincolnshire behielt die 5. Group sowohl die »Staudammknacker« als Experten für Präzisionsangriffe als auch die drei Pfadfinder-Staffeln unter ihrem Kommando. Cochranes Bomber operierten immer unabhängiger und führten viele erfolgreiche Angriffe auf Ziele durch, die für eine größere Einheit zu klein oder zu gefährlich waren.

Die kanadischen Staffeln in Nord-Yorkshire behielten bis zum Ende die Stärke einer vollen Group bei. Es gelang ihnen nicht, ganz auf Lancaster umzurüsten. Sie beendeten den Krieg mit sechs Halifax- und acht Lancaster-Squadrons. Viele Lancaster waren in Kanada gebaut worden.

Group 8, die »Pfadfinder«, beendeten den Krieg in einer Doppelrolle. Die Lancaster flogen weiterhin für den größten Teil des Bomberkommandos unter allen erdenklichen Wetterbedingungen und wurden oft bis an die Grenze ihrer Kraft eingesetzt. Die hohen Qualitätsansprüche an die Besatzungen und die verlängerten Einsatzzeiten wurden nie reduziert. Der zweite Bestandteil der 8. Group waren ihre elf Mosquito-Squadrons. Einige von ihnen waren »Oboe«- und Beleuchter-Staffeln, aber das Gros bildete den berühmten »Leichten Nachteinsatzverband«, der unabhängig von den schweren Bombern operierte. Berlin war ein bevorzugtes Ziel dieser Flugzeuge. Die deutsche Hauptstadt wurde einmal in 200 aufeinanderfolgenden Nächten angegriffen. Es kam vor, daß während der langen Winternächte eine Mosquito Berlin bombardierte, zurückflog, die Besatzung wechselte und erneut Kurs auf Berlin nahm.

Auch die 100. Group (Bomberunterstützung) in Norfolk war schnell gewachsen. Beispielsweise konnte sie zur Unterstützung der Bomber im März des Jahres 1945 1578 Einsätze fliegen, im Vergleich zu nur 217 im März des Vorjahres.

Elfmal flog das Bomberkommando während des Krieges mit starken Verbänden nach Nürnberg, dreimal zumindest griffen die Amerikaner an. Die Stadt, die im März des Jahres 1944 noch einmal davongekommen war, ging schließlich am 2. Januar 1945 unter, als sie von 521 Lancaster heimgesucht wurde. Bei dieser Gelegenheit hatten die Pfadfinder gute Sicht und führten eine perfekte Newhaven-Zielmarkierung durch. Die Amerikaner folgten mit zwei schweren Tagangriffen im Februar. Nürnberg kam auf die lange Liste zerstörter deutscher Städte.

Die 1. Group und die Pfadfinder griffen Nürnberg erneut in der Nacht des 16. März an. Dabei erzielten die deutschen Nachtjäger einen ihrer letzten Siege, als sie den schwachen Bomberverband abfingen und 21 von 277 Lancaster, alle von der 1. Group, abschossen.

Das Bomberkommando warf allein 13807 Tonnen Bomben auf die Stadt. Aus den Unterlagen des Stadtarchivs geht hervor, daß 6369 Deutsche getötet wurden: 6111 Zivilisten und 258 Militärpersonen. Die Unterlagen besagen, daß darüber hinaus 1707 Ausländer bei den Angriffen umgekommen sind: 825 zivile Arbeiter, unter denen wahrscheinlich viele Zwangsarbeiter gewesen sind, und 882 Kriegsgefangene. Über 13000 Menschen waren verletzt worden, 350000 hatten ihre Wohnungen verloren. Die Altstadt war beim Angriff des Bomberkommandos im Januar 1945 schwer getroffen worden. Auch die wichtigen Fabriken von M.A.N. und Siemens-Schuckert endeten als Ruinen, nachdem sie bis kurz vor der Kapitulation nicht ernsthaft getroffen worden waren.

Wegen seiner engen Verbindung mit der NSDAP in der Vorkriegszeit wählten die Alliierten Nürnberg als Schauplatz der Prozesse, bei denen mehrere überlebende hohe Führer der Nationalsozialisten vor Gericht gestellt und wegen ihrer Kriegsverbrechen verurteilt wurden. Ein Mann jedoch entging dem Henker: Hermann Göring, der frühere Chef der Luftwaffe, nahm Gift.

Nach dem Kriegsende begann das Bomberkommando sofort, einige seiner Squadrons in der sogenannten Tiger-Einsatzgruppe zusammenzufassen. Sie sollte helfen, Japan niederzuzwingen. Die Ereignisse überrollten diesen Plan jedoch. Im August warf eine amerikanische Superfortress die Atombombe auf Hiroshima, ein Ereignis, das der britische Group Captain Leonard Cheshire von Bord einer anderen amerikanischen Maschine aus beobachtete. Einige Tage später fiel die zweite A-Bombe auf Nagasaki. Der Zweite Weltkrieg war zu Ende.

Während des Krieges waren die Bomberführer und die Männer, die über Deutschland geflogen waren, die Lieblinge des Volkes gewesen. Nach Beendigung der Feindseligkeiten aber kam der Wandel: »Bomber-Harris«, der einst so hoch in der Wertschätzung der britischen Öffentlichkeit gestanden hatte, wurde bei den Auszeichnungen für Kriegsverdienste übergangen. Seine Bitte, seinen Besatzungen eine besondere Auszeichnung für die Einsätze im Bomberkommando zu verleihen, wurde abgelehnt, obwohl eine ähnliche Anerkennung an alle Angehörigen des Jägerkommandos ging, die in der Luftschlacht um England gekämpft hatten. Niemand wird die entscheidende Rolle schmälern wollen, die diese Jagdflieger im Sommer 1940 gespielt haben. Aber die Bomberbesatzungen hatten immerhin fünf lange Jahre an dem gefährlichen Nachthimmel über Deutschland gekämpft. Mehr als zweimal so viele Männer waren allein zum Angriff auf Nürnberg gestartet, als an der ganzen Luftschlacht um England teilgenommen hatten. 545 Bombermänner waren während dieser einen Nacht von Nürnberg gefallen, verglichen mit den 507 toten Jagdfliegern der Luftschlacht um England.

Warum waren diese Schatten auf Harris und seine Männer gefallen?

Während des gesamten Krieges hatten die Berichte von Presse und Rundfunk darauf schließen lassen, die Angriffe der schweren Bomber hätten sich allein gegen industrielle und militärische Ziele gerichtet. Wenn historische Gebäude und Kunstwerke zerstört oder Zivilisten getötet worden waren, so war es rein zufällig geschehen. Als aber nach dem Krieg Tausende britischer Soldaten in zerstörten deutschen Städten stationiert wurden und auch die Presse begann, kritischer und realistischer zu berichten, wurde der wahre Charakter der Flächenangriffe langsam offenkundig.

Es gab Männer in hohen Positionen, die Harris seine unabhängige Haltung in der Frage der Zielprioritäten und vor allem seinen erfolgreichen Kampf gegen Tedder und Portal Ende 1944 nie vergaben. Churchill, der Harris so oft unterstützt hatte, war nicht mehr im Amt, und die neue Labour-Regierung hatte kaum Zeit für den Mann, dessen Name mit der jetzt so peinlichen Flächenbombardierung eng verbunden war. Portal, der die Richtlinien für die Flächenangriffe zu Beginn des Jahres 1942 vorbereitet hatte, *ehe* Harris das Bomberkommando übernahm, wurde als Viscount Portal of Hungerford geadelt. Harris dagegen verschwand ohne Ehrung im Hintergrund. Erst acht Jahre später, als Churchill wieder Premierminister war, wurde Harris zum Baronet erhoben: Eine Ehrung, wie sie häufig zweitrangigen Politikern für eine lange Dienstzeit zuteil wird. In den darauffolgenden Jahren feierte die RAF jeden Jahrestag der Luftschlacht um England, aber vom Opfer der Tausende, die über dem Ruhrgebiet,

Berlin und Städten wie Nürnberg gestorben waren, wurde kaum gesprochen.

Viel ist seit dem Krieg über Harris, über die Wirksamkeit der »strategischen Bomberoffensive« und ihre moralische Seite geschrieben und gesprochen worden. Die Geschichte hat viele große Schlachten zu Lande und auf den Meeren gesehen, aber die »strategische Bomberoffensive« wird sich nicht wiederholen und wird die Historiker sicher noch viele Jahre beschäftigen. Es mag sein, daß ein weiterer zeitlicher Abstand einige Streitpunkte dieser Auseinandersetzung auslöschen wird.

Es muß jedoch zugegeben werden, daß das ursprüngliche Ziel der Bombertheoretiker – den Zusammenbruch Deutschlands ohne Offensive zu Lande zu erreichen – nicht verwirklicht wurde. Die Moral des deutschen Volkes wurde nicht gebrochen. Deutschland kapitulierte erst, als Landheere sein Gebiet nach schwersten Kämpfen besetzt hatten. Aber dies bedeutet nicht, daß die Theorie falsch war, sondern nur, daß sie nicht bewiesen worden ist. Was hätte geschehen können, wenn Harris jene 4000 Bomber unterstellt worden wären, die er als Mindestvoraussetzung bezeichnet hatte, um Deutschland in die Kapitulation zu bombardieren? Was wäre geschehen, wenn nicht – wie geschätzt wurde – 55 Prozent der Anstrengungen des Bomberkommandos auf andere Ziele abgelenkt worden wären? Was wäre geschehen, wenn die Russen nicht so energisch auf die Invasion in Europa gedrängt hätten und die Bomber mit ihren ständig verbesserten Techniken – Tiefflug-Zielmarkierung, G-H-Blind-Bombenzielgerät, verbesserte elektronische Störmaßnahmen – ein Jahr lang weitergemacht hätten?

Niemand kann beweisen, daß Deutschland dann zusammengebrochen wäre, obwohl Rüstungsminister Albert Speer sagt, Hitler hätte nicht weitermachen können, wenn die Erfolge gegen das Ruhrgebiet und Hamburg sich wiederholt hätten. Wäre dies geschehen und wären den Armeen in Europa ihre Blutopfer erspart geblieben, dann wären zweifellos die Entschlossenheit und Starrköpfigkeit von Harris als Eigenschaften eines wahrhaft großen Mannes angesehen worden; Harris und seine Bomberbesatzungen wären als Helden geehrt und im Rang den Männern der Luftschlacht um England gleichgestellt worden.

Es ist höchst aufschlußreich, daß Japan – ein ebenso widerstandsfähiger Gegner wie Deutschland – nach zwei Atombomben aufgab, die zwar neue Waffen, aber dennoch Sprengkörper waren, die auch aus der Luft ins Ziel gebracht wurden. Wir haben jetzt fast dreißig Jahre lang in Frieden gelebt, während die Verteidigungspläne aller größeren Staaten auf der nuklearen Abschreckung beruhten, der gemeinsamen Angst, daß durch eine neue Generation von Sprengkörpern Städte wieder aus der Luft zerstört und Menschenmassen getötet werden könnten. Krieg kann es nur wieder dort geben, wo diese Drohung der massiven Zerstörung nicht existiert. Vielleicht lebt die Erinnerung an Coventry, Dresden und Hiroshima doch weiter. Harris und die Lancaster- und Halifax-Besatzungen, die nach Nürnberg flogen, haben gewiß zur Entwicklung der Überzeugung beigetragen, daß die Menschheit sich keine Weltkriege mehr leisten könne. Die Geschichte mag eines Tages zu dem Schluß kommen, daß dies ihre größte Leistung gewesen ist.

Gleich nach der Diskussion um die Frage, ob der Bombenkrieg wirksam gewesen sei, kam die Frage nach seinen moralischen Grundsätzen. War es richtig gewesen, daß man versucht hatte, den Sieg mit einer Politik zu erringen, die den Tod von Zivilisten und die Zerstörung historischer Gebäude und Kunstschätze zur Folge hatte?

Die deutschen Propagandisten bezeichneten die Bomberbesatzungen als »Terrorflieger«, aber das Bomberkommando ist nie auf die Ebene reinen Terrors herabgesunken. Die angegriffenen Städte waren immer von industrieller oder militärischer Bedeutung oder stellten Verkehrsknotenpunkte dar. Die Deutschen hätten ja aus ihren Städten alle Menschen mit Ausnahme der lebensnotwendigen Arbeiter evakuieren können. Dann hätte es keine »unschuldigen« Opfer gegeben. Diese Maßnahme hätte Deutschland allerdings eine unerträgliche Last aufgebürdet, genau das, was die RAF erreichen wollte. Die Nationalsozialisten zogen es jedoch vor, die Familien der Arbeiter in den Städten zu lassen, wo sie dann starben. Ziel der Flächenangriffe war es, in der deutschen Bevölkerung die Moral und den Willen zur Fortführung des Krieges zu brechen. Das ist nicht das gleiche wie ein Versuch, diese Zivilisten systematisch zu töten. Die Angriffsmethoden des Bomberkommandos widersprachen außerdem nicht der Genfer Konvention und waren in ihrer Wirkung auch nicht unmenschlicher als das langsame Aushungern der Deutschen durch die britische Seeblockade im Ersten Weltkrieg, durch die wahrscheinlich doppelt so viele Menschen getötet worden sind wie durch die Bombenangriffe.

Die Bombardierung deutscher Städte begann im Jahr 1940, nach den deutschen Luftangriffen auf Warschau und Rotterdam, aber vor den Schlägen gegen London und Coventry. Länger als ein Jahr lang wurden den britischen Bomberbesatzungen als Ziele solche moralisch akzeptablen Einrichtungen wie etwa einzelne Fabrikgebäude zugewiesen. Erst als man erkannt hatte, daß die Bomber derartige Punktziele nicht genau treffen konnten, wurden ganze Industriestädte zu ihren Zielen erklärt. Zu diesem Zeitpunkt hatte die Luftwaffe jedoch bereits London und Coventry angegriffen.

Ich entsinne mich des Jahres 1940 nach der Kapitulation Frankreichs. Von seinem weit entfernten Empire abgesehen, hatte Großbritannien keinen einzigen Verbündeten auf der ganzen Welt. Wie wir heute wissen, schützte das Jägerkommando England im Jahr 1940, aber während der nächsten zwei Jahre waren es nur die mehrmals in der Woche nach Deutschland fliegenden Bomber, die zu einer offensiven Aktion fähig waren.

Es ist bezeichnend, daß während der Auseinandersetzung um den Bombenkrieg von den Deutschen nur wenig Kritik kam. Hitler hatte mit dem größten Teil Europas Krieg angefangen, ohne wirklich herausgefordert worden zu sein. Die Nationalsozialisten hatten systematisch die Juden ausgerottet und die slawischen Völker zu Untermenschen erklärt. Die Gestapo hatte im besetzten Europa Terror verbreitet. Zahllose Tausende unschuldiger Männer und Frauen waren wie Sklaven zur Arbeit in deutsche Fabriken verschleppt worden. Deutsche Historiker der Nachkriegszeit erkannten, daß es die Nationalsozialisten selbst gewesen waren, die den Wind gesät hatten. Dem toten Hitler wurde nun ein großer Teil der Schuld für die Vergeltung gegeben.

Die Kriegseinsätze des Bomberkommandos dürfen schließlich nicht beurteilt werden, ohne die damalige Situation zu berücksichtigen. Ein Land, das um sein Überleben kämpft, kann sich in der Wahl der Mittel, mit denen es sich wehrt, keine strengen moralischen Einschränkungen leisten. Es ist schlichter Unsinn zu meinen, die Verwendung von Bombern sei falsch gewesen zu einer Zeit, als das Überleben Großbritanniens an einem seidenen Faden hing.

Es ist kaum verwunderlich, daß die Bombenflieger verwirrt und verletzt waren, als später behauptet wurde, ihre Taten seien unwürdig gewesen. Sie haben mit höchstem Idealismus gegen einen rücksichtslosen und manchmal barbarischen Gegner gekämpft.

Was denken eigentlich diese Männer heute, die in jener mondhellen Nacht Ende März 1944 gegen Nürnberg geflogen sind?

»Es war eine Zeit, der es an Aufregung und Heldentum und Furcht nicht mangelte.« (Pilot Officer J. R. Ison, Squadron 199)

»Der Angriff war in seiner Konzeption ein Bastard. Falls es nicht eine wirklich zwingende Notwendigkeit gegeben hat, dorthin zu gehen, war er ein doppelter Versager. Aber ich bin nicht verbittert. Ich könnte Ihnen von vielen anderen Einsätzen erzählen, die klug ausgeführt wurden und die gewünschten Ergebnisse brachten.« (Flight Lieutenant B. D. C. Patterson, Squadron 426)

»Das einzige, was der Angriff auf Nürnberg erreichte, war vermutlich eine Stärkung der Moral im Dritten Reich.« (Sergeant R. A. Anderson, Squadron 420)

»Ich haßte die Deutschen überhaupt nicht. Ich machte es wegen der Aufregung, um des Fliegens willen und wegen des Abenteuers. Ich weiß, daß es schwülstig klingt, aber ich dachte, daß wir alle Ritter der Lüfte seien, die hinausgingen, um es miteinander auszukämpfen. Mir machte alles

Spaß, obgleich wir nur fünf Einsätze hatten, ehe wir abgeschossen wurden.« (Sergeant N. Wilmott, Squadron 10)

»Selbst heute sehe ich, wenn ich einen hellen Mond erblicke, in ihm den Mond von Nürnberg.« (Flight Sergeant K. A. Bush, Squadron 640)

»Ich glaubte damals und ich glaube noch heute, daß wir vom Bomberkommando das Leben von Hunderttausenden Soldaten gerettet haben.« (Flying Officer J. Dougall, Squadron 429)

»In Wirklichkeit ist es nie geschehen. Wie hätte man in einem Krieg kämpfen und am nächsten Tag fähig sein können, über die kleinen Kanäle von Cambridge zu schlendern?« (Sergeant C. A. Thompson, Squadron 7)

»Meine eigenen Gefühle waren stärker von Schrecken und Furcht beherrscht als bei irgendeinem vorhergegangenen Einsatz. Wenn ich nach dem Angriff eine Möglichkeit gesehen hätte, mit dem Fliegen aufzuhören, hätte ich sie genützt. Meine persönlichen Ansichten über Harris und Churchill waren, zurückhaltend ausgedrückt, äußerst unpatriotisch.« (Flight Sergeant L. Wayte, Squadron 166)

»Es wurde vorausgesetzt, daß es ein kurzes, aber nicht unbedingt glückliches Leben sein würde. Ich habe die Erfahrung nie bereut.« (Sergeant N. Binnie, Squadron 420)

So sprechen die Überlebenden. Man kann nur hoffen, daß ihre toten Kameraden nicht vergessen werden.

ANHANG

1. Flugzeuge der Royal Air Force und der Luftwaffe, die am 30./31. März 1944 im Einsatz waren

TEIL 1: FLUGZEUGE DER RAF

Avro Lancaster Mark I, II und III

Typ: Viermotoriger schwerer Bomber
Besatzung: Flugzeugführer, Bordmechaniker, Navigator, Bombenschütze, Bordfunker, Bordschütze »Mitte oben«, Heckschütze
Triebwerke: Mark I: 1460 PS Rolls-Royce Merlin 22, Mark II: 1735 PS Bristol Hercules VI oder XVI, Mark III: 1460 PS Packard Merlin 28
Ausmaße: Länge: 21,11 m, Spannweite: 31,09 m, Flügelfläche: 120,49 m^2
Gewicht: leer: 18,6 t, voll beladen: 30,8 t (Mark II: 28,5 t)
Bewaffnung: acht 7,7-mm-Maschinengewehre in drei Türmen
Nutzlast: Maximale Bombenladung: 6,34 t
Treibstoffkapazität: 9822 l (mit Zusatztanks: 10467 l)
Maximale kombinierte Bomben- und Treibstoffladung: 12,23 t (Mark II: 9,96 t)

Leistung:	Mark I und III	Mark II
Steiggeschwindigkeit:	146 m/min.	137 m/min.
Gipfelhöhe:	7467 m	6705 m
Höchstgeschwindigkeit:	459 km/h	424 km/h
Reisegeschwindigkeit:	345 km/h	267 km/h
Reichweite:		
mit größter Bombenlast:	2656 km	2400 km
mit größter Treibstoffmenge:	5040 km	4080 km

Handley Page Halifax Mark III

Typ: Viermotoriger schwerer Bomber
Besatzung: wie Lancaster
Triebwerke: 1650 PS Bristol Hercules XVI
Ausmaße: Länge: 21,36 m
Spannweite: 31,75 m
Flügelfläche: 118,45 m^2
Gewicht: leer: 19,41 t; voll beladen: 29,25 t
Bewaffnung: Neun 7,7-mm-Maschinengewehre in drei Türmen

Nutzlast: Maximale Bombenladung: 5,88 t
Treibstoffkapazität: 9110 l (mit Zusatztanks 12257 l)
Maximale kombinierte Bomben- und Treibstoffladung: 10,03 t
Leistung: Steiggeschwindigkeit: 134 m/min.
Gipfelhöhe: 6705 m
Höchstgeschwindigkeit: 450 km/h
Reisegeschwindigkeit: 360 km/h
Reichweite: mit größter Bombenlast: 1568 km, mit größter Treibstofflast: 4456 km

Short Stirling Mark III

Typ: Viermotoriger schwerer Bomber, 1944 nicht mehr als Bomber eingesetzt
Besatzung: wie Lancaster
Triebwerke: 1650 PS Hercules XVI
Ausmaße: Länge: 25,59 m, Spannweite: 30,17 m, Flügelfläche: 135,63 m²
Gewicht: leer: 21,74 t, voll beladen: 31,71 t
Bewaffnung: Acht 7,7-mm-Maschinengewehre in drei Türmen
Nutzlast: Maximale Bombenladung: 6,34 t, Treibstoffkapazität: 10278 l (mit Zusatztanks 13515 l), maximale kombinierte Bomben- und Treibstoffladung: 9,96 t
Leistung: Steiggeschwindigkeit: 152 m/min., Gipfelhöhe: 5181 m, Höchstgeschwindigkeit: 432 km/h, Reisegeschwindigkeit: 320 km/h
Reichweite: Mit größter Bombenlast: 944 km, mit größter Treistofflast: 3904 km

De Havilland Mosquito Mark IV (Bomber)

Typ: Zweimotoriger leichter Bomber und Pfadfinder-Markierungs-Flugzeug
Besatzung: Flugzeugführer und Navigator
Triebwerke: 1460 PS Rolls-Royce Merlin 23
Ausmaße: Länge: 12,43 m, Spannweite: 16,52 m, Flügelfläche: 42,12 m²
Gewicht: leer: 6,93 t, voll beladen: 9,72 t
Bewaffnung: keine
Nutzlast: Maximale Bombenladung: 906 kg (einige geändert, um eine 1812-kg-Bombe zu tragen), Treibstoffkapazität: 2444 l (mit Zusatztanks 2995 l), maximale kombinierte Bomben- und Treibstoffladung: 2,76 t
Leistung: Steiggeschwindigkeit: 762 m/min., Gipfelhöhe: 10363 m, Höchstgeschwindigkeit: 608 km/h, Reisegeschwindigkeit: 424 km/h
Reichweite: mit größter Bombenlast: 2592 km, mit größter Treibstofflast: 3264 km/h

De Havilland Mosquito Mark II und VI (Nachtjäger)

Typ: Mark II: zweimotoriger Nachtjäger, ausgerüstet mit A.I.-Radar und »Serrate«
Mark VI: zweimotoriger »Intruder«-Jagdbomber
Besatzung: Pilot und Navigator; in »Serrate«-Flugzeugen bediente der Navigator auch die »Serrate«- und Radargeräte
Triebwerke: Mark II (»Serrate«): 1460 PS Rolls-Royce Merlin 23
Mark VI (»Intruder«): 1635 PS Rolls-Royce Merlin 23
Ausmaße: wie Bomber Mark IV

Gewicht:	Mark II (»Serrate«)	Mark VI (»Intruder«)
leer:	6,08 t	6,47 t
voll beladen:	8,40 t	10,10 t
Bewaffnung:	vier 20-mm-Kanonen	vier 20-mm-Kanonen, vier 7,7-mm-Maschinengewehre, vier 113-kg- oder 226-kg-Bomben
Leistung:		
Steiggeschwindigkeit:	640 m/min.	652 m/min.
Gipfelhöhe:	10515 m	10058 m
Höchstgeschwindigkeit:	592 km/h	605 km/h
Reisegeschwindigkeit:	408 km/h	416 km/h
Reichweite:	2728 km	2728 km

Teil 2: Nachtjäger der deutschen Luftwaffe

Messerschmitt BF 110 G-4

Typ: zweimotoriger Nachtjäger
Besatzung: Pilot, Funker (der auch das Funkmeßgerät bediente), Bordschütze
Triebwerke: 1475 PS Daimler-Benz DB 605 B
Maße: Länge: 12,90 m (einschließlich des Antennen-»Geweihs« des Lichtenstein-Geräts am Bug), Spannweite 16,20 m, Flügelfläche: 38,50 m²
Gewicht: Leergewicht: 5600 kg, Fluggewicht: 9800 kg
Bewaffnung: zwei 30-mm- und zwei 20-mm-Kanonen im Bug, zwei 7,9 mm-Maschinengewehre im Heckstand des Cockpits. Zahlreiche Maschinen waren mit der »schrägen Musik« ausgerüstet, zwei fast senkrecht nach oben feuernden 20-mm-Kanonen im Rumpf
Treibstoffvorrat: 1260 l (mit Zusatztanks 3042 l)
Leistungen: Steiggeschwindigkeit: 650 m/min., Gipfelhöhe: 7900 m, Höchstgeschwindigkeit: 550 km/h, Reisegeschwindigkeit: rund 400 km/h, Reichweite: bis 2100 km

*Junkers Ju 88 C-6**

Typ: zweimotoriger Nachtjäger
Besatzung: drei Mann (wie in der Me 110)
Triebwerke: 1410 PS Junkers Jumo 211 J
Maße: Länge: 14,96 m (einschließlich Funkmeßantenne), Spannweite: 20,08 m, Flügelfläche: 54,50 m^2
Gewicht: Leergewicht: 8600 kg, Fluggewicht: 12250 kg
Bewaffnung: drei 20-mm-Kanonen und drei 7,9-mm-Maschinengewehre im Bug, ein 13-mm-Mg im Heckstand. Teilweise mit der »schrägen Musik« (zwei 20-mm-Kanonen) ausgerüstet
Treibstoffvorrat: 1660 l (mit Zusatztanks 3168 l)
Leistungen: Steiggeschwindigkeit: 520 m/min., Gipfelhöhe: 9990 m, Höchstgeschwindigkeit: 550 km/h, Reisegeschwindigkeit: 420 km/h, Reichweite: bis 3000 km

Messerschmitt BF 109 G-6

Typ: einmotoriger Tagjäger, bei der »Wilden Sau« im Nachtjägereinsatz
Besatzung: Pilot
Triebwerk: 1475 PS Daimler-Benz DB 605 A
Maße: Länge: 8,92 m, Spannweite: 9,90 m, Flügelfläche: 16,20 m^2
Gewicht: Leergewicht: 2655 kg, Fluggewicht: 3496 kg
Bewaffnung: eine 30-mm- oder 20-mm-Kanone und zwei 13-mm-Mg's
Treibstoffvorrat: 396 l (mit Zusatztanks 693 l)
Leistungen: Steiggeschwindigkeit: 933 m/min., Gipfelhöhe: 11400 m, Höchstgeschwindigkeit: 617 km/h, Reisegeschwindigkeit: 460 km/h, Reichweite: 930 km

Focke-Wulf Fw 190 A-8

Typ: einmotoriger Tagjäger, bei der »Wilden Sau« im Nachtjägereinsatz
Besatzung: Pilot
Triebwerk: 1700 PS BMW 801 D
Maße: Länge: 8,84 m, Spannweite: 10,50 m, Flügelfläche: 18,30 m^2
Gewicht: Leergewicht: 3170 kg, Fluggewicht: 4430 kg
Bewaffnung: vier 20-mm-Kanonen und zwei 13-mm-Mg's
Treibstoffvorrat: 517 l (mit Zusatztanks 1112 l)
Leistungen: Steiggeschwindigkeit: 720 m/min., Gipfelhöhe: 10300 m, Höchstgeschwindigkeit: 643 km/h, Reisegeschwindigkeit: 480 km/h, Reichweite: 1450 km

* Die stark verbesserten Ju 88 der G-Reihe waren zum Zeitpunkt des Angriffs auf Nürnberg nur in wenigen Exemplaren in den Nachtjagdgeschwadern vertreten.

2. Gliederung des Bomberkommandos der RAF am 30. März 1944

1. Group
(Air Vice-Marshal E. A. B. Rice)
Hauptquartier Bawtry Hall

Squadron	*Flugplatz*	*Flugzeugtyp*
12	Wickenby	Lancaster
100	Grimsby	Lancaster
101	Ludford Magna	A.B.C.-Lancaster
103	Elsham Wolds	Lancaster
166	Kirmington	Lancaster
300 (Polnische)	Faldingworth	Wellington/Lancaster
460 (Kgl. australische Luftwaffe)	Binbrook	Lancaster
550	North Killingholme	Lancaster
576	Elsham Wolds	Lancaster
625	Kelstern	Lancaster
626	Wickenby	Lancaster

3. Group
(Air Vice-Marshal R. Harrison)
Hauptquartier Exning, Newmarket

Squadron	*Flugplatz*	*Flugzeugtyp*
15	Mildenhall	Lancaster
75 (Neuseeland)	Mepal	Stirling/Lancaster
90	Tuddenham	Stirling
115	Witchford	Lancaster
149 (Ostindien)	Lakenheath	Stirling
199	Lakenheath	Stirling
218 (Goldküste)	Woolfox Lodge	Stirling/Lancaster
514	Waterbeach	Lancaster
622	Mildenhall	Lancaster

Squadrons für Geheimaufträge:

138	Tempsford	Halifax, Liberator,
161	Tempsford	Hudson, Lysander

4. Group
(Air Vice-Marshal C. R. Carr)
Hauptquartier Heslington Hall, York

Squadron	*Flugplatz*	*Flugzeugtyp*
10	Melbourne	Halifax
51	Snaith	Halifax
76	Holme-on-Spalding-Moor	Halifax
77	Elvington	Halifax
78	Breighton	Halifax
102 (Ceylon)	Pocklington	Halifax
158	Lissett	Halifax
466 (Kgl. australische Luftwaffe)	Leconfield	Halifax
578	Burn	Halifax
640	Leconfield	Halifax

5. Group
(Air Vice-Marshal The Hon. Ralph Cochrane)
Hauptquartier Morton Hall, Swinderby

Squadron	*Flugplatz*	*Flugzeugtyp*
9	Bardney	Lancaster
44 (Rhodesien)	Dunholm Lodge	Lancaster
49	Fiskerton	Lancaster
50	Skellingthorpe	Lancaster
57	East Kirkby	Lancaster
61	Coningsby	Lancaster
106	Metheringham	Lancaster
207	Spilsby	Lancaster
463 (Kgl. australische Luftwaffe)	Waddington	Lancaster
467 (Kgl. australische Luftwaffe)	Waddington	Lancaster
617	Woodhall Spa	Lancaster
619	Coningsby	Lancaster
630	East Kirkby	Lancaster

6. Group (kanadische)
(Air Vice-Marshal C. M. McEwen)
Hauptquartier Allerton Park Castle, Knaresborough

Squadron	*Flugplatz*	*Flugzeugtyp*
408 (Gans)	Linton-on-Ouse	Lancaster
419 (Elch)	Middleton St. George	Halifax/Lancaster
520 (Schneeule)	Tholthorpe	Halifax
424 (Tiger)	Skipton-on-Swale	Halifax
425 (Lerche)	Tholthorpe	Halifax
426 (Donnervogel)	Linton-on-Ouse	Lancaster
427 (Löwe)	Leeming	Halifax
428 (Geist)	Middleton St. George	Halifax
429 (Bison)	Leeming	Halifax
431 (Irokese)	Croft	Halifax
432 (Leaside)	East Moor	Halifax
433 (Stachelschwein)	Skipton-on-Swale	Halifax
434 (Blaunase = Seemann)	Croft	Halifax

8. Group (Pfadfinder)
(Air Vice-Marshal D. C. T. Bennett)
Hauptquartier Castle Hill House, Huntingdon

Squadron	*Flugplatz*	*Flugzeugtyp*
7	Oakington	Lancaster
35 (Madras)	Graveley	Lancaster
83	Wyton	Lancaster
97 (Straits Settlements)	Bourn	Lancaster
105	Bourn	»Oboe«-Mosquito
109	Marham	»Oboe«-Mosquito
139 (Jamaika)	Upwood	Mosquito
156	Upwood	Lancaster
405 (Vancouver) (Kgl. Kanadische Luftwaffe)	Gransden Lodge	Lancaster
627	Oakington	Mosquito
635	Downham Market	Lancaster
692 (Vereinigung der Blasebälge)	Graveley	Mosquito
1409. Kette (metereologische)	Wyton	Mosquito

100. Group (Bomberunterstützung)
(Air Commodore E. B. Addison)
Hauptquartier Bylaugh Hall, East Dereham

Squadron	*Flugplatz*	*Flugzeugtyp*
141	West Raynham	Mosquito
169	Little Snoring	Mosquito
192	Foulsham	Halifax, Wellington und Mosquito
214 (Malayische Staaten)	Sculthorpe	B-17 Fortress
239	West Raynham	Mosquito
515	Little Snoring	Mosquito

3. Gliederung der Nachtjäger der Luftwaffe am 30. März 1944

I. Jagdkorps
(Generalleutnant Josef Schmidt)
Hauptquartier Zeist, Niederlande

1. Jagddivision (Oberst Hajo Herrmann)
Hauptquartier Döberitz/Berlin

Einheit	*Flugplatz*	*Flugzeugtyp*
Nachtjagdgeschwader 5		
I. Gruppe	Stendal	Me 110
II. Gruppe	Parchim	Me 110
III. Gruppe	Brandis	Me 110
IV. Gruppe	Erfurt	Me 110
Jagdgeschwader 302 (»Wilde Sau«)		
I. Gruppe	Jüterbog	Me 109
II. Gruppe	Ludwigslust	Me 109
III. Gruppe	Zerbst	Me 109
Nachtjagdgruppe 10 (Versuchseinheit)	Werneuchen mit vorgeschobenem Flugplatz Bonn/Hangelar	verschiedene Typen
Behelfsbeleuchterstaffel 1	Celle	Ju 88
Luftbeobachtungsstaffel 1	Neuruppin	Ju 88

2. Jagddivision (Generalmajor Max Ibel)
Hauptquartier Stade b. Hamburg

Einheit	*Flugplatz*	*Flugzeugtyp*
Nachtjagdgeschwader 3		
I. Gruppe	Vechta	Me 110
II. Gruppe	Vechta	Ju 88
III. Gruppe	Stade	Me 110
IV. Gruppe	Westerland	Me 110, Ju 88

Jagdgeschwader 301		
(»Wilde Sau«)		
III. Gruppe	Oldenburg	Me 109, FW 190
Luftbeobachtungsstaffel 2	Stade	Ju 88

3. Jagddivision (Generalmajor Walter Grabmann)
Hauptquartier Deelen, Niederlande

Einheit	*Flugplatz*	*Flugzeugtyp*
Nachtjagdgeschwader 1		
I. Gruppe	Venlo	Me 110, He 219
IV. Gruppe	Saint-Trond	Me 110
Nachtjagdgeschwader 2		
I. Gruppe	Bad Langensalza	Ju 88
II. Gruppe	Quakenbrück	Ju 88
III. Gruppe	Langendiebach und Twenthe	Ju 88
Nachtjagdgeschwader 4		
III. Gruppe	Mainz-Finthen	Me 110
Jagdgeschwader 300		
(»Wilde Sau«)		
I. Gruppe	Bonn	Me 109
II. Gruppe	Rheine	Fw 190
III. Gruppe	Wiesbaden-Erbenheim	Me 109
Behelfsbeleuchterstaffel 3	Münster-Handorf	Ju 88
Luftbeobachtungsstaffel 3	Deelen	Ju 88

7. Jagddivision (Generalleutnant Joachim Huth)
Hauptquartier Schleißheim bei München

Einheit	*Flugplatz*	*Flugzeugtyp*
Nachtjagdgeschwader 6		
I. Gruppe	Mainz-Finthen	Me 110
II. Gruppe	Stuttgart-Echterdingen	Me 110
Jagdgeschwader 301		
(»Wilde Sau«)		
I. Gruppe	Neuburg/Donau	Me 109
Luftbeobachtungsstaffel 7	Stuttgart-Echterdingen	Ju 88

II. JAGDKORPS
(Generalleutnant Werner Junck)
Hauptquartier Chantilly b. Paris

4. Jagddivision (Oberst Karl Wieck)
Hauptquartier Metz

Einheit	*Flugplatz*	*Flugzeugtyp*
Nachtjagdgeschwader 1		
II. Gruppe	Saint-Dizier	Me 110
III. Gruppe	Laon/Athies	Me 110
Nachtjagdgeschwader 4		
I. Gruppe	Florennes	Me 110
II. Gruppe	Coulommiers	Me 110

4. Verluste des Bomberkommandos der RAF 1939–1945

1. TEIL: FLUGZEUGE

Das Bomberkommando flog 364514 Einsätze zum Abwurf von Bomben und Flugblättern. Dabei wurden 8325 Flugzeuge vermißt. Dies ergibt eine Verlustrate von 2,28 Prozent. Diese Zahlen beziehen sich auf Tag- und Nachtangriffe, nicht aber auf Verminungseinsätze und Geheimeinsätze, für die keine Zahlen zur Verfügung stehen. Es ist wahrscheinlich, daß weitere 330 Flugzeuge vermißt wurden, hauptsächlich bei Verminungs- und Geheimeinsätzen. Schätzungsweise 1500 Flugzeuge wurden als Folge schwerer Kampfbeschädigungen oder Bruchlandungen abgeschrieben.

Jährliche Zahlen für Bomben- und Flugblatteinsätze

Jahr	Einsätze	Vermißte Flugzeuge	Verlustrate
1939	333	33	9,9 Prozent
1940	20809	494	2,4 Prozent
1941	30608	914	3,0 Prozent
1942	35050	1400	4,0 Prozent
1943	64528	2314	3,6 Prozent
1944	148448	2573	1,7 Prozent
1945	64738	597	0,9 Prozent

2. TEIL: BESATZUNGEN

55573 Angehörige fliegender Besatzungen, 1363 Angehörige des männlichen Bodenpersonals und 91 Luftwaffenhelferinnen starben, während sie im Bomberkommando Dienst taten. Es ist nicht genau bekannt, wo alle Angehörigen der fliegenden Besatzungen zu Hause waren, aber die nachfolgende Statistik zeigt, welchen Luftwaffen sie zum Zeitpunkt ihres Todes angehörten:

RAF	38462	(69,2 Prozent)
Königlich Kanadische Luftwaffe	9919	(17,8 Prozent)
Königlich Australische Luftwaffe	4050	(7,3 Prozent)
Königlich Neuseeländische Luftwaffe	1679	(3,0 Prozent)

Polnische Luftwaffe	929	(1,7 Prozent)
Andere alliierte Luftwaffen	473	(0,9 Prozent)
Andere Dominions	34	(0,1 Prozent)
Südafrikanische Luftwaffe	27	

5. Verluste der deutschen Zivilbevölkerung

Wie viele Menschen und Wohngebäude fielen der alliierten Tag- und Nacht-Bomberoffensive gegen Deutschland von 1939 bis 1945 zum Opfer? Die Antwort auf diese Frage ist heute noch umstritten: Zu viele Dokumente sind verlorengegangen, die genaue Zahl der Opfer der Angriffsserie gegen Dresden (13./14.2.1945) beispielsweise wird nie ermittelt werden können. Verschiedene Schätzungen reichen bis zu der Zahl von 245 000 Toten, während das Statistische Bundesamt in Wiesbaden die Zahl der Dresdener Bombenopfer mit 60000 angibt.

Das Statistische Bundesamt hat auch die bisher ausgewogenste, sorgfältigste und detailreichste Untersuchung über die Folgen des alliierten Luftkrieges gegen Deutschland veröffentlicht. Seine Bilanz:

Rund 593000 Menschen sind während des Zweiten Weltkrieges in den Grenzen des damaligen Reichsgebietes durch alliierte Luftangriffe ums Leben gekommen. 537000 davon waren deutsche Zivilisten, darunter etwa 15 Prozent Kinder im Alter unter 14 Jahren. 56000 Bombentote waren zivile Ausländer (meistens freiwillige oder Zwangsarbeiter), Kriegsgefangene sowie Angehörige der Polizei und der Wehrmacht.

Die Untersuchung spricht von sechs Phasen des Bombenkrieges gegen Deutschland:

1. Phase (Oktober 1940 bis Februar 1942): Nur schwache Angriffe, 2080 Wohngebäude zerstört.

2. Phase (März bis September 1942): Erhebliche Verstärkung der Angriffswucht (schwere Schäden in Lübeck und Rostock, erster 1000-Bomber-Nachtangriff gegen Köln). 13797 Wohngebäude zerstört.

3. Phase (Oktober 1942 bis Februar 1943): Deutliche Verbesserung der deutschen Abwehr. Insgesamt nur 2165 Häuser zerbombt.

4. Phase (März 1943 bis Januar 1944): Erster Höhepunkt der alliierten Luftoffensive mit der »Schlacht um das Ruhrgebiet« (43 Großangriffe vom 5.3. bis 14.7.1943), der »Schlacht um Hamburg« (»Unternehmen Gomorrha« vom 24.7.–3.8.1943) und der sogenannten »Luftschlacht um Berlin« (34 nächtliche Massenangriffe zwischen November 1943 und März 1944, von denen sich allerdings nur 16 direkt gegen die Reichshauptstadt richteten). Über 162000 Häuser zerstört.

5. Phase (Februar bis Juni 1944): Vorbereitung der Invasion Frankreichs, daher Verlagerung der Angriffsschwerpunkte vor allem auf rein

militärische Ziele im Westen. 47 000 Wohngebäude im Reichsgebiet durch Spreng- und Brandbomben verwüstet.

6. Phase (Juli bis Mai 1945): Zweiter und schrecklichster Höhepunkt des Bombenkrieges: Freiburg, Heilbronn, Dresden, Pforzheim vernichtet. Letzter Angriff des RAF Bomber Command in der Nacht 2./3.5.1945 auf Kiel. Insgesamt 175 000 Wohnhäuser ausgebombt.

Insgesamt wurden im Reichsgebiet von 1939–1945 rund 403 000 Wohngebäude durch Bombenangriffe zerstört.

Danksagung

Ich möchte vielen Menschen in aller Welt für ihre Hilfe bei diesem Buch danken, besonders den 360 englischen, kanadischen und australischen Besatzungsmitgliedern, die am 30./31. März den Angriff des Bomberkommandos auf Nürnberg mitflogen. Ihre Namen können hier nicht aufgezählt werden, sie finden sich in der Londoner wie in der New Yorker Buchausgabe.

Für die Erlaubnis, aus Dokumenten der Krone im Public Record Office und aus der offiziellen Geschichte von Webster/Frankland zu zitieren, danke ich dem Controller of Her Majesty's Stationery Office.

Ich möchte ebenso den vielen Menschen in Deutschland, die bei der Arbeit an diesem Buch geholfen haben, meinen tiefen Dank aussprechen. Zuerst den folgenden Personen, die bei den Aktionen in der Nacht vom 30. zum 31. März 1944 beteiligt waren:

Nachtjäger-Besatzungen:

Oberleutnant Martin Becker, Oberleutnant Martin Drewes, Unteroffizier Heinrich Frankenbach, Unteroffizier Erich Handke, Major Wilhelm Herget, Major Hans-Joachim Jabs, Oberleutnant Fritz Lau, Major Rolf Leuchs, Hauptmann Berthold Ney, Leutnant Fritz Rumpelhardt, Major Rudolf Schönert, Oberleutnant Helmuth Schulte, Leutnant Wilhelm Seuss, Hauptmann Gustav Tham.

Deutsche Kommandeure und Offiziere beim Stab:

Generalleutnant Werner Junck, Kommandierender General des II. Jagdkorps; Generalmajor Max Ibel, Kommandeur der 2. Jagddivision; Generalmajor Walter Grabmann, Kommandeur der 3. Jagddivision; Oberst Erich Killinger, Kommandant des Dulag Luft; Hauptmann Heinz Rökker, Kommandeur der I./NJG; Oberleutnant Dieter Birk, Horchfunkoffizier, 2. Jagddivision.

Zeugen aus den angegriffenen Städten:

Nürnberg: Karl Eh, Hilde Gregori, Fritz Leidhäusel, Dr. E. Neupert, Johann Völkel, Else Weber. Schweinfurt: Rudi Heym, Alfred Popp, Hermann Schumann, Gerhard Spitzner.

Zeugen über die Absturzstellen der Bomber:

Werner Gross, Philip Retzmann und W. Scheidweiler aus Westerburg; Helmut Schnatz und Willi Zimmermann aus Koblenz; Helmut Ecker und Walter Vogt aus Neuwied; Rosemarie Bongart und Heinz Schmalz aus Sinzig; Horst Barthelmes, Obernhausen; Fritz Heusler, Dillenburg; Anni Hickmann, Mühlpfad; Erna Spies, Falkenstein; Richard Metz, Eichenhausen; und Heinz Schonsges, Andernach.

Außerdem möchte ich meinen Dank den folgenden Personen aussprechen:

Herrn Dr. Erich Mulzer, Rudolf Hofmann, Rudolf Tyrassek und den Angestellten des Nürnberger Stadtarchivs, die mir bei meinen beiden Reisen nach Nürnberg so freundlich halfen, und, in Schweinfurt, Johannes-Curt Rust, Helmut und Willy Bach, Herrn D. H. Leuschner und Siegfried Reissman, die ebenfalls von großer Hilfsbereitschaft waren. Außerdem möchte ich Dr. Ludwig Hässlein aus Lauf, Horst Diener aus Dortmund, Else Hille aus Oberursel und Norbert Krüger aus Essen danken. Ebenfalls den Bundesarchiven in Koblenz und Freiburg, dem Bundesminister für Verteidigung in Bonn, der Gemeinschaft der Jagdflieger und dem Waffenring der Flakartilleristen und Flugabwehr.

Die folgenden Zeitungen waren so freundlich, meine Bitten um Informationen zu veröffentlichen: Die Welt, Gießener Allgemeine, Nürnberger Nachrichten, Nürnberger Zeitung, Rhein-Zeitung, Schweinfurter Volkszeitung, Schweinfurter Tagblatt, Süddeutsche Zeitung, Westerwälder Zeitung, Der Adler, Jägerblatt, Luftwaffen-Revue.

Dank auch den Kommunalbehörden der deutschen Städte und Gemeinden, die aus ihren Archiven Material zur Verfügung stellten: Aachen, Andernach, Ansbach, Bamberg, Behringersdorf, Bonn, Coburg, Dortmund, Dotzlar, Ebern, Erlangen, Eschenau, Essen, Forchheim, Forth, Frankfurt am Main, Fürth, Garstadt, Geldersheim, Gräfenberg, Grafenrheinfeld, Henfenfeld, Heroldsberg, Kassel, Köln, Lauf, Lübeck, Mainberg, Neunhof, Neunkirchen, Nürnberg, Oberhausen, Röthenbach, Rückersdorf, Schonungen, Schweinfurt, Sennfeld, Stadeln, Veitsbronn, Würzburg, Zirndorf.

Literaturhinweise

Anderson, William, *Pathfinders,* Norwich 1970

Andrews, Allen, *The Air Marshals,* London 1968

Bekker, Cajus, *Angriffshöhe 4000 – Kriegstagebuch der deutschen Luftwaffe,* Oldenburg-Hamburg 1964

Bennett, D. C. T., *Pathfinder,* London 1958

Chisholm, Roderick, *Cover of Darkness,* London 1953

Divine, David, *The Broken Wing,* London 1966

Frankland, Noble, *Bomber Offensive,* London 1970

Galland, Adolf, *Die Ersten und die Letzten,* Darmstadt 1953

Garbett, Mike, und Goulding, Brian, *The Lancaster at War,* Shepperton 1971

Green, William, *Warplanes of the Third Reich,* London 1970

Harris, Sir Arthur, *Bomber Offensive,* London 1947

Herrington, John, *Australia in the War of 1939–1945,* Australian War Memorial 1954

Irving, David, *Und Deutschlands Städte starben nicht,* Zürich 1963

Johnen, Wilhelm, *Duell unter den Sternen,* Düsseldorf 1956

Lawrence, W. J., *No. 5 Bomber Group R.A.F.,* London 1953

Moyes, P. J, *Bomber Squadrons of the R.A.F. and their Aircraft,* London 1964

Price, Alfred, *Herrschaft über die Nacht,* Gütersloh 1968

Robertson, Bruce, *Lancaster: Story of a Famous Bomber,* Harleyford 1964

Rumpf, Hans, *Das war der Bombenkrieg,* Oldenburg 1961

Saundby, Sir Robert, *Air Bombardment,* London 1961

Saward, Dudley, *The Bomber's Eye,* London 1959

Sharp, C. M., und Bowyer, M. J. F., *Mosquito,* London 1967

Speer, Albert, *Erinnerungen,* Frankfurt/M.–Berlin–Wien 1969

Verrier, Anthony, *Bomberoffensive gegen Deutschland 1939–1945,* Frankfurt/M. 1970

Webster, Sir Charles, und Frankland, Noble, *The Strategic Air Offensive Against Germany, 1939–1945,* 4 Bde., London 1961

Wiener, Ludwig, *Schweinfurt sollte sterben,* Schweinfurt o.J.

Personenregister

Bildnachweis

Australian War Memorial, Canberra 14
Archiv Cajus Bekker 20, 21, 34
Bibliothek für Moderne Geschichte, Stuttgart 33
Bundesarchiv, Koblenz 7, 8, 9, 18, 19, 25, 31, 32
H. G. Darby 17
J. E. L. Gover 15
Wilhelm Herget 13
Mrs. H. Hill 36
Imperial War Museum, London 1, 3, 4, 16, 26, 35
Keystone, Hamburg 5
Dr. Erich Mulzer 11, 12
Radio Times Hulton Picture Library 2
Schweizerische Luftwaffe 22
Süddeutscher Verlag, Bilderdienst, München 6, 23, 24, 28, 29, 30
Ullstein Bilderdienst, Berlin 10, 27